국가안보론 제8판

- 위협과 취약성의 딜레마 -

김열수 저

法 文 社

"대한민국의 안보와 지역적 안정,
그리고 통일 한국을 위하여"

제8판을 내면서

국제질서가 어지럽다. 국제질서의 책임을 져야 할 국가가 오히려 국제규범을 위반하면서 다른 나라를 침공하는가 하면, 테러단체가 국가를 상대로 전쟁을 벌이기도 한다. 유럽과 중동 지역에서 2개의 전쟁이 지속되는 가운데 또 다른 지역에서 전쟁의 기운이 넘쳐나고 있다. 동중국해와 한반도이다. 그런데 국제질서 유지에 영향력을 행사해야 할 미국에서는 대통령 선거 유세가 진행 중이다. 공화당 트럼프 후보를 향한 총격 사건으로 선거판이 요동치는 가운데 '미국 우선주의'가 급부상하고 있다.

제7판이 발간된 지 2년 반밖에 지나지 않았는데 세상은 완전히 딴 세상이 된 것처럼 보인다. 그만큼 세상이 급변하고 있음을 보여준다. 협력을 통한 상생의 목소리는 줄어들고 국가이익을 우선하는 각자도생이 힘을 얻고 있다. 유엔의 안보리가 희화화되고 있는 가운데 하루가 다르게 군비경쟁이 일어나고 있다. 협력을 통해 상대방에 대한 위협을 줄이겠다는 자유주의적 시각이 퇴색하는 반면, 능력을 키워 취약성을 줄여야겠다는 현실주의적 시각이 급부상하고 있다. 이런 시각을 반영한 국제질서는 어지러울 수밖에 없다. 한국은 이런 어지러운 국제질서 속에서 주변국의 위협과 함께 북한의 핵미사일 위협에 동시에 대비해야 한다. 어려움이 가중될 수밖에 없다. 국가안보를 위한 지혜가 더 없이 요구되는 때이다.

제8판을 발간하면서 느낀 점이 많다. 15년 가까이 본 저서가 너무나 많은 사랑을 받았다는 사실에 감사하다. 많은 대학교에서 본 저서를 교과서로 채택해 준 것에 대해서도 감사하다. 감사와 함께 송구스런 점도 있다. 제8판 작업을 하면서 오탈자가 이렇게 많은 줄 처음 깨달았다. 얼굴이 붉혀질 정도였다. 맞춤법 교정기의 도움을 많이 받았다. 그래도 부족한 점이 있으리라 생각한다.

본 저서는 국가안보 정책에 대한 일반적인 이론서이다. 위협을 줄이기 위해선 어떤 정책을 쓰는지, 취약성을 줄이기 위해선 어떤 정책을 추진하는지, 그리고 위협과 취약성을 일정 부분 줄이기 위해선 어떤 정책을 고려하는지에 관한 저서이다. 본 저서가 국가안보에 대한 생각을 확장하는 계기가 되기를 바라면서 제8판을 성원해 준 법문사 관계자 여러분에게 진심으로 감사드린다.

2024년 8월

위례 연구실에서

저자 김 열 수

제7판을 내면서

미・중간의 관계가 심상치 않다. 바이든 행정부가 출범하면 트럼프 행정부의 반중국 정책이 완화될 것으로 기대했다. 그러나 바이든 행정부는 오히려 다방면에서 중국을 옥죄고 있다. 트럼프 행정부의 반중국 정책이 미국 혼자의 '나홀로 정책'이었다면 바이든 행정부의 반중국 정책은 동맹 및 우방국들과 여럿이 같이하는 '연대 정책'이기에 더욱 그렇다.

중국의 도전과 미국 중심의 응전이 미・중간의 직접 충돌로 번지지는 않겠지만 상당한 기간 극심한 경쟁이 벌어질 것으로 보인다. 극심한 경쟁이 체계화되면 그것을 냉전이라고 할 수 있을 것이다. 이 정의에 의하면 미국과 중국은 신냉전기에 접어들었다. 미・소간에 벌어졌던 구냉전도 미국 중심의 민주세계와 소련 중심의 공산세계간의 극심한 경쟁이었다. 구냉전이든 신냉전이든 냉전의 핵심은 팽창과 봉쇄다. 중국이 일대일로를 통해 중앙아시아와 아프리카를 거쳐 유럽으로 팽창하고 남중국해를 넘어 동태평양과 남태평양으로 팽창을 가속화하자 바이든 행정부가 동맹 및 우방국들과 연대하여 대중국 봉쇄를 제도화하기 시작한 것이다.

구냉전에 비해 신냉전이 가지고 있는 몇 가지 특징이 있다. 우선 신냉전이 구냉전에 비해 더 뜨거워질 가능성이 있다. 그 이유는 첫째, 과거의 소련에 비해 현재의 중국이 국력 면에서 미국에 더 가깝기 때문이다. 둘째, 과거 소련의 이념은 공산주의가 핵심이었으나 현재 중국은 공산주의에 더하여 민족주의 정서가 강해 민족적 자존심이 작동할 가능성이 있다. 셋째, 과거 소련은 동유럽과 소련 주변국으로 팽창한 후 이들을 관리하느라 대륙의 현상 유지에 대체로 만족했으나 현재 중국은 여전히 정치, 경제, 군사적 팽창에 집중하고 있기 때문이다. 넷째, 구냉전의 무게 중심은 유럽이었고 경계선은 동서유럽이었으나 신냉전의 무게 중심은 인·태지역이고 이 지역에서는 이런 경계선이 없어 제한적인 재래식 무기 충돌이 전쟁으로 비화할 가능성이 있기 때문이다. 다섯째, 구냉전은 경쟁이 충돌로 발전하지 않도록 미·소 사이에 다양한 군비통제 조약이 있었으나 현재 미·중 사이에 합의된 군비통제 규범이 없기 때문이다.

강대국간의 전쟁은 세력전환(power transition) 시기에 많이 일어났다. 미·중간의 전쟁 가능성을 가장 먼저 예상한 지도자는 2012년에 중국 공산당 총서기로 선출되고 2013년에 국가주석으로 등극한 시진핑이었다. 시진핑 주석은 취임 첫해 미국을 방문하면서 오바마 대통령과 '신형대국관계'를 합의하자고 했다. 남중국해 문제, 신장위구르 및 티벳의 독립 및 인권 문제, 대만 문제 등은 중국의 핵심이익이기 때문에 미국은 이에 관여하지 말고 오히려 중국의 핵심이익을 존중해 달라는 것이었다. 신형대국관계에 대한 합의가 있어야 전쟁을 예방할 수 있다는 것이었다. 미국이 '투키디데스의 함정'(Tuchididdes Trap)에 빠져서는 안 된다는 일종의 경고였다.

2300여년 전 펠로폰네소스 반도의 패권을 둘러싸고 당시 패권국이었던 스파르타가 부상하고 있던 아테네를 공격한 것이 펠로폰네소스 전쟁이다. 투키디데스는 이 전쟁을 기록으로 남겼다. 투키디데스의 함정이란 도전국이 부상하여 미래의 패권국으로 등장하기 전에 현재의 패권국이 도전국을 먼저 공격하여 위협을 제거하고자 하는 함정에 빠지는 것을 말한다. 시진핑이 펠로폰네소스 전쟁을 소환한 이유는 현재의 패권국인 미국이 중국의 부상을 두려워하여 먼저 공격할지도 모른다는 불안감 때문이었다. 이런 연유로 시진핑은 미국에게 신형대국관계라는 신질서 수립을 제안했던 것이다. 미국적 질서에서 벗어나겠다는 의지와 함께 미국에게 투키디데스의 함정에 빠지지 말 것을 경고한 것이다.

패권국이 먼저 공격할 가능성을 경고한 것이 투키디데스의 함정이라고 한다면 도전국이 먼저 공격할 가능성을 경고하는 '정점 강대국 함정'(Peaking Power Trap)도 있다. 정점 강대국 함정이란 국력이 정점에 달해 하강 국면으로 접어드는 도전국이 기회의 창이 닫히기 전에 패권국과 일

전(一戰)을 벌일 유혹에 빠질 수 있다는 것이다. 제1차 세계대전을 일으킨 독일과 태평양 전쟁을 일으킨 일본이 실제로 이 유혹을 극복하지 못하고 먼저 전쟁을 일으켰다는 것이다. 중국도 경제성장률 둔화, 노동인구 감소, 좀비기업 유지, 통계 조작 등으로 발생하는 경제적 문제와 부정 부패, 그리고 점차 권위주의적 경향을 띠고 있는 리더십의 문제 등이 복합적으로 작용하여 국력이 더 하강하기 전에 미국을 상대로 전쟁에 돌입하고자 하는 유혹에 빠질 수 있다는 것이다.

국제사회는 두 개의 함정 모두를 우려하지만, 미국은 '정점 강대국 함정'을 더 우려하는 것 같다. 따라서 중국이 전쟁의 유혹에 빠지지 않도록 하려면 미국은 강력한 힘의 우위를 통해 중국의 성장과 도전을 동시에 억제하는 방법밖에 없다고 생각한다. 이를 위해 미국은 지난 수십 년간 지속해 온 대중 포용전략을 서서히 바꾸기 시작했다, 오바마 행정부는 중동 중시 전략에서 '아 · 태 재균형 전략'(Pivot to Asia)으로 전환했고, 트럼프 행정부는 인도양까지 포함된 자유롭고 개방된 '인 · 태 전략'(FOIP)으로 전환했다. 트럼프 행정부가 출범하고서야 반중 정책이 자리를 잡기 시작했다. 그러나 트럼프의 FOIP 전략은 개념적이었고 미국 혼자만의 단독전략이었다. 이에 바이든 행정부는 개념상의 FOIP을 세계 및 지역적 차원에서 반중 봉쇄를 위한 정책으로 체계화하기 시작했다. 바이든 행정부의 공세적 현실주의 정책이 현실화되면서 신냉전이 본격적으로 시작되었다.

바이든 행정부는 배타적 다자주의를 통해 세계적 차원과 지역적 차원에서 중국에 대한 봉쇄정책을 추진함으로써 중국의 굴기와 군사적 도전을 억제하고자 한다. 중국과 세력균형을 취하는 것이 아니라 중국을 '악마화'함으로써 압도적인 연대의 힘으로 중국의 위협에 대응하면서 미국 중심의 세력을 극대화하고자 하는 것이다. 마침 세계적 여론도 우호적으로 바뀌었다. 퓨 리서치(Pew Research) 센터는 중국에 대한 2020년 여론조사 결과를 발표했다. 응답자의 대다수가 중국에 대해 부정적인 견해를 밝혔는데, 일본(86%), 스웨덴(85%), 호주(81%), 한국(75%), 이태리(75%), 영국(74%), 캐나다(73%), 네덜란드(73%), 미국(73%), 독일(71%), 프랑스(70%) 순이었다. 국제사회의 중국에 대한 부정적 인식이 높아지자 중국의 위협을 국제사회와 공유하기가 쉬워졌다. 중국 위협에 대한 균형의 필요성을 인식하기 시작한 것이다.

바이든 행정부는 세계적 차원에서 가치동맹을 구축하여 반중 정책에 대한 공감대를 형성하고, 군사동맹을 강화하여 중국의 군사적 위협에 대처하며, 첨단기술 분야 등에 대한 중국과의 탈동조화(decoupling)를 추진하기 위해 신경제 동맹을 출범시키고, 파이브 아이즈(5 EYES)를 확대하여 정보동맹을 구축하고자 한다. 지역적 차원에서는 FOIP의 핵심축인 쿼드(QUAD)를 활성화 및 확대하고, 미－영－호주의 3각 군사 및 전략동맹인 오커스(AUKUS)를 확대하고자 한다.

구냉전기 한국외교는 간단하고 선명했다. 무조건 미국 편에 서기만 하면 되었기 때문이다. 그러나 신냉전기 한국외교는 그리 간단하지 않다. 미국과는 동맹이지만 중국과는 한국 수출입의 약 1/4을 의존하고 있기 때문이다. 한미동맹에 닻을 내리되 어느 한 편에 다걸기(all－in) 전략이 아니라 의제별로 선택을 해서 점진적으로 참여의 범위와 수준을 높여가는 유연한 전략을 추진할 필요가 있다.

한국안보에 결정적인 영향을 미치는 변수는 미·중간의 관계이다. 미국과 중국이라는 정태적인 변수가 아니라 미국과 중국과의 '관계'라는 동태적인 변수가 핵심이다. 이 변수는 북한 비핵화, 그리고 한반도 평화와 번영이라는 종속 변수들에도 상당한 영향을 미친다. 한국이 비록 중견국이긴 하지만 한국의 의지대로 모든 것이 이루어지지 않는다. 따라서 한국은 미중간의 관계를 추적하면서 변화에 따른 대응책을 수립할 필요가 있다. 본 저서는 미·중간의 동태적 관계 속에서 개별 국가들이 국가안보를 위해 어떤 정책을 추진해야 할지를 제시하고 있다. 오늘날 미·중간의 동태적 관계를 더 잘 이해할 수 있도록 "미국의 반중 봉쇄정책과 신냉전기 한국의 전략"을 부록으로 첨부하였다.

****

본서는 2010년 6월에 초판이 출간되었다. 벌써 11년이 훌쩍 지났다. 11년이 지나는 동안 본서는 6번이나 개정되었다. 이론의 변화는 크게 없었으나 현실 세계는 끊임없이 변했기 때문이다. 변화된 현상을 최신화하기 위해 나름대로 최선을 다했다. 그러다 보니 제6판을 넘어 이제는 제7판을 세상에 내놓게 되었다. 무거운 책임감과 함께 감사한 마음을 많이 가진다. 여전히 많은 대학교에서 본 저서를 교재로 사용하고 있어 더욱 그렇다. 제7판은 저서의 제목을 『국가안보: 위협과 취약성의 딜레마』에서 『국가안보론: 위협과 취약성의 딜레마』로 바꾸었다. 후자의 제목이 독자들에게 더 친숙할 것으로 생각했기 때문이다.

본 저서는 국가안보에 대한 보편적 성격의 이론서에 가깝다. 본 저서는 국가안보에 대한 위협을 줄이고 취약성을 줄이기 위한 개별 국가의 정책에 초점을 맞춘 것이다. 한국안보에만 초점을 맞춘 저서가 아니라는 뜻이다. 따라서 한국안보의 취약성이 무엇이고 한국안보의 위협이 무엇이며 이를 극복하기 위한 정책이 무엇인지를 탐구해 보는 별도의 저서도 필요하다. 사실 저자는 2019년에 동료 교수와 함께 『한국안보: 위협과 취약성의 딜레마』(파주: 법문사, 2019)라는 저서를 발간했다. '위협과 취약성의 딜레마'라는 부제(副題)는 의도적으로 『국가안보론: 위협과 취약성의 딜레마』라는 부제와 똑같이 만들었다. 그러나 그 내용은 제1장을 제외하고는 완전히 다르다. 한국안보를 제대로 이해하기 위해서는 본 저서와 함께 『한국안보: 위협과 취약성의 딜레마』도 일독하기를 권한다.

****

11년여의 세월이 흐르는 동안 필자의 신상에도 많은 변동이 있었다. 집필 당시에는 국방대학교 안보대학원 교수 겸 안보문제연구소 소장으로 재직했다. 퇴임 직전에 성신여대 교양학부 초빙교수로 자리를 옮겼다. 성신여대에서는 매 학기 국가안보론, 북한학, 무기체계론 등 3과목을 강의했다. 성신여대 퇴임 후에는 한국군사문제연구원으로 자리를 옮겼다. 의도적인

구직은 아니었지만 한국군사문제연구원의 전문연구위원으로 연구를 지속할 수 있다는 것은 큰 행운이었다. 현재는 전문연구위원으로 활동하면서 경희대학교 평화복지대학원에서 학기별로 국가안보론과 국제관계론을 강의하고 있다.

지난 5년 동안 아들 부부와 손자 및 손녀와 함께 살았다. 이제 필자의 곁을 떠나 독립한다. 아쉬움이 많이 남는다. 손자 김지운과 손녀 김지아와 충분히 놀아주지 못했기 때문이다. 아내의 아쉬움은 필자보다도 훨씬 크다. 훗날 할아버지가 서재에 머물렀던 이유를 이해할 것으로 기대해 본다. 이런 기대를 모아 손자 김지운과 손녀 김지아에게 이 책을 헌정한다. 제7판을 성원해 준 법문사 관계자 여러분에게도 진심으로 감사드린다.

2022년 1월
위례 연구실에서
저자 김 열 수

제6판을 내면서

투키디데스의 함정(Tuchididdes Trap)이란 신흥 강대국이 부상하면 기존의 패권국가가 이를 두려워하게 되어 이 과정에서 전쟁이 발발한다는 뜻이다. 그리스의 역사가 투키디데스가 기술한 펠로폰네소스 전쟁(Peloponnesian War: BC 431~404)에 그 연원을 두고 있다. 이 전쟁은 당시 패권국인 스파르타가 급격히 부상하던 아테네를 견제하기 위한 결과였다. 투키디데스의 함정은 전쟁의 원인을 밝히는 면에서도 중요한 의미를 갖지만 전쟁의 결과에 대한 교훈도 중요한 의미를 갖는다. 패권국 스파르타가 신흥 강대국 아테네에게 승리하긴 했지만 결국 스파르타도 몰락의 길을 걸었기 때문이다.

투키디데스의 함정이 오늘날 미중 관계를 설명하는 유용한 도구로 사용된다. 중국의 도전과 미국의 견제가 2300여년 전 아테네의 부상과 스파르타의 두려움과 많이 닮았기 때문이다. 엘리슨(Graham Allison)은 지난 500년간 신흥 강대국의 부상으로 기존 패권국과 충돌한 사례 16가지를 분석한 결과 그 중 12개 사례는 전쟁으로 귀결되었고 4개 사례만이 전쟁을 피할 수 있었다고 했다. 그는 신흥 강국과 기존 패권국 사이의 전쟁 확률이 75%에 이른다는 것을 『예정된 전쟁(Destined for War)』이라는 저서를 통해 밝히고 있다. 현재 미국과 중국도 이런 예정된 경로를 따라가고 있는데 이를 피하기 위한 다양한 노력을 해야 투키디데스의 함정을 피할 수 있다고 했다.

그러나 현재 미국과 중국의 관계는 오히려 긴장 국면으로 치닫고 있다고 해도 과언이 아니다. 2018년 하반기부터 시작된 미중 간의 관세 폭탄이 곧 타협점을 찾아 진정되리라 기대했지만 이런 기대는 물거품이 되고 있다. 오히려 관세 폭탄이 무역 전쟁으로, 무역 전쟁이 첨단기술과 통화 전쟁으로, 그리고 패권 경쟁으로 비화하고 있기 때문이다.

이런 현상은 경제 분야에서만 일어나고 있는 것이 아니다. 안보분야에서도 일어나고 있다. 미국은 중국 정부가 야심차게 추진하고 있는 일대일로(一帶一路)에 맞서 자유롭고 개방된 인도－태평양 전략을 추진하고자 한다. 중국은 2019년 4월 베이징에서 150여 국가 및 90여 국제기구 인원 5,000여명이 참석하는 제2차 일대일로 정상포럼을 성대히 개최했다. 37개국의 정상들도 참석했다. 해양과 육지에서 21세기 실크로드를 구축하겠다는 중국의 일대일로에 대응하기 위해 미국은 인도－태평양 전략으로 이를 견제하고자 한다. 트럼프 대통령은 2017년 가을, 베트남에서 개최된 G20 회의에서 인도－태평양 전략을 간단하게 언급했다. 미－일－호주－인도를 연결하는 다이아몬드 협력을 통해 자유롭고 개방된 인도양－태평양이 되도록 노력하겠다는 것이었다. 이때까지만 하더라도 미국의 인도－태평양 전략은 뜬구름 같았다. 그러나 2019년 6월, 미국 국방부가 「인도－태평양 전략 보고서(Indo－Pacific Strategy Report)를 발표하자 전략의 목표, 수단, 방법들이 구체적인 모습을 띠게 되었다. 외교, 경제, 군사적 수단을 동원하여 부상하는 중국을 견제하겠다는 것이 핵심이다. 동맹 및 파트너들과 어떤 분쟁에 대해서도 승리할 수 있도록 준비(Preparedness)하고 또 기존의 동맹 및 새로운 파트너들과 강력한 파트너십(Partnerships)을 유지하며 지역 내의 각종 요소들과 네트워크(Networked Region)를 강화해 나가겠다는 것이다.

스파르타와 아테네도 주변의 도시국가들에게 줄서기를 강요했듯이 미중의 긴장이 높아지게 되면 미국과 중국도 주변국들에게 줄서기를 강요할 것이다. 수많은 나라들이 선택의 기로에 서게 될 것이다. 한국도 예외는 아닐 것이다. 한국의 경우, 미국 없는 한국 안보를 생각할 수 없듯이 중국 없는 한국 경제를 생각할 수 없는 것이 현실이다. 취약성을 감소시키는 방향으로 정책을 수립해야 할지, 또는 위협을 감소시키는 방향으로 정책을 수립해야 할지가 관건이다. 전개되는 상황이 비관적일수록 오늘보다는 내일을 위한 원칙 수립과 지혜가 필요하다. 이 저서를 통해 미래에 대한 전망과 혜안이 함양되기를 기대한다.

초판이 발간된 지 벌써 10년이 다 되었다. 10년 동안 6번의 개정판을 낼 수 있었으니 필자로선 행복하다. 물론 그 책임감도 크다. 본 저서가 국가안보에 대한 보편적 성격의 이론서라고 한다면 북한의 위협과 이에 대한 한국의 취약성에 초점을 맞춘 특수한 성격의 정책서도 필요하다. 이에 저자와 동료교수는 『한국안보: 위협과 취약성의 딜레마』(파주: 법문사, 2019)를 공저했다. 두 저서가 상호보완적인 성격을 지니고 있어 국가안보에 관심이 많은 분들한테는 일정 부분 도움이 되리라 생각한다. 제6판을 성원해 준 법문사 관계자 여러분에게 감사드린다.

2019년 7월
삼성동 연구실에서
저자 김 열 수

제5판을 내면서

지구촌 전체가 초불확실성의 시대(The Age of Hyper-Uncertainty)로 접어들고 있다. 켈리포니아 주립대(어바인)의 아이켄그린(Barry Eichengreen) 교수가 오늘날의 국제정세를 이렇게 규정했다. 러시아와 중국에 이어 미국에서도 강력한 지도자가 등장함으로써 강대국들의 지도자들이 온통 스토롱 맨(strong man)으로 가득 찼다. 이들은 국제규범, 국제법, 질서 등의 용어 대신에 국가이익이라는 단어를 입에 달고 산다. 이러니 오늘날의 국제정세가 불확실할 수밖에 없다.

2016년 연말에 갑자기 스토롱 맨(strong man)이라는 단어와 철권 외교(Iron-fist Diplomacy)란 말이 유행한 것도 우연한 일이 아니다. 파이낸셜 타임스(FT)가 세계의 주요 지도자들의 성향을 이렇게 분석했다. 스트롱 맨이란 말 그대로 강한 사람을 의미하는 것이고 철권(鐵拳) 외교란 쇠주먹을 휘두르는 외교란 뜻이다. 결국 강대국들의 지도자가 모두 스트롱 맨의 기질을 가지고 민족주의에 기반한 강력한 외교적 리더십을 행사하는 것을 말한다. 이들이 초불확실성 시대를 촉진하고 있는 셈이다.

트럼프 대통령은 위대한 미국의 재건을, 시진핑 주석은 위대한 중화민족의 부흥을, 러시아는 강력한 러시아 건설을, 그리고 일본은 새로운 일본 건설을 목표로 철권 리더십을 발휘하고 있다. 국가이익을 중심에 두고 강대국들의 첨예한 경쟁이 지속되는 가운데 북한의 김정은은 핵미사일 위협을 높여가고 있다. 불확실성을 가중시키는 또 하나의 변수다.

불확실한 미래를 생각하면 가장 먼저 고려해야 하는 것이 바로 국가의 생존이다. 그래서 정책적 의미에서의 국가안보란 "국가이익을 보존하고 향상시키기 위해 국내외의 위협을 감소시키고 취약성을 감소시키는 행위"를 말한다. 지극히 간단해 보이는 이 정의가 부족하여 500페이지 가까운 설명서가 필요했다. 그 설명서가 바로 이 책이다.

초판이 출간된 지 벌써 7년이 지났다. 판수가 거듭되는 사이에 쇄수도 늘어났다. 15쇄 정도는 된 것 같다. 쉽지 않은 내용임에도 이만큼 사랑받았으니 독자들에게 감사할 뿐이다. 제5판을 독촉해 준 법문사 관계자 여러분에게도 감사드린다.

2017년 7월
성신여대 연구실에서
저자 김 열 수

제4판을 내면서

정책적 의미에서의 국가안보란 "국가이익을 보존하고 향상시키기 위해 국내외의 위협을 감소시키고 취약성을 감소(즉, 위협에 대응할 수 있는 능력의 향상)시키는 행위"이다. 국가이익의 보전에만 초점을 맞추게 되면 국가안보는 수동적이고 현상유지적인 측면이 있다. 그러나 국가이익의 향상에 초점을 맞추면 국가안보는 적극적이고 미래지향적인 측면이 있다. 따라서 국가안보란 국가이익을 지키기도 해야 하지만 개척도 해야 된다.

사실 어느 국가이든 국내외로부터의 위협은 있다. 한국의 경우, 외부로부터는 주로 영토, 주권, 국민에 대한 위협이 있고 내부로부터는 종북 세력에 의한 이념적 위협 등이 있다. 외부위협으로는 한국에 대한 침략 위협, 독도 영유권 및 이어도 관할권에 대한 위협, 식민 역사 및 고구려 역사 주권에 대한 위협, 해외동포들에 대한 현지인들의 차별, 해외 여행객들에 대한 테러 위협 등이 있다. 내부 위협으로는 한국의 헌법 정신에 반하여 북한 이데올로기나 북한 체제를 선호함으로써 민주주의 체제를 흔들려는 위협 등이 있다.

한국의 경우, 이런 위협에 대응할 수 있는 능력이 부족한 것이 사실이다. 부족한 능력을 메우는 것이 바로 취약성을 감소시키는 정책이다. 위협을 줄이고 취약성도 줄이면서 국가이익을 확대하는 것이 국가안보이다. 국가이익을 지킨다는 것은 어렴풋이 떠오르는데 국가이익을 향상시킨다는 것은 딱히 떠오르지 않을 수도 있다. 그러나 FTA체결을 통한 경제 영토의 확대와 한류의 세계화를 통한 문화 영토의 확대 등을 생각해 보면 된다. 물론 주변국 역사에 대한 공동 연구나 북한과의 대화와 협력도 국가이익을 향상시킬 수 있는 기회의 창을 더 많이 확보할 수 있다는 차원에서 국가이익의 향상과 관련된 정책이 될 것이다.

이 책은 한국안보에 초점을 맞춘 것이 아니라 위협을 줄이고 취약성을 줄이고자 하는 국가들의 일반적인 안보론에 초점을 맞추고 있다. 그러나 일반론 속에서 한국 안보를 위한 고민들을 충분히 도출해 낼 수 있을 것으로 본다.

제4판 개정판은 목차는 그대로 둔 채 본문 내용을 일부 수정하고 각종 현황을 최신화하는 데 그쳤다. 제4판 개정판이 나올 수 있도록 성원해 준 독자들의 사랑에 대해 무거운 책임감과 함께 감사를 드린다.

2015년 7월
성신여대 연구실에서
저자 김 열 수

제3판을 내면서

『국가안보: 위협과 취약성의 딜레마』 초판이 출판된 지 3년이 지났다. 2011년에 제2판 개정판이 출판되었지만 최근 2년 사이에도 안보환경이 많이 변했다. 남북한은 물론 한반도 주변에 있는 국가들의 지도자가 교체되었거나 또는 새로운 임기를 시작했다. 통상 새로운 지도자들은 전임 지도자들과 구분되기를 원하기 때문에 전임자들과는 조금 다른 정책을 추구하기 마련이다. 국가안보에 대한 정책 추진도 그러하다. 그럼에도 불구하고 모든 국가의 지도자들이 동일하게 추구하는 것이 있다. 바로 세계적 · 지역적 차원에서 변화하고 있는 안보환경을 자국에게 유리하게 전개시키고자 하는 노력이다.

중국은 개혁개방 이후 30년 넘게 불균등 성장(uneven growth)을 통해 드디어 GDP면에서 일본을 3위로 밀어내고 G2로 등장했다. 2030년을 전후하여 미국의 GDP를 추월할 것이라는 전망도 많다. 중국은 창고에 쌓여 있는 외환보유고를 바탕으로 '자주 국방'에 매진하고 있다. 도련선(chain of islands)을 태평양으로 넓히고 있으며 자원 및 수송 거점을 확보하기 위해 진주목걸이 전략(string of pearls)을 통해 인도양으로 진출하고 있다. 10년 넘게 대테러 전쟁을 수행하기 위해 중동과 중앙아시아에 매몰되어 있었던 미국이 뒤늦게 아시아에 다시 관심을 가지기 시작(Pivot to Asia)했다. 미국은 중국의 이런 전략을 반접근/접근거부(AD/AC) 전략으로 명명하고 이에 대응하기 위한 전략에 부심하고 있다. 기존 동맹을 강화하고 미얀마 · 라오스 등 미수교국을 끌어안으면서, 동맹 관계에 있지 않았던 국가들과도 안보 및 군사 협력을 강화하기 시작했다. 동아시아에서 거대한 체스판이 벌어지고 있는 것이다.

국가이익을 지키기 위해 일본도 중국과의 '소패권 전쟁'에 뛰어들었다. 일본은 침략의 역사, 위안부의 강제 동원 역사 등을 왜곡하고 센카쿠 제도/댜오위다오를 분쟁지역화하면서 일본인의 민족주의를 자극하기 시작했다. 추락한 국가 위상에 대한 반성과 외부 위협을 필요이상으로 과대포장하면 편협한 민족주의가 기승을 부리게 된다. 일본식 민족주의가 소패권 전쟁에 대비해 헌법을 바꾸고 군비를 확장하는 데 기여할 것으로 판단한 것 같다. 현재의 일본은 한국과 중국을 밀어내면서 미국이라는 동맹에 더 가까이 다가가고 있는 모습이 뚜렷하게 나타나고 있다.

2011년 말 3대 세습으로 등장한 김정은 체제는 국제사회의 기대와는 달리 장거리 미사일과 제3차 핵실험까지 단행했다. 국제사회가 유엔 안전보장이사회 결의안을 통해 북한에 대한 제재를 강화하자 북한은 한국과 국제사회에 대한 위협은 물론, 차마 글로 옮길 수 없을 정도의 말 폭탄까지 쏟아내었다. 이런 환경이 조성되자 평화로운 통일 염원은 꿈의 영역에 속하게 되었다. 수많은 도발로 정전체제 마저 흔들리고 있는 상황에서 통일 독일과 같은 통일의 현실화는 먼 나라, 먼 미래의 일로 여겨지고 있다. 3대 세습체제를 지키는 것이 한반도의 평화와 번영을 지키는 것보다 우선순위가 더 높은 것이다. 핵무기를 비롯한 '비대칭 전력'을 강화하는 이유가 바로 여기에 있다.

탈냉전 20년이 경과하면서 세계는 '협력의 피로 현상'에 빠져들고 있다. 협력은 서로가 서로에 대해 일정한 양보를 전제해야 가능한 데 아무도 양보하려 하지 않으니 협력이 들어설 공간이 좁아지고 있는 것이다. 위기 극복이 쉽지 않은 지구촌 차원의 경제가 협력을 더 어렵게 만들고 있다. 협력이 활성화되어야 위협을 감소시킬 수 있는데 갈등이 그 자리를 차지하게 되니 서로가 서로에 대해 느끼는 위협은 커질 수밖에 없다.

안보환경이 가장 급변하는 곳이 바로 동아시아이다. 안보환경이 부정적으로 변할수록 안보협력이 들어설 자리도 좁아진다. 동아시아에도 다양한 안보협의체가 존재한다. 그러나 유럽의 안보협의체에 비해 성숙도도 낮고 안보협력을 위한 특별한 결론도 도출하지 못하고 있는 실정이다. 동아시아의 안보협의체들이 '말의 잔치(Talk shop)'로 변해가고 있는 것이다. 이런 환경이 조성되면 문제해결을 위해 집단적으로 노력하거나, 안보협력을 강화하거나, 또는 군비통제에 관심을 가질 국가는 없다. 이것이 세계적 차원의 흐름과는 달리 동아시아에서 가장 격렬한 군비경쟁이 일어나고 있는 이유이다.

탈냉전 20년의 안보 정책은 주로 위협을 줄이는데 방점을 두거나 또는 위협과 취약성을 적절히 줄이는 정책을 추진해 왔다. 수많은 경제 통합체와 다자안보협력 레짐들이 생겨났고 이로 인해 상대방으로부터의 위협은 현저히 줄어들게 되었다. 그러나 경제 및 안보환경의 변화로 인해 현재와 가까운 미래에는 위협을 감소시키는 정책보다 취약성을 감소시키는 정책을 더 선호할 가능성이 있다. 세력전이(power shift)가 가시화되고 있는 안보환경 속에서, 상대방의 위협을 감소시키는 것이 어렵다는 판단 하에 자신의 취약성 감소에 매진하는 것이 합리적이기 때문이다. 이렇게 되면 군사력 건설을 통해 자주국방을 추진하거나, 동맹 강화를 통해 안보를 담보받고자 하거나, 또는 세력균형을 위해 노력하게 될 가능성이 높아진다.

****

『국가안보: 위협과 취약성의 딜레마』는 안보를 위해 국가들이 어떤 정책을 취하는지에 대한 역사 속의 경험들을 재구성한 것이다. '역사 속의 경험들'이 어느 정도 일반성을 띠게 되면 추상성의 수위가 조절되어 이론화된다. 『국가안보: 위협과 취약성의 딜레마』는 기존의 이론을 재구성한 것일 뿐 새로운 이론을 수립한 것이 아니다. 위협을 줄이자니 상대방으로부터의 배반이 두렵고, 취약성을 줄이자니 안보딜레마와 국방의 딜레마에 빠질 수밖에 없는 국가의 고민을 정리한 것이다.

'위협과 취약성의 딜레마' 속에서도 국가는 정책을 선택하고 이를 추진해야 한다. 그러나 잘못된 선택이 국가의 운명을 뒤바꾼 역사적 사례도 많기에 정책 선택에 신중을 기해야 한다. 이것이 본 저서의 최초 집필 의도이기도 하다. 그래서 제3판 개정판에서도 저서의 구성은 그대로 둔 채 일부 내용만을 수정하는데 그쳤다. 안보 개념과 연구 동향, 그리고 국가를 다루는 제1, 2부는 거의 수정하지 않았다. 그러나 국가안보를 위한 구체적인 정책을 다루는 제3, 4, 5부와 토론 주제도 일부 수정하였다. 내용을 추가 및 수정하기도 했으며 데이터를 최신화하기도 했다. 새로 수정된 '토론 주제'를 통해 현실의 안보 환경을 진단하고 대안을 마련할 수도 있을 것이다.

'국가 안보'란 중요한 주제임에는 틀림없다. 그렇다고 이것이 넓은 독자층을 확보한다는 말과 등치시킬 수 있는 것은 아니다. 사실 지루하기 그지없는 주제이기 때문이다. 그럼에도 불구하고 『국가안보: 위협과 취약성의 딜레마』가 짧은 기간 안에 제3판이 나올 정도로 독자들로부터 많은 사랑을 받았다. 무거운 책임감과 함께 감사를 드린다. 제3판을 독촉해 준 법문사의 임직원 여러분께 감사드린다.

2013년 7월
성신여대 연구실에서
저자 김 열 수

제2판을 내면서

2011년 6월 필자는 동료 교수로부터 뜻밖의 축하 인사를 받았다. 「국가안보: 위협과 취약성의 딜레마」가 2011년 문화체육관광부의 우수학술도서로 선정되었다는 것이다. 기쁘기도 했지만 책임감도 이에 못지 않았다.

한국 사회에서 전문서적이 판수를 거듭한다는 것은 정말 어렵다. 더군다나 이 책은 국가안보를 다루고 있어 쉽게 읽혀지는 것도 아니다. 좀더 정확하게 표현하자면 딱딱하기 그지없다. 그래서 독자층이 많을 수 없다. 그럼에도 불구하고 제2판을 찍을 정도로 많은 독자들이 이 책을 구매해 주었다. 이분들에게 정말 감사드린다.

이 책이 출간된 이후 작년 가을학기와 올해 봄 학기에 수업을 하면서 수강생들과 많은 씨름을 했다. 내용에 대한 논쟁뿐만 아니라 표현력에 대한 논쟁도 있었다. 수많은 오탈자와 특정 사건에 대한 사실 여부(특히 연도 표시 등)로 인해 필자의 얼굴이 붉어진 것이 한 두 번이 아니었다. 그래서 우수학술도서로 선정된 것이 부끄러웠다. 인내를 가지고 읽어주신 독자들에게 다시 한 번 감사 드린다.

봄 학기가 끝난 후 제1판을 일부 수정했다. 물론 큰 틀을 바꾸거나 또는 장절을 바꾼 것은 아니다. 자료를 최신화했고 문장을 수정했으며 오탈자 등을 수정했다. 토론 주제도 일부 수정했고 더 읽으면 좋은 글도 일부 수정했다. 그럼에도 불구하고 많은 허점들이 발견될 것이다. 독자들의 따끔한 질책을 기대한다.

2011년 7월

국방대학교 연구실에서

저자 김 열 수

책머리에

젊은 처녀가 밤길을 걸을 때와 건강하고 무도로 단련된 젊은 청년이 밤길을 걸을 때 그들이 느끼는 불안의 강도는 다르다. 당연히 젊은 처녀가 훨씬 더 많은 불안감을 가질 것이다. 왜 그럴까? 젊은 처녀는 누군가로부터 위협을 당할 수 있다고 생각할 것이고, 젊은 청년은 위협을 당해도 이를 능히 이겨낼 수 있다고 생각할 것이기 때문이다. 결국 불안의 강도는 위협을 얼마나 대처할 수 있는가 하는 나의 능력과 직결된다.

국가가 불안한 이유도 이와 다르지 않다. 우선 나를 위협하는 국가들이 존재하기 때문이고, 그 다음에는 이런 위협에 대응할 수 있는 나의 능력 부족, 즉 취약성이 존재하기 때문이다. 이런 환경 속에서 국가가 생존하고 번영하려면 어떤 일을 우선적으로 해야 할까? 당연히 위협을 줄이거나 또는 취약성을 줄이는 정책을 추진해야 할 것이다. 위협을 줄이는 것은 내 마음대로 하지 못한다. 상대방의 협조가 있어야 하기 때문이다. 따라서 위협을 줄이지 못할 경우 우선 내 취약성부터 줄여야 한다. 취약성을 극복하기 위해 국가들은 자신의 능력을 키우려 노력하게 된다. 이렇게 하기 위해서 국가들은 군비를 증강하거나 동맹을 체결하거나 또는 세력균형을 위해 노력하게 될 것이다.

취약성을 줄이기 위해 국가 스스로가 가장 쉽게 추진할 수 있는 것이 자주국방이다. 그러나 자주국방을 통한 군비증강은 오히려 인접국의 군비증강을 자극하는 결과를 초래하게 된다. 이렇게 되면 인접국의 군비증강이 다시 자신에게 위협으로 되돌아오게 된다. 취약성을 극복하기 위해 자주국방을 하다 보면 오히려 더 안보 위협이 커지는 상황이 발생하는데, 이것이 바로 안보 딜레마(security dilemma)이다. 또한 한정된 국가 자원을 군비증강에 많이 투자하다 보면 사회 복지 분야나 경제 분야에서의 취약성이 증가하여 오히려 국가안보가 전반적으로 더 취약해지게 되는 모순에 빠지게 된다. 구소련 제국이 몰락한 것도 과도한 군비증강 때문이었다. 국방비를 증가시켜 과도한 자주국방을 추구하다 보면 오히려 국가 전체적으로 안보가 취약해지는 상황이 발생하는데, 이것을 국방의 딜레마(defense dilemma)라고 한다.

동맹을 체결하면 나의 취약성을 어느 정도 줄일 수 있다. 나의 모자라는 능력을 빌려 쓸 수 있기 때문이다. 그러나 동맹도 동맹국으로부터 안보를 지원받는 대신 국가의 자율성이 손상당하는 딜레마가 있다. 또한 동맹국들이 서로 원하지 않는 전쟁에 연루되거나 또는 최악의 경우 상대방으로부터 동맹이 포기될 수 있는 딜레마도 있다. 취약성을 감소시키기 위해 동맹을 체결해야 하지만 동맹 체결과 동시에 발생하는 딜레마, 즉 동맹의 딜레마(alliance dilemma)가 생기게 된다.

또한 15세기 말부터 19세기까지 어느 정도 적실성을 가졌던 강대국들간의 세력균형이 오늘날의 지구적 환경에서도 여전히 효력을 갖고 있는지에 대해 강한 의문이 제기되고 있다. 오히려 세력균형이 더 전쟁의 위험을 가져다 줄 수 있다는 주장이 설득력을 얻고 있기 때문이다. 패권 추구가 취약성을 줄일 수는 있을 것이다. 그러나 불만족 세력들은 세력균형을 원할 수도 있다. 이렇게 되면 세계적 차원의 군비경쟁이 일어나게 된다. 이것을 세력균형의 딜레마(balance of power dilemma)라고 불러도 될 것이다. 물론 세력균형이나 패권 추구는 강대국들이 추구하는 국제질서에 대한 접근방법이다. 그러나 이런 소수의 국가를 제외한 대부분의 국가들은 전개되고 있는 현재와 미래의 국제질서를 눈여겨보면서 이에 적응해야만 한다.

취약성을 감소시키는 정책들은 끝없는 딜레마를 야기한다. 따라서 취약성 감소보다는 위협을 감소시키거나 완화시키는 방법을 찾아야 한다. 위협이 줄어들면 취약성도 줄어든다. 또한 위협이 줄어들면 전쟁의 가능성과 그 결과의 참혹성도 훨씬 줄어들 수 있다. 갈등의 딜레마를 벗어날 수도 있고 국가의 자원이 경제발전이나 복지 분야로 사용될 수도 있다. 그러나 위협을 줄이기 위해서는 필수적인 전제 조건, 즉 상대방의 협조가 있어야 한다. 상대방의 협조를 전제로 위협을 감소시키기 위한 방안으로는 집단안보, 군비통제, 그리고 통합 등이 있다.

집단안보는 특정국가가 평화를 파괴하거나 다른 국가를 침략할 경우에 모든 회원국이 단결하여 이를 응징한다는 개념이다. 따라서 집단안보 체제의 존재는 다른 국가를 무력으로 위협하고자 하는 침략국의 의지 자체를 감소시킬 수 있다. 그러나 평화를 파괴한 국가에 대한 의견의 불일치, 회원국의 단합되지 못한 행동, 그리고 상임이사국의 거부권 등으로 인해 집단안보의 작동성과 효율성 자체가 여전히 의문으로 남아있다.

상호 합의를 통한 군비통제도 위협 감소 방안 중의 하나이다. 핵무기를 포함한 대량살상무기에 대한 통제, 재래식 무기에 대한 통제, 그리고 상대방 군사력의 운영에 관한 통제까지도 가능하다면 위협은 확실히 줄어들 것이다. 그러나 군비통제는 조약의 내용을 우회하고자 하는 개별 국가의 노력을 일일이 추적할 수도 없고 사찰이나 검증에도 한계가 있다. 또한 국제적인 군비통제 조약에 가입하지 않는 국가에 대한 제재 방법이 제한적이라는 단점이 있다.

통합은 가장 확실한 위협 감소 방안이다. 물론 통합의 수준에 따라 위협은 달리 나타날 수 있다. 분야별 통합이냐 또는 국가의 통일이냐에 따라서도 다르고 통합의 수준에 따라서도 다르다. 서로를 위협하는 두 정치체가 하나의 국가로 통일된다면 적어도 상대방 정치체로부터의 위협은 근본적으로 사라진다는 측면에서 통일은 가장 완벽한 위협 제거 방법이다. 완전한 경제 통합 그리고 중간 정도의 정치 통합의 형태를 띠고 있는 유럽연합(EU)은 적어도 회원국들 간의 위협은 거의 제거되었다고 볼 수 있는 반면, EU를 지향하고 있는 아프리카연합(AU)의 경우 위협은 여전히 존재한다고 봐야 할 것이다. 지역 통합이 국제질서의 큰 흐름이긴 하지만 이것이 제국의 모습으로 나타나 지역 간 갈등으로 나타날지 또는 제국의 해체로 나타날지에 대해서는 아직 예단하기 어렵다. 그러나 분명한 것은 지역 통합의 과정이 역내 국가들 간에 위협을 현저히 감소시킬 것이라는 점이다.

상대방의 협조를 전제로 하는 위협 감소 방안은 국가의 자율성을 상당히 훼손시킬 수 있다. 조약에 가입하는 순간부터 주권을 상당히 많이 양보해야 하기 때문이다. 그렇다면 서로 협력하여 주권의 일부만 양보하고 '적절한' 수준으로 위협을 감소시키면서 '적절한' 수준으로 취약성도 감소시킬 수 있는 방안은 없을까? 다자안보협력이 이 방안에 해당될 수 있다. 다자안보협력은 상대방의 안보를 인정해야 나의 안보도 담보될 수 있다는 공동의 인식, 상호 신뢰가 쌓여야 서로의 위협을 감소시킬 수 있다는 인식, 그리고 테러리즘, 인권 침해 등 초국가적 위협에 대해서는 어느 한 국가의 힘만으로는 대처할 수 없다는 인식이 공유되어야 가능하다. 동서 유럽을 아우르는 유럽안보협력기구(OSCE), 아세안지역포럼(ARF), 그리고 국제사회가 전개하고 있는 각종 평화활동(PO) 등이 다자안보협력의 결과물들이다. 협력이 습관화되고 제도화되면 서로의 위협은 상당히 줄어들 수 있고 이에 따라 취약성도 어느 정도 줄어들 수 있을 것이다.

어떤 하나의 정책만으로는 국가의 안보를 담보할 수 없다. 대부분의 국가들은 통상 위협을 감소시키는 정책 중의 일부, 그리고 취약성을 감소시키는 정책 중의 일부를 선택하여 자국의 안보를 담보하고자 노력한다. 또한 다자안보협력을 통하여 위협과 취약성도 어느 정도 감소시키는 정책을 추진함으로써 안보를 담보하고자 한다.

한국은 자주국방을 추진하면서 미국과 군사동맹을 체결하고 미국에 편승함으로써 취약성을 줄이려는 정책을 추진하고 있다. 한편, 한국은 집단안보를 제공받을 수 있는 집단안보체제의 회원국이자 국제사회가 추진하고 있는 대부분의 군비통제 조약에 가입함으로써 위협을 줄이려는 정책을 추진하고 있다. 또한 북한으로부터의 위협을 제거하기 위해 평화 통일 정책을 추진하고 있다. 물론 다자안보협력에도 적극적이다. 안보환경의 차이로 각 국가가 추진하는 안보 정책의 방점은 다를 수 있고 정책의 우선순위도 다를 수 있다. 다만 큰 흐름이 있다면, 냉전시대에는 취약성을 줄이는 정책이 선호되었던 반면, 탈냉전시대에는 위협을 줄이거나 또는 위협과 취약성을 '적절히' 줄이는 정책이 채택되고 있다는 점일 것이다.

취약성을 줄이려 노력하다 보면 안보 딜레마, 국방의 딜레마, 그리고 동맹의 딜레마 등 각종 안보의 딜레마에 시달리게 되고, 위협만 줄이려고 노력하다 보면 '배반'의 가능성이라는 위험에 노출된다. 어떤 쪽을 선택해야 할까? 이것이 바로 국가가 직면하는 위협과 취약성의 딜레마이자 본 저술의 주제이기도 하다.

****

불과 20여 년 전만 하더라도 국가안보는 곧 군사안보로 인식되었다. 그러나 탈냉전이 되자 안보라는 용어가 각종 수식어를 달고 홍수를 이루게 되었다. 개략적으로 정리해 봐도, 분야별로는 군사안보 외에도 정치안보, 경제안보, 사회안보, 과학기술안보, 그리고 환경안보라는 용어들이 등장했고, 수준별로는 국가안보 외에도 개인안보, 지역안보, 국제안보 등이 등장했다. 안보 주체별로는 양자안보, 집단안보 외에도 공동안보, 협력안보, 다자안보 등이 등장했고, 안보대상에서는 초국가적 위협에 대응하는 포괄안보가 등장했다. 테러리즘, 마약 및 소화기 밀매, 인신 매매, 불법 이민, 질병, 지구 온난화, 사이버 문제, 재난, 심지어 기아 또는 과잉 인구 등이 안보 쟁점으로 떠올랐다.

용어가 홍수를 이루자 정작 안보의 실체가 무엇인지에 대해서도 무감각해지기 시작했다. 국제안보와 공동안보 및 협력안보와의 구별이 흐려지기 시작했고, 지역적 통합의 추세로 지역안보와 국가안보의 구별도 모호해지기 시작했다. 더군다나 군사안보가 위에서 열거한 수많은 안보 중의 하나인 1/N로 축소되는 경향마저 보이게 되었다.

상태로서의 안보란 '위협이 존재하지 않는 것'이며 정책으로서의 안보란 '위협을 감소시키고 취약성을 감소시키는 행위'이다. 상태로서의 안보가 영원히 현실화 될 수 없는 꿈의 영역에 존재해 있다면 정책으로서의 안보란 꿈을 향해 현실을 조율해 나가는 것이라고 할 수 있다. 따라서 국가안보란 '국가의 안전과 번영을 위해 내외부의 위협을 감소시키고 취약성을 감소시키는 행위'라고 할 수 있다.

국가는 다양한 안보 정책을 추진할 수 있다. 갈등으로부터 연유되는 취약성을 줄이는 정책을 추진할 수도 있고, 협력을 통해 위협을 줄이는 정책을 추진할 수도 있다. 개별 국가들이 어떤 정책에 더 많은 노력을 기울이는가를 면밀히 추적해봐야 각 국가의 안보 정책의 실체를 파악할 수 있다. 이것이 필자가 수많은 안보 수식어를 염두에 두면서도 군사안보에 천착하는 이유이자 이 저서의 집필 목적이다.

****

안보라는 개념 자체가 원래부터 딱딱하고 건조하다. 누구나 쉽게 접근하기 불편하다는 뜻이다. 필자는 이런 점을 유념하면서 누구나 쉽게 읽고 이해할 수 있도록 이 책을 구성하였다. 따라서 이 책은 국가안보에 대한 전문서적이라기보다는 오히려 교양서적에 가깝다. 주석과 참고문헌을 최소한으로 줄였으며 본문 중간 중간에 박스를 이용하여 특정 용어에 대한 해설을 가미하는 형태로 저서를 구성하였다. 특정용어는 본문과 다른 서체로 처리함으로써 독자들의 편의를 도모하였다.

또한 각 장의 제일 뒷면에는 10개 정도의 토론 주제를 제시하였다. 본문을 읽은 후에 후미에 제시된 토론 주제를 중심으로 토론을 전개해 나간다면 사고의 폭이 훨씬 넓어지고 깊어질 것으로 생각한다. 교양 정도로 이 저서를 읽어보는 독자들도 각 장별 제시된 10개 정도의 토론 주제에 대해 나름대로의 답을 제시할 수 있다면 독학의 효과가 있을 것이다. 답은 본문에서 찾을 수 있는 것이 아니라 대부분 독자들의 상상 속에서 찾아질 수 있도록 구성하였다.

'국가안보'라는 주제 대신 '한국안보'라는 주제를 선택하게 되면 구성이 완전히 달라진다. 한국을 중심에 놓고 글을 전개해야 하기 때문이다. 그러나 이 저서는 국가안보에 대한 일반론에 초점을 맞추었을 뿐 한국안보에만 초점을 맞춘 것이 아니다. 한국 안보를 비롯하여 개별 국가의 국가안보는 안보 일반론 속에서 충분히 추론될 수 있다고 본다. 그럼에도 불구하고 이 저서의 제3부 이하에서는 각 장의 마지막 절을 한국 안보와 연계될 수 있도록 구성하였다.

본 저서는 크게 5부 13개장으로 구성되어 있다. 제1부는 국가안보에 대한 개념과 안보 연구 동향을 소개한다. 이것이 제1장과 제2장으로 구성되어 있다. 제2부는 국가와 부문별 안보를 다룬다. '국가'라는 실체를 먼저 이해하기 위해 제3장에서는 국가의 기원, 성격, 구성요소, 형태, 본질 등을 다루고 제4장에서는 국력을 다룬다. 제5장은 정치 · 경제 · 사회 · 군사안보 등 분야별 안보에 관한 것이다. 제3부는 국가의 취약성 감소를 위한 안보 정책을 다룬다. 제6장은 자주국방, 제7장은 동맹, 그리고 제8장은 세력균형으로 구성되어 있다. 제4부는 위협을 감소시키기 위한 안보 정책에 관한 것이다. 제9장은 집단안보, 제10장은 군비통제, 그리고 제11장은 통합으로 구성되어 있다. 제5부는 위협과 취약성을 '적절히' 감소시키기 위한 안보 정책을 다룬다. 제12장은 다자안보협력, 그리고 제13장은 국제사회의 평화 활동으로 구성되어 있다.

안보학을 교양 과목으로 개설한 대학들이 많다. 군사학과를 개설한 대학들도 많다. 그럼에도 불구하고 마땅한 참고 서적이 없는 것이 현실이다. 이것이 필자 스스로 국방대학교와 여러 대학에서 '국가안보론'을 강의하면서 느낀 소감이다. 본 저서를 13개 장으로 구성한 것은 한 학기 15~16주를 고려했을 때 나머지 2~3주 정도는 현재의 국제안보 쟁점이나 국가안보 쟁점을 다루는 것이 바람직하다는 판단 때문이다.

****

이 책을 쓰는 데 큰 도움을 준 서준석 조교와 유영재 조교에게 감사의 뜻을 전한다. 이들은 관련 자료를 수집하고 그림을 그리고 교정하는데 큰 도움을 주었다. 그리고 필자보다 먼저 정치학에 입문한 아내 이혜근과 아버지의 학문을 피해 다른 삶을 살고 있는 아들에게도 감사드린다. 무엇보다도 내가 감사해야 할 분은 법문사 배효선 사장님이다. 한국 출판계의 현실을 고려해 볼때 '국가안보'와 같은 딱딱한 서적은 많은 독자층을 확보하기 힘들다. 그럼에도 불구하고 국가안보를 위해 흔쾌히 출판을 맡아주셨기 때문이다. 이 책은 군데군데 허점이 많이 있는 것도 사실이다. 이 모든 것은 내가 책임져야 할 부분이다.

2010년 6월

수색 퇴계관 연구실에서

저자 김 열 수

차 례

제 1 부 총론: 안보 개념과 연구 동향

제 3 부 취약성 감소와 국가안보

제 4 부 위협 감소와 국가안보

P·A·R·T

01

총론: 안보 개념과 연구 동향

냉전 종식 이후 '안보'라는 용어가 홍수를 이루었다. 전통적 안보의 핵심인 국가안보와 군사안보 대신 개인안보, 정치안보, 그리고 다자안보 등이 오히려 전통적 안보 개념을 압도하기 시작했다. 이로인해 안보 개념에 대한 혼란이 생기기 시작했다. 따라서 안보 개념을 정립할 필요가 있고 또 다양한 안보 개념에 대한 연구 동향을 살펴볼 필요가 있다. 이것이 본 저서의 총론적 성격을 지니고 있는 제1부의 핵심이다.

제1장에서는 안보의 핵심 구성요소인 위협, 취약성, 그리고 국가이익을 개념화한다. 국가가 불안해하는 이유는 자국의 국가이익을 위협하는 다른 국가가 존재하고 있다는 사실과 이런 위협에 대응할 수 있는 나의 능력 부족, 즉 취약성이 크기 때문이다. 위협, 취약성, 그리고 국가이익을 분석함으로써 국가안보의 개념을 정립한다.

제2장에서는 안보연구의 동향을 분석한다. 우선 위협 또는 취약성을 극복하기 위해 어떤 이론들이 동원되며 또 이런 이론들이 대안으로 제시하고 있는 국가안보의 정책이 무엇인지를 도출해 본다. 이를 바탕으로 안보연구가 여타 평화연구나 전략연구와 어떻게 다른지를 구별해 본 뒤, 안보연구의 확대 경향을 의제의 확대, 주체의 확대, 그리고 객체의 확대로 구분해 볼 것이다.

제 1 장 국가의 불안

개 요

탈냉전이 되면서 전통적 위협이 사라짐에 따라 대부분의 국가들은 안전한 세계가 도래할 것으로 생각하였다. 그러나 주변부 세계에서는 여러 가지 원인이 결합되어 분쟁이 일어나기 시작하였고, 대량살상무기의 확산 문제와 테러리즘 공포가 국제사회 전체를 위협하기 시작했다. 또한 지구 온난화로 지구촌 전체가 위험에 처하게 되었을 뿐만 아니라 원인을 알 수 없는 새로운 질병이 국제사회를 공포에 몰아넣기도 했다. 새로운 위협들이 개인으로부터 국제체제 전체에 이르기까지 모든 수준에 영향을 미치기 시작했다. 이로인해 세계는 냉전 시에 비해 오히려 더 불안해졌다.

국제체제의 기본적인 단위인 국가들은 이런 위협들에 대처하기 위해 다양한 정책을 추진하기 시작했다. 전통적 위협이 덜한 국가들은 새로운 위협에 초점을 맞추기 시작했으나, 전통적 위협이 상존하는 국가들은 전통적 위협에 대한 정책과 함께 새로운 위협에 대한 정책도 동시에 추진해야 하는 어려움을 겪고 있다. 한국의 경우, 북한 및 주변국의 전통적인 위협과 새로운 위협에 대응하기 위한 정책을 추진한다는 점에서 그 어려움은 선진국들보다 더 크다.

안보 개념을 정립하기 위해 이와 관련된 많은 용어들이 등장한다. 위협, 불안, 안전, 위험, 능력, 취약성 등이 그 대표적인 것들이다. 이런 용어들에 대한 차이점을 먼저 식별하는 것이 안보 개념을 이해하는 데 도움이 될 것이다. 개인이든, 국가든, 국제체제든 행위주체가 불안을 느끼는 이유는 위협이 존재한다는 사실과 이 위협에 대응할 수 있는 자신이 가지고 있는 능력의 한계, 즉 취약성으로 인해 자신의 이익이 손상될 것이라는 걱정 때문이다.

제1장 '국가의 불안'에서는 불안 또는 안보와 관련된 용어의 차이를 비교해 봄으로써 안보에 대한 개념을 정립하고자 한다. 이를 바탕으로 안보를 구성하는 핵심 개념인 위협, 이익, 그리고 취약성이 안보와 어떤 관계가 있는지를 살펴볼 것이다.[1)]

제1절 안보 개념

1. 위험(danger)과 안전(safety)

사람은 누구나 안전한 환경 속에서 행복을 누리며 살기를 원한다. 국가도 안전한 환경 속에서 번영하기를 희구한다는 점에서 인간과 별반 다를 것이 없다. 안전하다고 해서 사람이나 국가가 행복이나 번영을 항상 누릴 수 있는 것은 아니지만, 안전이 전제되지 않으면 행복이나 번영은 거의 불가능하다. 따라서 행복이나 번영의 최소 조건이 바로 안전이라고 할 수 있다.

위에서의 안전이란 무엇을 의미하는가? 위험으로부터의 안전(safety)을 의미하는가? 또는 위협으로부터의 안전(security)을 의미하는가? 아마 두 가지, 즉 위험과 위협으로부터의 안전을 의미할 것이다. 영어식 표현에서는 잘 구분되는 safety와 security의 의미가 한글로 표현되면 그 뜻이 애매하다. 둘 다 안전으로 번역되어 통용되기 때문이다.

우선 위험(danger)과 안전(safety)의 관계부터 살펴보자. 안전은 위험

---

1) 이 부분은 김열수, "국가안보의 개념화: 위협, 이익, 그리고 취약성," 『교수논총』, 제17권 2호(2009년)의 내용을 일부 수정한 것임.

과 항상 같이 다닌다. 위험으로부터 발생되는 손상으로부터의 자유가 안전이기 때문이다. 위험이란 '좋은 결과를 기대할 수 없는 순전히 초래될 손상'을 말하는 것으로써 해로움이나 손실이 있거나 또는 그런 상태를 의미한다. 손상의 위험은 주로 비의도적인 실수나 기계적 실수, 또는 자연재난으로부터 발생한다. 가스 폭발사고나 건물 붕괴사고 등은 비의도적인 실수의 결과이며, 생명과 재산의 손상을 가져오는 태풍이나 지진 등도 비의도적인 자연현상의 결과이다. 따라서 위험은 기술적, 공학적, 또는 자연적 문제로 발생되는데 이것으로부터 손상을 입지 않는 것을 안전이라고 한다.

제조업 공장, 공사장, 물놀이가 가능한 냇가에 가보면 사람들의 눈에 잘 띄는 곳에 '위험' 그리고 '안전'이라는 표지판이 붙어 있는 것을 볼 수 있다. 이것은 이곳의 작업 공정이나 장소 자체가 위험하니 안전을 잘 지켜서 안전사고가 나지 않도록 하자는 취지의 경고문이다. 공사장이나 공장에서 안전모와 안전화를 착용하는 것도 이런 안전사고에 대비하기 위한 것이다. 따라서 안전은 항상 위험과 같이 다니는 일란성 쌍둥이라고 할 수 있다.

인간이 아무리 조심한다고 하더라도 사고는 나게 마련이다. 그러나 빈도수와 규모는 국가마다 다르다. 선진국일수록 기술적, 공학적 사고는 적게 발생한다. 또한 자연 현상에 노출되는 위험도 선진국이나 후진국이나 똑같지만 선진국일수록 사전 예방과 적절한 대응을 통해 그 손상을 최소한으로 줄인다. 기술적, 공학적, 또는 자연적 현상에 의해 발생하는 사고를 예방하고 대응하기 위해 노력하는 것을 안전관리(safety management)라고 한다.

인위적 사고로 인한 손상이나 자연적 현상에 의한 피해가 대규모로 일어날 수 있다. 삼풍 백화점 붕괴 사고, 성수대교 붕괴 사고, 태풍 매미, 인도네시아의 쓰나미, 고베 대지진, 아이티 대지진, 일본 동부의 대지진 · 쓰나미 · 원전사고 등이 대표적인 사례들이다. 이런 종류의 대규모 손상이 발생하는 것을 재난(disaster)이라고 하고 이를 관리하는 것을 재난관리(disaster management)라고 한다.

위험으로 번역되는 것은 danger만 있는 것이 아니다. risk도 '위험'으로 번역된다. 그러나 그 의미는 매우 다르다. danger(위험)가 '좋은 결과를 기대할 수 없는 순전히 초래될 손상'을 말하는 데 비해, risk(위험)는 '발생 가능한 좋은 결과에 대한 대가로써 감수해야 하는 확률적인 손실'을 뜻한다. 앞에서 서술했듯이 danger는 safety와 같이 사용된다. 그러나 risk는 주로 경제 분야에서 사용된다. 국가 경제주체들이나 또는 기업들이 많이 사용하는 용어가 바로 risk이다. danger에 대처하기 위해서는 안전관리(safety management)를 잘해야 하고 risk에 대처하기 위해서는 위험관리(risk management)를 잘 해야 한다.

2. 위협(threat)과 안보(security)

위험으로부터 발생되는 손상도 있지만 위협으로부터 발생되는 손상도 있다. 위험과 달리 위협이란 '상대방에게 부정적 결과를 가져오도록 하기 위한 의도적인 언행(言行)'을 말한다. 즉, 위험(danger)은 비의도적인 행위의 결과로 손상이 발생하는 데 비해, 위협(threat)은 의도적인 언행을 통해 상대방에게 손상을 입히는 것을 말한다. 심리적 · 물질적 손상이 발생하는 것은 똑같지만 결정적인 차이점은 그것이 의도적이냐 또는 비의도적이냐 하는 것이다. 위험으로부터 자신을 보호하기 위해서는 안전(safety)이 필요하지만, 위협으로부터 자신을 보호하기 위해서는 안보(security)가 필요하다.[2)]

위협은 범죄자, 적국, 초국가적 위협 등 사회적 행위주체(인간 및 인간집단)의 의도적 언행이 손상의 원천인 경우에 발생한다. 즉, 위협은 기술적, 공학적, 또는 자연적 문제로 인해 발생하는 것이 아니라 정치적·군사적·사회적·심리적 문제로 인해 발생한다.[3] 따라서 정치적, 군사적, 사회적, 심리적 문제로 인해 발생되는 위협으로부터 주체를 보호할 필요가 있는데 이를 안보(security)라고 한다. 위협과 안보도 위험과 안전처럼 일란성 쌍둥이인 셈이다. 비의도적인 위험(danger)으로부터 주체를 보호하는 것을 안전(safety)이라고 하고, 의도적인 위협(threat)으로부터 주체를 보호하는 것을 안보(security)라고 한다.

3. 안전(security)과 안보(security)

security를 한글로 번역하면 안전이 되기도 하고 안전보장(안보)이 되기도 한다. 여기서는 이 단어의 번역과 한국에서의 통용 과정을 먼저 살펴볼 필요가 있다. security가 국제관계에서 본격적으로 사용되기 시작한 것은 20세기 이후였다. 국제연맹 규약과 국제연합 헌장에 가장 많이 등장하는 용어가 '국제평화와 안전(international peace and security)'이다. 국제연합 헌장 서문에는 국제연합의 목적을 '국제평화와 안전을(안보를) 유지하기 위하여(to maintain international peace and security)'라고 명기되어 있다. 이 용어를 '안전'으로 번역할 것인가? 또는 '안전보장'으로 번역할 것인가?

일본 학자들에 의해 번역된 이 용어가 한국에서도 그대로 사용되고 정착되는 과정을 거치게 된다. 일본학자들은 security를 안전으로 번역

---

2) 赤根谷達雄·落合浩太郎 편저, 김준섭 역, 안보총서 99호, 『신안전보장론』(서울: 국방대학교 안보문제연구소, 2004), pp. 6-7.

3) 김준섭 역, 위의 책, p. 70.

할 경우, safety(안전)와 혼동된다는 점을 고려했다. 일본은 '재난공화국'이라고 불릴 정도로 지진, 태풍, 화산 등의 위험에 많이 노출되어 있다. 따라서 이런 위험으로부터 손상을 입지 않기 위한 노력을 안전(safety)이라는 용어로 사용하고 있다. 그런데 위협으로부터의 보호를 똑같은 안전(security)이라는 용어를 사용할 경우, 국민들이 혼동할 수 있다는 점을 고려했던 것이다. 따라서 security를 safety와 구별되는 안보로 번역했다. 이런 구분이 한국에서도 그대로 적용되고 있다.

그럼에도 불구하고 security라는 용어가 맥락에 따라 안전이나 안전보장(안보)으로 사용되고 있는 것이 현실이다. 중국에서는 security를 안보로 번역하지 않고 여전히 안전으로 번역하여 사용한다. 이는 아직도 중국에서는 위협과 위험, 안전과 안보의 개념이 미분화되어 있다는 것을 의미한다. 그러나 국제연합 헌장 서문에서 보듯이 security를 안보라고 번역하기보다는 안전으로 번역하는 것이 편할 때가 있다. 상황적 맥락에 따라 security를 안전, 또는 안보로 사용하면 될 것으로 본다.

4. 안보의 어원과 정의

안보는 라틴어의 Securus 또는 Securitas가 그 어원인데, 이것은 se와 cure의 합성어이다. se란 '~이 없다'라는 의미이고 cure란 '근심 또는 걱정'의 의미이다. 따라서 Securus 또는 Securitas란 'free from the care'로써 '근심 또는 걱정으로부터의 자유'를 말한다. 여기서 the는 특정한 근심 또는 걱정을 한정하는 의미로도 사용된다.

사실 근심 또는 걱정은 정치적·군사적·사회적·심리적 위협으로부터 발생되기도 하지만 기술적·공학적·자연적 위험으로부터 생기기도 한다. 이렇게 되면 안보 정의에 대한 또 다른 혼란이 생길수도 있다.

따라서 본 저서에서는 안보를 비의도적인 위험으로부터 발생되는 근심이나 걱정은 제외하고 의도적인 위협으로부터 발생되는 근심이나 걱정으로 한정할 것이다.

국가가 불안한 이유는 다른 국가들이 의도적으로 자신의 국가이익을 위협할 수 있다는 점과 이런 위협에 대응할 수 있는 자신의 능력 부족, 즉 취약성이 크기 때문이다. 상태의 의미에서 안보란 '위협의 부재'이지만, 정책의 의미에서 안보란 '위협을 감소시키고 취약성을 감소시키는 행위'라고 할 수 있다.

이렇게 정의된 안보를 분석 수준에 따라 다양한 수식어를 붙이게 되면 수준별 안보를 구체적으로 정의할 수 있다. 개인수준으로부터 국제수준에 이르기까지 적용이 가능하며 국가 내의 부문별 적용도 가능할 것이다. 즉 개인안보, 국가안보, 국제안보 등으로 구분이 가능하고, 정치안보, 경제안보, 사회안보, 군사안보, 환경안보, 과학기술안보 등으로 구분될 수도 있다는 뜻이다. 외부의 위협으로부터 자신의 이익(인권, 생명권 등)을 지키는 것을 개인안보라고 하고, 내외부의 위협으로부터 국가의 이익(국민, 영토, 주권)을 지키는 것을 국가안보라고 하며, 체제 내부의 위협으로부터 국제체제의 이익(전쟁방지, WMD 확산 방지 등)을 지키는 것을 국제안보라고 한다.

여기에서 중요한 개념 3가지가 등장한다. 즉, '위협, 이익, 그리고 지키는 것'이다. 지키려고 하면 지킬 수 있는 능력, 즉 위협에 대응할 수 있는 능력이 있어야 한다. 그러나 '능력의 향상'은 공격적인 이미지를 풍긴다. 이를 대체할 수 있는 용어가 바로 '취약성의 감소'이다. 즉, 위협에 대응할 수 있을 정도의 능력만 갖춘다는 의미이다(이 부분은 제4절에서 구체적으로 다룰 것이다). 국가안보도 위협, 이익, 취약성이라는 3가지 개념의 일정한 조합으로 정의될 수 있다. 본 저서의 주제이자 저서명이기도 한 국가안보를 정의해 보면, 국가안보란 '국가이익을 보존하고 향상하기 위해 국내외의 위협을 감소시키고 취약성을 감소시키는 행위'이다. 여기서 '국가이익의 보존'뿐만 아니라 국가이익의 '향상'을 적시한 이유는 정책으로서의 국가안보가 국익을 위해 적극적이어야 함을 강조하기 위한 것이다. 또한 '내외부의 위협'을 적시한 이유는 위협이 외부에서만 발생하는 것이 아니라 내부에서도 발생하기 때문이다.

가치의 개념은 너무 추상적이어서 가치보다는 이익이라는 개념이 안보 정의에 더 적절하다고 본다. 이익에 대해서는 제3절에서 구체적으로 다룰 것이며, 위협에 대해서는 제2절에서 다룰 것이다. 안보 개념을 더 정확하게 이해하기 위해 위협-이익-취약성이라는 3가지 개념과 안보 간의 관계를 먼저 고찰해 볼 필요가 있다.

제2절 위협과 안보

1. 전통적 위협

냉전시대 국제관계 연구자들의 안보 주제에 대한 관심은 대부분 국가안보에 집중되었다. 국가안보는 본질적으로, 외부의 위협에 대해 자국의 이익을 보호하는 것과 관련이 있다. 역사적으로 영토의 통합과 주권에 대한 가장 심대한 위협은 적대국가의 군사력으로부터 나왔다. 군대만이 타국의 이익을 심각하게 침해할 수 있는 결정적인 수단이기 때문이다. 따라서 전통적 의미에서의 국가안보는 군사안보와 다를 바 없었다.

앞에서도 서술했듯이 위협이란 상대방에게 손상을 입히기 위한 의도적인 언행이다. 따라서 위협을 가하는 측은 위협을 할 수 있는 능력을 가지고 있어야 하고 또 위협하고자 하는 의도를 가지고 있어야 한다. 전통적으로 위협이 능력과 의도가 결합된 산물로 이해되는 이유도 여기에 있다. 전통주의적 관점에서 보면, 상대방에게 손상을 가할 수 있는 능력은 잠재적 위협국가의 군사력으로부터 나온다.

상대방 국가의 능력 못지않게 상대방 국가의 의도도 중요하다. 왜냐하면 특정한 국가가 능력을 가지고 있어도 그 능력으로 상대방 국가를 위협하지 않으면 안보 문제가 발생하지 않기 때문이다. 한국은 미국이 막강한 군사력을 가지고 있어도 그 군사력으로 한국을 위협하리라고 생각하지 않는다. 또한 한국은 영국이나 프랑스가 군사력으로 한국을 위협할 것이라고 생각하지 않는다. 그 이유는 그들이 한국을 공격할 '의도'가 없으리라고 생각하기 때문이다. 그러나 한국은 북한을 비롯한 한국의 주변 국가들의 의도에 대해서는 확신을 갖고 있지 못하다.

적대국에 대한 위협을 평가할 때는 그 판단 기준이 달라질 수 있다. 왜냐하면 적대국의 능력과 의도를 모두 고려해야 하기 때문이다. 만일 적대국의 군사력은 무시한 채 그 의도만을 호의적인 것으로 판단하여 행동한다면 심각한 안보 문제가 발생할 수 있다. 그 대표적인 사례가 1938년의 뮌헨 협정(Munich Agreement)이다. 따라서 전통적 위협에 대해서는 상대방 국가의 의도 대신 능력만을 보고 이에 대비해야 한다. 의도는 상황에 따라 언제나 바뀔 수 있기 때문이다.

전통적 안보연구는 적대국가의 군사력을 위협의 주요 원천으로 보고 이에 대응하여 자국의 취약성을 감소시키는 방향에 초점을 맞추었다. 이런 연구 경향은 새로운 위협이 부상하고 있음에도 불구하고 여전히 강력한 영향력을 행사하고 있다.

뮌헨(Munich Agreement) 협정

영국 수상 챔벌린(Neville Chamberlain)은 1938년 9월 28일, 또 하나의 세계 대전을 막기 위해 뮌헨에서 달라디에(Edouard Daladier) 프랑스 수상, 히틀러(Adolf Hitler) 독일 총통, 그리고 무솔리니(Benito Mussolini) 이탈리아 총통과 함께 4자회담을 가졌다. 이 회담에서 챔벌린은 체코슬로바키아의 영토와 유럽의 평화를 맞바꾸려고 하였다. 이 회담에서 체코슬로바키아 영토의 1/3에 해당하는 주데텐란트(Sudetenland)를 독일에 떼어주는 대신 히틀러로부터는 "앞으로 모든 국제적 분규는 평화적 방법으로 해결한다"는 약속을 받아내서 이를 문서화하는데 성공했다. 이것이 '뮌헨 협정'이다.

영국으로 귀국한 챔벌린은 귀국 성명에서 "우리 시대의 평화를 가지고 왔다"고 선언했다. 그러나 뮌헨 합의 6개월도 채 되지 않은 1939년 봄, 히틀러는 체코슬로바키아의 나머지 국토마저 무력으로 병합하고 같은 해 9월에는 폴란드를 침공함으로써 제2차 세계대전을 일으켰다.

협정서를 군중 앞에 들어 보이는 챔벌린 수상

2. 위협에 대한 한계 설정

전통적 위협이 여전히 그 위력을 떨치고 있는 가운데서도 새로운 위협에 대한 관심이 증대하기 시작했다. 1970년대의 오일쇼크로 인해 경제 문제가 안보의 대상이 되었고 최근에는 테러리즘, 기후변화, 그리고 질병 등에 대한 관심이 증대되기 시작했다. 냉전의 종식이 새로운 위협에 대해 눈을 뜨게 해 주었던 것이다. 이로인해 제2장에서 논할 안보의 의제들이 확대(broadening the agenda)되기 시작했다.

안보 의제의 확대는 위협의 원천이 군사 분야를 넘어 타 분야로 확대됨을 의미한다. 따라서 위협은 적대 국가의 군사력, 내부의 혁명운동, 대량살상무기의 확산, 테러리즘, 마약 밀매, 인신 매매, 희소자원의 한계, 핵폭발 사고의 가능성, 그리고 국가 통화의 붕괴 등이 될 수도 있다. 그러나 비의도적인 위험과 의도적인 위협을 구분해야 안보연구의 의제를 설정할 수 있다. 위협에 대한 한계 설정이 없다면 모든 것이 안보의 의제가 될 수 있기 때문이다. 따라서 새로운 위협이라고 하더라도 안보 정책을 수립하기 위해서는 위협에 대한 영역을 한정할 필요가 있다.

의도적인 위협과 비의도적인 위험이 안보(security)와 안전(safety)의 경계선이긴 하지만 가끔씩 이 경계선에 혼란이 올 때도 있다. 만약 안보 위협이 인간의 의도가 있는 곳에서만 존재하는 것이라면, 섬 국가인 몰디브나 투발루가 가라앉는 것은 비의도적인 것이기 때문에 위협이 아니라는 결론에 도달할 수도 있다. 또한 1986년 구 소련 공화국이었던 우크라이나의 체르노빌(Chernobyl)에서 발생했던 원자력 발전소의 방사능 누출 사고는 인간의 실수에 의한 비의도적인 것이기 때문에 안보 문제가 아니라고 주장할 수도 있다. 따라서 몇몇 반직관적인(counterintuitive) 한계의 조작은 필요하다.

그럼에도 불구하고 새로운 위협은 비의도적인 인위적 사고나 자연적 현상에 의한 위험을 포함하면 안 될 것으로 본다. 따라서 일상적인 사건 및 사고, 마약, 질병, 그리고 비의도적 결과로 발생한 인위 재난과 자연 재난은 위협에서 제외해야 한다. 이런 것들은 위협과 안보의 차원에서 다룰 것이 아니라 위험과 안전 및 안전관리, 그리고 재난과 재난관리의 차원에서 다루어야 할 것이다. 손상의 위험이 있다고 해서 이를 모두 위협과 안보의 틀 속에서 다루게 되면 정작 중시해야 할 '안보'가 경시될 수도 있기 때문이다.

3. 위협의 강도

특정 위협이 언제 국가안보 문제가 되느냐는 문제는 그 위협의 종류가 무엇이고 해당 국가가 그것을 어떻게 인식하고 있는가에만 달려있는 것이 아니라 그 위협이 작동하는 강도에 의해서도 영향을 받는다.[4)] 위협의 강도를 결정하는 주된 요인은 7가지 정도로 대별된다.

첫째, 위협의 구체성 여부이다. 한국의 경우, 북한 핵 위협과 침략 가능성, 일본의 독도 영유권 주장, 중국의 이어도 관할권 주장, 중국의 동북 공정 등이 구체적인 위협이라고 한다면, 공산주의 이념의 위협이나 테러리즘 등은 포괄적 위협이라고 할 수 있다. 반면, 미국의 경우, 대량살상무기의 확산, 테러리즘 등이 구체적인 위협이라고 한다면, 미국에 대한 재래식 공격 등은 포괄적 위협이라고 할 수 있다.

둘째, 위협의 공간적 근접성 여부이다. 한국과 북한, 인도와 파키스탄, 러시아와 발트해 3국, 이스라엘과 중동 국가 등은 공간적 근접성에 의해 서로가 서로를 위협의 실체로 인식한다고 한다면, 한국과 쿠바, 인도와 이란, 중국과 브라질 등은 공간적 이격성에 의해 서로가 크게 위협을 느끼지 못한다. 비록 공간적 근접성 여부가 장거리 미사일, 장

---

4) 이 항은 Barry Buzan, *People, States, and Fear: An Agenda for International Security Studies in the Post-cold War Era*, 2nd edition(London: Harvester Wheatsheaf, 1991): 김태현 역, 『세계화 시대의 국가안보』(서울: 나남출판, 1995), pp. 164-170의 아이디어를 참고하여 재구성한 것임.

거리 공중 폭격기, 무인 항공기(Drone) 등이 발달함에 따라 그 중요성이 현저하게 떨어지고 있음에도 불구하고 여전히 위협의 강도에 영향을 미치고 있다.

셋째, 위협의 시간적 근접성 여부이다. 위협이 즉각적인 것인가? 또는 시간적으로 멀리 떨어져 있는가? 북한의 남침 위협은 일본의 한국에 대한 군사적 위협보다는 가까이 있고, 다양한 종족으로 구성된 국가 내에서의 분리 독립 운동이라는 위협은 다원주의가 뿌리내린 국가 내에서의 탈퇴보다는 시간적으로 근접해 있다. 또한 핵무기확산금지조약(NPT)에 가입해 있지 않거나 탈퇴한 국가로부터의 핵무기 위협은 그렇지 않은 국가로부터의 핵무기 위협보다는 가까이 있으며, 주인이 확정되지 않은 자원의 보고 지역에 대한 위협은 아무런 자원도 없는 지역에 대한 위협보다 가까이 있다. 그러나 그 시기가 어느 정도 분명한 것도 있지만 그렇지 못한 위협도 많다.

넷째, 위협이 현실화될 수 있는 개연성의 강도이다. 위협이 실제로 현실화 할 가능성은 어느 정도인가? 위협은 잠재적으로 존재할 수도 있고 현실화될 수도 있다. 현실화된다면 그 개연성은 높은 것이다. 냉전 시 미국과 구 소련은 서로 적대국이었지만 핵전쟁의 결과를 예상하였기 때문에 핵전쟁이 일어날 개연성은 낮았다. 북한이 핵무기를 개발하지 않은 상태에서 핵전쟁이 일어날 개연성과 핵무기를 보유한 이후에 핵전쟁이 일어날 개연성은 분명히 다르다. 또한 전략적으로 중요하지 않은 영토분쟁 중인 지역에서의 전쟁의 개연성보다는 전략적으로 중요한 영토분쟁 중인 지역에서의 전쟁의 개연성이 더 높다.

다섯째, 이익 침해의 심각성 여부이다. 상대방이 나에게 부여하는 위협이 국가의 생존적 이익과 사활적 이익을 어느 정도 침해하느냐의 여부가 관건이다. 상대방 국가가 군사력으로 이런 이익을 침해할 경우,

국가는 전쟁을 선택할 수도 있다. 특정국가로부터 공격을 받는 것은 영토의 통합과 주권을 침해받기 때문에 생존적 이익이 침해받는 것이다. 이런 이익을 보호하기 위해 국가는 군사력으로 즉각 대응할 수도 있다. 중요하지 않은 주변적 이익에 대한 침해와 국가의 주권과 영토에 대한 이익의 침해는 다르다.

여섯째, 역사적 경험 여부이다. 한국의 북한에 대한 두려움은 과거 서독의 동독에 대한 두려움과는 다르다. 동서독은 전쟁의 경험이 없지만 한국은 북한으로부터 침략당한 경험이 있기 때문이다. 또한 러시아도 대륙으로부터의 침입을 두려워하는데, 13세기의 몽고의 침입, 1812년의 나폴레옹의 침략, 1915년의 독일의 침략, 그리고 1941년의 독일의 침략이라는 역사적 경험이 있기 때문이다. 터키에 대한 그리스의 두려움은 1453년의 비잔틴 제국 멸망으로부터도 천 년을 더 거슬러 올라간다. 역사적 경험에 의한 두려움은 합리적 판단을 흐리게 하기도 하고 특정 위협에 대해 필요 이상의 우선순위를 부여하기도 한다.

마지막으로 국가 간의 우호성 여부이다. 이것은 앞에서 서술한 '의도'와 일맥상통하다. 우호성 여부에 따라 상대 국가를 위협으로 인식할 수도 있고 그렇지 않을 수도 있다. 한국은 미국이나 서유럽으로부터 위협을 받을 것으로 인식하지 않고 서유럽은 미국이나 캐나다, 호주 등으로부터 위협을 받을 것으로 인식하지 않는다. 또한 미국은 영국이나 프랑스가 보유한 핵무기를 위협으로 인식하지 않지만 불량국가나 테러분자들이 사용할지도 모르는 소규모의 대량살상무기를 더 큰 위협으로 인식한다. 우호적인 국가에 대해서는 능력과 의도를 모두 의심하지 않는 대신, 잠재적 적국에 대해서는 그 능력과 의도를 위협으로 인식한다는 뜻이다. 그러나 우호성 여부는 고정적인 것이 아니다. 제2차 세계 대전 당시 독일은 구 소련과 불가침 조약을 체결했지만, 독일은 구 소련을 침략했다. 미국은 월남전에서 패배했지만, 현재의 베트남은 미국과 외교관계를 맺고 있다. 또한 현재의 베트남은 미국으로부터의 위협을 인식하지도 않는다. 우호성은 변하기 때문이다. 위협의 강도를 요약하면 〈표 1-1〉과 같다.

〈표 1-1〉 위협의 강도

구분	높은 강도	낮은 강도
위협의 구체성	구체적	포괄적
위협의 공간적 근접성	근접	이격
위협의 시간적 근접성	가까이	멀리
위협의 현실화 개연성	높다	낮다
이익 침해의 가능성	높다	낮다
역사적 경험 여부	많다	적다
국가 간의 우호성	낮다	높다

4. 위협의 과대평가와 과소평가

위협은 많은 요인이 복합적으로 작동하여 그 실체를 구성하는데, 이로인해 발생되는 불안을 극복하기 위해서는 위협의 실체와 이에 대응하는 주체의 능력을 먼저 평가해야 한다. 그러나 위협에 대한 평가는 여전히 주관성이 많이 개입될 수 있어 과대평가와 과소평가의 문제가 대두되곤 한다. 위협을 과대평가하면 안보를 위해 적극적인 정책을 펼쳐야 하는데, 이렇게 되면 한정된 자원의 불균형적인 사용, 대중의 공포, 공세적이고 침략적인 국가의 이미지, 그리고 사소한 위협에 대한 과잉 반응의 가능성이 높아진다. 반면, 위협을 과소평가하면 소극적인 정책을 펼치게 되는데, 이렇게 되면 '전쟁 패배'라는 엄청난 비용을 치르게 될 가능성이 높아진다.

위협에 대한 과대평가 증후군을 사라예보 증후군(Sarajevo Syndrome)이라고 하고 과소평가 증후군을 뮌헨 증후군(Munich Syndrome)이라고 한다. 사라예보 증후군이란 상대방의 능력과 의도를 과대평가하는 것을 말한다. 사라예보에서의 과대평가는 의도의 과대평가에 초점이 맞춰져 있다.

반대로 뮌헨 증후군은 앞에서 서술한 뮌헨 협정을 빗대서 표현한 것이다. 뮌헨 협정으로 영국과 프랑스는 히틀러의 침략 의도를 과소평가함으로써 유화정책을 펼치게 되었고 그 결과 제2차 대전이 일어나게 되었다. 상대방의 의도를 과소평가한 결과 사전에 전쟁에 대비하지 못했던 것이다.

위협을 과대평가하는 것도 문제지만 과소평가하는 것도 문제이다. 사실 위협 평가자의 의도성이 없다고 하더라도 위협에 대한 정확한 평가는 한계가 있으며 심리적인 요소가 이에 더해질 경우 그 어려움은 더욱 커지게 된다.

사라예보 증후군(Sarajevo Syndrome)

오스트리아의 황태자 부부가 구 유고의 사라예보에서 세르비아 청년에게 암살당하자, 오스트리아는 독일의 지원을 받으며 세르비아를 군사적으로 위협하게 되었다. 이에 따라 세르비아의 후견국인 러시아가 군사동원으로 오스트리아를 위협하자 독일은 러시아가 오스트리아를 침공할 것으로 판단하여 벨기에와 프랑스를 기습공격함으로써 제1차 세계대전이 일어나게 된다. 독일과 오스트리아-헝가리의 2국 동맹은 3국협상인 러시아, 프랑스, 영국의 의도를 과대평가한 결과 전쟁에 돌입하게 되었던 것이다. 이 사건에 빗대서 표현한 것이 사라예보 증후군이다.

제3절 이익과 안보

1. 가치와 이익

이익을 둘러싼 용어들도 안보와 관련된 용어만큼 복잡하다. 가치, 이익, 목표 등이 그 대표적이다. 국가의 경우, 국가의 가치, 국가이익, 그리고 국가목표 사이에서 어떤 차이가 있을까? 이것들 사이에는 진정한 차이가 존재할까? 이를 둘러싸고 많은 논란이 있을 수 있다. 가치가 가장 상위 개념이고 이익은 가치를 구체화한 것이며 또한 목표는 이익을 달성하기 위한 것이라는 주장이 있을 수 있다. 이렇게 되면 이익은 가치를 달성하기 위한 수단이며, 목표 또한 이익을 달성하기 위한 수단이 될 수 있다. 또 하나의 주장은 가치가 가장 상위 개념이고 이를 달성하기 위해 국가목표가 수립되며 국가이익은 국가목표를 달성하기 위한 수단이라는 논리이다.

한국의 국가목표

- 자유민주주의 이념하에 국가를 보위하고 조국을 평화적으로 통일하며 영구적 독립을 보전한다.
- 국민의 자유와 권리를 보장하고 국민생활의 균등한 향상을 기하여 사회복지를 실현한다.
- 국제적 지위를 향상시켜 국위를 선양하고 항구적인 세계 평화에 기여한다.

한국 정부는 후자의 논리를 가지고 있으나 그럼에도 불구하고 국가목표와 국가이익 사이에는 별다른 차이점을 찾을 수가 없다. 국가목표는 국가가 목적하는 바의 것을 추구하고 달성하기 위해서 국력을 집중하여 노력을 지향해 나가는 목표를 의미하며, 국가이익은 국가가 국가목표를 추구하고 달성하기 위해 국가의지를 결정할 때 기준이 되는 것을 말한다. 이렇게 보면 차이가 날 것 같은데 막상 한국의 국가목표와 한국의 국가이익의 내용을 들여다보면 그렇지도 않다. 한국 정부는 국가목표를 달성하기 위한 국가이익을 헌법에 근거하여 5가지로 제시하고[5] 있으나 이를 국가목표와 구분하는 것은 큰 의미가 없어 보인다.

가치란 각 국가가 비슷하다. 통상 영토적 통합과 주권, 정체성, 번영과 복지 등을 국가가 지키고 향상해야 할 가치라고 보기 때문이다. 가치라는 추상성의 수준을 조금 내려보면 이익이 등장한다. 이익의 뿌리가 가치[6]라는 점을 고려해 본다면, 너무 추상적인 가치보다는 이익을 안보의 중심 개념으로 두는 것이 합리적이다. 또한, 문헌에서 잘 발견되지 않는 국가목표라는 개념보다 널리 사용되는 이익이라는 개념을 사용하는 것이 안보를 이해하는 데 더 용이하다. 각 국가들도 대부분 가치라는 용어 대신 이익이라는 용어를 사용한다. 미국은 국가이익(national interest)이라는 용어를 주로 사용하고, 중국은 핵심이익(core interest)이라는 용어를 주로 사용한다. 본 저서에서도 가치와 목표라는 용어보다 이익이라는 용어를 위협 및 취약성과 함께 국가안보의 중심 개념으로 사용한다.

---

5) 청와대, 『평화번영과 국가안보』(서울: 청와대, 2006). p. 20.

6) James N. Rosenau, "National Interest," in David L. Sills, ed. *International Encyclopedia of the Social Sciences*, vol.11(New York: Macmillan Free Press, 1968), p. 34.

한국의 국가이익

- 국가안전보장(국민, 영토, 주권 수호를 통해 국가존립 보장)
- 자유민주주의와 인권신장(자유, 평등, 인간의 존엄성 등 기본적인 가치와 민주주의 유지 · 발전)
- 경제발전과 복리증진(국민경제의 번영과 국민의 복지향상)
- 한반도의 평화적 통일(평화공존의 남북관계 정립과 통일국가 건설)
- 세계평화와 인류공영에 기여(국제 역할 확대와 인류 보편적 가치 추구)

2. 이익의 강도

이익은 강도에 따라 생존적(survival) 이익, 사활적(vital) 이익, 중요한(major) 이익, 그리고 주변적(peripheral) 이익으로 분류된다.[7] 국가의 물리적 생존과 사활적 이익은 타협의 대상이 아니며 군사력을 동원해서라도 지켜야 할 이익인데 반해, 중요한 이익은 국가에 불편을 주거나 손상을 주는 것이긴 하지만 참을 수 없는 것은 아니다. 사활적 이익과 중요한 이익의 경계선에서 군사력 동원 여부가 결정된다. 문제는 어떤 상황이 사활적 이익 이상의 것이며, 또 어떤 상황이 그 이하의 이익에 해당되느냐 하는 것이다. 불행히도 어떤 문헌에서도 사활적 이익과 중요한 이익에 대한 추상적 상황이나 구체적 상황이 존재하지 않는데, 그 이유는 이것이 심리적이고 주관적이기 때문이다.[8]

---

7) Donald E. *Nuechterlein, American Recommitted: United States National Interest in a Reconstructed World* (Lexington: University of Kentucky Press, 1991), p. 56; 또한 사활적(vital)이익, 결정적(critical)이익, 심각한(serious)이익, 그리고 주변적(peripheral) 이익으로 분류되기도 한다. 여기에 대해서는 The White House, *The National Security Strategy of the United States of America*(Washington D. C.: The White House, 2002)를 참조할 것.

8) Donald M. Snow, *National Security for a New Era: Globalization and Geopolitics after Iraq*, 3rd ed.(Pearson Longman: New York, 2008), p. 56.

국익의 개념은 다양한 국가행위를 정당화하기 위한 편리한 도구임에는 틀림없다. 따라서 어떤 상황이 국익인지, 그리고 국익의 어느 강도에 해당되는지는 관련 국가가 그 상황에 대응하는 행동을 보고서야 판단할 수 있다. 결국, 특정한 상황이 군사력을 동원하는 사활적 이익 이상이냐의 여부는 정부의 정책 결정에 달려있는 셈이다. 국가행위를 보면 국익의 중요성을 측정할 수 있기 때문이다.[9)]

국익의 구분과 그 경계선도 애매하지만 이런 논리에 바탕을 둔다면 국익의 차등화는 아무런 의미가 없을 수도 있다. 한 국가가 이렇게 행동하면 그 이유는 국익 때문이고, 또 저렇게 행동하면 그것도 국익 때문이라는 논리가 성립되기 때문이다. 따라서 위협에 대한 실체와 이를 평가하는 것도 어려운 일이지만 이익의 실체와 이것의 침해 정도를 평가하는 것도 어려운 일이다.

이익은 객관적인 실체와 정책 결정자들의 의식에 있는 주관적 인식 사이의 경계선에 있다. 따라서 정책결정자들의 인식은 진실일 수도 있고 거짓일 수도 있으며, 사실일 수도 있고 틀릴 수도 있다. 국가들은 종종 국가안보를 위해 행동하지만 이것이 진실된 이익이었는지의 여부는 나중에 밝혀지게 된다. 그만큼 주관성이 많이 개입되기 때문이다.[10)] 그럼에도 불구하고 국가는 내외부의 위협으로부터 국익을 지키기 위해 안보라는 정책을 추진하게 된다.

9) Kelly-Kate S. Pease, *International Organization: Perspectives on Governance in the 21th Century*, (Mapper Saddle River, New Jersey: Prentice Hall, 2002), ch.2.

10) I. William Zartman and Victor A. Kremenyuk(ed.), *Cooperatve Security: Reducing Third World Wars* (Syracuse, New York: Syracuse University Press, 1995), p. 63.

3. 이익의 왜곡

국가는 생존적 이익이나 사활적 이익이 심각하게 위협받으면 전쟁이라는 수단을 선택할 수 있다. 국토가 위협받으면 이는 생존적 이익에 해당되기 때문에 전쟁을 선택하거나 또는 상대방의 의지를 수용할 수 밖에 없다. 그러나 위에서 서술한 것처럼 사활적 이익과 중요한 이익 사이의 경계는 애매하기 때문에 이익의 강도는 주관적으로 판단될 수 밖에 없다.

이익의 강도에 대한 주관적 평가와 함께 이익도 왜곡될 수 있다. 미국의 대 이라크 공격을 이런 차원에서 살펴보자. 전통적 현실주의자들은 후세인의 대량살상무기(WMD: Weapons of Mass Destruction) 개발 프로그램과 테러집단으로의 WMD 이전 가능성, 그리고 미국에 대한 WMD 공격 가능성 등은 미국의 생존적 이익과 사활적 이익을 위협하는 것이기 때문에 이라크를 공격해야 한다고 주장했다.[11] 그러나 비판가들은 제1차 걸프전 이후 유엔과 국제원자력기구(IAEA: International Atomic Energy Agency)의 사찰을 통해 이라크의 WMD는 거의 제거되었다고 반박하였다. 그러나 미국은 전쟁 지지자들의 주장대로 이라크를 공격했다.

결과적으로 이라크의 WMD는 허상이었다는 것이 밝혀졌다. WMD에 대한 정보 수집과 분석이 왜곡되었는지 또는 보고과정과 결심과정에서 왜곡되었는지는 확실하지 않지만, 정보 왜곡을 통해 이라크를 공격했던 것만큼은 확실하다. 그렇다면 미국은 최초부터 정보를 왜곡할 의도를 가지고 있었던 것은 아닐까? 왜 왜곡하지 않으면 안 되었을까? 그것은

---

11) Donald M. Snow, *National Security for a New Era: Globalization and Geopolitics after Iraq*, 3rd ed., pp. 56–58.

이익의 강도와 관련이 있다고 본다. 이라크의 WMD는 미국의 생존적 이익과 사활적 이익을 손상시킬 수 있기에 군사력을 동원할 수 있지만, 그 이하의 이익인 경우에는 군사력을 동원할 수 없기 때문이다.

미국이 이라크를 공격한 이유는 경제적 이익과 관련이 있다. 고유가 시대를 대비한 이라크 원유에 대한 직접적인 통제가 이라크를 공격한 이유 중의 하나가 될 것이다. 그러나 경제적 이익 때문에 군사력을 동원할 수는 없다. 결국, 희소성에 대한 경제적 접근이 WMD 제거라는 군사적 차원의 사활적 이익으로 포장된 것이다. 이처럼 군사력을 동원하기 위해 이익은 얼마든지 왜곡될 수 있는 것이다.

이라크의 WMD

이라크 WMD에 대한 국제사회의 사찰은 2단계로 나뉜다. 제1단계는 걸프전 이후 7년 동안에 걸친 사찰이다. 유엔 안보리는 결의안 687호(1991. 4 3.)를 통해 이라크의 석유 수출 및 상품 수입을 규제하는 경제제재를 부과하고 화학무기 및 생물학 무기를 사찰하기 위한 유엔무기사찰단(UNSCOM: UN Special Commission)과 IAEA의 핵무기 사찰단을 창설하여 이라크의 WMD 개발과 관련된 내용을 사찰하였다. UNSCOM은 1998년 12월까지 250여 차례 현장조사를 통하여 48기의 장거리 미사일과 690톤의 화학무기 연료 등을 폐기했다.

제2단계는 유엔 안보리 결의안 1284호(1999.12.17)에 근거하여 UNSCOM을 대체하는 유엔사찰단(UNMOVIC: UN Monitoring, Verification and Inspection Commission)과 IAEA에 의한 제2차 걸프전쟁(이라크전) 직전까지 실시된 사찰이다. 결의안에 따라 이라크는 12,000쪽에 달하는 WMD 관련 자료를 제출했으며 UNMOVIC과 IAEA는 2002년 11월 27일부터 이라크의 WMD를 사찰하였다.

2003년 1월 27일, 엘바라데이(Elbaradei) IAEA 사무총장과 블릭스(Hans Blix) 유엔 사찰단장은 유엔 안보리에 중간 보고서를 제출했다. 엘

바라데이는 두 달 동안 106곳에서 139번의 사찰을 실시했으나 이라크가 핵무기 개발 프로그램을 추진한 증거가 없으나 전쟁을 피하기 위해 추가적인 조사기간이 필요하다고 보고한 반면, 블릭스는 이라크의 완전한 WMD 해체 의지가 의심스럽다고 보고했다.

이라크의 주요 전쟁이 끝난 몇 개월 후인 2003년 10월 2일, 미국의 이라크 조사단(ISG: Iraq Survey Group) 단장이었던 케이(David Kay)는 중간보고서를 통해 "사담 후세인이 핵무기를 획득하기 위해 지속적인 열망을 가지고 있었지만, 조사단은 이라크가 핵무기나 핵물질을 생산한 증거를 찾을 수 없었다"고 밝혔다.[12)]

제4절 취약성과 안보

1. 능력과 취약성

왜 인간이나 국가들은 불안(insecurity)을 느낄까? 그 이유는 자신 이외의 다른 행위자가 존재하기 때문이다. 그러나 자신 이외의 다른 행위자의 존재만으로는 위협을 느끼지 않을 수도 있다. 다른 사람을 위협하지 않는 사람들도 있고 다른 국가를 위협하지 않는 국가들도 있기 때문이다. 문제는 나를 위협하는 사람들도 있고 자신의 국가를 위협하는 국가들도 있기 때문에 인간이나 국가들은 항상 불안을 느끼는 것이다. 심리적 문제가 불안을 더 가중하기도 한다.

사람이나 국가가 이런 불안으로부터 자유롭지 못한 이유는 두 가지이다. 하나는 위협이 역사적으로 항상 존재해 왔고 또 앞으로도 존재할

12) Shannon A. Kile, "Nuclear Arms Control and Non-Proliferation," *SIPRI Yearbook 2004: Armaments, Disarmament and International Security*, pp. 620-621.

것이라는 가정 때문이다. 다른 하나는 특정한 위협을 극복할 수 있는 자신의 능력(capability)에 한계가 있다는 인식 때문이다. 따라서 불안(insecurity)은 상대방의 위협에서 나의 능력을 뺀, 즉 위협 빼기(−) 능력(threat-capability)이 될 것이다. 어떤 종류의 위협이든 위협은 항상 존재한다고 가정한다면, 사람이나 국가가 더 불안을 느끼는 이유는 자신이 가지고 있는 능력의 한계 때문일 것이다.

위협이 존재해도 그 위협에 대응할 수 있는 능력이 있는 국가는 크게 불안을 느끼지 않는다. 자신을 위협하는 국가를 충분히 응징할 수 있다는 자신감이 있기 때문이다. 국가가 불안한 이유는 바로 자신이 가지고 있는 능력이 부족하다고 생각하기 때문이다. 따라서 안보 문제를 다룰 때 불안을 극복할 수 없는 능력의 한계에 더 초점을 맞추게 되는데 능력의 한계가 바로 취약성(vulnerability)이다.

능력이라는 용어보다 취약성이라는 용어가 그 유용성이 높다. 그 이유는 능력의 한계를 극복하기 위해서는 능력을 향상해야 한다는 논리가 성립되는데 이런 행위는 즉각 상대방의 인식에 부정적 영향을 미쳐 오히려 자신이 더 불안에 빠질 수 있기 때문이다. 상대방이 칼을 가졌다고 생각하면 나는 총을 가져야 하고, 내가 총을 가지면 상대방은 대포를 가져야 한다고 생각하기 때문에 안전이 증가되는 것이 아니라 오히려 불안이 더 증가될 수도 있다는 뜻이다. 그러나 취약성이라는 용어를 사용하면 상대방과 균형을 맞춘다는 의미가 강하게 다가오기 때문에 상대방의 부정적인 대응을 피할 수 있다는 장점이 있다. 실체는 같을 수 있지만, 포장의 기술은 다르다. 전 세계에 국방부(Department of Defense)는 있어도 공격부(Department of Offense)가 없는 것도 같은 이치이다.

불안을 극복하기 위해 각 행위 주체들은 상대방의 위협을 감소시키기 위해 노력하거나 자신의 취약성을 감소시키기 위해 노력하게 된다. 위협에 대한 평가를 함에 있어서 주관성을 무시할 수 없듯이, 자신의 취약성 또는 능력에 대한 평가를 함에 있어서도 주관성은 개입된다. 따라서 이를 객관적으로 평가한다는 것도 대단히 어려운 일이다.

2. 주관적 평가와 전쟁

상대방의 능력과 자신의 능력, 그리고 상대방의 의도 등을 주관적으로 평가한 것이 원인이 되어 전쟁에 이른 역사적 사례는 많다. 어떤 국가가 전쟁을 통해 이익을 확보할 필요가 있다고 판단할 경우 통상 자신과 상대방의 능력을 평가하게 된다. 능력 평가 결과 자신의 능력이 상대방보다 우세할 경우 먼저 공격을 하게 되고 승리를 장담하게 된다. 그러나 이런 비교가 얼마나 주관적이었는지는 전쟁 과정에서 금방 밝혀진다. 오해로 전쟁이 발생한다는 전쟁에 대한 분석이 바로 인지심리학(cognitive psychology)적 접근이다. 두 가지 주장만 살펴보자.

스테신저(John J. Stoessinger)는 1 · 2차 세계대전, 한국전쟁, 베트남 전쟁, 인도 · 파키스탄 전쟁, 중동전쟁 및 페르시아만 전쟁 등을 분석하여 전쟁발발 측면에서의 공통점을 분석해 본 결과 지도자들의 오해에 의해 전쟁이 발발했음을 제시하고 있다.[13] 스테신저는 전쟁발발의 가장 중요한 요인은 지도자들의 현실 상황 판단착오 내지는 인식착오의 문제, 즉 오해에서 비롯되었다고 주장한다. 이러한 오해는 다음 4가지 유형으로 나타나는데 지도자 자신에 대한 오해, 적의 성격파악에 대한 오해, 적 의도에 대한 오해, 그리고 적 지도자의 능력과 적 능력에 대한

---

13) John G. Stoessinger, *Why Nations Go to War?*, 2d. ed.(N.Y.: St. Martin? Press, 1974); 송인영 · 권만순 역, 『왜 전쟁은 일어나는가?』(서울: 도서출판 한원, 1989).

오해가 그것이다. 특히, 적 지도자의 능력과 적 능력에 대한 오해에는[14] 상대방 국가의 국력 및 군사력 과소평가, 타 국가의 전쟁개입 가능성 무시, 상대방 국민의 전쟁의지 경시 등이 있다.

레비(Jack S. Levy)는 "오해란 의사결정자의 심리적 환경과 실제세계의 작동환경 사이의 차이"라고 정의하고 "결정과 행위는 전자에 의해서 결정되나 그 효과나 결과는 후자에 의해 제한받는다"[15]고 하였다. 적 능력을 과소평가하고 자국의 능력을 과대평가하는 군사적 과신과 제3국 개입의 가능성과 개입으로 인해 전쟁에 영향을 미치는 요소를 과소평가하는 군사적 과신이 전쟁의 원인이 되며, 적 의도 속에 포함된 적 능력을 과대평가함으로써 이것이 작용-반작용의 사이클과 위기 악순환(crisis spiral)을 일으키게 되고 결과적으로 전쟁으로 유도될 수도 있다는 것이다.[16]

전쟁이 발생하지 않는 한 상대국에 대한 힘의 정확한 평가는 쉽지 않다. 전쟁이 지속될수록 상대국에 대한 힘의 평가가 가능하다. 블레이니(Geoffrey Blainly)는 "전쟁은 통상 전쟁 당사국들이 그들의 상대방에 대한 상대적 힘에 대해 의견이 다를 때 시작되며, 싸우고 있는 국가들이 그들의 상대적 힘에 동의했을 때 종료된다"고 주장했다.[17] 오인이 없는 상태에서도 전쟁이 일어날 수 있지만 거의 모든 전쟁에서 오인이 관련되어 있다는 점은 상대방의 능력과 의도를 평가하는 것이 얼마나

---

14) 1차대전시 독일과 오스트리아는 러시아의 힘을 얕잡아 보았고, 한국전쟁시 북한은 미국이나 UN군의 개입을 예측하지 못했으며, 1973년 10월 전쟁은 이스라엘-아랍간의 3차에 걸친 전쟁으로 이스라엘이 아랍의 능력을 얕잡아 봄으로써 발생했으며, 이라크는 이란의 능력과 이란 국민의 전쟁의지를 경시함으로써 발생했다.

15) Jack S. Levy, "Misperception and the Cause of War: Theoretical Linkages and Analytical Problems," *World Politics*, Vol.36, No.1(1983), p. 79.

16) Ibid., pp. 82-99.

17) Geoffrey Blainly, *The Causes of War*(N.Y.: The Free Press, A Division of Macmillan Pub. Co., 1973); 국방대학원 역, 『전쟁원인론』(서울: 국방대학원, 1986), p. 66.

주관적인지를 잘 보여준다.

3. 취약성의 강도

특정 위협에 대한 능력의 한계가 취약성을 구성하는 결정적인 요소이긴 하지만 이 취약성의 강도를 결정하는 요인들도 있다. 이를 6가지로 대별해 보자.

첫째, 위협의 과소 유무이다. 어느 국가이든 내외부로부터 위협을 받을 수 있다. 그러나 모든 국가가 똑같은 종류의 위협에 처해 있는 것은 아니다. 어떤 국가는 전통적 위협과 포괄적 위협에 동시에 처해 있는 반면, 어떤 국가는 전통적 위협에 비교적 자유롭다. 또한, 어떤 국가는 외부의 위협에 대해서만 대응책을 준비하면 되지만 어떤 국가는 내외부적 위협에 동시에 대비해야 한다. 한국과 대만, 그리고 이스라엘은 적대국의 직접적인 위협에 노출되어 있을 뿐만 아니라 포괄적 위협에도 노출되어 있는 반면, 유럽 국가들은 전통적 위협에 덜 노출되어 있다. 또한, 서유럽 국가들은 국내 위협을 거의 상정하지 않는 대신 개도국들은 내부의 위협에도 대처해야 한다. 많은 위협에 대처해야 하는 국가는 상대적으로 취약성이 높다고 할 수 있다.

둘째, 동맹의 유무와 강고성 여부이다. 동맹은 자국의 능력을 보강한다는 차원에서 외부의 위협에 대한 취약성을 줄일 수 있다. 또한, 동맹이 얼마나 강고한지도 취약성의 강도에 영향을 미친다. 유사시 동맹의 지원 여부도 취약성의 강도에 영향을 미친다. 1816~1965년까지의 동맹공약의 이행여부를 보면, 177개의 동맹국들 중 48개 동맹의 서명국들이 동맹의무를 수행한 반면, 108개 동맹국들은 중립을 유지하였고, 21개 동맹국들은 동맹을 배반하여 반대편에 참전했다.[18] 이는 동맹 체결의 여부만 중요한 것이 아니라 동맹의 강고성 여부도 취약성의 강도에 중요한 영향을 미친다는 것을 보여준다.

셋째, 정치·사회적 단결의 정도이다. 한 국가 내에서 다양한 정체성이 갈등 관계에 있거나 심지어 상대 적국의 정체성을 선호하는 집단이 있을 때 위협에 대처하는 취약성은 높을 수밖에 없다. 한 국가가 여러 민족으로 구성되어 있고 그 중 어떤 민족이 잠재적 적국의 민족과 같거나 한 국가 내의 집단이 상대 적국의 이데올로기를 신봉하게 되면 그 국가의 취약성은 높아지게 된다. 우크라이나가 러시아와 갈등을 겪고 있지만 우크라이나 내의 크림반도는 전체 인구 202만 명 중 약 60%가 러시아인이며 러시아어 사용자도 인구의 80%를 넘는다. 2014년 크림반도가 러시아에 합병된 것은 우연한 일이 아니다. 또한, 중국은 56개 민족으로 구성되어 있는데 그 중에서도 티벳과 신장 위구르족은 분리독립을 요구한다. 따라서 한 국가 내의 인종섬(ethnic island)의 존재 여부는 해당 국가의 취약성을 높인다. 이데올로기도 이에 못지않다. 대한민국 정부수립 이후부터 6.25전쟁이 종결될 때까지 한국은 남한에서 활동하던 남로당과 게릴라들로부터의 공격, 그리고 전선에서의 전투 등 이중고를 당했다. 그만큼 취약성이 높았던 것이다.

넷째, 기후의 문제도 취약성에 영향을 미친다. 위협을 받는 국가가 온난한 기후라면 그 취약성이 높은 반면, 극 지방에 가깝거나 열대 및 사막 지방의 경우 그 취약성은 상대적으로 낮을 것이다. 러시아의 겨울은 프랑스, 독일의 공격을 물리치게 하는 원동력이 되었고 베트남의 정글은 미국의 첨단 기술 공격을 무력화시키는 요인이 되었다.

다섯째, 지형의 문제도 취약성에 영향을 미친다. 폴란드와 우크라이

---

18) Alan Sabrosky, "Interstate Alliances: Their Reliability and the Expansion of War," in J. David Singer ed.. *The Correlates of War* II: *Testing some Realpolitik Models*(New York: Free Press, 1980).

나는 평야 지대인 관계로 외부의 침략에 대해 방어의 취약성이 높다. 반면 네팔과 스위스 등은 산악으로 둘러싸여 있어 방어에 용이하다. 영국과 일본은 섬나라인 관계로 육지로 연결된 국가에 비해 외부 침략에 덜 취약하다. 그러나 이스라엘과 한국은 전략적 종심이 없어 취약성이 높다.

마지막으로 자원의 외부 의존 여부도 취약성에 영향을 미친다. 전략비축 물자가 있다고 하더라도 그것을 외부에 많이 의존하게 되면 취약성이 커진다. 즉, 무기 체계, 유류, 식량 등 주요 물자를 외부에 많이 의존하면 할수록 취약성은 높아지는 것이다. 취약성의 강도를 요약하면 〈표 1-2〉와 같다.

〈표 1-2〉 취약성의 강도

구분	높은 강도	낮은 강도
위협의 과소 여부	많다	적다
동맹의 유무와 강고성 여부	자립, 자주	강고한 동맹
정치·사회적 단결의 정도	분열적	단결적
기후의 문제	온화	극단
지형의 문제	용이한 기동	어려운 기동
자원의 외부 의존도 여부	높다	낮다

토론 주제

1. 위험과 위협을 구분하는 다른 기준을 제시할 수 있는가?
2. 안보의 정의를 달리 할 수 있는가?
3. 위협의 강도에 영향을 미칠 수 있는 추가 요소나 제거할 요소는 무엇인가?
4. 한국 안보에 대한 구체적인 내외부적 위협은 무엇인가?
5. 한국의 국가이익을 강도별로 구분한다면 각각의 이익에 해당되는 구체적인 내용을 식별할 수 있는가?
6. 취약성의 감소보다는 '능력의 향상'이라는 용어가 더 적합하지 않는가?
7. 취약성의 강도별 구분은 합리적인가? 추가 요소나 제거할 요소는 무엇인가?
8. 한국 안보의 구체적인 취약성은 무엇인가?
9. 국가이익을 왜곡하는 이유는 무엇인가? 1948년 이후 한국의 역사 속에서 이런 사례를 발견할 수 있는가?
10. 위협을 당한 상태를 위험이라고 표현할 수 있지 않은가? 이럴 경우 기술적, 공학적, 또는 자연적 요소에 의해 발생한 위험과는 다른가?

더 읽으면 좋은 글

1. 김준섭 역, 『신안전보장론』(서울: 국방대학교 안보문제연구소, 2004).
2. 김태현 역, 『세계화 시대의 국가안보』(서울: 나남출판, 1995).
3. Donald M. Snow, *National Security for a New Era*, 6th ed.(New York: Routledge, 2016).
4. Jack S. Levy, "Misperception and the Cause of War: Theoretical Linkages and Analytical Problems," *World Politics*, Vol.36, No.1(1983).

제 2 장 안보연구 동향

개 요

국가안보는 고대 국가 수립 이후부터 국가가 해결해야 할 가장 중요한 과업이었다. 따라서 고대로부터 현재에 이르기까지 국가안보를 위한 다양한 아이디어들이 제시되었고 또 추진되었다. 제2차 세계대전 이후에는 국가 간의 관계를 바라보는 시각들이 이론으로 정립되었고 이 바탕에 근거하여 서로 다른 안보대안이 제시되기도 했다.

안보에 대한 연구는 안보연구만 있는 것이 아니다. 전략연구나 평화연구도 있다. 그러나 이들 연구의 지향점은 서로 조금씩 다르다. 안보에 대한 고전적인 연구는 힘에 바탕을 둔 연구였다. 국가의 생존과 번영을 위하여 어떤 전략을 구사할지가 관건이었다. 여전히 그 힘을 발휘하고 있는 전략연구는 현실주의적 시각을 반영하고 있다. 평화연구는 폭력의 원인을 직접 탐구함으로써 협력을 통하여 위협을 줄이자는 이상주의적 또는 자유주의적 시각을 반영하고 있다. 한편 탈냉전 이후 본격적으로 대두된 비판적 안보연구학파의 연구는 국가들이 공동으로 위협도 줄이고 취약성도 줄이자는 신자유주의적 시각이나 구성주의적 시각을 많이 반영하고 있다. 물론 전통적 안보연구학파는 비판적 안보연구학파의 연구 경향을 비판하면서 안보연구가 정체성을 찾아야 한다고 주장한다.

제2장에서는 국가 간의 관계를 바라보는 시각과 이 시각에 바탕을 둔 안보대안을 먼저 알아보고, 안보연구가 전략연구 및 평화연구와 어떤 차이점이 있는지를 살펴본 뒤, 안보에 대한 연구 경향이 어떻게 변하고 있는지를 알아볼 것이다. 또한, 안보연구의 확대 경향과 분석 수준도 제시할 것이다.

제1절 국제관계 이론과 안보 대안

1. 국제관계 이론과 위협 및 취약성

안보 관련 서적을 읽다보면 국제관계에 대한 이론이 아무런 설명 없이 등장하는 경우가 많다. 국제관계 학문을 접한 사람들은 전체 맥락을 이해하는 데 어려움이 없지만 그렇지 않은 사람들에게는 곤혹스러운 일이다. 국가안보를 이해하기 위해서는 국가간의 갈등과 협력에 대한 이해가 선행되어야 한다. 국가간의 협력과 갈등에 관한 연구가 바로 국제관계 이론이다. 국제관계 이론을 먼저 알아야 하는 또 하나의 이유는 각 이론들이 국가안보에 대해 서로 다른 대안을 제시하고 있기 때문이다.

현실주의는 위협은 항상 존재한다는 가정하에 나의 취약성을 감소시켜야 한다고 주장한다. 자유주의는 이와 반대이다. 위협은 협력을 통하여 감소시킬 수 있다고 주장하기 때문이다. 현실주의와 자유주의의 가정을 결합한 신자유주의는 위협도 '어느 정도' 줄일 수 있고 나의 취약성도 '어느 정도' 줄일 수 있다고 주장한다. 구성주의는 위협은 문화적이고 제도적인 것에 의해 구성되기도 하지만 행위 주체들이 이를 재구성할 수 있기 때문에 행위자들의 '하기 나름'에 따라 국가안보가 보장될 수도 있고 그렇지 않을 수도 있다고 주장한다.

2. 현실주의와 국가안보

(1) 국가안보에 대한 현실주의적 시각

투키디데스(Thukydides), 마키아벨리(Niccolo Machiavelli), 홉스(Thomas

Hobbes), 모겐소(Hans J. Morgenthau), 그리고 왈츠(Kenneth N. Waltz) 등으로 이어지는 계보를 가지고 있는 현실주의는 국가간의 관계를 다음과 같이 가정한다. 첫째, 국제체제는 국가를 기본 단위로 구성되는 무정부적 구조이다. 둘째, 무정부적 국제체제 속에서 국가들은 이익을 가지며 그 이익에 대한 권리를 가지는 유일한 단위이자 합리적인 행위자이다. 셋째, 희소성의 조건이 존재하거나 경쟁국가 간에 그 조건이 압력을 받게 될 때 이익은 국제적 관심이 된다. 넷째, 주권국가들 사이에서 희소적 자원을 포함한 쟁점에서 문제가 생길 때, 힘(power)은 이런 차이점을 해결하기 위해 사용된다. 다섯째, 힘의 행사는 국제관계에서 분쟁해결의 정치적 수단이다. 여섯째, 힘의 정치적 수단 중의 하나는 군사력이며, 이것은 국가들 사이의 차이를 해결하기 위한 하나의 선택이다.

현실주의자의 입장에서 안보 대안을 도출해 보자. 국가가 불안한 이유는 다른 국가가 자신을 위협함에도 불구하고 그 위협에 대처할 수 있는 능력이 부족하기(취약성이 크기) 때문이라고 생각한다. 다른 국가도 똑같이 생각하기 때문에 국가는 국력, 특히 군사력을 키워야 한다고 생각한다. 인간이란 원래 이기적이고 공격적인 본능을 가지고 있는데, 국가도 인간과 마찬가지로 이러한 특징을 가지고 있다. 만인에 대한 만인의 투쟁 논리가 국가 간에도 그대로 적용되기 때문에 힘이 있어야 한다고 생각한다. 모든 국가가 서로 투쟁하는 이유는 '힘(이 부분은 제4장 국력을 참고)으로 정의되는 국익'[1]을 지키고 향상시켜야 하기 때문이다.

한 국가 내에서 정부는 3권 분립을 통하여 국민의 생명과 재산을 보호한다. 만인에 대한 만인의 투쟁이 법 테두리 내에서 선의의 경쟁을

1) Hans J. Morgenthau, *Politics Among Nations: The Struggle for Power and Peace*(New York: Alfred Knopf, 1973), pp. 3-15.

통해 펼쳐지나, 이 선을 넘을 경우 정부는 공권력을 투입하여 이를 강제한다. 국민 개개인이 생명과 재산의 위협을 느끼지 않고 자유로운 삶을 영위할 수 있는 이유도 여기에 있다. 그러나 국제체제는 '정글의 법칙'이 작동되는 무정부적 구조로 되어 있다. 국제체제는 국가 위의 상위 권위체나 세계적 차원의 중앙 정부가 존재하지 않기 때문에 국가의 행위를 통제할 수 있는 구조가 아니다. 이것이 바로 국가들이 불안할 수밖에 없는 이유이다.

국가 내의 하위 단위체들은 서로 기능이 분화되어 있어 서로 다른 기능을 수행한다. 그러나 무정부적 국제체제는 국가 간에 기능이 분화되어 있지 않다. 국가안보를 위해서는 모든 국가가 똑같은 기능을 수행한다. 즉, 무정부적 구조 속에서 모든 국가는 정부형태, 이데올로기, 또는 인구통계학적 특징과 관계없이 국가안보를 위해 동일한 기능을 수행하는 것이다. 국가들의 동일한 기능 발휘가 바로 위협의 원천이 된다. 따라서 모든 국가들은 위협으로부터 그들의 이익을 지키기 위해 자조(self-help)의 노력을 할 수밖에 없고 자위(self-defense)의 노력을 할 수밖에 없다. 국가들은 생존하고 번영하기 위해 자신의 취약성을 감소(능력 향상)시키는 노력을 하게 되는 것이다.

힘을 추구하는 것이 목표인지 또는 안보라는 목표를 위해 힘을 추구하는 것이 수단인지에 대한 견해 차이는 있지만, 이들은 안보딜레마(security dilemma)를 초래할 수도 있는 군비증강을 하지 않으면 안 된다고 생각한다. 이들은 국제관계가 무정부라는 구조적 변수를 중시하고 단위체인 국가의 성격과 국가 간의 관계라는 변수를 경시한다. 따라서 이들은 안보딜레마를 발생시키는 구조적 원인이 필연적이라 파악하고 딜레마의 궁극적 해결이 불가능하다고 믿는다.[2)]

---

2) 이근 · 전재성, "안보론에 있어서 구성주의와 현실주의의 만남," 『한국과 국제정치』, 제

안보딜레마(security dilemma)

딜레마란 대안 중에서 어떤 것을 선택해도 바람직하지 못한 결과가 나오게 되는 곤란한 상황을 말한다. 즉, 어떤 것을 선택하더라도 만족스럽지 못하다는 뜻이다. 한 국가가 위협에 대응하기 위해 군사력 건설 등을 통해 그 능력을 증강시키면 이것이 B국가에게 위협으로 작동하게 되어 B국가도 군사력을 추가적으로 건설하게 된다. A국가는 자신의 안보 불안을 감소시키기 위해 군사력을 증강시켰지만 B국가도 군사력을 증강시킴으로써 이것이 오히려 더 큰 안보 불안으로 되돌아오게 된다. 군비 증강을 안 해도 안보 불안이 생기고, 군비 증강을 해도 안보불안이 생기는, 즉 이러지도 저러지도 못하는 상황이 바로 안보딜레마이다.

현실주의자들은 무정부 상태에서의 자력구제 수단은 경제적, 군사적 능력의 향상 등 내부적 노력과 자신의 동맹을 강화하고 상대방의 동맹을 약화시키는 외부적인 노력으로 진행되는데(제7장 동맹 참고) 이러한 노력은 결국 타 국가의 모방과 사회화를 가져오게 되며 그 결과 세력균형이 형성된다(제8장 세력균형 참고)고 주장한다. 왈츠는 국제체제가 무정부 상태이고 생존하기를 원하는 국가가 존재하는 두 가지 조건만 충족되면 세력균형이 형성되고 유지된다고 주장한다.[3] 이들은 세력균형이 유지될 때 비로소 국가 간 다른 형태의 협력이 가능한 것으로 파악하고 세력균형이 국제협력, 국제법, 국제제도 등의 작동에 기본적인 전제가 되는 일종의 메타제도라고 주장한다.[4] 현실주의자들이 제시하는 안보 대안은 위협 감소보다는 취약성 감소에 초점을 맞추고 있다.

16권 2호(2001), p. 174.

3) Kenneth N. Waltz, *Theory of International Politics*(Reading, Mass.: Addison-Wesley, 1979): 박건영 역, 『국제정치이론』(서울: 사회평론, 2000).

4) 전게서, p. 178.

(2) 국제 협력에 대한 현실주의의 시각

국가안보가 국가간의 협력에 의해 달성될 수 있음에도 불구하고 이들은 근본적으로 국제협력을 부정적으로 본다. 그 이유는 상대적 이득의 문제와 배반의 가능성 때문이다. 이들은 국가들이 협력을 통하여 상호이익을 도모하여도 상호이익의 결과가 국가들에게 불평등하게 배분되는 것을 두려워한다. 결국 상대적 이득(relative benefit)에 관한 것으로 귀착된다. 그리코(Joseph Grieco)는 지금의 협력이 쌍방에게 상호적 이익을 제공한다 할지라도 각자에게 돌아가는 이익의 양이 달라서 상대적 이득이라는 배분의 문제가 생긴다. 결국, 이 차이가 국력의 차이로 이어져 상대방을 위해(危害)하는 데 사용될 수 있기 때문에 상대적 이득을 적게 얻는 측은 많이 얻는 상대방의 국력강화를 두려워할 수밖에 없다고 주장한다.[5)]

이들은 또한 상대방의 배반의 가능성 때문에 국제협력이 어렵다고 본다. 협력 상대방이 협력의 규칙을 언제, 어떻게 배반할지 알 수 없을 뿐만 아니라 배반한 상대국을 효과적으로 제재할 수단이 없기 때문에 국제협력이 어렵다고 보는 것이다.

결국, 이들은 국제관계를 영합(zero-sum)게임으로 보고 있다. 이런 연유로 어떤 국가도 다른 국가와 협력하려 하지 않으며 자신의 이익을 수정하려고도 하지 않는다는 것이다. 국가는 다른 국가의 희생이 있더라도 자신의 안보와 권력을 증진시켜야 한다는 것이다. 수인의 딜레마(prisoner's dilemma)는 국제협력을 어렵게 만드는 상대적 이익의 존재와 배반의 가능성, 그리고 심지어 비영합적 상황에서도 왜 협력이 어려운가를 잘 보여준다. 국가가 직면한 안보딜레마도 수인의 딜레마와 유

---

5) 전재성, "19세기 유럽협조체제에 대한 국제제도론적 분석: 현실주의와 구성주의 제도론의 시각에서," 『한국과 국제정치』, 제15권 2호(1999), p. 7.

사하다. 국가안보에 대한 현실주의적 시각이 반영된 구체적인 실체는 제6~제8장에서 논의될 것이다.

수인의 딜레마(prisoner's dilemma)

강도 2사람이 탄 차량에서 총 한 자루가 발견되었다. 경찰은 용의자들을 분리해 각각의 방에 감금한 뒤 다음과 같은 4가지 시나리오를 제시한다.

- 시나리오 1: 친구는 부인하나 당신은 친구가 그 강도짓을 했다고 자백하면, 친구는 20년형을 받게 될 것이나 당신은 석방될 것임
- 시나리오 2: 당신은 부인하나, 친구가 당신이 그 강도짓을 했다고 자백하면, 당신은 20년형을 받게 될 것이나 친구는 석방될 것임
- 시나리오 3: 둘 다 강도짓 했다고 자백시, 각각 10년형 받게 될 것임
- 시나리오 4: 둘 다 부인시, 불법무기 소지죄만 적용, 각각 3년형 받게 될 것임

당신의 입장에서 바람직한 결과의 순서는 시나리오 1-4-3-2가 될 것이고 친구의 입장에서는 2-4-3-1이 될 것이다. 두 사람의 입장에서 최선의 결과는 시나리오 4이다. 그럼에도 불구하고 시나리오 4가 선택되지 못하고 차선책인 3이 선택된다. 왜 그럴까? 부인하게 되면 상대방이 배반할 가능성과 그로 인해 자신이 결정적인 손해를 입을 수 있음을 두려워하기 때문이다. 수인의 딜레마는 비영합적 게임에서도 합리적 행동이 어떻게 차선의 결과를 가져오는지 그리고 왜 협력이 어려운지를 잘 보여주고 있다.

3. 자유주의와 국가안보

(1) 국가안보에 대한 자유주의적 시각

그로티우스(Hugo Grotius), 로크(John Locke), 칸트(Immanuel Kant), 윌슨(Thomas Woodrow Wilson) 등으로 대표되는 자유주의는 현실주의

와는 다른 가정에 근거하여 국제관계를 바라보기 때문에 당연히 현실주의와 다른 안보 대안을 제시한다.

자유주의는 국제관계의 본질에 대해 대략 6가지 정도로 가정한다. 첫째, 국제체제에서 국가만이 유일한 행위자는 아니다. 둘째, 국제관계의 본질은 갈등만이 있는 것이 아니라 협력도 있다. 셋째, 협력을 통해 행위자들은 비영합적(non zero-sum)인 공동의 이익, 즉 절대이익을 창출할 수 있다. 넷째, 문명의 확대는 국제분규에 대한 평화적 수단을 선호하도록 한다. 다섯째, 군사력만이 국제분규의 유일한 수단은 아니다. 여섯째, 국제규범을 통해 국가들의 위협적인 행동은 제약될 수 있다.

자유주의자의 입장에서, 위협, 취약성, 그리고 안보대안을 요약해보자. 국제관계는 항상 갈등만 있는 것은 아니라 협력도 있다. 인간본성이 이기적이기도 하지만 협력적인 것처럼 국가들도 이기적 기능을 수행하나 현실에서 보는 것처럼 협력적이기도 하다. 시장에서의 이기적 경제 행위가 사회적 조화를 가져오는 것처럼 국제적 거래가 국제적 조화를 가져온다. 다방면의 국제적 거래가 복잡한 상호의존을 가져오게 되고 이것이 상호협력을 창출하게 되며 그 결과 이익이 발생하게 된다. 이익이 창출되는 환경 하에서 서로에 대한 위협은 줄어든다. 경제분야에서의 협력이 일상화되면 이것이 다른 분야, 특히 군사분야의 협력도 가능해지게 된다. 군사분야의 협력은 서로의 능력을 향상하는 것보다는 서로의 위협을 감소시키는 방향으로 진행된다. 자유주의자들은 협력이 위협을 줄이고 상호이익을 창출할 뿐만 아니라 이것이 다른 분야로 확대(spill-over)됨으로써 위협은 더 줄어든다고 주장한다.

문명의 확대, 특히 민주주의의 확산도 서로의 위협을 감소시키는 데 도움을 준다고 주장한다. 대의 민주주의의 세계적 확산으로 인해 각 국가들은 가치와 규범을 공유하게 되고, 이로인해 민주 정부들 간에는 일종의 도덕적 상호의존이 창출된다. 민주 국가는 개인의 권리, 법 앞의 평등, 다수결의 원칙, 소수자의 권리 등 민주적 원칙들을 조직화했는데 이것이 민주국가간에도 적용되어 협력과 협상을 촉진할 뿐만 아니라 국제 분쟁을 평화적으로 해결하려는 의지로 연결된다. 분쟁이 발생했을 때 이것이 전쟁으로 비화하지 않을 수 있는데 그 이유는 전쟁으로 가는 길이 독재자나 소수집단의 손에 놓여있지 않고 국민의 손에 놓여있기 때문이다. 민주부전론(民主不戰論)자들이 주장하듯이 민주국가들끼리는 전쟁을 안 한다.[6] 도덕적 상호의존이 상호간 위협 대신 국제 협력과 조화를 증진하기 때문이다. 자유주의자들은 민주주의 국가가 확산되면 될수록 전쟁이라는 수단을 통해 자국의 이기적 이익을 확보하려는 국가는 줄어들 것이라고 주장한다. 결국, 위협이 줄어들게 되는 것이다.

이들은 국제관계의 분규를 해결함에 있어서 군사력만이 유일한 수단이 되지 못한다고 주장한다. 군사력이 강하다고 해서 전쟁에 이긴다는 보장이 없기 때문이다. 미국은 월등한 군사력을 가지고 있었으면서도 베트남전에서 승리하지 못했다. 영국, 구소련, 그리고 미국의 아프가니스탄전도 마찬가지이다. 이런 사례는 군사력만이 유일한 해결책은 아니라는 것을 보여주며 이런 사례를 통해 국가들은 학습 효과를 가지게

---

6) B. Russet, *Grasping the Diplomatic Peace*(*Princeton*: Princeton University Press, 1993); I. Kant, Zum Ewign Frideden: 이한구 역, 『영원한 평화를 위하여』(서울: 서광사, 1992); Jack S. Levy, "Domestic Politics and War," in *The Origin and Prevention of Major Wars*(Cambridge: Cambridge University Press, 1989); Jack S. Levy, "Theories of Interstate and Intrastate War: A Level-of-Analysis Approach," in Chester A. Crocker and Fen Osler Hampson, and Pamela Aall, *Turbulent Peace: The Challenges of Managing International Conflict*(Washington, D. C.: United States Institute of Peace Press, 2001); Edward D. Mansfield and Jack Snyder, "Democratization and War," *Foreign Affairs*, Vol.94, No.3(May · June, 1995); Randall L. Schweller, "Domestic Structure and Preventive War: Are Democracies More Pacific?" *World Politics*, Vol.44, No.2(1992); Michael Doyle, "Kant-Liberal Legacies and Foreign Affairs," *Philosophy and Public Affairs*, Vol.12, No.3 and 4(Summer and Fall, 1983); Michael Doyle "Liberalism and World Politics," *American Political Science Review*, Vol.80, No.4 (December 1986).

되고 군사력 사용에 신중을 기하게 된다. 또한, 군사력이 다른 권력을 대체(fungibility)할 수도 없다. 두 번에 걸친 오일 쇼크가 세계를 강타했을 때 이를 군사력으로 해결할 수 없었다. 권력의 원천이 다른 쟁역(issue area)에서는 다르게 작동하기 때문이다. 자유주의자들은 군사력보다는 협상과 국제기구에의 호소 등 다른 수단을 통해 분규를 해결할 것을 주장한다.

이들은 또한 국가 간에 합의한 조약 등 명시적, 묵시적인 국제규범도 국가들이 서로 위협하는 것을 제약할 수 있다고 주장한다. 국제규범이란 무정부적 환경 하에서도 국가 간에 협력이 일어난 결과물이기도 하다. 자유주의자들은 전쟁을 부추기는 무정부적이고 윤리적으로 무규범적인 조건들을 제거함으로써 전쟁의 빈도를 감소시킬 수 있다고 주장한다. 국가의 이기적 행위를 제약할 수 있는 국제규범의 망을 수립하면 분규는 줄어들게 될 것이고 이에 따라 위협도 감소할 것이다. 따라서 이들은 국가의 행위를 제약하는 각종 국제규범의 수립을 선호하고 특정 국가가 이런 규범을 위반할 시에는 집단적으로 이에 대처해야 한다고 주장한다. 이들은 국제법, 집단안보, 군비통제, 통합 등이 국가들의 위협을 제약할 수 있는 수단이라고 본다.

자유주의자들은 현실주의자들이 주장하는 취약성 감소 위주의 안보 대안은 문제가 있다고 보고 위협 감소 위주의 안보 대안을 제시했다. 이들은 자유민주주의와 시장경제의 확대는 국가들 간에 협력과 규범 수립 확대의 기회를 가져와 결국 위협을 감소시킬 수 있다는 것이다. 국가안보에 대한 자유주의적 시각이 반영된 구체적인 실체는 제9~제11장에서 논의될 것이다.

4. 신자유주의와 국가안보

(1) 국가안보에 대한 신자유주의자들의 시각

코헤인과 나이(Robert O. Keohane and Joseph S. Nye)로 대표되는 신자유주의자들은 현실주의자들의 시각과 자유주의자들의 시각을 결합하여, 국제관계에 대한 새로운 시각을 제공하고자 했다. 신자유주의적 제도주의라고도 불리는 이들은 현실주의의 가정과 자유주의의 가정을 결합하여 새로운 주장을 시도한다. 이들은 현실주의자들이 주장하는 국제체계의 분권화에만 관심을 둘 것이 아니라 제도화에도 관심을 두어야 한다고 주장한다. 그 이유는 세계정치는 비록 공식적으로 조직되어 있지 않지만, 제도와 질서 있는 진행과정을 완전히 결여하고 있지는 않기 때문에 국가행동에 영향을 미치는 제도에 대한 관심이 필요하다는 것이다.

신자유주의자들은 현실주의의 몇 가지 가정을 수용하고 있다. 즉, 신자유주의자들은 현실주의자들의 주장인 국제체제는 중앙권위체가 없는 무정부적이라는 점, 무정부적 체체에서 국가가 국제정치의 유일한 행위자라는 점과 합리적 행위자라는 점, 그리고 무정부 상태가 국가의 선호와 행동에 중요한 영향을 미친다는 점에 대해서 공감한다.[7] 그러나 신자유주의자들은 무정부하에서도 협력이 가능하다는 자유주의의 시각도 동시에 공감한다. 따라서 신자유주의자들은 무정부적 체제하에서도 국제협력(cooperation under anarchy)은 얼마든지 가능하다고 본다.

신자유주의자들의 입장에서 국가안보의 대안을 도출해 보자. 위협도 '적절히' 줄이고 취약성도 '적절히' 줄이는 것이 이들의 핵심 주장이다.

---

7) Joseph M. Grieco, "Anarchy and the Limits of Cooperation: A Realist Critique of the Newest Liberal Institutionalism," *International Organization*, Vol.42, No.3(Summer 1988), p. 494.

신자유주의자들은 안보딜레마도 해결하고 수인의 딜레마도 해결할 수 있는 방안은 레짐(régime)의 창설이라고 주장한다. 이들은 레짐 창설을 통해, 국가들이 서로 위협하지 못하도록 이를 제도화할 수도 있고, 또한 자신과 상대방의 능력도 일정 한도 내에서 유지되도록 함으로써 취약성 감소의 제도화도 가능하다고 주장한다.

레짐(régime)

레짐이란 "국제관계의 특정 영역에서 행위자의 기대가 수렴되는 명시적 혹은 묵시적 원칙(principles), 규범(norms), 규칙(rules), 그리고 의사결정 절차(decision making procedures)"[8]이다. 여기서 원칙이란 사실과 인과관계 그리고 옳고 그름에 대한 믿음을 의미하며, 규범이란 일반적인 권리와 의무라는 관점에서 정의된 행위의 준거이다. 규칙이란 무엇을 해야 하고 하지 말아야 한다는 구체적인 명령과 금지를 의미하며, 의사결정절차란 집단적인 선택을 하고 이러한 선택을 이행하는 일반적인 관행을 의미한다.

(2) 안보딜레마와 수인의 딜레마 극복

안보딜레마를 극복하기 위해서는 한 국가의 군사력 증강이 다른 국가를 위협하는 정도가 되지 않도록 이를 제도화하는 것이다. 군사력에 대한 투명한 공개, 군사훈련을 포함한 군사 행위에 대한 공개, 상호 훈련 참관 및 감시, 고위 군 관계자들의 상호 방문, 핫 라인 설치, 무기체계의 공동 개발, 심지어 공동 훈련 등이 제도화되면 상호 위협 감소는 물론 상호 군사 능력을 어느 정도 제한할 수 있다. 신자유주의자들은 레짐을 통해 상호 신뢰와 투명성이 확보되면 안보딜레마가 극복될 수

---

8) Stephen D. Krasner, "Structural Causes and Consequence: Regimes as Intervening Variables," in Stephen D. Krasner ed., *International Regimes*(Ithaca: Cornell University Press, 1983), p. 3.

있다고 주장한다.

수인의 딜레마는 현실주의자들이 주장하는 상대적 이득의 문제와 배반의 가능성을 그대로 보여주고 있다. 그러나 신자유주의자들은 수인의 딜레마도 해결될 수 있다고 주장한다. 이들은 레짐이 협력의 창출과정에 있어 상대방의 이득에 대한 중요한 정보와 이득의 전반적 분배에 관한 정보를 제공함으로써 이득의 불평등한 배분과 관련된 문제를 해결하도록 도와줄 수 있다고 본다. 또한, 이들은 이득이 공평하게 배분되고 있는가, 또 이득이 군사적 목적으로 전용되고 있지 않은가 하는 점에 대해서도 그에 대한 정보를 제공함으로써 오히려 상대적 이득의 문제를 해결하고 있다고 주장한다.

신자유주의자들은 또한, 배반의 문제도 해결할 수 있다고 주장한다. 수인의 딜레마 같은 경우, 변호사라는 제도만 있으면 간단히 딜레마를 극복할 수 있다는 것이다. 바로 변호사와 같은 역할을 하는 것이 레짐이라는 것이다. 신자유주의자들은 첫째, 수인의 딜레마와 같은 협력의 실패는 게임의 반복을 통해 배반보다는 협력이 상호 이익을 가져다준다는 것을 깨닫게 할 수 있고, 또한, 배반할 경우에는 이에 상응한 응징(tit-for-tat)을 함으로써 배반의 가능성을 차단할 수도 있다. 또한, 배반할 경우 다양한 분야에서 보복이 기대되는, 즉 '미래의 그림자(shadow of the future)'를 길게 하면 이를 봉쇄할 수 있다고 주장한다.[9] 둘째, 다양한 쟁점들 간의 그물망이 형성되므로 국가 간 상호의존의 정도를 심화시킨다. 다차원적 상호의존의 그물망이 형성되면 한 분야에서의 배반이 불가능해진다는 것이다. 셋째, 정보의 상호교환의 정도가 증대됨으로써 상대방의 의도에 대한 상시 감시가 가능해지고 배반국가에

9) Robert Axelord and Robert O. Keohane, "Achieving Cooperation Under Anarchy: Strategies and Institution," *World Politics*, Vol.38, No.1(October 1985), pp. 226-254.

대한 일종의 조기경보체제가 성립될 수 있다. 상대방의 능력뿐만 아니라 의도까지도 감시할 수 있다는 뜻이다. 넷째, 협력적 규칙은 거래비용을 감소시킨다. 제도화된 관계 속에서 국가들은 교섭과 감시에 보다 낮은 비용을 지불할 수 있기 때문이다.

신자유주의자들은 결국 안보관계의 상호 의존성과 협력을 강조한다. 다자안보는 여기에 바탕을 두고 등장하였다. 국가안보에 대한 신자유주의적 시각이 반영된 구체적인 실체는 제12~제13장에서 논의될 것이다.

5. 구성주의와 국가안보

(1) 국가안보에 대한 구성주의자들의 시각

1990년대 본격적으로 등장한 구성주의의 핵심 내용과 안보 대안을 간략히 소개하면 다음과 같다.[10] 신현실주의자인 월츠가 국제구조를 능력의 분포라는 물질적 요소로 정의했다면 구성주의자인 웬트(Alexander Wendt)는 '지식의 분포(distribution of knowledge)'라는 시각으로 국제구조를 해석하였다. 즉, 국제정치의 내용은 국가가 서로 간에 가지고 있는 믿음과 기대에 의해 결정되고, 그 믿음과 기대는 많은 부분 물질적인 것이 아니라 사회적 구조에 의해 결정된다는 것이다. 상대방을 적으로 간주하는 홉스적 무정부 상태와 상대방을 경쟁자(로크적) 또는 친구(칸트적)로 보는 무정부 상태는 같은 무정부 상태라고 하더라도 상당한 차이가 있다는 것이다. 많은 핵무기를 가진 영국과 소수의 핵무기를 가진 것으로 추정되는 북한을 물질적 시각에서 본다면 당연히 영국이 더 위협적이긴 하지만 영국과 북한이 우방인가 경쟁국인가 따라서 북한의

10) 김열수, "동티모르 재식민지화와 독립: 서방권 국가들의 구성주의적 행위를 중심으로," 『한국과 국제정치』, 제19권 1호(2003년 봄).

핵이 더 위협적일 수 있다.[11] 그 이유는 물질적인 것은 많은 부분 서로간에 가지고 있는 믿음과 기대라는 관념 때문에 의미가 달라질 수 있기 때문이다.

웬트는 또한 행위자-구조(agent-structure problem)문제를 제기하면서 구조가 그 구성단위들의 행동에만 영향을 미치는 것이 아니라 그 구성단위들도 구조에 영향을 미친다고 주장한다. 웬트는 두 존재가 상호결정하고 또 서로를 구성하는 관계에 있다고 주장함으로써 행위자와 구조에게 동등한 존재론적 지위를 부여하였다.[12] 월츠의 구조에 대한 개념은 무정부 상태란 상황이 처음에는 단위들의 비의도적인 행위에 창조되었지만 더 이상 단위들의 의지와는 상관없이 강력한 영향력을 행사한다는 것을 의미한다. 그러나 웬트의 국제구조는 한 번만이 아니라 끊임없이 단위들에 의해 만들어지고 변화되는 것이다. 웬트는 "오늘날 우리가 자력구제의 세상에 살고 있다면 그것은 구조 때문이 아니라 과정 때문이다. 구조란 과정과 독립적으로 존재하거나 인과적 힘을 갖지 않는다. 자력구제와 권력정치는 무정부 상태의 존재들이지 본질적 속성은 아니다. 무정부 상태란 국가들이 만드는 것이다"[13]라고 하면서 구조와 단위간 행위의 과정을 중시한다. 따라서 국제제도에 편입되어 행동한다는 것은 자신의 정체성이 변화를 겪을 수 있는 과정 속에 편입된다는 것을 의미하며, 이 속에서 자신의 이익, 선호, 정체성에 대한 생각, 규범, 이념 등을 수정하고 새로운 사회적 정체성을 획득하는 것이다.[14]

구성주의는 안보환경이 단지 물리적인 것만이 아니라 오히려 문화적

---

11) 양준희, "월츠의 신현실주의에 대한 웬트의 구성주의의 도전,"『국제정치논총』, 제41집 3호(2001), p. 34.

12) Alexander Wendt, "The Agent-Structure Problem in International Relations Theory," *International Organization*, Vol.41, No.3(Summer 1987).

13) Alexander Wendt, "Anarchy is What States Make of It: The Social Construction of Power Politics," *International Organization*, Vol.46, No.23(Spring 1992), p. 412.

14) 전재성, 상게서, p. 40.

이고 제도적인 것이라고 주장하면서, 이러한 문화적 환경이 국가 행위의 동기부여에 영향을 미칠 뿐만 아니라 국가의 기본 성격, 즉 정체성에도 영향을 미친다고 주장한다.15) 따라서 이들은 i) 문화적 환경이 국가의 안보이익을 정형(shape)하거나 국가안보정책을 정형하며, ii) 문화적 환경이 국가의 정체성을 정형하고, iii) 국가 정체성의 차이 또는 국가 정체성에서의 변화는 국가들의 제반 국가안보이익 또는 정책들에 영향을 미치며, iv) 국가정체성의 윤곽(configuration)은 레짐이나 안보공동체와 같은 국가 간에 존재하는 규범구조(문화적 환경)에 영향을 미치고, v) 국가정책들은 문화적 구조와 제도적 구조를 재생산하고 재구성한다고 주장한다.16)

예를 들어, 양국의 관계가 우호적으로 발전되어 온 경우, 상대방에 대한 정보가 불완전하다 할지라도 상대방의 군비증강 행위에 대해 덜 불안을 느낄 수 있다. 이는 양국 간 공동기대와 상호이해에 기반한 문화적 관계가 국가안보정책을 결정함에 있어서 안보 딜레마적 상황을 완화시켜줄 수 있기 때문이다. 따라서 구성주의는 상대방에 대한 보다 완전한 정보의 추구나 공격-수비의 구별 가능성에 대한 기대, 국제정치의 세력분배구조의 변화와 같은 면에서 노력하는 것이 아니라 국가 간의 관계를 개선하여 양국 간에 존재하는 갈등적 상호관계를 해결하고 공유할 수 있는 문화적 기반을 확장하여 양국 간에 조화적 집합정체성을 만들어나갈 것을 대안으로 제시하고 있다.17)

구성주의자들의 주장을 요약해 보면 다음 [그림 2-1]과 같다.

---

15) Ronald L. Jepperson, Alexander Wendt, and Peter J. Katzenstein, "Norms, Identity, and Culture in National Security," in Peter J. Katzenstein(ed.), *The Culture of National Security: Norms and Identity In World Politics*(New York: Columbia University Press, 1996), p. 33.

16) *Ibid.*, pp. 52-65.

17) 이근·전재성, 전게서, p. 176.

[그림 2-1] 구성주의자들의 주장의 방향

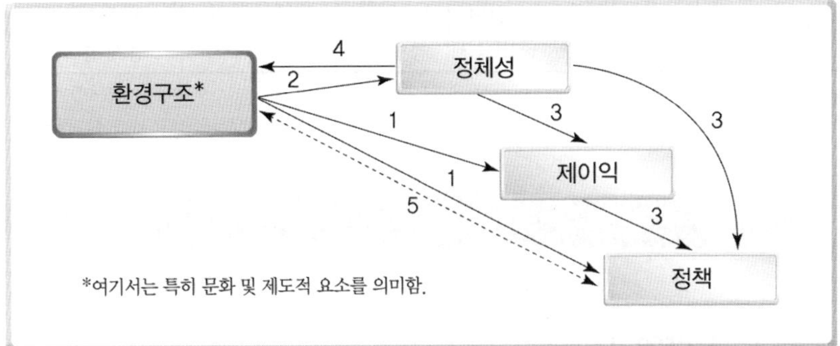

* 출처: Ronald L. Jepperson, Alexander Wendt, and Peter J. Katzenstein, "Norms, Identity, and Culture in National Security," in Peter J. Katzenstein ed., *The Culture of National Security: Norms and Identity in World Politics*(New York: Columbia University Press, 1996), pp. 52-65.

6. 국가안보에 대한 시각의 비교

국제관계를 바라보는 시각과 그 시각을 반영한 국가안보 대안의 중점과 대안을 살펴보면 다음 〈표 2-1〉과 같다.

〈표 2-1〉 국가안보의 대안 비교

구분	현실주의	자유주의	신자유주의	구성주의
국제관계	무정부	상호의존	무정부+ 상호의존	상호 구성
핵심관심	국가이익	개인/지구적 이익	국가/지구적 이익	문화/제도
협력관계	부정적, 배반 우려, 상대적 이익 중시	긍정적, 절대적 이익 중시	긍정적, 레짐을 통해 배반과 상대적 이익 극복 가능	사회적 정체성에 따라 협력
안보중점	취약성 감소	위협 감소	위협/취약성 감소	위협/취약성 감소

안보대안	자주국방, 동맹, 세력균형	국제법, 집단안보, 군비통제, 통합	다자안보협력	문화적 기반 확장, 집합 정체성 구축

제2절 전략연구, 평화연구, 안보연구

1. 전략연구

전략은 목표와 수단, 그리고 방법으로 구성된다. 그러나 통상 전략으로 호칭되는 것은 전략의 방법, 즉 목표와 수단을 연결하는 하나의 방책을 의미한다. 정해진 목표를 달성하기 위해 한정된 수단을 어떻게 사용할 것이냐가 바로 전략 개념이자 흔히 호칭되는 전략인 것이다. 정치적 목표를 달성하기 위해서는 정치전략이 필요하고 경제적 목표를 달성하기 위해서는 경제전략이 필요하며 군사적 목표를 달성하기 위해서는 군사전략이 필요하다. 그러나 어떤 전략이든 군사력은 국가전략의 목표 달성을 위한 수단이 될 수 있다.

현실주의자들은 국가의 생존과 사활적 이익을 위해 안보를 가장 중요시하며 이를 달성하기 위해서는 군사적 수단이 가장 중요하다고 본다. 현실주의자이자 전통적 안보학파에 속하는 월트(Stephen Walt)는 "안보연구는 군사력의 위협, 사용, 그리고 통제에 관한 연구"[18]라고 했다. 군사안보와 국가안보를 거의 동일시했던 현실주의자들과 전통적 안보학자들은 국가의 안전을 보장하기 위해 군사력을 어떻게 운용할 것인가에 초점을 두었다. 이것이 바로 전략연구이다. 따라서 전략은 기본적으로

18) Stephen M. Walt, "The Renaissance of Security Studies," *International Studies Quarterly* Vol.35(1991), p. 212.

실용적이며 실천적인 행동이기도 하다.[19] 브로디(Bernard Brodie)의 주장처럼 전략이론은 행동이론인 것이다. 전략연구가 학문적 체계를 갖추고 본격적으로 발전하기 시작한 것은 제2차 세계대전 이후의 일이며 냉전과 데탕트, 그리고 탈냉전을 거치면서 부침을 거듭하였다.

구 소련과 중국 등 강대국들이 핵무기를 개발하자 전략연구는 상호 공멸을 가져오는 핵전쟁을 어떻게 회피하면서 국가이익을 도모할 것이냐에 초점을 맞추었다. 억지, 제한전쟁, 위기관리, 대량보복, 유연반응 등 현대 전략 개념의 대부분은 쿠바 미사일 위기를 전후하여 발전하였다. 데탕트가 도래하자 전략연구는 쇠퇴했다가 구 소련의 아프가니스탄 침략을 계기로 전략연구가 다시 활성화되었는데 핵 억지전략의 문제점과 전략정보에 대한 연구가 주류를 이루었다.

현실주의적 인식에 바탕을 둔 전통적 안보연구의 핵심을 이룬 전략연구에 대한 비판을 정리하면 다음과 같다.[20] 첫째, 전략가들의 주요 관심사는 현실주의에 입각한 군사력의 역할이기 때문에 국제관계의 평화적이고 협력적인 측면을 간과하고 있다. 국가목표는 자유주의나 신자유주의자들이 제시하는 수단에 의해 달성할 수 있음에도 불구하고 이들은 군사적 수단만을 강조한다.

둘째, 전략연구는 현상을 분석하고 설명하는 것이 아니라 목표 달성을 위해 어떤 대안이 필요한 것인가를 제시하는 정책 지향적 연구이다. 전략연구는 변화하는 국가 간의 우호와 적대관계, 또 무기체계의 발달과 배치 등을 끊임없이 지켜보고 평가해야 하기 때문에 단기적 관점에서 경험적이고 정책지향적인 연구에 머무를 수밖에 없다.

---

19) John Baylis, James Wirtz, Colin S. Gray, and Eliot Cohen, *Strategy in the Contemporary World*, 2nd ed.(London: Oxford University Press, 2007), p. 5: 박창희 역, 현대전략론(서울: 국방대 안보문제연구소, 2009).

20) 윤태영, 『동북아 안보와 위기관리』(서울: 인간사랑, 2005), p. 36; 김태현 역, 『세계화시대의 국가안보』, p. 37.

셋째, 전략연구는 국가 중심적인 접근을 취하고 있어 외부에 대한 위협에만 관심을 가질 뿐 국가 내부에서 발생하는 위협이나 국가 스스로가 개인을 위협하는 주체라는 사실에 대한 연구는 등한시한다. 즉, 전략연구는 다양한 정체성에 기반을 둔 국내 행위자 집단들이 국가를 위협할 수 있음에도 불구하고 이에 대한 연구는 소홀하다. 또한, 국가 스스로가 개인의 자연권을 위협하는 주체가 되는 문제에 대해서도 침묵한다.

넷째, 전략연구는 패권국의 현상유지적 성향을 반영한다. 전략연구는 대체로 서방세계의 방어를 위한 정책적 필요의 산물이었다.

다섯째, 전략연구는 안보를 위협하는 다양한 출처에 대해 무시했다. 전략연구는 군사분야의 위협에 대해서만 관심을 가졌을 뿐, 정치, 경제, 사회 등 다른 분야의 위협에 대해서는 이를 등한시했다. 이 외에도 전략연구는 그 접근 방식이 학문적이지 않으며, 윤리적 쟁점에 대해서 별로 관심을 기울이지 않는다는 문제점이 있다.[21)]

이런 연유로 전략연구는 안보라는 용어를 많이 사용하면서도 힘을 위한 투쟁이라는 현실주의적 모델을 벗어날 수 없었다. 탈냉전이 되자 전략연구가 방향감각을 잠시 상실했으나 오히려 이들은 국제안보 쪽으로 전략연구 분야의 폭을 넓혀가기 시작했다. 따라서 안보연구와 중첩되는 부분이 훨씬 넓어졌다.

2. 평화연구

평화연구란 폭력의 원인과 평화의 조건을 연구하는 것이다. 전략연구가 국가이익이라는 목표 달성을 위해 군사력을 운용하는 방법에 관한

21) John Baylis, James Wirtz, Colin S. Gray, and Eliot Cohen, *Ibid.*, p. 9.

연구라고 한다면, 평화연구는 폭력의 원인을 규명하여 폭력을 예방함과 동시에 평화를 누릴 수 있는 조건을 연구하는 것이다. 따라서 두 개의 연구는 국제관계를 바라보는 서로 다른 시각에 근거하고 있다. 전략연구가 현실주의적 시각에 바탕을 두고 있다면, 평화연구는 이상주의, 또는 자유주의 시각과 가깝다. 따라서 연구 정향이 다르다.

평화란 소극적 평화(negative peace)와 적극적 평화(positive peace)로 대별되는데, 소극적 평화란 개인적·물리적 폭력의 부재를 의미하며, 적극적 평화란 사회·경제적 측면의 구조적 폭력의 부재를 의미한다.[22] 즉, 억압과 착취라는 두 가지 폭력이 없어야 한다.[23]

평화연구도 국제관계의 형태에 따라 부침을 거듭하였다. 냉전의 가속화와 핵전쟁의 위험이 높아지자 평화에 대한 연구가 본격화되었다. 전쟁 연구소와 평화 연구소가 창립되기 시작했으며 군비통제, 무기거래, 생화학무기 등에 대한 연구가 진행되었다. 1970년대에는 개도국의 저발전 문제와 남북관계, 그리고 구조적 폭력에 대한 연구가 진행됨으로써 평화연구는 개인·사회·경제적 측면의 연구로 확대되었다. 신냉전이 시작되자 평화연구는 비핵방어(non-nuclear defence), 공동방어, 군산복합체에 대한 비판 등에 초점이 맞춰졌다. 탈냉전이 되자 평화연구는 분쟁해결, 분쟁예방, 인간 안보, 문화적 측면의 평화, 복지·평등·정의, 생태학적·환경적 측면에서의 평화, 여성과 평화 등 다양한 쟁점 영역으로 확대되었다.

요약하면, 소극적 평화에 대한 연구는 폭력을 예방하거나 또는 기존의 폭력을 제거하는 데 관심을 두고 있다. 적극적 평화에 대한 연구는

---

22) Johan Galtung, "Violence, Peace, and Peace Research," *Journal of Peace Research*, Vol.6, No.3(1969), p. 183; 윤태영, 위의 책에서 재인용.

23) Johan Galtung, *Peace by Peaceful Means: Peace and Conflict, Development and Civilization*(Oslo: International Peace Research Institute Oslo, 1996); 강종일·정대화·임성호·김승채·이재봉(역), 『평화적 수단에 의한 평화』(서울: 들녘, 2000), p. 19.

평화의 조건 창출과 기본적인 평화체제의 실현을 위한 구조적 폭력의 제거를 연구 대상으로 한다.[24] 평화연구는 존재(sein)에 대한 연구보다는 당위(sollen)에 대한 연구에 초점을 맞추고 있다. 이상적 사회를 건설하고자 하는 규범적 성격이 강한 평화연구는 학문적 영역이라기보다는 오히려 하나의 평화운동으로 인식[25]되는 이유도 여기에 있다. 평화연구도 확대되고 있기 때문에 안보연구와 중첩되는 부분이 많다.

3. 안보연구

1970년대 데탕트의 도래와 함께 변동환율제로의 전환, 그리고 오일쇼크 등이 일어나자 전략연구의 영역을 넘어서는 경제 문제가 안보 문제의 주요 관심사로 등장하게 되었다. 1976년 『국제안보』(International Security)지 창간호 서문은 "무역, 테러리즘, 군사물자 공급, 환경과 같은 탈국경적 관심이 안보의 불가결한 요소로 되어 가고 있다"라고 적시하고 있다. 이는 전략연구, 평화연구, 경제안보 등으로 분산되고 있던 여러 분야에 대한 연구가 안보연구의 대상이 될 것임을 의식한 것이기도 했다. 그리고 1980년대부터는 부잔(Barry Buzan)의 People, States, and Fear가 안보연구의 표준적 교과서가 될 정도로 인기를 끌면서 안보연구 논의가 활성화되기 시작했다.[26] 1990년대에 접어들자 안보 관련 학자들 간에 안보 개념을 둘러싼 열띤 논쟁이 시작되었다.[27] 비판적

---

24) 윤태영, 상게서, pp. 107-108.

25) 김명섭, "평화학의 현황과 전망," 김명섭 편저, 『21세기 평화학』(서울: 풀빛, 2002), pp. 127-153.

26) 김준섭, 전게서, p. 55.

27) 논쟁의 내용은 다양한 학자들의 주장이 수록된 다음을 참조할 것. Ronnie D. Lipschutz ed., On Security(New York: Columbia University Press, 1995); Keith Krause and Michael C. Williams eds., *Critical Security Studies: Concepts and Cases*(Minneapolis: University of Minnesota Press, 1997).

안보연구(critical security studies)학파가 등장한 것이다.

비판적 안보연구학파는 안보는 힘이나 평화와는 다른 시각을 제공해 준다고 주장한다. 안보 개념은 힘과 평화라는 양 극단의 중간에 위치하여 이들 개념이 제공하는 대부분의 통찰력을 수용함과 동시에 서로에게 흠집을 내는 이들 학파 간에 간극을 메워준다는 것이다.[28] 이때부터 비판적 안보연구학파와 군사안보만을 정통성 있는 안보연구라고 주장하던 전통적 안보연구(traditional security studies)학파 사이에 논쟁이 시작되었다.

논쟁의 결과는 전통적 안보 개념을 고수하려는 일부 학자들의 주장에도 불구하고 안보 개념을 확대하는 방향으로 움직였다. 안보연구는 군사분야를 벗어나 정치, 경제, 사회, 환경 분야로 확대되었고, 연구 수준도 국가를 중심으로 개인과 국제안보 수준으로 확대되었다. 전략연구와 평화연구가 확대되면서 안보연구와 중첩되는 부분이 많아진 것도 사실이다. 전략연구는 국가안보를 위해 폭력을 어떻게 다루느냐에 초점을 맞추고 있는 반면, 평화연구는 개인, 국가, 체제 안보를 위해 폭력을 어떻게 없애느냐에 초점을 맞추고 있다. 따라서 전략연구는 취약성을 감소시키는 데 초점을 맞추고 있고 평화연구는 위협을 감소시키는 데 초점을 맞추고 있다. 그러나 비판적 안보연구는 힘과 평화의 중간에서 위협의 감소와 함께 취약성의 감소에 초점을 맞추고 있다고 볼 수 있다. 결국, 비판적 안보연구는 신자유주의적 관점에서 안보를 추구한다.

28) 김태현 역, 전게서, p. 27.

제3절 안보연구의 확대 경향

1. 안보개념의 확대

비판적 안보학자들에 의한 안보개념은 세 가지 방향으로 확대되어 나갔다. 즉, 안보부문 또는 의제의 확대(broadening the agenda), 안보 주체의 확대(extending the subjects) 그리고 안보 보호대상(extending the objects)의 확대이다.[29] 안보개념을 확대하고자 했던 노력은 1970년대 오일쇼크부터 시작되었는데, 안보연구가들은 군사 및 경제적 쟁점의 상호교차(interplay)와 그때 당시에 일어났던 지구적 환경에 대해 많은 관심을 표명하였다. 이것은 군사력 중심의 전통적 안보연구가들에게는 심각한 도전이 되었다. 냉전이 종식되자 안보의 주체, 안보의 객체(보호대상), 그리고 수많은 안보의제들이 제기되었다. 그럼에도 불구하고 전통주의자들은 안보연구의 확대를 반대하는데[30] 그 이유는 안보개념의 확대가 안보의 중점을 흐릴 수 있다고 생각하기 때문이다.

전통적 안보연구를 비판하면서 등장한 안보학자들은 안보연구에 대한 새로운 패러다임을 제시했다. 새로운 안보 패러다임의 특징은 첫째, 전통적 패러다임에서의 안보는 군사적 분야만을 일차적으로 인식하는 데 반해, 새로운 패러다임에서는 군사적 분야뿐만 아니라 정치, 경제, 환경, 사회 및 문화 등 다양한 분야를 고려한다. 또한, 국가적 위협뿐만 아니라 초국가적 위협을 안보 의제에 포함시킨다. 둘째, 안보의 보호대상이 다양하다. 전통적 안보는 국가가 보호의 대상이었으나 새로운 안

---

29) Dan Caldwell and Robert E. Williams Jr., *Seeking Security in an Insecure World* (Lanham: Rowman and Littlefield Publishers, Inc., 2006), pp. 7-16.

30) Ole Wæver, *ibid.*, pp. 46-48.

보패러다임은 국가뿐만 아니라 개인, 지역체제, 그리고 국제체제 등이 그 대상이 된다. 셋째, 안보의 주체가 다양하다. 전통적 안보는 국가가 주체가 되어 국가를 보호하는 것이었지만 새로운 안보 패러다임은 다양한 행위자가 고려된다. 안보연구의 새로운 경향을 세부적으로 살펴보되 그 한계와 문제점도 같이 짚어보고자 한다.

2. 안보분야 또는 의제의 확대

안보분야의 확대란 안보가 전통적인 군사안보를 넘어 정치안보, 경제안보, 사회 및 문화안보, 과학기술안보, 그리고 환경안보 등으로 확대되는 것을 말한다. 안보 의제의 확대란 잠재적 적국의 군사력과 의도에 의한 위협을 넘어 초국가적 위협 즉, 테러리즘, 마약 및 소화기 밀매, 인신 매매, 불법 이민, 질병, 지구 온난화, 바이러스 및 해커 등 사이버 상의 문제, 태풍, 지진, 기아 또는 과잉인구 등에 의해 부가되는 위협과 관련된 환경 등으로 확대되는 것을 말한다.[31] 포괄안보(comprehensive security)가 이 범주에 속한다. 이 모든 분야 및 의제가 안보연구의 대상이 될 수 있다. 또 그렇게 주장하는 학자들도 있다. 그러나 안보란 의도적 위협으로부터 자유로운 상태나 조건이라는 것을 고려해 본다면, 안보분야의 확대와 의제의 확대는 제1장에서 언급한 것처럼 어느 정도 한정할 필요가 있다. 그렇지 않으면 모든 일상생활이 안보의 의제가 되어 과연 무엇이 진정한 안보문제인지를 인식할 수 없게 될 수도 있기 때문이다.

재래식 군사력, 핵무기, 화학 및 생물학무기, 그리고 대량살상무기의

31) Richard H. Ulman, "Redefining Security," *International Security*, Vol.8, No.2(Summer 1983), pp. 129-153; Jessica Thucman Mathews, "Redefining Security," *Foreign Affairs* Vol.68, No.1(Spring 1989), pp. 162-177.

확산은 전통적 위협에 속하는 안보연구의 대상이고, 테러리즘, 사이버전 등은 새롭게 떠오른 안보연구의 대상이다. 그리고 경제 불안, 희소자원의 무기화, 그리고 사회 불안 등도 개인, 국가, 그리고 국제체제의 안보를 위협하기 때문에 안보연구의 대상이 된다. 군사 분야에 한정되었던 안보의제가 다양한 분야로 확대되었고 국가 내로 한정되었던 안보의제가 초국가적으로 확대되었다. 안보부문의 확대는 제5장 부문별 안보에서 다룰 것이나 의제별 안보에 대한 서술은 생략할 것이다. 각각의 의제가 안보를 위해 대단히 중요하지만, 이것들을 모두 포괄하면 국가안보와 '국제안보'의 구별이 모호해지기 때문이다.

3. 안보 보호대상의 확대

전통적 안보의 보호대상은 국가였다. 그러나 새로운 패러다임은 국가뿐만 아니라 개인, 집단, 지역 체제, 국제체제 등을 안보의 보호대상으로 삼는다. 1994년 유엔개발계획(UNDP)에 의해 개념화된 인간안보는 안보의 보호대상이 바로 인간이었다. 안보의 보호대상이 특정 민족이나 종교 등 집단이 될 수도 있다. 쿠르드족의 입장에서 보면 그들이 보호해야 할 안보 대상은 이라크 · 이란 · 터키가 아니라 바로 그들 자신, 즉 쿠르드 족이 될 것이다. 초국가적 위협은 어떤 특정 국가나 소수 국가만의 대응으로 해결될 수 있는 것은 아니다. 국제사회가 공동으로 대응해야 한다는 차원에서 이것을 국제안보라고 부를 수 있다. 따라서 안보의 보호대상에 따라 안보는 인간(개인)안보, 국가안보, 집단안보(group security), 지역안보, 그리고 국제안보 등으로 분류될 수 있다.

4. 안보 주체의 확대

안보의 주체는 안보를 정책화하여 이를 수행하는 행위자를 말한다. 전통적 안보연구는 국가가 국가를 보호하는 정책, 즉 국가안보에 초점을 맞춘다. 그러나 새로운 패러다임에서의 안보의 주체는 한 국가가 아니라 여러 국가일 수도 있고 지역기구나 국제기구일 수도 있으며 국제사회가 될 수도 있다. 국가들이 공동으로 안보 문제를 다루는 것을 공동안보(common security)라고 한다. 결국, 다양한 안보 주제(common securuty)들이 공동으로 다양한 분야와 대상(comprehensive security)에 대하여 서로 협력함으로써 안보를 달성할 수 있게 되는데 이를 협력안보(cooperative security)라고 한다. 협력안보란 공동안보와 포괄안보를 합친 개념이라고 할 수 있다.

안보의 주체(who)와 안보의 보호대상 즉, 객체(whom)간의 관계를 살펴보자. 국가안보의 경우에는 안보의 주체인 국가가 곧 안보의 객체인 국가의 안전을 보장하는 것이다. 그렇다면 개인안보는 어떤가? 개인안보의 경우에는 안보의 보호대상은 개인이지만 그 주체가 애매할 수 있다. 개인안보를 담지해야 할 주체가 개인인가? 국가인가? 국제 사회인가? 선진국의 경우에는 개인이나 국가가 개인안보의 주체가 될 수 있지만 후진국이나 내전 중인 국가의 개인은 국가로부터 개인의 권리를 위협받고 있기 때문에 오히려 국제사회가 주체가 될 수 있다. 국제사회의 인도주의적 개입은 국가로부터 보호받지 못하는 개인을 보호(Protection of Civilians)하기 위한 구체적인 행동인 것이다.

초국가적 위협으로부터 국가와 인간을 보호하기 위한 국제안보의 주체는 누구인가? 국제기구인가? 지역기구인가? 국제사회인가? 비군사적인 위협에 대한 주체는 국제기구나 지역기구가 될 수 있을 것이고 테러리즘과 같은 위협에 대해서는 국가와 국가들의 연합인 국제사회가 될 것이다.

제4절 안보연구 분석 수준과 저술 경향

1. 안보연구 분석 수준

분석의 수준은 크게 국제체제적 수준, 단위체 수준, 그리고 개인 수준으로 나뉠 수 있다. 국제체제(international system)는 그 이상의 체제를 가지고 있지 않으며 체제의 단위들이 상호작용하거나 상호 의존하는 최대 규모의 집성체를 말한다. 현재의 국제체제는 지구 전체를 의미한다. 단위체(unit)는 국제체제를 이루는 근간이 되며 높은 수준에서의 위상을 유지할 정도로 충분히 응집력이 있고 독립적인 집단이다. 국가가 여기에 해당된다. 개인(individual) 수준은 대부분의 사회과학 분석에서 가장 하위에 있는 행위자이다. 현실주의자들은 주로 3가지 분석 수준에서 현상에 대한 설명을 시도하지만 이런 수준 이외에도 국제체제와 단위체 사이에 지역적 하부체제(EU, ASEAN, AU 등)나 기능적 하부체제(NATO, OPEC)가 있을 수 있다. 또한, 단위체와 개인 수준 사이에도 관료체제나 NGO 등 하부 단위체가 있을 수 있다.

분석의 수준은 설명의 결과와 설명의 원천을 모두 배치할 수 있는 위치를 말할 뿐 그 자체가 설명의 원천이 되지는 못한다. 예를 들면, 현실주의자들은 설명의 근원인 '국제체제의 구조'를 체제수준에 위치시키고 그 주요 결과인 '자조(self-help)' 등은 단위체 수준에 위치시킨다. 관료정치는 설명의 근원인 '절차'를 하부 단위체 수준에 위치시키고 그 결과인 '비이성적 행위'를 단위체 수준에 위치시킨다.[32] 분석 수준에 대한 논쟁은 현실주의와 긴밀한 관계를 가지고 있는데 분석 수준이 어디에 있든 설명의 결과를 국가로 환원시키는 경향이 있기 때문이다. 분석 수준은 국가 중심적인 사고를 증강시키는 경향이 있다.

안보와 관련된 분석수준과 설명의 결과를 몇 가지 예로 들어보자. 인간안보는 설명의 근원인 '국가의 폭력'을 국가 수준에 위치시키고 그 결과인 '인간의 자연권 손상'을 개인 수준에 위치시킨다. 협력안보는 설명의 근원인 '국가의 한계'를 국가 수준에 위치시키고 그 결과인 '협력'을 체제 수준에 위치시킨다. 사회안보는 설명의 근원인 '정체성의 분열'을 하부단위체 수준에 위치시키고 그 결과인 '국가의 불안'을 단위체 수준에 위치시킨다. 현실주의적 시각은 설명의 결과를 국가로 환원하는 경향이 강하지만 자유주의, 또는 신자유주의적 시각은 반드시 그렇다고 볼 수 없다. 그럼에도 불구하고 [그림 2-2]에서 보는 것처럼 국가가

[그림 2-2] 위버의 모래시계 안보 모델

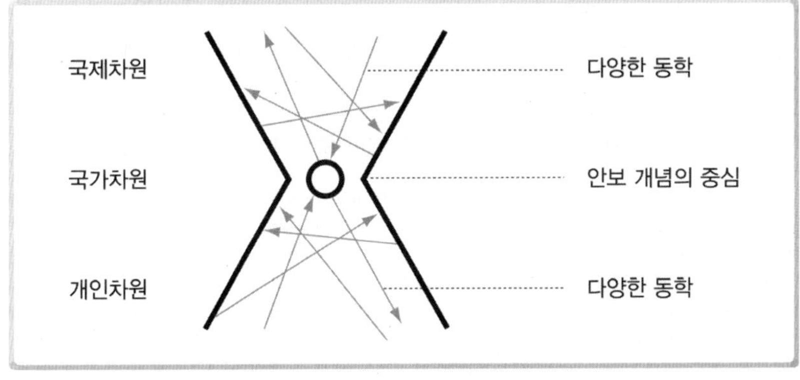

* 출처: Ole Wæver, "Securitization and Desecuritization," in Ronnie D. Lipschutz ed., *On Security*(New York: Columbia University Press, 1995), p. 50.

---

32) 국방대학교 안보문제연구소 역, 『안전보장』, 안보총서 81(서울: 국방대 안보문제연구소, 1998), pp. 25-26.

중심이 되는 경향이 강하다. 결국, 안보란 국가 차원을 중심으로 국제 차원과 개인차원으로 확대된다고 볼 수 있다. 안보 문제는 결국 국가안보라는 렌즈를 통해 더 잘 이해될 수 있기 때문이다.[33)]

2. 안보연구 저술 경향

안보를 제대로 이해하기 위해서는 안보 개념과 더불어 안보의 확대된 의제와 확대된 보호 대상이 논리적으로 정렬되어야 한다. 안보를 직접 다룬 외국 서적에서도 의제와 주체를 어떻게 연결시킬 것인가에 대해서는 대부분 독자의 상상에 맡기고 있다고 해도 과언이 아니다. 논리적 설득의 문제가 있어 쉽지 않은 과업이기 때문이다.

안보연구가들의 저술은 대부분 비판적 안보학파들에 의해 이루어졌다. 그러나 그 저술의 형태는 제각기 다르다. 어떤 저술은 분야별 안보만을 다루기도 하고,[34)] 또 다른 저술은 초국가적 위협만을 다루기도 한다.[35)] 국가안보를 국제 또는 지구적 차원에서 구체적 쟁점별로 다룬 연구도 있고[36)] 구성주의적 관점에서 분야별 안보의제가 국제사회에서 어

---

33) Ole Wæver, "Securitization and Desecuritization," in Ronnie D. Lipschutz ed., *On Security*(New York: Columbia University Press, 1995), p. 50.

34) 김준섭 역, 위의 책; Barry Buzan · Ole Wæver · Jaap de Wilde, *Security: A Framework for Analysis*(Londom: Lynne Rienner Publishers, Inc., 1998).

35) Dan Caldwell and Robert E. Williams Jr., *Seeking Security in an Insecure World*(Lanham: Rowman and Littlefield Publishers, Inc., 2006).

36) Donald M. Snow, *National Security for a New Era: Globalization and Geopolitics after Iraq*, 3rd ed.(Pearson Longman: New York, 2008); Thomas Wiloch, *National Security*(New York: Thomson Gale, 2005); Amos A. Jordan · William J. Taylor, Jr., · Michael J. Mazarr, American National Security, 5th ed.(Baltimore: The Johns Hopkins University Press, 1999); Sean Kay는 지구적 관점에서 비대칭적 분쟁, 인간안보, 환경 안보, 에너지 안보, 안보의 기술과 사유화 등의 쟁점을 다루었고, Patrick M. Morgan은 전쟁, 억지, 군비통제, 강대국 협력, 집단안보, 복합적 다자주의, 그리고 각종 평화활동 등을 다루었다. Sean Kay, *Global Security in the 21st Century*(New York: Rowman & Littlefield Publishers, Inc., 2006); Patrick M. Morgan, *International Security:*

떻게 규범으로 구성되는지를 저술한 산물도 있다.[37)]

본 저서를 구상함에 있어서 저자가 고민했던 부분이 위에 언급했던 저술들이 구성에서 차이가 크다는 점이었다. 안보연구가 전략연구 및 평화연구와 차이가 있다는 점을 강조하려면 분야별 안보나 쟁점별 안보에 초점을 맞추어 집필하는 것이 올바른 접근이다. 그러나 초국가적 위협만을 중요한 안보 쟁점으로 다룰 경우, 이는 국제안보와 크게 다르지 않다. 많은 저서들이 미국적 접근인 '국제안보'라는 틀 속에서 국가안보 문제를 다루고 있다. 그러나 미국은 국제안보와 국가안보의 차이가 별로 없다는 점을 고려할 필요가 있다. 따라서 국가안보란 국가가 핵심이지 체제가 핵심이 아니다.

본 저서는 국가안보에 초점을 맞추고 있다. 국가안보란 안보의 주체가 '국가'여야 하고 안보의 객체도 '국가'여야 한다. 국가가 국익을 보호하고 향상하기 위해서는 끝없이 위협을 감소시켜야 하고 취약성을 감소시키는 정책을 추구해야 한다. 본 저서는 위버의 모래시계를 유념하면서 '국가'가 '국가'를 위한 안보 정책에 초점을 맞추고 있다는 점을 다시 한번 강조한다.

Problems and Solutions(Washington DC: CQ Press, 2006).

37) Prter J. Katzenstein ed., *The Culture of National Security: Norms and Identity in World Politics*(New York: Columbia University Press, 1996).

토론 주제

1. 어떤 국제관계 이론이 오늘날의 국제관계를 제대로 설명하고 있다고 보는가?
2. 어떤 안보 대안이 가장 합리적이라고 생각하는가?
3. 전략연구, 평화연구, 그리고 안보연구의 차이점은 무엇인가?
4. 한국은 어떤 인식하에 어떤 국가안보 정책을 추구하고 있는가?
5. 포괄안보와 국제안보는 구별되는가?
6. 개인안보와 국가안보는 서로 상충되는 개념인가?
7. 전통적 안보학파들이 비판적 안보학파들을 비판하는 이유는 무엇인가?
8. 하나의 안보 의제를 설정하여 수준별 안보 대상을 추론해 볼 수 있는가?
9. 미국의 경우, 국가안보와 국제안보를 서로 비슷한 개념으로 보는 이유는 무엇인가?
10. '국가안보' 대신 '한국안보'라는 주제로 저서를 구성한다면 무엇이 달라져야 하는가?

더 읽으면 좋은 글

1. 김태현 역, 『세계화시대의 국가안보』(서울: 나남출판, 1995).
2. 박재영, 『국제정치패러다임』, 제5판(파주: 법문사, 2021).
3. 윤태영, 『동북아 안보와 위기관리』(서울: 인간사랑, 2005).
4. Barry Buzan · Ole Wæver · Jaap de Wilde, *Security: A Framework for Analysis*(Londom: Lynne Rienner Publishers, Inc., 1998): 국방대학원 역, 『안전보장』(서울: 국방대학원, 1998).
5. Robert J. Art and Robert Jervis, *International Politics: Enduring Concepts and Contemporary Issues*, 13th ed.(Essex: Pearson, 2016).

P·A·R·T

02

국가와 부문별 안보

제2부에서는 제1부에서 다룬 안보 개념을 바탕으로 국가와 부문별 안보를 다룬다. 제3장과 제4장에서는 국가와 국력에 대해서, 그리고 제5장에서는 부문별 안보를 다룬다.

국가안보란 국가 + 안보이다. 안보의 주체(subject)인 국가가 안보의 객체(object)인 국가를 보호하고 번영시키는 것이 국가안보이다. 따라서 국가안보를 이해하기 위해서는 먼저 '국가'에 대한 이해가 선행되어야 한다. 국가의 기원, 본질, 그리고 형태와 국가안보간의 관계를 살펴보는 것이 제3장의 핵심이다.

국가가 위협과 취약성을 극복하고 국가이익을 보존하고 향상하기 위해서는 유무형의 힘을 가지고 있어야 한다. 이것이 국력이다. 국력을 분석해 보면 한 국가의 위상이 어느 정도인지를 알 수 있고 이로인해 받을 수 있는 위협과 자신의 취약성을 도출해 낼 수 있다. 또한, 개체론적 권력 개념과 구조론적 권력 개념을 분석해 봄으로써 한 국가의 국가이익을 위해 사용할 수 있거나 또는 위협받을 수 있는 힘의 실체가 무엇인지를 알 수 있다. 이것이 제4장의 주요 내용들이다.

제5장은 부문별 안보를 다룬다. 안보 개념의 확대는 분야별 확대도 가져왔다. 군사부문뿐만 아니라 정치, 경제, 사회, 과학기술, 그리고 환경 등이 안보 분야로 편입된 것이다. 부문별 안보란 국가가 국가이익을 보호하고 향상시키기 위해 각 부문별 위협과 취약성이 무엇이며 또 이를 극복하기 위해 어떤 정책을 추진해야 하는지를 제시한 것이다.

제3장 국가 : 기원, 성격, 구성, 형태

개 요

국가란 국가안보의 주체이자 보호 대상이다. 또한, 국가란 개인안보의 주체이자 국제안보의 주체이기도 하다. 반대로 국가는 개인안보 및 국제안보의 위협의 원천이 되기도 한다. 따라서 국가는 안보의 중심에 있다. 국가에 대한 이해가 선행되어야 국가안보는 물론 개인안보 및 국제안보를 제대로 이해할 수 있다.

인류가 발전시켜 온 수많은 정치·사회적 조직 중에서 오늘날의 국가는 언제부터 형성되기 시작했으며, 그 본질은 무엇인가? 국가는 무엇으로 구성되어 있으며 이것이 국가안보와 어떤 관계에 있는가? 또한, 국가의 형태와 국가안보는 어떤 관계에 있는가?

제3장은 안보의 중심에 있는 국가에 대해 근대 국가의 성립과 발전을 알아보고, 국가의 본질을 소개한 뒤 국가의 구성요소와 국가안보와의 관계를 탐구해 보고자 한다. 또한 다양한 형태의 국가를 서로 비교해 봄으로써 어떤 형태의 국가가 위협과 취약성에 더 많이 노출되는지를 살펴보고자 한다.

제1절 근대 국가의 성립과 발전

1. 국가의 기원

국가의 기원은 원시인의 사회가 어떻게 해서 국가의 형태를 갖추게 되었는지를 밝히면 알 수 있다. 즉, 지금까지 변함이 없는 국가의 특징은 소수가 권력을 잡고 다수를 지배한다는 점에 있으므로 그와 같은 강제장치(强制裝置)의 발생을 합리적으로 설명하면 될 것으로 본다. 이에 관한 학설에는 여러 가지가 있으나, 크게 신의설(神意說) · 사회 계약설 · 계급설 · 실력설 · 재산설 · 족부권설(族父權說) 등으로 나눌 수 있다.[1)]

신의설(divine right theory)은 국가는 신이 창조한 것 또는 신의 명령에 따라 만들어진 것이라는 설이다. 신의설은 국가 성립의 기초를 초자연적 존재인 신의 뜻에 두고 국민에게 절대 복종을 강요하는 신학적 국가론을 말한다. 신권설 또는 왕권신수설(王權神授說)이라고도 한다. 신의설은 국가를 다스리는 사람도 신으로부터 권력을 위탁받은 자이기 때문에 권력자에게 절대 복종과 충성을 다할 것을 요구한다. 신의설은 고대 농경사회에서 건국 신화로 종종 등장하는데 집권 세력들의 통치수단으로 많이 활용되었으며 오늘날에도 대부분의 국가주의자들은 이런 국가관을 유지하고 있다.

사회 계약설(contract theory)은 국가의 권력이 하늘의 신으로부터 발생하는 것이 아니라 사람과 사람간의 계약으로 생겨난다는 주장이다.

1) 유낙근 · 이준, 『국가의 이해』(서울: 대영문화사, 2006), pp. 102-123.

이는 권력의 원천인 인간을 바라보는 인간관에서 출발한다. 사회 계약설은 홉스(Thomas Hobbes)와 로크(John Locke), 그리고 루소(Jean-Jacque Rousseau)에 의해 주장되었다.

홉스(1588~1679)는 인간이 약육강식의 '만인에 대한 만인의 투쟁'을 하게 되면 결국 공멸할 우려가 있기 때문에 이를 방지하기 위해서는 개인은 공권력을 만드는 계약을 해야 한다는 것이다. 공권력을 위임받은 자는 개인을 지켜 줄 법률을 제정하고 개인은 이 법률을 준수함으로써 인간사회는 평화롭고 안전하게 된다는 것이다. 홉스는 공권력을 행사하는 강력한 국가(Leviathan)를 창출해야 하고 개인은 이 권력에 저항해서는 안 된다고 주장하였다.

천부인권설을 주장한 로크(1632~1704)는 공권력을 인정하나 권력자의 잘못된 권력 행사에 대해서 개인은 저항권을 가질 수 있으며 또한 잘못된 권력을 행사하는 권력자로부터 권력을 박탈해도 되는 혁명권을 가질 것을 주장하였다. 또한 로크는 모든 국가 권력은 시민에게 있으며 시민은 항상 국가 권력을 감시해야 한다고 주장하였다.

『인간불평등기원론』과 『사회계약론』을 저술한 루소(1712~1778)는 오히려 사회계약에 의한 정치체제에 대해 부정적 입장을 가졌는데 그 이유는 사회계약이 인간성을 억압하고 불평등을 가속화시켜 인간의 자유를 상실시킨다는 것이다. 루소는 계약에 의해 성립된 법, 제도, 전제 군주 등은 다수 국민을 억압하기 위한 도구로 작동할 수 있기 때문에 이 모든 것을 파괴해야 개인의 자유와 평등한 인간관계를 달성할 수 있다고 주장하였다. 국민 주권론을 강조한 루소는 각 개인은 자유와 평등을 최대한으로 확보하면서 공동 이익을 지키기 위해 하나의 약속을 하고 국가를 형성하는데 이 약속이 사회계약이라는 것이다. 이것은 주권자인 개개인 상호간의 약속이며, 지배자에 대한 국민의 복종을 뜻하지는 않는다는 것이다. 홉스가 국가에 초점을 맞추었다고 한다면 로크나 루소는 개인에 초점을 맞추었다고 할 수 있다.

실력설(force theory)은 한 종족이 다른 종족에 대한 실력적 지배 또는 같은 종족 내에서 한 계급이 다른 계급에 대한 실력적 지배가 성립할 때 국가가 발생한다고 보는 설이다. 재산설(property theory)은 국가의 기원을 재산에서 찾는 이론으로, 토지 사유권이 인정되면서 발생했다고 보는 설이다. 족부권설(patriarchal theory)은 인류의 공동생활이 발달하는 과정에서 가족 내의 가부장의 권위가 확립되면서 국가가 나타났다고 보는 설이다. 고대의 일부일처제 가족 단계 또는 고대문명 발생 시점의 국가가 이에 해당한다.

마지막으로 계급설(class theory)은 원시 공동체 사회에서 사유재산제가 나타나고, 이어 빈곤계급과 부유계급 사이의 분화가 일어나면서 국가가 발생했다는 설이다. 즉 지배계급이 다른 계급을 권력으로 억압하고, 나아가 자신들의 재산을 유지하기 위한 수단으로 만들어 낸 통제기구가 바로 국가라는 설이다. 마르크스, 레닌, 엥겔스 등이 이런 주장을 하였으며 이 계급설은 국가의 본질에도 그대로 적용된다.

2. 근대국가의 등장

한국이나 중국은 오래전부터 국가를 유지해 왔으나 유럽은 그렇지 못했다. 중세기까지만 하더라도 유럽은 영국, 프랑스, 폴란드 등 몇 개의 왕국과 자율성을 지닌 지역으로 구분되어 가톨릭이 부여하는 종교적 질서 속에서 움직였다. 그러나 무역이 활발하게 일어나고 문예부흥(Renaissance)이 꽃을 피우게 되자 가톨릭에 대한 종교적 도전은 물론 정치 공동체와 종교 간에도 갈등이 발생하기 시작했다. 1618년부터

신 · 구 종교를 둘러싼 전쟁이 유럽 전체로 번지게 되어 30년 동안 지속되었고 그 결과로 유럽에서 근대 국가가 탄생되었다.

30년 전쟁으로 유럽 인구의 1/4이 사망하고 수많은 경제적, 물리적 피해가 발생하자 유럽의 135개 공국(公國)들은 1648년 웨스트팔리아 조약(The Treaty of Westphalia)을 체결했다. 이로써 유럽에서는 근대 국가가 형성되기 시작했다. 통치자들은 그들의 관할 지역 내에서 주권적 권력을 행사하며, 자신의 영토 내에서 자유롭게 종교를 결정할 수 있었다. 웨스트팔리아 조약을 통해 유럽 공국들이 '주권'의 원칙을 수립함으로써 근대 국가의 기초를 마련하였다. 30년 전쟁은 유럽의 종교적 신념, 통치 제도, 그리고 정치적 이데올로기가 서로 충돌했던 중세기의 황혼기에 문예 부흥과 종교 개혁에 의해 점화되었던 장기적 변화의 산물이었다.[2)]

30년 전쟁의 결과로 주권의 개념이 어느 정도 정립되고 국가와 종교의 분리가 정착되자 영국과 네덜란드를 제외한 대부분의 국가는 절대주의 왕권을 수립하기 시작했다. 절대주의는 권력의 집중을 가져왔는데 이로인해, 영토적 경계, 재정의 집중과 확장, 행정의 집중, 국가에 의한 군사력의 독점, 표준군대의 도입, 입법과 시행에서의 새로운 메커니즘의 창설, 외교와 외교적 제도를 통한 국가 간의 관계 형성 등 오늘날 국가의 모습이 나타나기 시작했다.[3)] 절대주의는 국가 내에서의 경제, 정치, 문화적 차이를 감소시키는 국가 형성(state-making)에 기여하였고, 정치적 공동체를 형성하고 정체성을 키우는데 기여하였다.[4)] 절대주

2) Charles W. Kegley, Jr & Gregory A. Raymond, *From War to Peace: Fateful Decisions in International Politics*(New York: St. Martin?, 2002), p. 47.

3) David Held & Anthony McGrew, David Goldblatt & Jonathan Perraton, *Global Transformation: Politics, Economics and Culture*(Stanford: Stanford University Press, 1999), p. 36.

4) *Ibid.*, p. 36.

의 국가는 봉건적 영주체제를 타파함과 동시에 자신의 폭력기구를 전문화하고 경제적 하부구조의 건설에 나서면서 언어와 교육정책의 통일을 추진할 수 있었기 때문이다.[5)]

절대주의(absolutism)

근세 초기 유럽에서 보인 전제적(專制的) 정치형태를 말하는 절대주의는 흔히 절대왕정으로 불리기도 한다. 절대왕정은 중앙집권적 통일국가였다는 점에서 분권적인 중세 봉건국가와는 다르고, 국민의 무권리(無權利)와 신분적 계층제를 유지하였다는 점에서 근대국가와도 구별된다. 절대군주인 국왕은 봉건귀족이나 부르주아 계급 등 어느 누구에게도 제약을 받지 않는 절대적 권력을 가졌다.

17세기 후반에 이르러서는 유럽은 더 이상 모자이크식 정치체가 아니라 주권의 원칙과 영토성이 우선시되는 '국가들의 사회'로 진화하였다. 국가 주권의 발전은 서로를 국가로 인정하는 과정의 핵심이었다. 또한, 영토적 주권, 국가의 공식적인 동등성, 국내문제에 대한 비개입, 국제법 의무에 대한 국가의 동의 등이 국제사회의 핵심적인 원칙이 되었다.

웨스트팔리아 조약의 체결, 그리고 이를 보장하기 위한 각종 국제법 등이 결합되어 웨스트팔리아 체제가 수립되었는데 이를 요약하면 다음과 같다.[6)]

1. 세계는 더 이상 상위의 권위체가 없는 주권적 영토 국가로 구성되

---

5) 김병국, 『국가·지역·국제체계』(서울: 나남출판, 1995), p. 237.
6) David Held & Anthony McGrew, David Goldblatt & Jonathan Perraton, *ibid.*, pp. 36-37.

고 분리된다.

2. 입법 과정, 분쟁 타결과 법 집행은 개별국가의 손에 달려 있다.
3. 국제법은 공생을 위한 최소한의 규칙이다.
4. 국경을 넘어서는 나쁜 행동에 대한 책임은 '개별적인 문제'이다.
5. 모든 국가는 법 앞에 평등하다.
6. 국가들 간의 차이는 종종 군사력에 의해 해결되나 군사력에 의존하는 것을 막을 법은 없다.
7. 모든 국가는 타 국가의 자유에 대한 방해를 최소화해야 한다.

3. 유럽의 팽창과 국가의 팽창

근세의 여명은 15세기 말 지리상의 발견으로 시작되었으며, 이로인해 본격적인 식민지 쟁탈전이 일어났다. 16세기에는 스페인과 포르투갈이, 17세기에는 네덜란드가, 그리고 18세기에는 영국과 프랑스가 식민지 개척의 선두주자였다. 그러나 19세기에는 최후의 승자로 남은 영국이 네덜란드나 프랑스의 식민지를 계속 탈취함으로써 방대한 식민지제국을 건설하였다. 19세기말 영국은 전 세계 영토의 1/4과 전 세계 인구의 1/4 이상을 차지하였다. 이와 같이 세계가 열강에 의하여 완전히 분할됨에 따라 다른 나라가 영유하고 있는 식민지에 대한 강점(强占)이 시작되었고, 결국 이것은 제1차 세계대전을 일으키는 하나의 원인이 되었다. 식민지를 개척하고자 했던 유럽의 팽창이 유럽 이외의 지역에서 국가의 개체수를 감소시키는 결과를 가져왔다. 또한, 이것은 이 지역의 정치공동체들에게 국가와 민족에 대한 관심을 촉진시키는 계기를 가져다주었다.

제1차 세계대전 전까지 확대일로에 있던 식민지도 세계대전 이후 식민지 지배에 대한 저항에 부닥치게 되었다. 나폴레옹 전쟁 이후 본격적으로 등장하였던 유럽의 민족주의는 이탈리아의 통일과 독일의 통일을 가져왔으나[7] 이것이 식민지의 독립에는 별다른 영향을 주지는 못했다. 제1차 세계대전 이후에는 식민지에서 민족자결주의 사상이 고조되고, 러시아혁명 이후에는 민족해방운동이 격화되었다. 그럼에도 불구하고 제1차 대전 이후에 설립된 국제연맹의 회원국은 제1차 세계대전의 전승국과 초청된 중립국을 포함한 42개국이 전부였다.

제2차 세계대전이 종료 된 직후에도 국제연합에 가입한 회원국은 51개국에 불과했으나 그 이후 식민지들의 독립과 정체성을 중심으로 분리 독립 운동이 일어남에 따라 유엔 회원국은 현재 193개국으로 늘어났다. 유엔 창설 이후 '새로운 국가' 탄생의 물결은 크게 세 번에 걸쳐서 진행되었다. 첫 번째는 제2차 세계대전에서 패전한 국가들의 식민지가 독립하는 물결이었다. 두 번째는 소위 '아시아 · 아프리카의 시대'라고 불려지는 1950~70년대에 발생한 것으로서, 비동맹 세력의 정치적 영향력 확대와 식민지 독립투쟁의 결과 제2차 세계대전 승전국이었던 식민지들이 독립하는 물결이었다. 세 번째 물결은 탈냉전의 결과로, 구 소련의 해체와 구 유고슬라비아의 해체로 인해 발생한 것이었다. 민족을 정체성의 중심에 두고 분리 독립하려는 노력은 지금도 계속되고 있다.

1945년 이후 현재에 이르기까지 70여 년 동안 유엔 회원국이 거의 4배 가까이 증가한 것은 세계 시민들의 정체성 자각과 정의에 대한 인식과 무관하지 않다. 나와 남이 어떤 면에서 차이가 나며 그 차이로 인해 발생하는 손실에 대한 최선의 극복 방안은 독립이라는 식민지 또는 제국 내 민중들의 인식과 식민지 또는 제국 건설은 민족의 자결권을 저해한다는 일부 국가 지도자들의 인식의 결과였다. 국가 개체수의 팽

7) Ernest Renan, 신행선 역, 『민족이란 무엇인가』(서울: 책세상, 2006), p. 21.

창은 이것으로 끝난 것이 아니다. 비록 그 팽창 속도는 느리겠지만 앞으로도 계속 진행될 것이다.

4. 민주주의 국가의 팽창

국가의 팽창 못지않게 민주주의라는 체제의 팽창도 일어났다. 근대 국가의 정치제도는 대부분 절대군주제였으나 지금은 대부분 대의 민주주의 제도를 채택하고 있다. 귀족제나 군주제 또는 독재의 반대 개념으로 사용되는 민주주의는 국민의 지배를 의미한다. 민주주의는 국가의 지도자가 하늘에 의해 점지(王權神授)되는 것이 아니라 국민에 의해 선택되는 정치제도이다.

계몽주의 사상가들의 영향은 18세기 후반에 유럽 전역에서 나타나기 시작했다. 이로인해 많은 구 규범(ancient régime)들이 평등, 자유 등 문명화(enlightenment)된 아이디어의 영향으로 붕괴되기 시작했다.[8] 이러한 아이디어들은 미국의 독립, 프랑스 혁명에 영향을 미쳤을 뿐만 아니라 영국, 아일랜드, 네덜란드, 벨기에, 스위스, 독일, 이탈리아, 헝가리, 폴란드 등 전 유럽에 영향을 미쳤다. 국민이 주인이 되는 민주주의가 등장하기 시작한 것이다.

민주주의로의 정치 변동은 헌팅턴(Samuel P. Huntington)이 지적한 것처럼 3번의 파도가 있었다.[9] 첫 번째 긴 파도는 1828~1926년 사이, 미국, 영국, 프랑스, 아르헨티나, 기타 해외 영국 지배 국가의 민주화였다. 두 번째 민주화 파도는 1943~62년까지로서 서독, 이탈리아, 인도,

8) Dan Caldwell, *World Politics and You*(Upper Saddle River, New Jersey: Prentice Hall, 2000), p. 31.

9) Samuel P. Huntington, *The Third Wave: Democratization in the Late Twentieth Century*(Norman and London: University of Oklahoma Press, 1991).

일본, 이스라엘의 민주화이다. 세 번째 파도는 1970년대부터 시작되는데, 포르투갈, 스페인, 기타 라틴 아메리카, 아프리카, 아시아의 많은 나라들이 여기에 해당한다. 여기에 네 번째 파도를 추가한다면, 그 파도는 탈냉전의 결과로 러시아, 동구, 그리고 구 소련 공화국들의 민주화가 될 것이다. 종교적 신념과 민주주의가 어울릴 것 같지 않은 중동 및 북아프리카에서 민주화가 성공한다면 이는 민주화의 5번째 파도가 될 것이다. 후쿠야마는 민주주의의 세계화 현상을 '역사의 종언'으로 표현했다.[10)]

국가란 도대체 무엇인가? 근대 국가의 성립과 발전을 바탕으로 국가의 성격에 대해 6가지로 대별해 알아보자.

제2절 국가의 성격

1. 자유주의 국가론

자유주의 국가론은 절대주의(절대군주제)에 반발하면서 당시 새롭게 출현한 부르주아 지배계급의 이익을 정당화하고 지켜 주기 위한 국가 이데올로기이었다. 개인의 천부적 인권인 자연권을 기본으로 하는 자유주의는 부당한 권력으로 개인을 억압하였던 절대 왕권 체제를 타파하는 데 이념적으로나 현실적으로 결정적인 힘을 실어 주었다.[11)]

이 국가관은 사회의 공공선을 달성하는 사회적 제도로서 국가를 상정하고 있는데, 국가가 간섭을 심하게 하면 시장경제의 작동에 전혀 도

---

10) Francis Fukuyama, "The End of History?" *The National Interest*(Summer 1989).
11) 유낙근 · 이준, 『국가의 이해』, pp. 129-130.

움이 되지 않는다고 주장한다. 따라서 시장에 간섭하는 국가의 권력은 최소화 되어야 한다는 것이다. 다만 국가는 전쟁억제와 공공 안녕 질서 유지라는 최소한의 역할을 담당하여야 하고, 나머지는 모두 시장경제의 원리에 맡겨야 한다고 주장한다. 이것이 바로 19세기의 고전 경제학 및 자유방임적 정치사상에 의한 국가의 본질이다. 이러한 자유방임적 정치사상은 각 나라의 개별적이며 특수한 사정, 즉 구지배 계급과 신흥 지배 계급간의 힘의 역학 관계에 따라 민주공화제, 의원내각제, 입헌군주제, 대통령 중심제 등으로 다양하게 나타나지만 본질적으로는 부르주아가 국가권력을 장악하여 지배 세력이 되는 국가 형태를 기본 골격으로 하고 있다.[12)]

2. 다원주의 국가론

다원주의 국가론은 국가권력에 대한 소극적인 입장을 반영하는 것으로 제2차 세계대전 후인 1950년대와 1960년대 걸쳐 미국 정치학의 주류를 이루었다. 정치권력은 한 사회 내의 특정계급이나 엘리트에 집중된 것이 아니라 여러 집단, 파벌 등에 분산되어 있다는 것이 핵심 주장이다.[13)]

다원주의 국가론의 입장에서 보면, 국가는 집단 간의 공동 이익을 추구하는 제도이고, 사회 내 대립되는 세력들 간의 화해의 산물이므로 대립적 사회 세력의 가치 중립자로서 역할을 해야 한다는 것이다. 집단의 차원에서 보면 국가란 그들의 이익을 달성하기 위해서 이용할 수 있는 중립적 도구에 불과하고, 정부의 정책방향을 결정짓는 것은 이익단체로

12) 상게서, p. 129.
13) 김재영, 『현대정치학』(서울: 삼우사, 1995), pp. 203-204.

대표되는 집단압력이라는 것이다.[14] 따라서 다원주의 국가론은 국가가 유일한 최고의 통제기관이며 국가주권을 사회의 유일한 최고권력으로 인정하는 전통적 국가관에 반대한다.[15] 단지 국가는 중개자 또는 심판의 역할이라는 중립적이며 소극적인 지위만을 인정받게 된다.[16]

다원주의 국가론에서는 이익단체, 압력 단체, 시민 단체, 공익 단체 등 집단의 개념을 도입하여 집단 간 타협과 조정을 전제하고 있다. 그러나 모든 집단 간에 항상 타협과 조정이 이루어지거나 모든 집단에게 참여의 기회와 권리가 동등하게 보장되는 것은 아니다. 왜냐하면, 각 단체들의 이익표명은 자유주의 시장원리에 따라서 경쟁적으로 이루어지기 때문이다. 따라서 다원주의 국가론에 의한 국가는 갈등이 심화될 우려가 있고, 특정집단이 정부와 이익동맹을 형성하여 이익을 독과점함으로써 여타 군소집단의 이익이 배제될 우려가 있으며, 로비활동·매수공작 등으로 정치적 부패가 만연될 우려가 있다는 한계성을 갖고 있다.[17]

3. 계급주의 국가론

계급주의 국가론은 국가의 본질을 계급지배로 인식한다. 또한, 국가를 사회경제적 지배계급이 피지배계급을 억압하고 착취하기 위한 조직, 기구, 도구일 뿐이라고 인식한다. 이 국가론은 19세기 중엽 이래 서구의 근대국가들이 일대 위기를 맞이하게 되면서부터 시작되었다. 자본주의 경제의 모순이 누적되어 빈부의 격차, 유산자와 무산자 간의 계급대

14) 오명환, 『현대정치학이론』(서울: 박영사, 1992), p. 360.
15) 이수윤, 『정치학개론』(서울: 법문사, 1998), p. 148.
16) 오명호, 『현대정치학 이론』(서울: 박영사, 2003), p. 364.
17) 김호진, 『한국정치체제론』(서울: 박영사, 1994), p. 168.

립, 사회적 부조리 등이 노출되었다. 이러한 위기상황 속에서 개인의 의지와 무관한 사회 자체를 객관적·과학적으로 분석함으로써 국가의 근본문제를 해명하려는 움직임이 나타났는데, 이것이 마르크스(K. Marx)와 엥겔스(F. Engels)로 대표되는 계급주의 국가론이다.[18]

마르크스와 엥겔스는 국가가 공익을 앞세우고 개인의 자유와 재산권을 보호한다고 하지만 실제로는 자본가의 특권을 옹호하고 지배계급의 이익을 위하여 봉사한다고 비판한다.[19] 또한, 국가 또는 국가 기구는 국가 사회 내의 제반 정치 집단, 계급 집단 간의 계급 투쟁을 초월하여 초연해 있는 절대적 가치 중립적 존재가 아니라 지배 계급의 이해 관계를 대변하기 위하여 국내의 계급 투쟁 속에 깊숙이 개입되어 있는 이해 당사자[20]라는 것이다. 마르크스는 그의 『공산당선언』에서 자본주의하에 있어서의 국가는 부르주아 계급의 이익을 위한 착취도구이며 자본주의 사회는 사회주의 내지는 공산주의 사회로 진행할 것이기 때문에 국가는 필연적으로 소멸할 것이라고 주장하였다.[21]

4. 자율국가론

다원주의국가론이나 계급주의국가론은 주로 개인, 집단, 계급 등 사회의 제반구성요소들이 분석의 기본단위를 이루고 있으며, 이들의 상호작용으로부터 국가의 성격을 도출하고 있다. 이들 국가론은 사회(개인, 집단, 계급)의 우위를 전제로 하여 국가의 특성을 도출하기 때문에 국가권력을 사회에 종속적인 것으로 보았다.[22] 다원주의적 입장에서는 국가

18) 김우태, 『정치학원론』(서울: 형설, 1992), p. 171.
19) 오명환, 『현대정치학이론』(서울: 박영사, 1992).
20) 유낙근·이준, 『국가의 이해』, p. 152.
21) 김재영, 전게서, p. 205.
22) 오명호, 『현대정치학 이론』, p. 384.

를 심판이나 중개자로 보았고, 계급주의적 입장에서는 국가를 계급지배의 도구와 체제유지의 기능수행자로서 바라보았는데 이러한 견해들은 국가의 독자적 성격과 자율성을 인정하지 않는 입장이라고 볼 수 있다.

그러나 자율국가론은 국가의 사회에 대한 독립성을 전제로 하고 있으며, 국가는 사회의 어느 특정한 집단이나 계급의 이해와는 구별되는 스스로의 목표와 그것을 실현할 수 있는 능력을 소지하는 자율적인 행위자로 간주한다.[23] 주로 막스 베버(Max Weber)와 같은 사회학자들이 주장하는 이론이다.

베버는 국가의 특성을 영토성, 물리적 힘의 독점, 정당성이라는 세 가지 측면에서 부각했는데, 그에 의하면 국가는 사회의 공동체와 국가 자신의 이익을 추구하는 의지적 행위자이며 동시에 절대적 지배권을 향유하는 초계급적인 실체이다. 그는 국가를 "일정한 영토 내에서 물리적 강제력을 합법적으로 행사하는 인간공동체"로 정의하였다.[24]

사회 내에서 국가의 우월한 위치를 확보시켜주는 결정적 요인으로 관료제를 들 수 있다. 관료제는 다른 어떠한 조직의 형태보다도 기술적 우월성을 갖고 있다. 그리고 전문적 지식과 정보 그리고 비밀보장 등의 이점을 가진 관료제는 산업사회의 필수 불가결한 조직형태일 뿐만 아니라, 그 힘은 막강하고도 파괴할 수 없는 것으로 받아들여지고 있다.[25] 근대국가에 있어서 관료제는 상비군과 직업공무원을 통해 국가의 통치권을 전담한다.[26]

---

23) 상게서, p. 384.
24) 김우태, 『정치학원론』, p. 182.
25) 오명호, 『현대정치학 이론』, p. 385.
26) 김우태, 『정치학원론』, p. 182.

5. 조합주의 국가론

조합주의 국가론은 중세 가톨릭 지배사회의 길드 개념에서 연유하는 기능적 단체인 조합(corporation)에 그 구조적 근원을 두고 있는 것으로, 이탈리아의 무솔리니(Benito Mussolini)가 조합국가를 시도함으로써 발전되기 시작하였다.[27] 조합주의 국가론은 다원주의 국가론의 한계를 인식하면서 나타난 다원론의 변형된 형태이다.[28] 다원론은 다양한 집단 간의 타협과 조정을 통하여 만들어진 정책을 집행만 하는 기능으로서의 국가를 전제하고 있는데, 사실 이러한 전제는 현실성을 결여하고 있다. 오히려 정치 현실은 국내의 모든 사안들에 대하여 국가가 적극적으로 관여하면서 주도적인 역할을 하고 있는 실정이다.

조합주의란 각 이익집단들이 단독적·위계적 이익대표 체계를 전국적 규모로 형성하고, 한편으로는 국가이익을 대변하면서 다른 한편으로는 국가이익을 대변한 대가로 해당 범주 내에서 이익공동체의 요구를 독점적으로 정책과정에 투입하는 이익대표방식을 말한다. 그리고 자원배분 정책에 있어서는 국가와 이익집단과의 거래관계에 따라 자원배분이 이루어지는 모형이다. 국가가 자원배분권을 독점하는 것이 아니라 이익집단과 어느 정도 공유하며, 국가와 이익집단과의 관계는 대개 보호자와 고객관계로 정형화되고, 국가는 규제자적 역할을 수행하는 것이다.[29]

조합주의는 사회조합주의와 국가조합주의로 구분된다. 전자는 스웨덴, 노르웨이, 핀란드 등 북구에서 나타나는데 국가는 자본가와 노동자

27) 최상용 외, 『현대한국정치와 국가』(서울: 법문사, 1987), p. 349.
28) 유낙근·이준, 전게서, p. 138.
29) 김우태, 『정치학원론』, pp. 186-187.

사이의 실질적 대등 관계를 유지하고 그것을 보장하여 주는 장치이다. 이 조합주의의 전제는 다원주의 입장에서 복수정당제, 자유권적 기본권, 공정한 선거 제도 등의 기본적인 민주적 정치 과정의 보장이었다.[30] 반면 후자인 국가조합주의는 칠레, 멕시코, 페루 등 남미에서 주로 나타난다. 이 조합주의는 독점 자본 세력과 국가가 연계하여 노동 세력을 통제하는 정치 체제를 지칭하고 노동자의 입장에 서기보다는 국가 전체의 총량적 성장에 중점을 두기 때문에 자본의 논리에 따르는 경향이 강하다.[31]

조합주의 국가론은 특정 국가의 정치 사회 현상을 설명할 때 사회 내의 다른 어떤 집단보다 국가가 주도적이고 능동적인 역할을 하고 있다는 것을 좀 더 명료하게 밝혀 준다. 즉 다원론에서 분명하게 설명하지 못하는 국가의 기능과 역할을 조합주의 국가론에서는 좀 더 동태적으로 설명할 수 있으며 국가 주도의 복지 정책을 설명하는 데도 유리하다.[32]

6. 관료적 권위주위 국가론

관료적 권위주의 국가론은 오도넬(Guillermo A. O'onnell)에 의하여 제시된 것으로, 1960년대 남미에서 군부 쿠데타를 통하여 나타난 권위주의 체제의 등장에 그 근거를 두고 있다. 이 이론은 라틴 아메리카의 자본주의체제의 유지를 위한 국가의 적극적 활동을 강조한다. 국가는 3자 연합을 통하여 민중부문을 배제하고 억압을 통해 시민사회를 정복함으로써 국가발전을 이룩한다는 것이다.

---

30) 상게서, p. 139.
31) 김우태, 『정치학원론』, p. 140.
32) 상게서, p. 142.

이 체제의 주요 사회적 기반은 억압수단을 사용하는 군부, 경제기획을 전문으로 하는 공공기관의 관료, 그리고 상층 자본가들이다. 이 3자 연합 체제하에서는 그동안 활성화되어 오던 민중부분에 대한 통제를 강화하고 민주주의 정치제도의 폐지, 소수의 대기업체와 국가기관에 과도한 경제적 특혜를 부여하여 자본축적을 도모한다. 관료적 권위주의 체제는 생산구조의 국제화 촉진 및 탈민족화 성향을 나타내기도 하지만 사회문제의 탈정치화와 질서 및 경제정상화 등을 강조함으로써 민중적 · 계급적 이익을 대변할 통로를 차단한다는 특징을 가지고 있다.[33)]

이러한 오도넬의 이론은 1960~70년대 라틴 아메리카적 상황에서 제3세계 국가를 이해하는 데 큰 도움을 주었으나 라틴 아메리카 이외의 제3세계에 확대 적용하는 데는 한계가 있었다. 1970년대 말, 이 이론은 종속주의 이론과 함께 한국에서도 큰 반향을 일으켰다.

국가의 기원과 성격에 대한 연구를 바탕으로 국가의 구성요소에 대해 알아보자. 국가의 구성요소가 바로 국가안보의 대상이다. 어떤 성격을 가진 국가이든 국가의 구성요소는 동일하다. 국가란 영토 · 국민 · 주권으로 구성된 법적 조직임과 동시에 정치 · 사회적 조직이다. 따라서 국가의 구체적인 안보 대상은 각각 영토, 국민, 그리고 주권이다.

제3절 국가의 구성요소와 국가안보

1. 영 토

통상 '영토'라고 표현되는 국가영역은 영토, 영해, 영공으로 구분된다.

33) 김재영, 전게서, p. 212.

영토는 토지로써 구성되는 국가 영역인데 국가영역 중에서도 가장 핵심적인 부분이다. 그 이유는 영토가 없으면 영해도 없고 영토 및 영해를 떠나서는 영공도 있을 수 없기 때문이다. 따라서 광의의 영토는 땅, 바다, 그리고 하늘로 구성되어 있다.

영토는 국제법상 매매 · 교환 · 증여의 대상이 될 수 있다. 미국이 1803년 프랑스령 루이지애나 지역을 1,500만 달러에, 그리고 1867년에는 러시아령 알래스카 지역을 720만 불에 구입한 것이 매매의 사례이다. 키르기스스탄과 카자흐스탄은 영토교환을 추진했으나 실패로 끝났다.[34] 구 소련이 1954년 러시아-우크라이나 합병 300주년을 기념하여 크림반도를 우크라이나에 양도한 것은 증여의 사례에 속한다.

영토는 또한 영역(領域)국과 관계국의 합의에 의해 그 주권이 제한되는 경우도 있다. 국제지역(國際地役, international servitude)과 조차(租借)의 경우가 그 대표적 사례이다. 이 중 국제지역은 국가간의 합의에 의하여 영토의 특정부분에 대한 영역국의 주권이 제한되는 것을 말하며, 영토의 일부에 대한 비무장의 의무, 영토의 일정부분에 대해서는 제3국에 권리를 두지 않을 의무, 외국군의 통과 및 주류(駐留)를 인정하는 것 등이 그것이다. 일국의 영토 내에 타국의 위요지(圍繞地: 어떤 토지를 둘러싸고 있는 둘레의 토지)가 있는 경우 위요지 통행권이 문제가 된다. 통일 이전의 서베를린은 동독에 의해 둘러싸인 하나의 위요지였는데, 서독과 서베를린 간의 통행은 연합국간의 합의에 의해 지정된 몇 개의 육로 및 항공로에 의해 유지되었다.

조차는 국가간의 합의에 의하여 일국이 타국 영토의 일부를 차용하

34) 두 국가간의 영토 교환 합의는 2001년에 있었으나 그 추진이 지지부진했다. 그러나 2008년 4월, 키르기스스탄의 쿠르만벡 바키예프(Kurmanbek Saliyevich Bakiyev) 대통령이 카자흐스탄에 이식쿨(Issyk-kul) 호수 관광지역을 넘겨주고 대신 카자흐로부터 더 큰 면적의 영토를 넘겨받기로 하는 계획을 추진했다. 그러나 이 계획은 결국 성사되지 못했다.

는 것을 말한다. 여기에는 보통 일정한 기간이 있으며, 그 기간 내에는 영역국의 통치권의 행사가 전면적으로 배제된다. 따라서 그것은 실질적으로 영토의 할양(割讓)과 같은 외양을 지니며, 법률적으로도 입법·사법·행정면에서 조차국의 영토가 된 것과 동일한 효과를 지닌다. 그러나 기간이 만료되면 영역국에 반환해야 하고 조차지를 처분할 수 없다는 점에서 영토의 할양과는 구별된다. 조차의 대표적 사례로는 영국이 중국으로부터 1997년까지 조차한 홍콩, 포르투갈이 중국으로부터 1999년까지 할양 및 조차했던 마카오, 미국이 쿠바로부터 조차한 관타나모, 파나마로부터 조차한 파나마운하지구,[35] 니카라과로부터 조차한 콘 제도(Corn Islands) 등이 있다.[36]

영토는 국가의 구성 요소 중 현저히 드러나는 물리적 실체이다. 따라서 영토는 안보의 일차적 대상이 된다. 합법적인 매매, 교환, 증여, 국제지역, 조차 등은 국가간에 합법적 절차를 통해 이루어진 행위이기 때문에 국가안보상의 문제가 덜 발생한다. 그러나 영토를 둘러싼 분쟁의 요소는 많다. 과거의 전쟁은 대부분 영토 확보 전쟁이었다. 영토를 확보하면 그 안에 있는 자원과 인구는 승자에 복속되어 승자의 국력이 강해지기 때문이다. 그러나 제2차 세계대전 이후에는 유엔 헌장을 통해 무력에 의해 남의 나라를 침략하는 것을 엄격히 제한하고 있다.

근대 국가 등장 이후 국가는 분리와 통합의 과정을 거치면서 대부분 국경이 확정되었으나 아직도 국경 분쟁이 끊이지 않는 지역도 많다. 인도와 파키스탄 사이의 캐시미르 지역, 한국과 일본 사이의 독도, 일본과 러시아 사이의 쿠릴열도(Kuril islands: 러시아명 Кури́льские острова́, 일본명 북방영토), 일본과 중국 사이의 센카쿠(중국명 댜오위다오: 酌魚島),

35) 미국은 2000년 1월 1일 오전 0시 0분에 파나마 운하를 파나마에 반환했다.
36) 미국은 1971년 콘 제도를 니카라과에 반환했다.

중국과 베트남이 서로 영유권을 주장하는 파라셀 군도(Paracel Islands: 중국명 시사군도西沙: 베트남어: Quần đảo Hoàng sa), 중국, 대만, 베트남, 말레이시아, 필리핀, 브루나이 등 6개국이 영유권을 주장하는 스프레틀리 군도(Spratly Islands, 중국명 난사[南沙]군도), 그리고 중국과 필리핀 사이의 스카버러 섬(Scarborough Reef, 중국명 황옌다오[黃巖島]) 등이 대표적인 아시아의 영토 분쟁 사례들이다.[37] 애매한 국경은 서로가 영유권을 주장하기 때문에 최악의 경우에는 그 해결을 군사력에 의존해야 한다. 영유권 분쟁 지역의 자원이 많으면 많을수록, 그리고 그 전략적 가치가 높으면 높을수록 평화적 방법에 의한 해결은 더욱 어려워진다.

2. 국 민

국민이란 소재지와는 관계없이 원칙적으로 일정한 국법(國法)의 지배를 받는 국가의 구성원을 말한다. 따라서 국민은 반드시 영토 내에서만 주거해야 하는 것이 아니라 재외국민처럼 영토 외에서도 주거할 수 있다. 국민의 개념은 종족이나 민족과 반드시 일치하는 것은 아니다. 국민은 국내법이 정하는 요건에 따라 그 지위가 주어지는 법적 개념이다. 그러나 종족은 유전적 특성을 함께 가진 사람들의 모임으로 자연과학적 개념이며, 민족은 문화적 요소를 기준으로 한 사회학적 개념이다. 따라서 하나의 종족이 하나의 민족을 구성하여 하나의 국민 및 국가가 되는 것이 이상형이다. 그러나 대부분의 국가가 이런 이상형의 형태를 띠지 못하기 때문에 국가가 불안한 것이다.

영어의 nation이라는 개념도 대단히 복잡하다. 이것이 법적 개념인

37) 동아시아 해양영토 분쟁 사례에 대해서는 김열수, "동아시아 도서분쟁: 분쟁의 원인과 미중의 전략," 『안보연구시리즈』, 제12집 13호(2011.10)를 참고할 것.

국민을 의미하는지, 사회학적 개념인 민족을 의미하는지, 또는 법·정치·사회적 개념인 국가를 의미하는지 애매하기 때문이다. 국가 형성이 이상형의 경로를 밟을 경우, nation은 곧 민족이자 국민이며 국가가 될 수 있다. 이것은 국가가 기본적으로는 민족이라는 사회적 공동체로부터 출발했음을 의미한다.

nation state란 민족국가를 의미하는데 이는 국민국가의 근원이 민족국가에 있음을 의미한다. 민족국가란 혈연적 근친(近親)의식에 바탕을 두고, 공동의 사회·경제 생활을 영위하며 동일한 언어를 사용하고 동일한 문화와 전통적 심리를 바탕으로 하여 형성된 인간 공동체를 말한다. 아시아와는 달리 유럽에서의 이런 민족국가는 프랑스 혁명과 나폴레옹 전쟁 이후에 본격적으로 등장하게 된다.

엄격하게 해석하면 법적 개념인 국민과 사회적 개념인 민족은 다르다. 국가는 국민으로 구성되어 있지만 민족으로 구성되어 있지 않을 수도 있다. 민족-국가의 연계 측면에서 보면 6가지 형태가 구성될 수 있다.

첫 번째 모델은 한 민족-한 국가(a nation-a state)의 형태이다. 이것은 하나의 민족이 하나의 국가를 이루는 가장 이상적인 형태이다. 헝가리, 폴란드, 이탈리아, 일본, 독일, 스와질란드 등이 그 대표적인 사례들이다. 이 형태는 민족이 국가 형성에 주된 역할을 한 것으로써 민족과 국가 간의 관계는 끈끈하고 강하다. 민족과 국가는 강력한 일체성을 가지고 국가에 대해 공고한 정통성을 부여한다. 이런 연유로 민족-국가 사이에 안보 문제가 발생할 소지는 별로 없다. 국가안보를 national security라고 하는데 이는 안보의 주체가 민족이라는 뜻을 강하게 풍긴다.

이 형태는 민족의 경계선과 영토의 경계선이 서로 일치하기 때문에 국가안보를 규정함에 있어서 무엇이 중요한 이익이며 다수의 이익 간의 우선순위는 무엇인가에 대해서 대체로 쉽게 합의할 수 있다. 민족의 우선순위와 국가의 우선순위가 다를 수 없기 때문이다. 이 형태의 국가들은 안보상의 문제가 발생할 때 이를 인위적 조직인 국가에 호소하는 것이 아니라 혈연 공동체인 사회적 조직에 호소함으로써 이를 더 잘 극복할 수 있다는 장점이 있다.

두 번째 모델은 다민족-한 국가(multi nation-a state)의 형태이다. 대부분의 국가들이 이런 형태를 띠고 있는데 이런 국가들은 정치·사회적 결속력이 약하여 국가안보에 취약하다. 중국은 인구의 92%를 차지하고 있는 한(漢)족을 비롯하여 56개 민족으로 구성되어 있고, 러시아도 인구의 80%를 차지하는 슬라브족을 비롯하여 4개의 민족으로 구성되어 있다. 슬로베니아, 크로아티아, 마케도니아, 보스니아-헤르체고비나, 세르비아, 몬테네그로, 그리고 코소보로 분할되기 이전의 구 유고슬라비아도 6개 이상의 다민족으로 구성되었던 국가였다. 그리스계와 터키계로 구성되었던 키프로스도 결국 키프로스 전쟁과 터키군의 진주로 사실상의 분할을 맞이하였다. 대부분의 아프리카 국가들에서 내전이 많이 발생하는 이유도 국가가 다민족으로 구성되어 있기 때문이다. 서구 식민국들이 민족의 경계선을 고려하지 않고 정치적 편의에 의해 국경선을 획정한 것이 그 원인이다.

다민족으로 구성된 국가는 국민으로부터 충성을 기대하기 어렵다. 사회·문화적 정체성이 달라서 국가가 약할 때에는 언제든 분리 독립의 움직임이 일어난다. 구 유고슬라비아의 세르비아 민족이나 키프로스의 그리스 민족처럼 다민족 국가에서 특정한 민족이 지배력을 행사할 때 다른 민족들은 차별과 심리적 좌절감을 느끼게 되고 이것이 분리 독립의 추동력이 된다. 구 소련 제국의 해체도 슬라브 민족에 의한 차별과 좌절감, 그리고 각 공화국들의 정체성 확보를 위한 노력의 결과였다. 구 유고슬라비아나 구 소련의 해체는 다민족으로 구성된 국가가 그 힘이 약할 때 어떤 경로를 걷게 되는지를 웅변적으로 보여주었다.

한 국가 내에서 하나의 민족이 압도적인 비율을 차지하고 있고 소수민족의 비율이나 숫자상 소수일 경우, 소수민족들이 국토 전체에 걸쳐 분포되어 있을 경우, 그리고 소수민족들에 대한 차별이 없을 경우에는 국가안보상 큰 문제가 없다. 그러나 소수민족이 특정한 지역을 중심으로 생활권을 형성하고 그 인구 비율이나 인구가 많을 때, 그리고 차별을 인식할 때에는 국가안보의 문제가 생긴다. 국가는 국가 해체보다는 국가를 유지하는 것이 국가안보의 문제이지만 개인이나 민족의 입장에서 보면 이는 개인안보 및 사회안보와 충돌하는 모순을 가지게 된다. 티베트족의 분리 독립 움직임과 신장성 위구르족의 분리 독립 움직임, 그리고 체첸 공화국의 분리 독립 운동을 국가안보 차원에서 바라볼 것인지, 또는 개인안보 및 사회안보 차원에서 바라볼 것인지에 따라 분리 독립 운동에 대한 인식은 전혀 상반된 결과를 가져온다.

세 번째 모델은 한 민족-다국가(a nation-multi state) 형태이다. 하나의 민족이 여러 국가를 형성하고 있는 경우도 드물지 않다. 한국과 북한은 하나의 민족이지만 두 개의 국가로 분리되어 있다. 과거의 월남과 월맹 그리고 냉전시기의 동서독도 마찬가지였다.

한 민족-다국가의 경우, 민족은 통일을 향한 민족국가의 꿈을 가지게 되는데 이것이 국가안보에 대한 중요한 위협의 원천이 된다. 과거의 동서독이나 오늘의 남북한은 자신이 주체가 되어 통일되기를 원하기 때문에 자동적으로 서로의 정통성을 위협하게 된다. 통일의 명제는 기회가 있을 때마다 등장한다. 국가 내의 정치적 집단이 같은 민족이면서도 통일의 대상이 되는 국가의 이데올로기나 체제를 선호할 때, 이는 국가안보에 대한 내부로부터의 위협이 된다. 따라서 한 민족-다국가의 경우에는 내부로부터의 위협도 있고 같은 민족이면서도 상대방 국가인 외부의 위협도 있다. 이 경우 national security는 민족안보가 아니라 국가안보를 의미한다.

하나의 민족이 여러 국가를 형성하기도 하지만 하나의 국가를 형성함과 동시에 주변 국가에서 소수민족으로 살아가는 경우도 많다. 키프로스의 터키계, 동북 3성의 조선족, 인도네시아, 말레이시아, 그리고 베트남의 한족(화교)들이 이런 사례에 속한다. 또한 알바니아계 코소보 주민, 우크라이나의 인종섬(ethnic island)인 크림반도의 러시아 주민,[38] 아제르바이잔의 인종섬인 나고로노-카라바호(Nagorno-Karabakh) 지역의 아르메니아 주민, 그리고 몰도바의 인종섬인 트란스드네스트르(Transdniester) 공화국의 러시아 주민 등은 각각 해당 국가의 힘이 약해지기만 한다면 분리 독립을 추진하거나 자신의 민족으로 구성되어 있는 국가로의 통합을 원한다. 소수민족이 살고 있는 국가의 입장에서 보면, 이들이 곧 내부로부터의 국가안보에 대한 위협임과 동시에 소수민족이 통합을 원하는 국가로부터의 외부적인 위협이 된다.

네 번째 모델은 다민족-다국가(multi nation-multi state)의 형태이다. 이 형태는 두 민족 이상이 두 국가 이상을 구성하는 형태이다. 매우 드문 사례이기는 하지만 없지는 않다. 후투족과 투치족으로 구성되어 하나의 국가로 존재하고 있는 르완다와 부룬디의 경우, 1962년 독립과 동시에 각각의 민족이 두 개의 국가에 흩어져 살게 되었다. 양 국가의 식민국이었던 벨기에는 두 국가 인구의 각각 15% 정도에 해당되는 소수민족인 투치족을 식민지 통치에 참가시키고 두 국가 인구의 각각

38) 우크라이나 내에서 친서방과 친러시아 투쟁이 가열될 때 크림 반도 주민들은 자체 주민투표를 통해 우크라이나로부터 독립을 선포했다. 그 이후 러시아와 합병 조약에 서명함으로써 크림반도는 러시아의 영토가 되었다. 그러나 국제사회는 이를 인정하지 않고 있다.

85% 정도에 해당되는 후투족을 지배의 대상으로 삼았다.

독립 후 르완다의 후투족이 정권을 장악하게 되자 기득권을 유지했던 투치족과 내전이 벌어졌고 그 과정 속에서 수십만 명이 목숨을 잃었다. 부룬디는 후투족 대통령에 대한 수차례에 걸친 투치족 장교들의 쿠데타로 인해 투치족 정규군과 후투족 민병대 간에 내전이 발생했다. 두 개의 국가는 서로 다른 민족에 대한 두려움과 함께 상대방 국가의 다른 민족에 대해서도 두려움을 가지고 있다.

다섯 번째 모델은 한 민족-무 국가(a nation-no state)의 형태도 있다. 이 모델은 적절한 규모의 민족은 있으나 국가가 없는 형태이다. 제국주의 시대의 식민지 민족, 1948년 이전의 이스라엘 민족, 유랑민족으로 알려진 집시족, 그리고 이라크 북부, 이란 서부, 터키 동남부에 살고 있는 쿠르드족 등이 여기에 속한다.

이들은 민족과 그들이 거주하는 주거지는 있으나 주권이 없다. 이들의 희망은 자신들의 국가를 수립하는 것이다. 식민지는 독립을 통하여 국가를 수립하였고 이스라엘은 유엔 총회의 결의를 통해 국가가 수립되었다. 일정한 거주지가 없는 집시족의 국가 형성은 힘들어 보인다. 그러나 이라크, 이란, 그리고 터키에서 분리 독립하고자 하는 쿠르드족의 경우에는 희망이 전혀 없는 것도 아니다. 그러나 세 나라의 입장에서 보면 쿠르드족은 각각의 국가안보에 대한 대단한 위협 요소가 된다.

여섯 번째 모델은 한 국가-한 국민(a state-a nation)의 형태이다. 여기서 민족이라는 표현 대신에 국민이라는 표현을 사용한 것은 민족이 사회적 개념인데 비해 국민은 법적 개념이라는 뜻을 강조하기 위함이다. 즉, 같은 민족은 아니지만 이민을 통해 하나의 국민이 장구한 세월을 통해 그 국가의 국민으로서의 정체성을 확립함으로써 민족과 엇비슷한 관념을 가지게 된다. 미국 민족은 없지만 미국인은 있고, 호주 민족이나 캐나다 민족은 없지만 호주인 및 캐나다인은 있다. 이때의 ○○인이란 법적 개념인 국민을 의미한다.

이 모델은 국가가 국민의 정체성을 확립하는 데 크게 기여한다. 국가가 언어, 예술, 관습, 법률과 같은 단일의 문화를 제정하고 보급한다. 시간이 지나면서 이 문화는 뿌리를 내리고 일종의 민족과 같은 문화 공동체를 형성한다. 미국의 경우, 인종의 전시장이자 민족의 전시장이기도 하다. 세계 대부분의 민족들이 미국으로 이민 와서 미국인으로 살아가고 있다. 미국인 모두가 American이지만 그 속에 Asian-American도 있고 African-American도 있다. 그러나 European-American이라고는 표현하지 않는다. 인종차별의 문제를 극복하기 위해 유색인종, 흑인이라는 표현을 사용하지 않지만, 이러한 표현 속에는 유럽으로부터 이민 온 사람들이 미국인의 주류라는 전제가 깔려 있다.

국가가 국민의 정체성 확립에 주도적인 역할을 하는 국가-국민 형태의 국가에서도 안보문제는 심각하게 발생한다. 미국과 같이 국민의 정체성이 잘 확립된 나라도 LA 폭동이 있었고, 부유한 캐나다도 퀘벡 분리주의 운동이 있었다. 호주의 백호주의(白濠主義: Australia policy)는 1975년 '이민차별금지법'이 통과되면서 사라졌다고는 하지만 보이지 않는 차별은 여전히 남아있다. 또한 남아프리카공화국의 경우에도 1991년까지 백인 지배층에 의한 인종차별 정책, 즉 아파트헤이드(apartheid)가 있었다.

이주에 의해 부유한 국가를 만든 나라도 국가안보의 모순에서 헤어나기가 힘든데 정부와 국민의 의식수준이 낮은 곳에서는 더 큰 모순이 일어날 수밖에 없다. 많은 아프리카 국가들이 이런 사례에 속한다. 식민통치를 위한 자의적인 국경선 획정과 종족주의를 부각하는 간접통치 방식 등 식민주의의 유산, 독립 후 정치 엘리트들의 정권유지를 위한 독재와 부정부패, 정권유지를 위한 교묘한 종족주의 이용 등 다양한 요인에 의해 아프리카에는 내전이 끊일 날이 없다. 국가 엘리트들은 다양한 종족들이 하나의 국민이라는 인식을 가질 수 있도록 정체성을 심어주지 못함으로써 국민이라는 통합적 요소보다는 종족, 또는 민족이라는 분열적 요소만 더 확대 재생산되고 있다. 국가는 개인 또는 민족의 안보를 위협하는 원천이 되고 개인 또는 민족 또한, 국가안보를 위협하는 원천이 되고 있는 것이다.

한국 국방부가 입영 및 임관 선서를 규정한 군인복무규율 제5조의 "국가와 민족을 위하여 충성을 다하고…"라는 표현을 "국가와 국민을 위하여 충성을 다하고…"라고 바꾼 것도 한국사회의 다문화를 포용하려는 시대정신을 반영한 것이다.

3. 주 권

주권이란 국가권력의 대내적 최고성과 대외적 자주성·독립성을 의미한다. 주권은 상위의 어떤 정치적 권위도 거부하는 동시에 주어진 영토(territoriality)와 국민에 대해서는 최고의 정책결정 권위(supreme authority)를 국가가 합법적으로 가지는 것(legitimate power)을 말한다. 따라서 국가는 대내적 주권과 대외적 주권을 동시에 가지고 있는 것이다.

대내적 주권이란 국가가 국가의 이념과 각종 법 및 제도를 외부의 간섭 없이 제정할 수 있는 권리를 말한다. 국가는 민주주의나 공산주의, 자본주의나 사회주의를 채택할 수 있고, 군주제나 민주제를 채택할 수 있다. 또한 국가는 헌법을 비롯하여 각종 법률을 제정할 수 있으며 각종 정치제도, 경제제도, 교육제도, 사회제도, 군사제도 및 경찰제도 등을 결정할 수 있다. 따라서 국가마다 채택하고 있는 이념이 다르며

헌법과 법률, 그리고 각종 제도들이 많은 차이를 보이고 있다. 같은 이념을 채택하고 있는 국가에서도 이런 차이는 쉽게 발견된다. 정치제도 하나만 보더라도 대통령제와 의원내각제, 양원제와 단원제, 임기의 문제 등 그 차이가 크다. 대내적 주권은 개별 국가의 역사성, 사회성, 문화성 등에 의해 국가마다 다를 수밖에 없다.

국가의 이념이 국가안보에 미치는 영향은 지대하다. 국가가 지향하는 이념이 국민이 지향하고자 하는 이념과 일치할 경우, 이념 자체가 안보에 미치는 영향은 거의 없다. 그러나 국가는 군주제를 지향하나 국민들이 민주주의를 원할 경우, 국가는 자본주의를 지향하나 국민들이 사회주의적 요소를 원할 경우, 국가는 권위주의 체제를 유지하고 싶으나 국민들이 이에 반대할 경우 등 국가가 제시하거나 실천하고자 하는 이념과 국민들이 원하는 이념이 다를 경우에는 안보 문제가 발생한다.

국가의 이념과 국민의 이념이 다를 경우, 서로가 서로에 대한 위협이 발생한다. 다른 이념을 가지고 있는 국민은 국가를 상대로 전복활동을 벌일 수 있고 국가는 이들을 상대로 탄압활동을 할 수 있기 때문이다. 특히, 일부 국민이 적대국의 이념을 추종하면서 이를 다수 국민에게 다양한 방법을 통하여 전파할 경우, 이는 심각한 안보 위협이 된다. 정권과 체제 붕괴는 물론 국가 붕괴마저 일어날 수 있기 때문이다. 냉전시대 민주주의 국가 내에서의 공산주의 세력의 준동, 그리고 공산주의 국가 내에서의 민주주의 세력의 활동 등이 이런 사례에 속한다. 북한 체제를 찬양하는 한국 내의 종북주의 세력도 이런 사례에 해당한다.

인접국가가 어떤 이념을 채택하고 있는지도 안보에 영향을 미친다. 민주주의 국가로 둘러싸여 있는 공산주의 국가, 공산주의 대국에 인접해 있는 민주주의 소국, 민주주의 옆의 왕권체제나 독재체제 등 인접국이 어떤 이념을 채택하고 있는지에 따라 이들 국가들은 안전감이나 불안감을 느끼게 된다. 인접국의 이념이 자국의 이념을 대체하여 정권 붕괴와 동시에 체제 붕괴가 일어날 수 있기 때문이다.

대외적 주권이란 자주적이고 독립적으로 대외 관계를 결정할 수 있는 권리를 말한다. 외국과의 외교관계 수립, 유엔 및 WTO 등 국제기구에의 가입, 핵비확산조약(NPT), 생물학무기금지조약(BWC), 국제형사재판소(ICC) 등 국제레짐에의 가입, 외국과의 동맹 체결 등 대부분의 대외 관계를 국가 스스로가 결정할 수 있다.

국제기구나 국제레짐에의 가입이 국익에 도움이 되는지, 또는 그렇지 않은지에 대한 합리적 계산을 근거로 국가행동이 결정된다. NPT의 경우, 이스라엘, 파키스탄, 인도 등은 자신의 핵주권을 내세워 이에 가입하지 않고 있으며 북한은 가입과 탈퇴를 반복했다. 미국은 미군이 국제법정에서 재판받는 것을 반대하여 국제형사재판소(ICC: International Criminal Court)에 가입하지 않고 있다. 특정 국가에 대해 가입을 강요할 어떤 정치적 권위체도 존재하지 않은 무정부적 국제체제 속에서 주권은 국가의 대외활동을 결정하는 최고의 권위체이다.

근대 국가 등장 이후 모든 국가의 주권이 동등한 것처럼 보이지만 결코 그렇지 않다. 유엔 헌장에는 '모든 회원국의 주권평등 원칙'과 유엔 총회에서의 '일국 일표제의 투표권 행사'를 명시하고 있어 마치 모든 회원국의 주권이 동등한 것처럼 보이나 실제로는 그렇지 않다. 안보와 직접 관련이 있는 국제평화와 안전의 문제에 관한 **유엔 안전보장이사회**의 구성과 거부권이 이를 잘 보여준다.

주권평등의 원칙이 구현되고 있는 총회의 경우, 총회의 안건은 회원국의 2/3 찬성으로 결정되지만, 이런 결정은 권고 수준에 불과할 뿐 어떤 강제력을 가지는 것은 아니다. 그러나 안전보장이사회의 결정은 국가안보에 직접적인 영향을 행사할 수 있는 강제력을 가지고 있을 뿐만 아니라 5대 상임이사국은 각각 거부권을 행사할 수 있다. 상임이사국 1개 국가가 전체 회원국의 의사에 반하는 결정을 할 수 있다는 뜻이다. 5대 상임이사국의 거부권 보유는 주권은 결코 평등하지 않다는 것을 보여주고 있다.

유엔 안전보장이사회

유엔 안전보장이사회는 5개 상임이사국과 10개의 비상임이사국으로 구성되어 있다. 상임이사국은 안전보장이사회의 영구적인 이사국들로써 제2차 세계대전의 승전국인 미국, 영국, 프랑스, 러시아(구 소련), 그리고 중국(1971년 이전까지는 오늘날의 대만)으로 구성되어 있다. 비상임 이사국 10개국은 2년 임기로 교체된다. 국제평화와 안전에 대한 안전보장이사회의 결정권은 상임이사국이 거부권을 행사하지 않은 가운데 15개국 중 9개국 이상의 찬성이 있어야 된다.

유엔 회원국이 창설 당시와 비교하여 4배 이상 증가한 연유로 1990년대 초부터 유엔 안전보장이사회의 구성과 투표권을 둘러싼 안전보장이사회 개혁 논의가 계속됐으나 큰 진전을 보지 못하고 있다. 독일, 일본, 브라질, 인도 등이 상임이사국이 되기를 희망하고 있으나 이런 희망에 못지 않게 이를 견제하는 국가들도 많이 있다.

국가들이 동의한 유엔 헌장에서도 이런 주권의 불평등성이 명시되어 있는데, 하물며 일상적인 국제관계에서는 이런 주권의 불평등성이 얼마나 많이 투영되겠는가? 상대적 국력 차이가 있는 국가들이 특정 쟁점을 두고 협상을 할 경우, 상대방의 호의가 전제되지 않는 한 약소국이 유리한 협상 결과를 기대하는 것은 쉽지 않다. 권력을 행사할 수 있는 '보이지 않는 손'이 협상 과정을 지배하기 때문이다. 그나마 협상을 통해 특정 쟁점이 해결될 경우에는 큰 문제가 없지만 그 쟁점이 군사력이나 경제적 제재 등을 통해 행사될 때에는 심각한 국가안보 문제가 발생한다. 국가를 구성하는 각각의 요소도 국가안보에 미치는 영향이 크지만, 국가의 형태도 이에 못지않다.

제4절 국가의 형태와 국가안보

1. 강대국과 약소국

국가 형태는 분류기준에 따라 다양하게 나타날 수 있다. 국가의 크기, 위치, 인구, 자원, 이념, 종교, 민족 등이 하나의 분류기준이 될 것이다. 또한 정치적 결속력, 경제력, 사회적 연대감 등도 분류 기준이 될 것이다. 기준에 따라 개별 국가를 분류해 보면 그 국가의 위협과 취약성을 도출해 낼 수 있을 것이다. 어떤 기준을 적용하든 어떤 형태의 국가도 내외부의 위협과 취약성으로부터 자유로울 수는 없으나 그 차이는 있을 수 있다. 이런 연유로 개별 국가의 안보 정책은 다를 수밖에 없다. 이것이 또한 국가안보의 일반화를 어렵게 만드는 원인이 되기도 한다.

여기에서는 강대국과 약소국, 그리고 강건한 국가와 연약한 국가로 구분하여 이를 국가안보 차원에서 비교해 보자. 강대국(strong power)과 약소국(weak power)의 기준은 가시적 현상으로 인식될 수 있는 군사력과 경제력의 합을 의미한다. 그러나 군사력은 약하지만 경제력은 강한 캐나다, 호주 등과 같은 국가들도 있고, 경제력은 약하지만 군사력이 강한 북한, 파키스탄 등과 같은 국가들도 있다. 그러나 경제력이 강한 국가들은 대부분 이에 걸맞은 군사력을 유지하고 있다는 점에서 이 구분은 국가의 형태와 국가안보의 관계를 이해하는 데 도움이 될 수 있다.

강대국은 내외부적 위협도 적지만 설령 있다고 하더라도 이에 대비할 수 있는 수단이 많다는 점에서 취약성도 적다고 할 수 있다. 미국, 러시아, 영국, 프랑스, 중국, 일본, 독일 등이 이에 해당될 것이다. 그러나 약소국은 내외부적 위협도 많고 이에 대비할 수 있는 수단도 제한된다는 점에서 취약성도 크다. 강대국에 비해 국가가 그만큼 불안한 것이다. 과거 제3세계권에 속했던 대부분의 국가들이 여기에 해당된다.

2. 강건한 국가와 연약한 국가

강건한 국가(strong state)와 연약한 국가(weak state)의 구분은 개별 국가의 정치·사회적 결속력을 그 기준으로 분류한 것이다. 사회·정치적 결속력을 계량화한다는 것은 어렵다. 더군다나 정치적 결속력이 강하다고 해서 사회적 결속력이 강하다고도 볼 수 없기 때문에 이 두 요소를 한 패키지로 묶는다는 것이 쉽지 않은 일이다. 그러나 비슷한 두 국가 사이에서 사회·정치적 결속력의 미세한 차이의 구분은 어려울 수도 있으나 비슷하지 않은 국가 사이에서는 그 차이를 쉽게 식별할 수 있을 것이다.

정치적 결속력이 강한 국가는 정부가 높은 수준의 정치력을 발휘하여 정부와 국민 사이의 균열을 끊임없이 치유함으로써 국가가 정치적으로 안정된 국가를 말한다. 사회적 결속력이 강한 국가는 국민 사이에 정체성의 균열이 적어 국민들 스스로가 높은 수준의 연대감을 지닌 국가를 말한다. 정치적으로 안정되어 있고 사회적으로 연대감이 형성되어 있는 국가는 강건한 국가라고 할 수 있고 그 반대의 경우는 연약한 국가라고 할 수 있다.

연약한 국가에서 벌어지고 있는 정치, 사회적 현상은 다음 5가지로 대별될 수 있다. 첫째, 국민에 대한 높은 수준의 정치적 폭력과 국민들의 무저항 현상이다. 정부가 국민들에 대해 정치, 언론, 출판, 결사 등 다양한 자유를 제한하고 정치적 반대자에 대한 구금, 살인 등 높은 수준의 정치적 폭력을 행사함에도 불구하고 국민들은 이에 저항하지 못하는 현상이 발생할 수 있다. 외양적으로는 정치가 안정되어 있는 것처럼 보이지만 국민들에 대한 인권 침해가 만연한 국가들이다. 대부분의 권위주의 국가, 제3세계 국가, 과거의 소련 및 동구권 국가, 그리고 오늘날의 중국, 북한 등이 여기에 해당한다. 이런 국가들을 강건한 국가로 부를 수는 없다.

둘째, 국민에 대한 높은 수준의 정치적 폭력과 국민들의 저항 현상이다. 국민들이 저항한다는 점에서 첫 번째 현상과 다르다. 국민들의 저항의 격렬성과 정부의 수용 여부에 따라 더 높은 수준의 정치적 폭력이 동원될 수도 있고 민주화의 길을 걸을 수도 있다. 1968년 체코 자유화 봉기와 1981년 폴란드 자유화 운동은 더 큰 정치적 폭력을 불러왔다. 그러나 포르투갈, 스페인, 페루, 한국, 태국, 대만처럼 민주화 운동이 체제 변동으로 연결되어 정치적 안정의 발판을 마련한 나라들도 있다.

셋째, 정치 제도의 정상적 작동이 제한되는 현상이다. 달리 표현한다면, 정부의 가장 기본적인 기능이 붕괴되어 가고 있거나 붕괴된 현상을 말한다. 이들 국가는 국가의 구성요소인 국민에게 제공해야 할 기본적인 안전을 제공하는 데 실패하고, 국민의 기본적 욕구를 충족하는 데 실패하며, 영토 내에서 법의 지배를 확립하는 데 실패한다.[39] 거의 무

39) Dan Caldwell and Robert E. Williams Jr., *Seeking Security in an Insecure World*(Lanham: Rowman and Littlefield Publishers, Inc., 2006), p. 124.

정부 상태나 다름없는 이런 상태에서 각 무장 단체들은 각자의 영토를 지배하고 무장단체 간에 또는 정부에 대해 폭력을 사용한다. 아프가니스탄, 캄보디아, 아이티, 코트디보아르, 라이베리아, 르완다, 시에라리온, 소말리아, 수단, 콩고 민주공화국 등이 이런 사례들이었다. 이런 국가들을 실패 국가(failed states) 또는 붕괴국가(collapsed states)라고 부른다.

넷째, 국민들 간의 이념적 연대감이 제한되어 있다. 국민들 사이에 국가 차원에서의 공통된 정치적 이념이 존재하지 않을 수도 있고 또 분열되어 있을 수도 있다. 더군다나 정부는 이념에 대한 국민의 합의가 존재하지 않은 가운데 이념적 단합을 강조할 만큼 리더십도 발휘하지 못할 수도 있다. 이런 연유로 아프리카 및 중남미 각 국가에서 보듯이 민주 정부와 공산 반군간의 내전, 공산 정부와 민주 반군간의 내전이 발생하기도 하였다. 니카라과, 서부사하라, 앙골라, 엘살바도르, 캄보디아, 모잠비크, 라이베리아, 과테말라, 중앙아프리카공화국, 네팔 등이 이런 사례에 속한다.[40)]

또한 국민들 사이에 종교로 대표되는 문화적 이데올로기의 균열이 있을 수도 있다. 북아일랜드에서의 신구 종교 사이의 폭력, 나이지리아에서의 기독교-이슬람교 사이의 폭력, 인도에서의 회교-이슬람교 사이의 폭력, 필리핀에서의 가톨릭-이슬람교 사이의 폭력 등이 이런 사례에 속한다.

다섯째, 국민들간의 민족적 정체성이 분열되어 있는 현상이다. 다민족 국가의 경우 지배 민족과 피지배 민족간에 갈등이 발생할 수 있다. 분리 독립을 위한 무장단체와 정부군간의 충돌이 빈번히 발생할 수 있으며 결과에 따라 분리 독립의 길을 걷거나 더 차별적인 상태로 살아

---

40) 김열수, 『국제기구를 통한 분쟁관리』, 제2판(서울: 오름, 2001).

갈 수밖에 없다. 구 소련의 해체, 구 유고슬라비아의 해체, 인도네시아의 동티모르 독립 등이 여기에 해당된다. 이 외에도 러시아로부터 독립을 원하는 북오세아티아(North Ossetia), 잉구티아(Ingushetia), 체첸(Chechnya), 다게스탄(Dagestan) 등이 있으며, 중국으로부터 독립을 원하는 티베트 및 위구르 신장성 등이 있다. 우크라이나의 인종섬이었던 친 러시아계의 크림 반도는 2014년 러시아에 합병되었으며, 아제르바이잔의 친 아르메니아 인종섬인 나고로노-카라바크(Nagorno-Karabakh)와 몰도바의 인종섬인 친 러시아계인 트란스드네스트르(Transdniester) 공화국 등도 분리 독립을 원하고 있다.[41)]

정치·사회적 결속력이 강한 강건한 국가에서는 적어도 내부적 위협은 별로 없다. 예를 들어, 서유럽 대부분의 국가, 일본, 싱가포르 등이 그렇다. 그러나 연약한 국가에서의 국가안보는 애매한 점이 많다. 연약한 국가는 국가안보를 국내정치의 무대로 끌고 와서 국민에 대한 폭력을 정당화시켜 주는 도구로 활용하기 때문이다.

국가를 강건한 국가와 연약한 국가로 나누는 것은 정통 국제정치의 논리에서 보면 맞지 않다. 모든 국가의 형태가 달라 그 안보의 대상이 다름에도 불구하고 모든 국가가 똑같은 안보의 주체라고 보고 있기 때문이다. 밖에서 보는 국가는 안에서 볼 때에 비해 보다 확고하고 서로 비슷한 것처럼 보인다. 그러나 국가를 외부에서만 보면 안보의 국내적 측면을 무시하게 되어 국가안보에 대한 견해를 왜곡시킨다. 국가가 단지 법적인 차원에서만 존재하는 것이 아니라 정치·사회적 조직으로도 존재한다는 의미를 이해해야 국가안보를 제대로 이해할 수 있다.

힘의 크기 차원에서의 강대국과 약소국, 정치·사회적 결속력의 차원

---

41) 김열수, “신냉전 질서의 등장 가능성과 한계,” 『국가전략』, 제14권 4호(2008년 겨울), p. 22.

에서의 강건한 국가와 연약한 국가를 국가안보와 비교하여 이를 요약하면 다음 〈표 3-1〉과 같다.

〈표 3-1〉 국가의 형태와 국가안보

		정치 · 사회적 응집력	
		연약한 국가(W/S)	강건한 국가(S/S)
힘의 크기	약소국(W/P)	대부분 유형의 위협에 취약	특히, 군사적 위협에 취약
	강대국(S/P)	정치 · 사회적 위협에 취약	대부분 유형의 위협에 상대적으로 비취약

* W/P: Weak Power * S/P: Strong Power * W/S: Weak State * S/S: Strong State

토론 주제

1. 한국의 경우, 어떤 국가 기원론이 가장 적실성이 있는가?
2. 국가와 민주주의 팽창은 지속될 것으로 보는가? 그 이유는 무엇인가?
3. 다원주의 국가론과 조합주의 국가론의 차이점은 무엇인가?
4. 해방 이후 한국은 정권별로 어떤 국가적 성격을 지니고 있었다고 보는가?
5. 북한은 한국의 국가 성격을 어떻게 보고 있으며 그 이유는 무엇인가?
6. 북한의 국가 성격을 6가지 이론적 구분 내에서 찾을 수 있는가? 여기에 없다면 북한의 국가 성격은 무엇이라고 보는가?
7. 민족-국가의 6가지 모델 중에서 국가안보에 위협을 많이 주는 모델에는 어떤 것들이 있는가?
8. 쿠르드족이 국가를 형성할 가능성은 어느 정도라고 보는가?
9. 〈표 3-1〉의 국가 형태 중에서 한국은 어디에 해당한다고 보며 그렇게 보는 이유는 무엇인가?
10. 정치·사회적 결속력 요소 중에서 이데올로기와 종교를 제외한 다른 요소를 든다면 어떤 요소가 가장 적합한가?

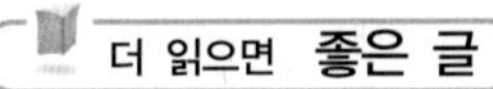

더 읽으면 좋은 글

1. 김태현 역, 『세계화시대의 국가안보』(서울: 나남출판, 1995)
2. 유낙근 · 이준, 『국가의 이해』(서울: 대영문화사, 2006).
3. 오명호, 『현대정치학 이론』(서울: 박영사, 2003).

제4장 국 력

개 요

국가가 불안한 이유는 내외부의 위협이 존재한다는 사실과 이 위협에 대응할 수 있는 능력의 한계 때문에 국익이 손상될 것이라는 걱정 때문이다. 국가의 능력이 바로 국력(national power)이다. 따라서 국력은 국가안보를 위한 핵심적인 수단이 된다. 국력의 잠재력(potential power) 및 현재력(actual power)은 외부 위협을 억지할 수 있는 수단이 될 뿐만 아니라 국가 번영의 수단이 되기도 한다. 국력이 강하면 국가안보에 대한 내외부적 위협은 줄어들고 그에 따라 취약성도 줄어들게 된다. 이런 연유로 현실주의자들은 힘의 획득을 국가의 목표로 파악하거나 또는 국가목표 달성의 수단으로 간주한다.[1)]

힘에 대한 다양한 정의가 존재한다. 달(Robert A. Dahl)은 힘을 "상대방에게 자신의 의지를 강요할 수 있는 능력"(the ability to get others to do what they otherwise would not do)이라고 정의하였다. 모겐소(Hans J. Morgenthau)는 "상대방 국가의 정책에 영향을 미치거나 상대방 국가의 행동을 지배할 수 있는 능력"이라고 했다. 또한 볼드윈(David A. Baldwin)은 "누가 누구에게 무엇에 대해 영향력을 행사하는 것"(who is influencing whom with respect to what)으로 정의하였다. 대부분의 학자들은 "상대방의 행동이 자신의 목표와 일치할 수 있도록 영향력을 행사할 수 있는 능력"[2)]을 제공하는

1) 모겐소는 권력을 목적으로, 월츠는 권력을 수단으로 파악한다.

2) 권력을 영향력의 관점에서 파악하는 학자들의 견해는 다음과 같다. A. F. K. Organski, *World Politics*, 2nd. ed.(New York: Knopf, 1968), p. 104; Walter S. Jones, *The Logic of International Relations*(Boston: Little and Brown, 1985), p. 245; 파워와 영향력을 구분하

수단(means), 힘(strength) 또는 능력(capacity)으로서의 파워에 초점을 맞추고 있다. 대부분의 영향력은 국가의 구성요소나 국가의 명예와 같은 목표들을 획득하거나 방어하기 위해 일차적으로 사용되는 도구이다. 이런 목표를 달성하기 위해 국가는 설득 또는 인센티브 제공으로부터 군사력의 위협 또는 사용에 이르기까지 영향력을 행사할 수 있는 다양한 기술을 사용한다.[3] 본 저서에서는 국력을 '국가의 모든 자원으로부터 유래되는 현재, 또는 잠재적 제 능력의 총합으로써 국가이익을 위해 타국이 취하는 정책에 영향을 미치거나 타국의 행동을 지배할 수 있는 능력'으로 정의하고자 한다.

제4장에서는 국력의 구성요소와 국력을 측정하는 다양한 방법, 그리고 힘의 사용에 관한 다양한 논쟁에 대해 알아보고자 한다. 국력을 유무형적 요소로 구분할 수도 있지만 자연적 요소와 사회적 요소로 구분할 수도 있다. 전자는 모겐소의 분류이고, 후자는 오간스키[4] 및 자블론스키(David Jablonsky)의 구분이다. 여기에서는 자블론스키의 견해를 중심으로 이를 서술하고자 한다.[5]

는 학자들은 다음과 같다. Robert A. Dahl, *Modern Political Analysis*(Englewood Cliffs, NJ: Prentice Hall, 1976), p. 29; Michael P. Sullivan, *Power in Contemporary Politics* (Columbus: University of South Carolina Press, 1990), p. 98.

3) K. J. Holsti, *International Politics: A Framework for Analysis*, 5th ed.(Englewood Cliffs, NJ: Prentice Hall, 1988), pp. 152-153.

4) A. F. K. Organski, *World Politics* (Alfred A. Knoff, Inc. 1958), ch.6-ch.7.

5) David Jablonsky, "National Power," in J. Boone Bartholomees Jr., *US Army War College Guide to National Security Policy and Strategy*, 2nd ed.(Carlisle, PA: US Army War College, 2006), pp. 130-140의 내용을 일부 수정했음.

제1절 국력의 구성요소

1. 국력의 자연적 요소

(1) 지 리

지리를 구성하는 위치, 규모, 기후, 지형 등은 국가의 외양과 능력에 영향을 미친다. 위치는 국가의 외교정책과 밀접한 관계가 있다. 독일과 러시아 사이에 위치해 있는 폴란드는 국가의 존재를 상실하기도 했다. 영국, 미국, 일본 등은 바다로부터 보호를 받았으며 그 위치를 역으로 이용하여 대양 해군과 해외 무역을 결합함으로써 강대국이 되었다. 위치는 지정학적 논쟁을 불러일으키기도 한다. 나치 독일의 생활권(Lebensraum) 주장, 일본의 대동아 공영권 주장, 러시아의 부동항 개척 노력, 미국의 해외기지 건설, 병목(choke point)의 역할을 하는 좁은 해협에 대한 통제 등이 이런 사례들이다. 또한 문명권이 충돌하는 지역이나, 전략적 가치가 높은 지역은 그렇지 않은 지역에 비해 군사적 충돌이 일어나기 쉽다.

국가의 지리적 요소인 영토의 규모도 국가안보에 많은 영향을 미친다. 면적이 크면 클수록 그 자체가 국력이 되어 외부의 위협이 적어지기 때문이다. 러시아, 캐나다, 미국, 중국 등을 대상으로 전쟁을 가상한다는 것은 그리 쉬운 일이 아니다. 러시아는 수차례에 걸쳐 침략을 당하긴 했지만 그렇다고 외국에 의해 점령된 적은 없다. 구 소련은 11개의 시간대를 가지고 있었는데 침략을 받았을 시 시간과 공간을 교환할 수 있었다. 또한 광대한 영토는 확실히 민족적 · 정치적 문제를 야기하는데 이로인해 구 소련은 결국 해체되었다.

지리는 기후와도 밀접한 관계를 맺는데, 오늘날 가난한 국가들은 대부분 적도지방의 국가들이다. 심지어 넓은 영토를 가지고 있긴 하지만 영토의 대부분이 높은 위도에 있다면 영토 활용은 제한받을 수밖에 없다. 차가운 기후는 국가안보에 도움을 주기도 하고 손해를 주기도 한다.

지형도 국가안보에 영향을 미친다. 험준한 산악지형은 평야지형보다 방어에 용이하며, 사막이나 극지방, 또는 밀림지역은 저항에 유리하다. 높은 산악지대로 구성되어 있는 스위스나 네팔 등은 방어에 용이한 반면, 대평원으로 구성되어 있는 유럽 지역은 방어에 불리하다.

미래에는 첨단 기술이 지리적 요소들을 완화시킬 수도 있을 것이다. 그러나 첨단기술이 지리적 장애를 극복하기란 그렇게 쉽지 않을 것이기 때문에 지리적 요소는 여전히 국력에 큰 영향을 미치게 될 것이다.

(2) 인 구

인구의 규모, 경향, 구조도 국력의 중요 요소이다. 많은 인구가 중요한 전제이긴 하지만 그것이 곧 power를 자동으로 보장하는 것은 아니다. 캐나다는 멕시코에 비해 인구가 적으나 덜 산업화된 멕시코보다 강한 국가이다. 일본은 인구가 적으나 광범위한 기술로 인구 대국인 인도보다 더 멀리 국력을 행사할 수 있다. 인구 성장과 감소의 경향도 국력에 영향을 미친다. 1871년 통일된 독일은 그때부터 1940년까지 2700만의 인구가 늘어났으나, 같은 기간 동안 프랑스는 400만 명이 늘었을 뿐이다. 미국은 1824~1924년 사이에 1억 명이 이민 왔다. 그러나 똑같은 이민 국가인 캐나다와 호주의 인구는 현재 각각 미국의 1/10 정도밖에 되지 않는다.

빈곤국의 인구 증가 경향은 식량난과 환경 문제를 일으키기도 하지만 선진국의 인구 정체 또는 인구 감소 경향도 국력에 영향을 미친다. 18~45세 사이의 노동인구가 군사 및 산업 생산에 필요하지만, 선진국에서는 출생률과 사망률이 동시에 감소하는 현상이 벌어지고 있다. 한국은 고령화와 출생률 저하 추세로 심각한 인구 문제를 안고 있다. 인구 감소로 인해 선진국들은 모든 연령에 대한 교육을 실시하고 군대는 정교한 첨단무기, 기동성, 선제공격 등과 같은 교리를 개발한다. 노령인구가 많아지면서 복지 문제가 심각하게 대두되고 이로인해 '총과 빵'의 교환 문제가 대두됨으로써 이것이 국력의 한계로 다가온다.

(3) 천연자원

자연자원이 많아야 국가들은 전쟁에 대비하고 산업 기반을 운용하며 무역과 원조를 통해 다른 행위자들에게 보상을 제공해 줄 수 있다. 그러나 이런 자원들은 불평등하게 분포되어 있고 점차 희귀성을 띠고 있다. 따라서 국가가 가지고 있는 천연자원은 국가안보에 득(得)이 될 수도 있고 실(失)이 될 수도 있다. 이라크가 인접국인 요르단처럼 전혀 석유가 생산되지 않았다면 강대국의 희생이 되지 않을 수도 있었을 것이다. 또한 아프리카의 내전에서 보는 것처럼 반군 지역에 다이아몬드 광산이나 금광, 또는 콜탄 광산[6] 등이 없다면 그 내전은 훨씬 빨리 종결될 수도 있었을 것이다. 이는 자원이 풍부한 국가가 그 자원을 개발, 제련, 가공, 수출할 수 있는 완전한 능력이 있을 경우에는 그 국가에 축복이 되지만 그렇지 못한 경우에는 다른 국가의 개입을 초래할 가능성이 높아 국가안보에 오히려 해가 될 수도 있음을 의미한다. 국가가

---

6) 콩고민주공화국의 반군 지도자 로랑 은쿤타(Laurent Nkunda)는 북동부 키부 지역의 콜탄 채굴권을 장악하고 있다. 은쿤타는 여기서 얻은 막대한 자금으로 무기를 사들여 세력을 확대하고 있다. 휴대폰 제조시 사용되는 탄탈럼(tantalum)은 콜탄에서 추출된다.
http://news.hankooki.com/lpage/world/200811/h2008112002532322550.htm(검색일: 2009.11.30)

자원을 개발할 능력이 있어야 하고 그의 분배에 대해 정치적으로 통제할 수 있어야 국력의 원천이 된다. 강력한 산업적 조직과 제조업에 대한 하부구조를 가진 국가만이 이런 잠재력을 실제적인 국력으로 전환할 수 있다.

모든 천연자원이 풍부한 국가는 별로 없다. 미국도 자원이 풍부한 국가이지만 특정한 자원들은 수입에 의존한다. 일본은 천연자원을 거의 가지고 있지 않다. 석유 및 보크사이트 등은 100% 수입하고 곡물은 70% 정도를 수입에 의존하고 있다. 국가들은 다양한 방법으로 이런 어려움을 극복하려 한다. 일본의 태평양 전쟁이나 이라크의 쿠웨이트 침공 등은 전쟁을 통해 자원을 확보하고자 하는 방법이었다. 또 하나의 방법은 양보, 정치적 술수, 그리고 합법적인 군사력 사용 등을 통하여 외국에서 자원을 개발하는 것이다. 마지막 방법은 구매하는 것이다. 최근에 급격한 경제성장과 자원의 감소로 세계 경제는 소비자가 왕이 되는 시장이 아니라 판매자가 왕이 되는 시장이 되었다. 이로인해 희귀자원을 보유한 국가들은 상당한 경제적 지렛대를 가지게 되었다.

희귀자원을 둘러싸고 국가 간에 투쟁이 벌어질 수도 있다. 희귀자원의 개발을 둘러싼 투쟁과 대체 자원 개발이라는 기술적 경쟁이 있을 수 있다. 해저 개발 경쟁, 극지방 개발 경쟁, 그리고 서로가 영토를 주장하는 천연자원이 풍부한 국제 분쟁 지역에서의 경쟁 등이 심각하게 일어날 수 있다. 또한 천연자원을 대체할 수 있는 인공 자원에 대한 기술 개발이나 공해가 덜 발생할 수 있는 대체 천연자원의 개발을 둘러싸고 경쟁이 일어날 수 있다. 녹색 기술(green technology)에 대한 경쟁이 바로 이것이다.

2. 국력의 사회적 요소

(1) 경 제

경제적 능력(capacity)과 발전은 국력의 자연적 요소와 사회적 요소를 연결하는 핵심 요소이다. 천연자원을 가지고 있어도 경제력이 없으면 이를 국력으로 전환하지 못하기 때문이다. 경제는 군사적 투자의 후원자가 되기도 한다. 그러나 과도한 군사비는 자원 분배의 왜곡을 가져와 오히려 경제를 위축시키기도 한다.

강력한 국내 경제는 또한 국제정치 영역에서 강력한 영향력을 행사한다. 선진 산업국가들은 하이테크 기술뿐만 아니라 해외 무역, 지원, 투자 및 차관 등에서 보상과 처벌의 기능을 가지고 있다. 국가경제의 힘(strength)은 국제경제 선택의 다양성, 유연성, 신뢰성에도 직접적인 영향을 미친다.

경제적 상호의존성의 증가는 국력의 경제적 요소에 많은 변화를 야기했다. 국가경제는 국제 무역과 금융 시장에 보다 많이 의존하게 되었다. 이로인해 국가 주권에 의해 국가 경제정책을 자의적으로 수립하고 집행하는 것이 더욱 어렵게 되었다. 국가가 세계무역기구(WTO) 등에 가입함으로써 스스로 정책의 자율성을 제한당하고 있기 때문이다. 또한 국가가 단기 금리를 올리거나 내리는 것도 자유롭지 않다. 풍부한 유동자금이 국경을 넘나들기 때문이다. 안보적 관점에서 보면, 이런 경제적 상호 침투성은 국가경제의 상호 취약성이 반영된 것이기도 하다.

(2) 군 사

군사력은 전통적으로 국력의 측정 도구였다. 전쟁에서의 패배는 국력의 저하를 의미하였고 승리는 새로운 강력한 국가의 등장을 알리는 것이었다. 군사력은 단순히 인력, 장비, 그리고 무기의 집합체가 아니다. 리더십, 사기, 군기 등도 군사력의 중요 요소이다. 걸프전시 이라크 군과 동맹군의 군사력은 비슷했지만, 이라크의 패배는 바로 눈에 보이지 않는 이런 요소에 의한 것이기도 했다.

군사력에 있어서 국력의 투사능력과 지속성, 그리고 동원 능력도 중요하다. 걸프전은 또한 군사적 효과성을 위해 국력의 투사 능력과 지속성이 현대 전쟁에서 얼마나 중요한 파워인지를 보여주었다. 미국만이 50만 군대를 해상 및 공중 수송을 통해 전개할 수 있다는 것을 보여주었고 1개 사단이 100시간 동안 사용할 수 있는 240만 갤런의 연료를 재보급할 수 있다는 능력도 보여주었다. 신속한 동원을 위한 국가의 잠재력도 중요한 역할을 수행한다. 이스라엘은 164,000명의 상비군을 유지하지만 24시간 내에 이의 3배에 해당하는 전투준비 완료된 부대로 증강할 수 있다. 또한 스웨덴은 하룻밤 사이에 많은 유럽 국가들의 상비군만큼이나 되는 군대를 동원할 수 있는 능력을 가지고 있다. 군사력에 대해서는 제6장에서 상세하게 다룬다.

(3) 정 치

정치력의 많은 요소들은 국민들의 심리적 요소와 연계되어 있다. 정부의 형태가 무엇이며, 거기에 대한 국민들의 태도는 어떠하며, 국민들은 어떤 정부의 형태를 원하는지, 그리고 그 정부가 얼마나 강하고 효율적인지 하는 것들이다. 이러한 의문들은 단순히 숫자로 대답될 수 있는 것은 아니나, 국력 평가에 있어서 가장 중요한 것이 될 수도 있다. 만약 국가가 부적절하고 비효율적이라면 권력은 존재하지 않는 것이나 다름없다. 국가 헌법도 정부가 잘못 가는 것을 막지 못한다. 1936년 소비에트 헌법은 민주적 성향을 띤 법이었지만 실제 운영은 전혀 그렇지 않았다. 독일의 바이마르 헌법도 민주적 모델이었지만 히틀러의 등장과 행동을 막지 못했다.

정부의 실제적인 형태가 국력의 적용에 있어 중요한 역할을 한다. 전제주의 국가는 국민의 자유를 제한하지만, 대단히 조직화된 국가전략을 형성하는 것을 허락한다. 오늘날의 중국이 이를 잘 보여주고 있다. 민주국가는 합의에 의하고 공개적인 설득에 의한 정책 형성을 필요로 한다. 민주국가가 장기 전략을 수립하여 이를 시행하거나 갑자기 정책방향을 바꾸는 것은 대단히 어렵다. 한 국가 내의 정치 발전의 수준도 중요하며, 국가이익을 추구함에 있어서 인적 및 물적 자원을 사용하고자 하는 정부의 효율성도 중요하다.

(4) 심 리

여기에는 국가적 의지, 사기, 국가의 성격, 국가 통합의 수준 등이 포함된다. 우세한 경제 및 군사력을 가지고도 패배당할 수 있는 것은 심리적 요소의 영향이 크다. 중국 내전에서 모택동의 승리, 인도에서 영국군을 철수시킨 간디의 힘, 이란에서 샤(Sha) 정권을 붕괴시킨 호메이니의 권위 등이 이런 사례에 속한다. 미국의 베트남전 패배는 경제 및 군사력이 전쟁 승패의 결정적인 요소가 아님을 극명하게 보여주고 있다. 컴퓨터에 미국과 월맹의 국력 요소(인구, 생산량, 산업능력, 탱크 및 전함, 항공기의 수, 군사력의 규모)를 입력하고 미국이 "언제 이길 것인가?"라는 질문에 컴퓨터는 1964년이라는 결과를 내 놓았다.[7)]

국가적 의지와 국민의 사기가 반드시 비례하지는 않는다. 국가의 의지가 있다고 하더라도 국민이 이에 따르지 않는다면 아무 소용이 없기

---

7) Harry G. Summers, On Strategy: *The Vietnam War in Context*(Carlisle, PA: US Army War College, Strategic Studies Institute, 1983), p. 11.

때문이다. 제1차 세계대전에 참전했던 러시아에서 1917년 2월 혁명이 터지자, 러시아군은 그들의 무기를 버리고 전장을 이탈하였다. 걸프전 때도 사담 후세인의 의지는 강했으나 군인들은 전장을 이탈하였다.

국가의 성격은 특정한 정책과 전략의 선호성과 관련이 있다. 예를 들어, 미국은 그의 행동을 정당화하기를 좋아한다. 윌슨 대통령은 미국의 선박과 생명의 손실에 직면하기 전까지는 제1차 세계대전에 가담하지 않았는데 그 이유는 개입의 정당성 때문이었다. 외교정책에 있어서 '도덕주의'는 선제공격이나 예방공격을 할 수 있는 능력을 약화시키기도 한다. 9.11 이후 미국의 이라크 공격은 미국의 국가 성격을 혼란스럽게 했다. 국가의 성격을 형성함에 있어서 역사적 경험과 전통적 가치는 중요하다. 외부세계에 대한 러시아의 불신은 이런 사례에 속한다. 한 세기 동안 3번이나 서구로부터 침략을 받은 역사적 경험, 정교회라는 종교적 특성, 짧지 않은 공산주의의 통치, 그리고 긴 겨울이라는 기후의 특성에 의한 금욕주의적 가치도 무시하지 못한다.

마지막으로 통합의 수준이 있는데, 이것은 국민의 소속감과 정체성으로 나타난다. 이것은 국가 의지와 국민의 사기뿐만 아니라 국가의 특징에도 영향을 미친다. 대부분의 사례에서 통합성의 수준과 민족, 종교, 언어, 문화적 동질성의 정도는 직접적인 상호연계성을 가진다. 그러나 통합성의 부족이 곧 정체성의 부족을 의미하는 것은 아니다. 스위스는 민족, 언어, 종교의 통합성이 낮음에도 불구하고 수 세기 동안 연방을 유지하고 있다.

(5) 정 보

약 100년 전에 시작된 통신 혁명은 오늘날 위성 통신, 인터넷, SNS 등의 발전을 가져왔다. 정보의 이동과 아이디어의 자유로운 이동은 과거에는 상상도 할 수 없는 것이었다. 위성 통신과 인터넷의 등장은 세계를 하나의 정보촌으로 만드는 데 기여하고 있다.

항상된 통신과 정보의 전파라는 두 개의 결합은 양날의 칼과도 같다. 경제영역에서 지구적 상호의존은 정보 통신에 의해 향상되었다. 반면에 좋지 못한 경제 뉴스는 전 행위자들을 요동치게 한다. 정치적으로 통신의 발전은 지도자가 국민을 이끌게 하고 또 재난시 즉각적으로 대응할 수 있게 해 준다. 또한 이것의 발전은 근본적으로 불만 있는 사람들을 부추기고 민족주의의 어두운 측면을 부각하는 역할을 하기도 한다. 정보 통신의 혁명은 수 세기에 걸쳐 인간의 기본적 가치와 문화가 바뀌어야 하는 것을 수년 만에 바꾸는 것을 가능하게도 해 준다.

전쟁에서만큼 정보가 유용하게 쓰이는 곳은 없다. 정보 지배는 전투공간의 인식을 제공하고, 지휘 통제를 향상시키며, 체계 속의 체계(system of systems)라고 불리는 곳으로 정밀하게 군사력을 통합함으로써 시너지 효과를 창출한다. 이것의 결과는 과거에는 전략적, 작전적, 전술적 수준으로 구분되던 것을 거의 하나로 압축할 수 있다. 미래의 지휘관은 3개의 수준에서 일어나는 것을 동시에 인식하고 통합하여 계산하는 복잡한 업무를 가지게 될 것이다. 결심의 시간도 짧아질 텐데, 정보 수집을 통하여 모호성을 빨리 해결하고 이것을 신속하게 분석할 수 있기 때문이다.

사이버전이라는 더 높은 수준에서는, 두 개의 칼날을 가진 정보와 통신이 더욱 명백하게 보인다. 미래에 국가들은 다른 국가의 컴퓨터 시스템에 공격적인 정보전을 수행할 것이고, 그 목표는 군사적 대상을 넘어 행정 및 민간 산업 부문에 이르기까지 광범위하게 될 것이다. 사이버전은 상대방의 경제를 침식시킬 수 있고, 군사력의 동원을 방해하며, 국민에 대한 서비스의 통합에 영향을 미치게 될 것이다. 정보력이 발전한 국가일수록 사이버전에 더 취약할 수 있다. 비록 정보 보안 기술이 발전하고 있지만, 해커 기술 또한 더욱 정교해지고 있기 때문이다.

3. 국력 평가시 유의사항

국력에 대한 평가는 어렵다. 그 이유는 국력이 대단히 역동적이고 관계적이기 때문이다. 국력의 변화율은 비록 다르긴 하지만 국가들은 매일 잠재적 및 현재적 국력을 변화시키고 있다. 옛날에 만들어진 다른 국가에 대한 국력의 평가는 금방 구식이 되고 만다. 비교되는 행위자의 변화율이 크면 클수록 과거의 평가는 더 구식이 된다. 한 국가가 국제체제 내에서 어디쯤 위치하고 있는가를 평가하는 것은 과학이라기보다는 거의 예술에 가깝다.[8)]

국력을 평가할 경우 유의해야 할 내용은 다음과 같다.[9)] 첫째, 국력의 다차원적 상호 연계성을 고려해야 한다. 국력은 역사적으로 군사력과 연계되어 있지만 그 하나만이 국력을 결정하지는 않는다. 모겐소는 하나의 요소로 국력을 평가하는 것을 단일 요소의 오류(fallacy of the single factor)라고 했다. 또 하나의 오류는 잠재력과 현재력(current power)을 구별하지 못하는 것이다. 잠재력을 현재력으로 전환할 수 있는 능력(ability)은 정부의 효과성과 국가의 단결력과 같은 다양한 요소의 정치·심리적 상호관계가 작동한다.

단일 요소에 편중하여 국력을 평가하는 것은 위험할 수도 있다. 지리적인 요소만을 절대적인 국력의 요소로 강조한 맥킨더(Halford Mackinder)는 유라시아 대륙의 심장부를 장악하면 세계의 자원과 사람들을 지배

8) David Jablonsky, *ibid.*, p. 137.

9) Hans J. Morgenthau, *Politics Among Nations: the Struggle for Power and Peace*, 5th ed.(New York: Alfred A. Knopf, 1973), ch.10.

할 수 있다고 하는 중심지 이론(Heartland theory)을 전개하였다.[10] 또한 마한(Alfred T. Mahan)은 해양세력이 세계를 제패할 수 있다는 이유로 해군력의 중요성을 강조하였다.[11] 국가의 단일성과 민족의 순수성을 강조하면서 이러한 국민성에 의해 국력이 결정된다는 민족주의도 단일 요소에 편중하여 국력을 평가하는 사례들이다.

둘째, 국력의 상대성을 고려해야 한다. 국력은 상대적이지 절대적이 아니다. 미국이 가장 강력한 국가라는 의미는 타국과의 비교를 통한 결과이다. 사실 슈퍼 파워란 그 자체의 양(量)과 질(質)로부터 나온 것이 아니라 그와 비교된 상대방의 양과 질로부터 나온 것이다. 1930년대 후반, 많은 관찰자들은 프랑스가 나치 독일에 비해 더 강력하다고 인식했다. 그 이유는 프랑스의 군사력이 1919년 당시보다 무기 및 병력의 질과 양 측면에서 더 우세했기 때문이었다. 그러나 1919년의 프랑스 군사력은, 패배하고 무장 해제되었던 독일과 비교했을 때만 단지 우세했을 뿐이다. 1939년 프랑스의 군사력은 1919년보다 확실히 우세했으나 1939년 독일이 전격전이라는 새로운 군사전략을 선보였을 때 무력할 수밖에 없었다.

셋째, 국력의 역동성을 고려해야 한다. 국력은 영구적인 것이 아니라 가변적이다. 어떤 요소도 변하지 않는 것이 없다. 군사기술의 변화는 이런 역동성을 가속화했다. 미국의 핵무기 개발은 미국의 파워 위상, 전쟁의 본질, 국제관계에서의 행동을 급격하게 변화시켰다. 양차 대전은 유럽을 황폐화시켰고 미국과 구 소련, 그리고 신생 독립국의 탄생은 지난 3세기 동안 존재했던 체제를 해체했다. 경제의 불균등 성장도 국

10) Halford Mackinder, "The Geographical Pivot of History," *The Geographical Journal*, Vol.23(1904).

11) Alfred T. Mahan, *The Influence of Seapower Upon History*(New York: Hill and Wang, 1957).

력 위상을 급격히 변화시키는데 일본과 독일이 그 사례이고 현재의 중국이 그렇다. 또한 새로운 자원의 발견과 고갈도 세력균형을 변경시킬 수 있다. OPEC의 등장은 석유 공급을 감소시킴으로써 1973년 이후의 권력 관계를 극적으로 변화시킨 원인이 되었다.

국력을 분석하는 방법은 한 가지만 있는 것이 아니다. 다음 절에서 국력 분석의 다양한 방법을 소개하고자 한다.

제2절 국력의 분석

1. 국력을 속성으로 분석(power as attributes)

(1) 힘(strength)으로 보는 관점

국력의 유무형적 요소를 측정하는 것이 거의 불가능에 가까운 것임에도 불구하고 이를 측정해 보고자 하는 학자들의 호기심을 억제하지는 못했다. 1951년 스프라우트(Harold and Margaret Sprout)는 *Foundations of National Power*에서 국력을 인간자원+물리적 거주지+식량 및 천연자원+도구와 기술+조직+사기와 정치 형태+외부 조건과 환경 등으로 제시하였다.[12] 한편 클라인(Ray S. Cline)은 1980년 새로운 국력 분석 요소를 제시하면서 전 세계 국가의 국력을 계량적으로 측정하여 이를 평가한 바가 있다.[13]

클라인은 국력을 전략적·군사적·경제적·정치적인 강점과 약점의

12) Thomas Wiloch, National Security: *The Information Series on Current Topics*(New York: Thomson Gale, 2005), p. 4.

13) Ray S. Cline, *World Power Trends and US Foreign Policy for the 1980s*(Boulder: Westview Press, 1980): 국방대 역, 『국력분석론』(서울: 국방대학원 안보문제연구소, 1981).

혼합체로 보고 있다. 따라서 그는 국력은 군사력에 의해서만 결정되는 것이 아니라 영토의 규모와 위치, 주변국의 성격, 주민, 천연자원, 경제구조, 기술발전, 재정력, 인종적 혼합, 사회적 결합력, 정치적 과정 및 의사결정의 안정성, 국민정신이라 부르는 무형의 질에 의해 결정된다고 주장하면서 다음과 같은 국력 측정 공식을 제시한 바 있다.

$$P_p = (C + E + M) \times (S + W)$$

P_p = 인식된 국력(Perceived Power)
C = 인구 + 영토(Critical Mass)
E = 경제능력
M = 군사능력
S = 전략적 목적(Strategic Purpose)
W = 의지

인구 및 영토(C)는 규모에 따라 가중치를 부과함으로써 이를 측정한다. 경제력(E)은 국민총생산액, 석유 및 천연가스 등 에너지 보유, 철광석 및 보크사이트 등 전략적 광물의 매장 여부, 철강 및 알루미늄 등 공업 생산능력, 식량 생산능력, 총 무역고 등을 따져 가중치를 부여하여 경제력을 측정한다. 군사력(M)은 핵 억제력과 재래식 전력으로 구분하여 이를 측정한다. 특히, 재래식 전력의 전투능력은 병력의 질, 무기의 효과성(무기의 양과 질), 하부구조 및 군수지원, 그리고 조직의 질 등을 고려한다. 국민의지의 제요소는 국민적 통합성의 수준이나 정도(영토적 통합, 문화적 통합), 국가지도력의 효율성, 국민이 인식하고 있는 국가이익에 대한 국가전략의 부합성 등이 포함된다. 클라인의 분석은 범위(scope)와 영역(domain)의 문제를 무시하고 가중치를 부여하는 과정에서 많은 주관적 평가를 했음에도 불구하고 40개국의 국력을 힘(strength)의 관점에서 측정했다는 점에서 높은 평가를 받았다.

(2) 능력(capability)으로 보는 관점

존스(Stephen B. Jones)는 경직된 힘(strength)으로서의 국력보다는 그 힘을 사용할 수 있는 능력(capability)으로서의 국력의 영향력에 초점을 맞추었다.[14] 국력을 얼마나 빨리, 많이, 그리고 멀리 투사할 수 있는지에 따라 국력의 영향력이 결정된다는 것이다.

능력(capability)은 국력의 가용성(availability)과 변화(change)에 따라 좌우된다. 가용성은 다시 시공간에 의해 좌우된다. 공간(space 또는 location)은 접근성(accessibility)과 이동성(mobility)에 따라 다르다. 접근성이란 얼마만큼 접근이 용이한지의 여부이다. 상황에 적합한 가용 국력이 있다고 하더라도 접근이 어렵다면 그 국력은 무용지물이 될 뿐만 아니라 그 상황을 개선시킬 수 있는 영향력을 발휘할 수도 없다. 한국 해군은 해적선을 소탕할 정도 이상의 해군력을 가지고 있지만 말라카 해협이나 아덴만 인근에서 한국 선박들이 피랍되었을 때 그 근방에 한국 해군 함정이 없다면 한국의 국력은 전혀 그 영향력을 발휘할 수 없다. 미국의 경우, 미군 기지가 있는 국가에 미군이 접근할 경우와 미군 기지가 없는 국가에 미군이 접근할 경우, 그 영향력 행사에 많은 차이가 있다. 또한 한국에 미군이 주둔함으로써 미국이 주변국에 영향력을 행사할 수 있는 것과 그렇지 않은 경우에는 분명 차이가 존재한다.

이동성도 영향력 행사에 영향을 미친다. 이동의 수단과 능력이 핵심이다, 국력, 특히 수십만 명의 군사력을 원하는 지역으로 이동시킬 수 있는 수단을 보유하고 있는지 여부와 그 능력은 영향력 행사에 결정적

14) Stephen B. Jones, "The Power Inventory and National Strategy," *World Politics*, Vol.4, No.4(1954). 아주 오래 전에 발표된 논문이긴 하지만 그의 주장을 소홀히 할 수는 없다.

이다. 전략적 차원의 수송기와 수송함이 있어야 군사력 투사가 가능하고 영향력도 행사할 수 있다.

시간(time)은 계획을 생산으로 전환하는 시간을 의미한다. 이 과정에서 5단계의 힘이 존재할 수 있다. 첫째, 현존 전투력(forces in being)이다. 현존 전투력은 즉각 영향력을 발휘할 수 있다. 둘째, 전력화할 수 있는 자원(power resources after activation)이다. 주로 국가가 보유하고 있거나 비축하고 있는 인적·물적 동원에 의해 이루어진다. 얼마나 빨리 전환되는지가 영향력 행사의 관건이다. 셋째, 용도를 변경해서 사용하는 자원(power resources after conversion)이다. 상업용 자동차, 선박, 항공기 등을 포함하여 상업용 제조업을 얼마나 빨리 군수용으로 전환할 수 있는지가 영향력 행사의 원천이 된다. 넷째, 개발해서 사용할 수 있는 자원(power resources after development)이다. 주로 천연자원이 이에 해당되나 새로운 기술 개발에 의해서도 가능하다. 태평양 전쟁을 종료시킨 미국의 핵무기 개발이 이에 해당한다. 다섯째, 가상적 국력(hypothetical power resources)이다. 극지방의 영토에 대한 영유권 주장이 이에 해당된다. 1945년 이전까지 핵무기도 가상적이었다는 것을 생각해 볼 필요가 있다. 실제 러시아는 북극의 해령(海嶺)을 자신의 영토라고 주장하고 있다.

변화성이란 위에서 언급한 시간성과도 관련이 있다. 변화성은 변화율(rate)과 변화의 범위(range)로 구분된다. 변화율은 생산, 동원, 용도변경, 개발 등을 얼마나 빨리할 수 있는지 여부이고 변화의 범위는 얼마나 많이 할 수 있는지 여부이다.

2. 국력을 지위 또는 순위로 분석(power as status or rank)

국력에 원천을 두고 있는 국가적 위상은 성취한 권력(achieved power)과 귀속된 권력(ascribed power)에 의해 분석할 수 있다. 성취한 권력은 주로 한 국가의 경제력이나 군사력 등으로 표현된다. 특히, 세계은행은 매년 전 세계의 국내총생산액(GDP)을 기준으로 각 국가별 서열과 GDP 규모를 발표하는데 이로인해 특정 국가의 경제력이 어느 정도인지 알 수 있게 된다. 군사력도 매년 Military Balance에 의해 발표되나 이는 서열로는 표시되지 않는다. 군사력은 경제력과 달리 그 질과 양을 계량화하기 곤란하기 때문이다. 그럼에도 불구하고 군사력이 순위가 어느 정도 되는지는 추론해 볼 수 있다.

국력의 특정한 요소를 가지고 지위를 측정할 수도 있다. 핵무기 보유 여부, 장거리 미사일 개발 여부, 우주 탐사 여부, 희귀 광물 보유 여부, 식량 및 에너지의 자급 여부 등에 의해서도 그 순위가 결정될 수 있다.

귀속된 권력이란 한 국가가 국제사회에서 대접받는 지위를 일컫는다. 유엔 회원국 여부, 유엔 상임이사국 여부, 핵무기 보유국 인정 여부, WTO 가입 여부, G7/G20 여부, 올림픽 및 월드컵 유치 여부 등이 이에 속한다. 또한 테러 지원국 여부, NPT 가입 및 탈퇴 여부, 국제사회의 경제 제재 대상 여부, 실패 국가 여부, 최빈국 여부 등도 귀속된 권력에 속한다.

획득된 권력과 귀속된 권력 사이에 불일치가 생기면 불만족이 발생한다. 불만족의 표시는 국제 조직의 가입 요구 또는 탈퇴로부터 분쟁에 이르기까지 그 스펙트럼이 다양하다. 세계 각국의 올림픽 및 월드컵 유치 경쟁, 2011년 이전 러시아의 WTO 가입 요구, 1991년 이전 한국의 유엔 회원국 가입 요구, 1960년대 프랑스의 NATO 탈퇴, 북한의 NPT 탈퇴, 일본 및 독일 등의 안보리 상임이사국 진출 요구 등이 이런 사례에 속한다.

3. 국력을 체제로 분석(power as system)

국가의 행위는 지역 내 또는 지구적 차원에서 힘의 배분상의 구조에 따라 다르게 나타난다. 카플란(Morton Kaplan)은 체제 내에 배분되어 있는 국력의 크기에 따라 국제체제를 6가지 유형으로 이상화하였다.[15) 계서적 체제(hierarchical international system)란 체제 내의 단위인 국가들 사이에 국력의 서열이 정해져 있는 체제를 말한다. 세계적 수준에서 이런 체제가 수립된 적은 없었다. 그러나 과거의 로마나 중국 등의 제국에서는 제국과 피제국 사이에 분명한 서열이 있었다. 전단위 거부권 체제(unit veto system)란 체제 내의 모든 국가에 힘이 균등하게 배분되어 있는 관계로 어느 국가든 반대(No)할 수 있는 체제를 말한다. 이것도 역시 이상형에 속한다. 보편적 국제 체제(universal international system)란 체제가 무정부 상태가 아니라 정부의 형태를 띠고 있는 체제를 말한다. 세계 정부 체제라고도 불리는 이 체제는 이상주의자들의 이상형이다.

양극체제(bipolar system)란 체제 내에서 두 개의 지배국가가 힘의 균형을 유지하는 체제이다. 카플란은 양극체제를 느슨한 양극체제(loose bipolar system)와 경직된 양극체제(tight bipolar system)로 구분한다. 양극 체제 하에서 대부분의 국가들은 두 진영을 중심으로 양분되며 두 진영은 적대관계를 유지한다. 진영 외의 적대관계와 진영 내의 결속관

---

15) Morton Kaplan, *System and Process in International Politics*(New York: Wiley, 1957).

계가 양극 체제의 특징이다. 이것이 무너지면 양극체제는 허물어진다.[16] 이 체제는 제2차 세계대전 이후 냉전기 동안 미국과 소련을 지배 국가로 형성된 역사상 유일한 사례였다.

세력균형 체제(balance of power system)란 지배 국가들 간에 세력이 균등하게 배분되어 있는 체제이다. 양극체제도 일종의 세력균형 체제이며 다극체제도 이에 속한다. 나폴레옹 전쟁 이후의 유럽협조체제가 다극체제에 속한다.

카플란은 국제체제가 체제를 구성하는 단위의 행위를 결정짓는다고 보았기 때문에 단위의 내부적 특성을 살펴볼 필요가 없다고 했다. 한 국가의 행동은 그 국가가 체제 속에서 어느 정도의 권력 배분의 위치를 점하고 있는지에 따라 결정되기 때문이다.

학자들은 월남전에서의 미국의 패배, 중동전시 미국 공군기가 NATO 국가들의 기지를 이용하려 했지만 하지 못했던 점, 그리고 OPEC에 의한 원유가의 급격한 상승에도 불구하고 군사력이 전혀 사용되지 못했던 점, 그리고 다양한 분야에서의 국제적 상호의존도의 심화 등을 목도하면서 권력에 대한 새로운 개념 정립의 필요성을 느꼈다. 이 과정 속에서 다양한 힘의 개념에 대한 논의가 활발해졌다.

16) 이상우, 『국제정치학 강의』(서울: 박영사, 2005), p. 118.

제3절 다양한 힘의 개념

1. 개체론적 권력 개념

(1) 제재형 권력(sanctional power)

월퍼스(Arnold Wolfers)는 권력을 '상대방을 움직여서 상대방으로 하여금 자신이 원하는 것을 하게 하고 원하지 않는 것을 하지 않게 하는 능력'이라고 했다. 이는 달(Dahl)이 말하는 제재형 또는 명령형 권력과 유사하다. 달은 가시적인 갈등상황에서 자신과 이익이 상충하는 상대의 의지를 물리치고 이를 이겨내는 능력을 권력으로 정의하고 있다.

달은 행위자 사이에 주체와 객체라는 사회적 관계가 짜이기 이전의 가상적 상황을 상상하면서 객체의 의사에 반하는 결과가 무엇인가를 추론한다. 이어 바라지 않는 결과의 산출에 객체가 나설 수밖에 없게 강제할 수 있는 주체의 능력을 권력으로 정의하고 있다.[17] 이를 제재형 권력이라고 한다.

(2) 메타권력(meta power)

크라스너(Stephen D. Krasner)는 레짐 연구를 통하여 의제 설정 과정에서 자신의 이익에 반하는 쟁점을 원초적으로 배제할 수 있는 권력에 착안하여 이를 메타권력으로 개념화한다.[18] 메타권력은 명령형이나 제

---

17) 김병국, 전게서, p. 33.

18) Stephen D. Krasner, "Regimes and the Limits of Realism: Regimes as Autonomous Variables," *International Organization*, Vol.36, No.2(Summer 1982); Stephen D. Krasner, ed. *International Regimes*(Ithaca: Cornell University Press, 1983).

재형 권력과는 달리 쟁점화 이전의 의제 설정 단계에서 작동하여 정책결정의 맥락과 상황을 조건 짓는 권력자원이다. 아울러 행위자 개인에 귀속되는 단위 차원의 권력이라기보다 국제체계 내에서의 국가의 위치 덕분으로 생겨나는 권력자원이다. 따라서 메타권력은 체계와 단위의 관계 속에서 태동하여 국가에 의해 동원되는 권력이다.[19]

강대국들은 레짐 창설 과정에서 이미 자신의 이익에 반하는 쟁점을 제거함과 동시에 자신의 이익과 합치하는 방향으로 권력을 행사한다. 5대 강대국만이 핵무기를 보유하도록 규정한 NPT가 대표적인 사례이다. 강대국들은 레짐에 가입할 상대국가들에게 주어질 보상체계를 조작하고 자신의 편에 설 동맹 세력을 확보함으로써 레짐을 창설하게 된다. 이때 자신들의 상대적 이익은 숨긴 채, 체계적 차원의 절대 이익이 주로 보상체계로 제시된다. 레짐의 작동 과정에서도 똑같은 현상이 반복된다.

(3) 연성권력(soft power)과 스마트 파워(smart power)

의제 설정의 과정을 통제하고 정책결정의 맥락을 조건 짓는 메타권력보다 더 본원적이고 합의적(consensual) 성격을 지닌 권력이 있다. 나이(Joseph S. Nye)가 제시한 연성권력이다.[20] 나이는 군사력과 경제력을 강성권력(hard power)으로 규정하고 이에 반대되는 문화, 이념, 그리고 제도와 같은 무형의 권력을 연성권력으로 개념화하였다.

연성권력은 다른 국가들이 특정한 국가의 이념, 문화, 제도 등을 선호하게 되면 그 국가들은 특정 국가의 선호를 자신의 선호로 받아들여 이들의 이익을 무비판적으로 추종하게 될 때 발생하는 권력이다. 강성

---

19) 김병국, 전게서, p. 38.

20) Joseph S. Nye, *Soft Power: The Means to Success in World Politics*(New York: Public Affairs, 2004): 홍수원 역, 『소프트파워』(서울: 세종연구원, 2004).

권력이 제재적 권력을 행사할 때 동원되는 권력이라고 한다면 연성권력은 상대방의 이익과 선호체계를 변화시키는 간접적 권력, 또는 포섭적 권력(co-optive power)인 셈이다.

강성권력을 이용하여 상대방 국가의 행위나 결정을 변경시킬 수 있다. 그러나 이 권력은 상대방 국가는 물론 국제사회 전체로부터의 반발에 부닥칠 수 있고 이로인해 권력을 강제하려 했던 국가의 위상은 손상될 수밖에 없다. 그러나 연성권력은 오히려 상대방 국가가 특정 국가의 문화, 이념, 제도와 같은 것을 자발적으로 수용함으로써 발생하는 권력이기 때문에 많은 국가에서 특정 국가의 이런 것들을 받아들이면 들일수록 특정 국가의 권력은 더 힘을 발휘하게 된다.

미국식 민주주의와 시장경제를 수용하는 국가와 그렇지 못한 국가, 그리고 할리우드 영화에 관대한 국가와 그렇지 못한 국가 사이에서 미국의 이익이 침투되는 결과는 달리 나타날 수 있다. 전자에서는 연성권력이 힘을 발휘하게 되지만 후자에서는 그렇지 못하기 때문이다. 탈냉전 직후 미국의 클린턴 행정부가 민주주의와 시장경제의 세계적 확산을 위해 개입전략(engagement policy)을 구사한 것도 연성권력의 힘을 충분히 인식했기 때문이다. 구 소련과 중국도 과거 공산주의 이념을 채택했던 국가들 사이에서 강한 연성권력의 힘을 발휘했다.

대중 음악과 드라마 및 영화로 대표되는 한류가 아시아를 넘어 세계화된다면, 주인공 개개인에 대한 선호도는 한국 제품에 대한 선호도로 바뀌게 될 것이다. 이렇게 되면 한국은 한류를 받아들이는 국가의 선호도를 포섭할 기회를 갖게 될 것이다. 이런 차원에서 보면 연성권력은 반드시 강대국만의 전유물이 아닌 것 같다.

부시 정권 말기에 스마트 파워가 등장했다. 이 개념은 연성권력 개념을 정립한 나이(Joseph S. Nye) 교수와 전 국무부 부장관이었던 아미티지(Richard Armitage)가 중심이 된 '스마트 파워 위원회'가 정립한 개념이다.[21] 간단히 표현하자면 스마트 파워는 강성권력과 연성권력이 결합된 개념이다.

위원회가 스마트 파워를 주장한 이유는 미국 부시 행정부의 외교 정책에 대한 반성으로부터 출발했다. 2001년 9.11테러 이후 미국이 아프가니스탄전과 이라크전을 치르면서 미국이 강성권력에만 너무 많이 의존함으로써 세계적 차원의 반미현상만 증가시켰다는 것이다. 따라서 이 위원회는 미국이 세계적 리더십을 계속 행사하기 위해서는 강성권력에 연성권력을 결합하여 외교정책을 추진할 것을 제시하고 있다. 이 위원회의 주장은 오바마 행정부의 외교 전략의 기초가 되었고 클린턴(Hillary Clinton) 전 미국 국무부 장관은 스마트 파워에 기초하여 외교 전략을 추진했다.

(4) 상호의존적 권력(interdependent power)

세계는 거미줄(web)처럼 얽힌 상호의존의 세계이다. 상호의존이란 서로 의존(mutual dependence)하는 것으로써 행위자들이 서로의 행위에 대해 서로가 상당한 영향을 주고받는 상태를 의미한다. 상호의존의 비대칭성(asymmetry)이 바로 권력의 원천이다. 상호의존이 대칭적일 경우 상대방은 서로에 대해 균등한 권력을 행사할 수 있기 때문에 권력이 발생하지 않는다. 비대칭적 상호의존의 극단적인 형태가 종속(dependency)이고 대칭적 상호의존의 이상적 형태가 상호균형(mutual balance)이다.

코헤인과 나이(Robert O. Keohane and Joseph S. Nye)는 군사력이 강

---

21) CSIS Commission on Smart Power, *A Smarter, More Secure America: Report of the CSIS Commission on Smart Power*(Washington D.C.: Center for Strategic and International Studies, 2007): 홍순식 역, 『스마트파워』(서울: 삼인, 2009).

한 국가가 모든 쟁역에서 지배력을 갖고 원하는 결과를 도출할 수 있다는 현실주의자들의 총체적 권력(overall power)을 부정하면서 상호의존이 증가할수록 쟁역(issue area)마다 권력이 서로 다르게 나타난다고 주장하였다.[22] 예를 들어, 시장 점유율, 전문적 기술, 그리고 에너지 자원 등이 중요한 권력 자원이 되며 군사력과 무관하게 특정 영역에서 이런 자원을 보유한 국가가 그 쟁역을 지배한다는 견해이다. 미국은 무기 체계, AI, 그리고 문화 콘텐츠 분야(CT)에서, 일본은 자동차, 로봇 공학(RT)에서, 한국은 가전 제품 및 정보통신기술(ICT)에서, 중국은 빅데이터 및 양자 컴퓨팅 분야에서, 그리고 브라질은 농업 및 임업 분야에서 지배력을 행사하고 있다. 또한 OPEC 회원국들은 원유 자원을 보유하고 있어 이 분야에서 지배력을 행사하고 있다.

쟁점 영역에서 지배력이 행사되는 이유는 서로가 비대칭적 상호의존 관계를 형성하고 있기 때문이다. 이로인해 두 가지 권력이 발생하는데, 하나는 민감성(sensitivity) 때문에 발생하는 권력이고, 다른 하나는 취약성(vulnerability) 때문에 발생하는 권력이다.

민감성 권력이란 상호의존적인 한 행위자가 거래의 내용에 변화를 시도했을 경우, 상대방이 기존 정책의 틀 내에서 어느 정도 반응을 하느냐에 따라 발생하는 권력으로써 대가를 많이 지불하면 할수록 민감성의 권력은 커진다. 취약성 권력이란 외부의 변화에 직면하여 적절한 대응을 위해 새로운 정책을 마련한 이후에도 계속해서 그 어떤 대가를 치러야 할 경우에 발생하는 권력이다. 취약성은 대안이 마련된 이후에도 그 대가를 치러야 한다는 점에서 민감성보다 더 중요하고 본질적인 권력이라고 할 수 있다.

---

22) Robert O. Keohane and Joseph S. Nye, Jr., *Power and Interdependence: World Politics in Transition*(Boston: Little Brown and Company, 1977).

국제체제의 단위가 여러 쟁역에서 상호의존도가 높으면 높을수록 권력을 발휘할 수 있는 기회는 많아지고 또 그 효과도 높아질 수 있다. 특히 국제사회가 특정국가에 대해 제재를 가할 필요가 있을 경우, 상호의존에서 발생하는 권력은 힘을 발휘할 수 있다. 그 이유는 국제사회가 제재 대상국가의 민감성과 취약성을 이용할 수 있기 때문이다. 석유 수출금지, 무역제제, 무기 수출금지, 그리고 국제은행에 대한 접근 금지 등이 이런 사례에 속할 것이다.

(5) 맥락적 권력(contextual power)

1979~80년, 이란 미 인질 사건 발생시 미국의 국력은 이들을 구출하는 데 아무런 소용이 없었으며, 냉전시 핵무기는 비동맹국들이 그들의 정책을 수정하도록 하는 데 소용이 없었다. 또한 구 소련은 아프가니스탄에서 패배했으며 미국도 월남전에서 패배했다. 핵무기는 다른 국가의 핵 공격을 억지할 수 있지만 푸에블로호를 구할 수는 없었다. 1973년 아랍-이스라엘 전쟁시 미국은 자국 비행기의 NATO 비행장 사용을 요구했으나 유럽 국가들은 이를 거절했다.[23] 강대국과 약소국 사이의 큰 국력 격차에도 불구하고 왜 이런 현상들이 발생하는 것일까?

볼드윈(David A. Baldwin)은 현실세계에서 강대국으로 보이는 국가가 약소국으로 보이는 국가에 패하거나 국가이익을 보호하지 못하는 경우를 일컬어 '비현실적 권력의 역설(paradox of unrealized power)'이라고 했다. 볼드윈은 이런 역설의 원인을 두 가지로 파악한다. 하나는 권력자원을 실질적인 권력으로 전환하는 과정에서 기술과 의지의 부족으로 기능장애(malfuntion)가 발생했기 때문이고, 다른 하나는 처해있는 상황적 맥락에 따라 사용되는 권력 자원이 달라질 수 있는데 이를 무시하

23) David Jablonsky, *ibid.*, p. 129.

고 특정의 권력 자원이 모든 상황에 적용될 수 있을 것으로 인식한 결과 때문이라는 것이다.[24)]

그는 권력의 역설 원인을 후자에서 찾고 있다. 그는 강력한 군사력이 모든 부문에 침투하여 원하는 결과를 가져오게 한다는 현실주의적 논의는 권력의 대체성(fungibility)을 과장하고 권력의 범위(scope)를 무시하며, 군사력을 최고의 권력 원천으로 생각하는 경향이 있음을 비판하면서 이에 대한 대안으로 권력의 맥락적 분석(contextual analysis of power)을 강조한다. 볼드윈의 맥락적 권력은 권력에 대한 이론화의 간결성(parsimony)을 감소시키는 측면이 있지만 권력 행사의 범위와 영역(domain)을 특화할 필요성을 강조했다는 점에서 의미가 있다.

2. 구조론적 권력 개념

(1) 국가 위상적 권력

개체론적 권력 개념은 결과에 영향을 미치고자 하는 국가의 의도성을 포함하고 있다. 이와 대조적으로 개별 국가들이 국제체제에서 차지하는 불평등한 구조적인 위상과 역할 때문에 어떤 의도가 없어도 결과에 영향을 미치는 현상을 구조적인 권력이라고 한다.[25)]

스트레인지(Susan Strange)는 행위자가 분명한 자기 의지를 가지고 내린 결정과 선택만을 권력 현상의 전부라고 보지 않고 비의도적 결정과 선택도 권력이 될 수 있음에 눈을 돌렸다.[26)] 강대국은 국제체계에서 차

---

24) David A. Baldwin, "Power Analysis and World Politics: New Trends Versus Old Tendencies," *World Politics*, Vol.31, No.2(1979), pp. 161-194.

25) 박재영, 『국제정치 패러다임』(서울: 법문사, 1996), p. 170.

26) Susan Strange, "The Myth of Lost Hegemony," *International Organization*, Vol.41, No.4(Autumn 1987), pp. 505-571.

지하는 구조적인 위상과 중요한 역할 때문에 권력을 행사하겠다는 의도성이 없는 행동을 해도 약소국은 이에 적응해야만 하는 경우가 발생하게 된다.

약소국은 강대국의 일거수일투족을 지켜보면서 상황변화의 위험에 대비하고 그 피해를 최소화하기에 분주하다. 약소국은 강대국의 행보에 따라 자신의 안보 정책이나 경제정책을 조절해야 하는 위치에 있기 때문이다.[27] 스트레인지는 의도성을 결여한 채 부지불식간에 다른 국가의 삶을 제약하는 국가의 구조적 위치와 역할 및 비중을 구조적 권력으로 파악하였다.[28]

미국이 이라크전에 미 2사단 1개 여단을 동원한 것은 미국의 국내정책의 변화였을 뿐 한국 안보에 권력을 행사할 의도는 없었으나 한국은 민감하지 않을 수 없었다. 또한 미국은 미국의 경제적 상황에 따라 양적 완화를 실시했음에도 불구하고 세계는 이에 연동되지 않을 수 없었다. 사실 강대국이 가지고 있는 구조적 권력은 심지어 어떤 정책이 비의도적일 경우에도 강력한 힘을 행사하게 된다.

(2) 자본주의 중심부의 권력

월러스타인(Immanuel Wallerstein)은 국가라는 단위로 환원할 수 없는 체제의 구조로서 세계 자본주의라는 개념을 상정했다.[29] 그는 근대를 단일한 중앙 정치권력이 부재한 상태에서 변방 지역을 하나의 경제적 통일체 내로 편입시켜 가는 자본주의 체제의 생성 및 팽창의 시대로

---

27) 김병국, 전게서, pp. 50-51.

28) Susan Strange, *States and Market: An introduction to International Political Economy*(London: Pinter Publishers, 1988), pp. 24-29, 32-34.

29) Immanuel Wallerstein, *The Modern World System: Capitalist Agriculture and the Origins of the European World Economy in the 16th Century*(New York: Academic, 1974).

정의했다. 그에 따르면 세계 자본주의 체제는 16세기부터 국가간에 있어서 일정한 노동의 분화가 있어왔는데 그때부터 중심부(core)가 주변부(periphery)를 지속적으로 착취해 왔다는 것이다.

국가들은 이러한 세계 자본주의 체제 내에서 차지하는 구조적인 위치가 무엇인가에 따라 국가의 의도를 떠나 타국을 착취하거나 타국에 의해 착취당하는 관계에 서게 된다는 것이다.[30] 개체론적 권력에서 살펴보았지만, 강대국의 의식적인 권력 행사를 통해 일어나는 수탈과 착취는 실제 국제정치적 삶 속에서 빚어지는 착취의 일부분에 지나지 않는다.[31]

---

30) 박재영, 전게서, p. 170.
31) 김병국, 전게서, p. 60.

토론 주제

1. 국력에서 발생하는 권력은 영향력인가? 강제력인가?
2. 자블론스키의 국력 구성요소 중에서 새로운 권력 자원으로 추가할 부분은 무엇인가?
3. 천연자원을 많이 가지고 있는 것 자체가 국력인가?
4. 클라인의 국력 측정 방식이 가지는 이점과 한계는 무엇인가?
5. 연성권력이 실제로 힘을 발휘한 사례를 든다면?
6. 개체론적 권력 개념 중에서 어떤 권력 개념이 가장 잘 작동할 것으로 보는가?
7. 민감성 권력과 취약성 권력이 발휘된 역사적 사례를 든다면?
8. 스마트 파워의 문제점은 무엇인가?
9. 군사력이 다른 권력으로 대체되지 못한 역사적 사례를 들어본다면?
10. 자본주의 중심부는 지역 개념인가? 그리고 불변적인 개념인가?

더 읽으면 좋은 글

1. 김병국, 『국가・지역・국제체계』(서울: 나남 출판, 1995).
2. CSIS Commission on Smart Power, *A Smarter, More Secure America: Report of the CSIS Commission on Smart Power*(Washington D.C.: Center for Strategic and International Studies, 2007): 홍순식 역, 『스마트 파워』(서울: 삼인, 2009).
3. David A. Baldwin, "Power Analysis and World Politics: New Trends Versus Old Tendencies," *World Politics*, Vol.31, No.2(1979)
4. Joseph S. Nye, *Soft Power: The Means to Success in World Politics* (New York: Public Affairs, 2004): 홍수원 역, 『소프트파워』(서울: 세종연구원, 2004).

제5장 부문별 안보

개 요

안보는 안보 주체(subject), 안보의 객체 또는 보호 대상(object), 안보 쟁점(issue), 안보 부문(field) 등 다양한 차원에서 분석이 가능하다. 안보 주체의 경우, 국가는 물론, 유엔 등 국제기구, 지역기구, 정규군과 민병대 등 군사 집단, 군수 산업체, 새롭게 떠오르고 있는 용병 집단, 매스컴, NGO 등이 중요한 행위자(main actor) 또는 기능적 행위자(functional actor)에 해당한다. 안보의 보호 대상은 개인, 국가, 국제체제가 될 수도 있으며, 민족, 종교, 언어, 문화 등의 정체성이 될 수도 있고, 경쟁력 있는 산업의 보호 등이 될 수도 있다. 안보 쟁점은 해적, 대량살상무기, 테러, 마약 및 소화기 밀매 등 포괄적 안보 분야에 속하는 쟁점들이 여기에 속한다. 또한 안보를 분야별로 구분해 보면 정치, 경제, 사회, 군사, 과학기술, 환경 등이 될 것이다.

국가를 그 구성요소로 해체하여 분석해 보면 안보의 대상이 보다 명확하게 다가오듯이, 안보도 부문별로 분석해 보면 그 실체를 보다 정확하게 파악할 수 있다. 예를 들어, 정치부문에서의 안보 의제는 무엇이며, 안보의 주체, 즉 중요한 행위자와 기능적 행위자는 누구이고, 정치 안보의 대상은 누구이며, 이런 정치안보에 대한 위협과 취약성이 무엇인지를 분석하는 것이다. 위협과 취약성이 드러나면 그에 대한 대안도 마련할 수 있다. 특히, 국가의 기능이 정치, 경제, 군사 등으로 분화되어 있어 기능별 대안 모색은 물론, 국가 차원에서도 종합적인 안보 정책이나 전략을 수립할 수 있다. 이 과정에서 기능별 대안의 상충성이 조정될 수 있을 것이다.

부문별 분석을 해 보면 부문 간에도 의제의 중첩이 발생될 수 있다. 어떤 의제는 군사 분야에 속하기도 하고 또 사회 분야나 정치 분야에 속하기도 한다. 정치와 사회, 정치와 군사, 그리고 정치와 경제 사이에 경계가 애매한 부분도 많다는 의미이다. 예를 들어, 이데올로기나 민족의 정체성 같은 안보 의제는 사회와 정치 부문에 속하기도 하지만, 민족의 정체성을 이유로 분리 독립 운동이 일어나면 군사안보에 대한 내부적 위협이 되기도 한다.

어디에 더 중점을 둘 것인가에 따라 의제가 속할 부문이 결정된다. 따라서 여기에서는 비교적 전통적 안보연구에서 잘 수립된 군사 부문의 안보 문제를 먼저 분석해 보고, 사회, 경제 부문의 의제를 분석한 이후에 남는 부분을 정치 부문의 의제를 다루고자 한다. 환경과 과학기술 부문은 지면관계상 생략하고 군사, 경제, 사회, 그리고 정치 부문의 안보만 다룬다.[1)]

제1절 군사안보

1. 군사안보의 의제

군사안보의 의제는 주로 대내외적인 군사 위협으로부터 국가를 보존할 수 있는 정부의 능력에 관심을 지향하고 있다. 군사안보란 대내외적인 군사적 위협으로부터 국가의 구성요소, 즉 영토, 국민, 그리고 주권을 지키고 국익을 향상하는 것이다. 외부적인 위협에 초점을 맞출 경우, 군사안보는 두 가지 수준의 상호작용과 관련된다. 하나는 자국 및 타국의 실질적인 공격 및 방어 능력, 즉 군사력과 관련 된 것이고, 다

1) 이 부분은 Barry Buzan, Ole Wæver and Jaap de Wilde, *Security: A New Framework for Analysis*(London: Lynne Rienner Publishers, Inc., 1998); 국방대학교 안보문제연구소 역, 『안전보장』(서울: 국방대학교 안보문제연구소, 1998)의 제3-7장과 김태현 역, 『세계화 시대의 국가안보』, 제3장 및 제6장을 주로 참고하였다.

른 하나는 타국의 의도와 관련된 것이다. 내부적 위협에 대한 군사안보의 의제는 헌법 질서가 흔들릴 수 있는 LA 폭동과 같은 폭동, 체첸 공화국과 같은 군사적 분리 운동, 합법적 정부에 대한 전복, 그리고 테러 등과 관련된다.

외부적 위협은 주적으로부터의 위협, 잠재적 적국으로부터의 위협, 그리고 초국가적 위협으로 구분될 수 있다. 외부적 위협에 대한 군사안보의 의제는 상대방 국가의 군사력(이 부분은 제6장에서 심도깊게 다룸)이 핵심이다. 상대방 국가가 어떤 군사력을 보유하고 있는지에 따라 위협의 성격과 범위, 그리고 위협의 형태 등이 결정되기 때문이다. 또한 초국가적 위협, 특히 대량살상무기나 테러리즘의 경우에도 상대방의 능력이 군사안보 의제의 핵심이다. 능력에는 무기체계만 포함되는 것이 아니라 전략과 전술, 심지어 리더십 등도 포함된다. 따라서 위협의 주체가 누구이든 그 위협 주체의 능력이 핵심 의제가 된다.

강대국(strong power)의 경우, 외부적 위협에 대한 취약성은 비교적 낮으나 정치사회적 결속 정도에 따라 내부적 위협에 대한 취약성의 강도는 차이가 많다. 또한 강건한 국가(strong state)의 경우, 내부적 위협은 거의 없으나 외부적 위협에 대한 취약성은 국가마다 차이가 많다. 그러나 연약한 국가(weak state)의 경우, 내부적 위협에 대한 군사적 의제는 많고 또 복잡하다. 특히, 연약한 국가의 지도자는 국가안보를 명분으로 오히려 국민을 탄압하는 경우도 많다.

2. 군사안보의 주체

군사안보의 주체란 군사안보를 주장하는 행위자들을 말한다. 중요 행위자와 기능적 행위자로 대별된다. 중요 행위자란 주로 국가를 대표하는 집단 또는 사람들이다. 따라서 정부 수반, 외교부, 국방부, 정당 등이 중요 행위자에 해당한다.

기능적 행위자란 군사안보 정책을 수립하는 데 있어서 기능적으로 영향을 미칠 수 있는 집단 또는 행위자를 말한다. 용병부대로부터 정규군에 이르기까지의 군사 기관(agency of force)이나 군수산업체와 같은 기관들이다. 또한 재향군인회나 군사관련 전문 학술단체, NGO, 그리고 매스컴 등도 기능적 행위자에 해당한다. 특히, 최근에 부상하고 있는 용병집단들은 '전쟁대행주식회사'라는 소리를 들을 정도로 군사안보에 지대한 영향력을 행사하고 있다. 심지어 아프리카 내전에서 활동하고 있는 용병집단은 주어지는 보상에 따라서 정부 편에 서거나 정부를 전복하는 반정부군 편에 서기도 한다. 전쟁대행주식회사 자체가 군사안보의 내외부적 위협이 될 수 있다.[2)]

3. 군사안보의 대상

군사안보의 객체, 즉 보호 대상은 국가이다. 근대국가의 탄생 이후 국가는 군사안보의 유일한 보호 대상으로 인식되었고 또 폭력의 수단을 독점하는 유일한 주체로 인식되었다. 내외부의 군사적 위협으로부터 영토, 국민, 주권을 보호하는 것이 바로 군사안보이다.

민족이 군사안보의 대상이 될 수 있다고 주장할 수 있다. 1민족 1국가인 경우, 민족이 곧 국민이기 때문에 민족은 군사안보의 대상이 될 수 있다. 그러나 대부분의 국가들이 다민족으로 구성되어 있기 때문에

---

2) Peter Warren Singer, *Corporate Warriors: The Rise of the Privatized Military Industry*(Ithaca: Cornell University Press, 2003): 유강은 역, 『전쟁대행주식회사』(서울: 지식의 풍경, 2005); Robert Young Pelton, *Licensed to Kill: Hired Guns in the War on Terror*: 윤길순 역, 『용병』(서울: 교양인, 2009).

민족을 군사안보의 객체로 볼 수 없다. 오히려 다민족 국가인 경우 소수민족은 국가안보의 내부적 위협 요소가 될 수도 있다. 소수민족이 분리 독립을 원하는 과정에서 테러를 일으키거나 인접국의 동일 민족으로부터 조직적인 무력을 지원받을 경우 민족의 문제는 군사안보의 위협요소가 된다. 따라서 민족 문제는 사회안보의 대상이 될 수는 있어도 군사안보의 대상이 될 수는 없다.

종교가 군사안보의 대상이라고 주장할 수도 있다. 헌팅턴은 종교로 대표되는 문명의 차이로 인해 서로 다른 문명 간에 충돌이 일어난다고 하였다.[3] 이질적인 문명이 곧 위협이 된다는 것이다. 그의 주장을 뒷받침할 수 있는 사례는 많다. 아랍국가들과 이스라엘의 중동 전쟁, 9.11 테러, 미국의 아프가니스탄전, 그리고 미국의 이라크전 등도 서로 다른 문명 간의 전쟁이었다. 그렇다고 해서 전쟁에 개입되었던 각 국가들은 종교를 보호하기 위해 전쟁에 개입했다고 볼 수는 없다. 영토, 국민, 주권 등의 침해에 의한 다양한 원인에 의해 전쟁이 일어났기 때문이다.

헌팅턴의 주장에 정반대되는 사례도 많다. 같은 종교를 가진 이란-이라크전, 이라크-쿠웨이트전, 그리고 기독교 문명의 NATO가 이슬람 공화국인 코소보를 보호하기 위해 기독교 계통의 러시아 정교회를 믿고 있는 세르비아를 공격한 것 등이 이런 사례들이다. 종교를 보호하기 위해 전쟁을 한다는 일반론은 아직 설득력이 떨어진다. 그러나 종교가 국가의 정체성을 결정짓는 신정(神政)국가가 전쟁을 성전(聖戰)의 차원에서 접근할 경우, 종교가 그 국가의 군사안보의 대상이 될 수도 있다.

내부적 위협에 해당되는 분리주의 운동, 통합주의 운동, 혁명, 테러리즘 등도 군사안보의 대상이 될 수 없다. 이들은 오히려 국가안보를 위

---

3) Samuel P. Huntington, *The Clash of Civilizations and the Remaking of World Order*(New York: Tochstone, 1997); 이희재 역, 『문명의 충돌』(서울: 김영사, 2000).

협하는 존재이기 때문에 군사적 행동의 대상이 될 수 있다. 이들의 행위가 내전을 불러올 수도 있기 때문이다.

4. 위협과 취약성

일단 군사적 위협이 시작되면 정상적인 정치관계는 단절되거나 포기되며, 정치, 경제, 그리고 사회적 쟁점들을 강압적인 힘에 의해 결정하겠다는 의지가 표출되었다고 봐야 한다. 따라서 위협을 당한 국가는 다양한 수단을 동원하여 이에 대응해야 한다. 모든 수단이 소진될 경우에는 위협에 굴복하거나 전쟁에 의존할 수밖에 없다.

군사 부문에서 위협과 취약성의 논리는 양 국가 간의 상대적인 군사능력의 상호작용 기능임과 동시에 양 국가 간의 우호 및 적대적인 상호작용 기능이라고 할 수 있다. 우선 군사적 능력과 관련된 위협부터 살펴보자. 군사적 능력은 2가지를 고려해야 하는데 하나는 적대국의 절대적인 능력이고, 다른 하나는 자국과의 능력을 비교한 상대적 능력이다. 상대적 능력이 바로 취약성이다.

상대방 국가의 절대적인 능력은 위협의 성격, 범위, 그리고 시기 등에 영향을 미친다. 핵무기와 이를 운반할 수 있는 능력을 가진 국가는 그렇지 못한 국가에 대해 상대방 국가가 수용할 수 없을 정도의 영토 및 인구, 그리고 주권 말살이라는 급진적인 위협을 단기간 내에 가할 수 있다. 또한 전략적 수송 능력을 가진 국가는 단기간 내에 현장에 군사력을 투사함으로써 상대방 국가를 위협할 수 있다.

군사적 능력은 또한 상대방 국가에 대한 위협의 형태를 결정한다. 냉전기간 중 NATO와 WTO(Warsaw Treaty Organization)가 배비한 중무장한 대규모 기동군은 기동능력과 소규모로 배비된 군사력보다는 훨씬 침략의 위협을 높여 왔다. 또한 하이테크로 무장한 대규모 군사력을 지닌 국가가 예방 공격을 교리로 채택하고 있다면 방어적 교리를 채택하고 있는 국가에 비해 다른 국가를 먼저 침략할 가능성이 높다. 이스라엘이 주변 아랍국가에 대해 예방 공격을 한 사례나 미국이 이라크를 공격한 사례는 예방 공격(예방공격과 선제공격의 차이는 제6장에서 구체적으로 다룸)의 교리와 무관하지 않다.

무기체계의 질적 수준은 상대방 국가의 전쟁 의지를 빼앗을 수도 있다. 대량살상무기를 동원하지 않더라도 가능하다. 군사 첩보 위성과 초정밀 하이테크 무기체계는 상대방 국가의 전쟁 지도 지휘통제 체계를 단기간에 무력화시킬 수 있어 상대방 국가로 하여금 전쟁을 포기하게 할 수 있다. 걸프전, 이라크전, 그리고 코소보전에서 이미 이런 현상을 경험했다. 특히, 코소보전의 경우 NATO군은 지상군의 투입 없이도 전쟁을 승리로 종결했다.

전쟁에 동원되는 무장세력들의 심리적 요소도 무시하지 못한다. 군사력은 보잘것없으나 정치·사회적으로 단결된 강건한 국가의 경우에는 상대방 국가의 위협이나 직접 침략도 두려워하지 않는다. 이를 극복할 수 있다는 심리적 요소가 강하게 작동하기 때문이다. 미군에 맞선 월맹군과 베트콩, 구 소련에 맞선 아프가니스탄 전사들이 여기에 속한다.

상대적으로 국력이나 군사력이 약한 국가나 집단이 상대방 국가를 위협할 수도 있다. 테러리즘이 그 대표적이다. 조직원들의 국적이 다양한 알 카에다는 9.11을 통해 미국을 위협했으며, 많은 이슬람 극단주의 테러 단체들도 서방 세계의 안보를 위협하고 있다.

이 외에도 군사적 차원에서 위협과 취약성에 영향을 미치는 요소는 많다. 주로 영토 및 주권에 속하는 부분이 여기에 해당한다. 영토에 속하는 지리적 요소(거리, 지형, 기후, 자원), 주권을 침해당했던 역사적 경험 여부, 그리고 주권의 인정 여부 등이 여기에 해당한다. 지리적 요소와 역사적 경험 여부는 이미 제1장과 제4장에서 언급했기 때문에 여기서는 생략한다.

또한 군사력의 역할은 제6장에서 상세하게 다룰 것이다. 여기서는 주권의 인정 여부만을 살펴보자. 국가간 주권의 인정 여부는 사실상 정치안보와도 연관이 있다. 그러나 서로를 국가로 인정하지 않는 국가들은 서로를 적대적으로 보는 군사적 위협이 발생하기 때문에 군사안보의 영역이기도 하다. 대사급 외교 관계를 유지하고 있는 국가들도 서로에 대해 위협을 가하는 경우가 없는 것은 아니다. 그러나 외교 관계가 없을 경우에는 그 위협의 일상성이나 강도는 더 크다고 봐야 할 것이다. 미국과 북한, 일본과 북한, 남북한, 조지아(러시아식 표기로는 그루지야)와 러시아, 조지아와 압하지아, 그리고 조지아와 남오세아티아 등이 이런 사례에 속한다.

주권의 인정 여부를 넘어 국가 간의 우호 및 적대적인 관계를 따져볼 필요가 있다. 이것이 위협의 실체를 구성하기 때문이다. 구성주의자들이 주장하듯이 국가 간의 관계가 우호적이라면 그 국가로부터의 위협은 없을 수도 있다. 한국은 미국이 가지고 있는 핵무기에 대해서는 이를 위협이라고 인식하지 않으나 북한이 가지고 있는 핵무기, 그리고 중국이 가지고 있는 핵무기에 대해서는 이를 직접 위협 또는 잠재적 위협으로 인식하고 있는 것도 이런 논리의 연장선에 있다.

군사력에 대한 위협을 평가할 때는 군사력의 구성 요소를 하나하나씩 비교하여야 한다. 이런 평가 과정을 거쳐야 위협에 대한 취약성을 도출해 낼 수 있고 이를 기초로 군사력을 증강할 수 있기 때문이다.

5. 군사안보 정책

군사안보의 실패는 곧 국가의 소멸을 초래할 수 있다. 따라서 국가는 외부의 위협에 대한 내부의 취약성을 감소시키기 위해, 외부의 위협 자체를 감소시키기 위해, 그리고 위협과 취약성을 동시에 어느 정도 감소시키기 위해 다양한 정책을 추진하게 된다. 외부의 군사적 위협에 대응하기 위해서는 자국의 취약성을 줄여야 하는데, 이를 위해서는 자주국방, 동맹, 세력균형 등의 정책이 필요하다. 보다 근본적으로는 위협 자체를 감소시켜야 하는데, 이를 위해서는 집단안보, 군비통제, 통합 등의 정책이 필요하다. 위협과 취약성을 동시에 줄이기 위해서는 협력안보, 공동안보 등의 다자안보정책이 필요할 것이다. 제6장~제13장까지의 내용이 이들 주제와 연관이 있다. 제6장~제10장까지의 내용은 주로 군사안보 정책과 관련된 것이고, 제11장은 정치·사회·경제 안보와 관련된 것이며, 제12~제13장은 정치·군사안보 정책과 관련된 것이다.

제2절 사회안보

1. 사회안보의 의제

국가안보의 초점은 주로 정치 및 군사에 집중되었고 조금 더 범위를 넓히면 경제 부문이었다. 사회안보는 탈냉전이 되어서야 관심의 대상이 되기 시작했다. 사회안보란 진화에 따른 자연적인 변화의 범위 안에서 민족, 종교, 언어, 관습 등 집단의 정체성을 보호하고 향상하는 것이다.

따라서 사회안보의 주도적 개념은 정체성이다. 특정 상황 전개나 잠재세력이 공동체의 생존을 위협하게 되면 사회 구성원들이 불안감을 느낀다. 따라서 사회안보를 정체성 안보라고도 한다. 사회안보(societal security)는 사회보장(social security)과 다르다. 사회보장은 개인 및 경제적인 문제와 관련된 것으로써 보건, 복지, 보험 등과 관련된다.[4] 이에 반해 사회안보는 특정 집단과 그들의 정체성 보호에 관한 것이다.

사회안보는 국가적 차원에서 접근할 수도 있고 집단의 차원에서 접근할 수도 있다. 사회안보에 위협으로 간주되는 의제들은 이주(移住), 수평적 경쟁 그리고 수직적 경쟁 등이 있다. 이주는 국내외적으로 발생할 수 있다. 이민은 다른 국가의 국민 또는 민족의 정체성에 위협을 가할 수 있고, 국가 내의 이주는 해당 지역의 주민 구성이 변함으로써 그곳 주민의 정체성을 위협할 수 있다. 전자는 국가적 차원의 사회안보 문제로, 후자는 사회 내의 집단 차원의 안보 문제로 접근할 수 있다.

세계화의 영향으로 발생하는 국가 간의 경쟁은 사회안보 분야에서도 나타난다. 흔히 말하는 수평적 경쟁이다. 세계화의 영향으로 이웃 국가 또는 문화적 강국으로부터, 또는 한 지역으로부터 다른 지역으로 넘어오는 문화적, 언어적, 종교적 영향으로 삶의 방식이 바뀌게 된다. 문화적 강국이 의도한 것이 아니라고 하더라도 그 결과는 다른 나라의 정체성에 영향을 미치게 된다. 따라서 국가적 차원의 사회안보 문제가 발생할 수 있다.

수직적 경쟁은 정부와 국가 내의 특정 집단간에 발생하는 경쟁이다. 수직적 경쟁은 두 차원에서 발생한다. 국가에 의해 국민으로서의 정체

---

4) 사회보장(social security)은 사회안전(social safety)과도 다르다. 사회안전은 사회보장의 한 부분이 될 수 있다. IMF체제 이후 한국에서 등장한 사회안전망(social safety network) 개념은 경제구조조정으로 불가피하게 발생한 실업자들에게 공공사업을 통해 일자리를 제공하거나 생계비를 보조해 주는 것을 말한다.

성을 강요하는 통합계획에 의해 발생하거나 집단에 의해 국가의 정체성보다는 집단의 정체성을 강요하는 분열주의적 행동에 의해 발생한다. 전자에 의해 발생하는 위협을 Top-Down 위협이라고 하고, 후자에 의해 발생되는 위협을 Bottom-Up 위협이라고 한다. 국가에 의한 정체성 강요가 사회 내 집단의 생명, 출산, 언어, 문화, 종교 등을 말살하는 행태로 나타난다면 이는 심각한 사회안보 문제가 된다. 역으로 집단 지도자에 의한 집단의 정체성 강요는 집단과 국가를 분열시키게 되고 집단을 국가의 대척점에 서게 하기도 한다. 특정 정체성을 지닌 집단이 자치를 넘어 분리 독립을 위해 무력 투쟁을 하게 되면 이는 사회안보를 넘어 정치 및 군사안보의 문제가 되기도 한다. 특정 집단의 입장에서는 사회안보가 중요하나 국가의 입장에서는 집단의 사회안보보다 국가의 정치 및 군사안보가 더 중요하다.

2. 사회안보의 주체

사회안보의 주체는 국가일 수도 있고 집단의 정체성을 책임지는 지도자일 수도 있다. 국가가 주체가 될 경우 중요 행위자는 정치지도자, 정부 등이 될 것이다. 기능적 행위자는 집단의 지도자(종교 지도자, 소수민족의 지도자 등), NGO, 매스컴 등이 될 것이다. 반대로 집단이 주체가 될 경우 중요 행위자는 집단의 지도자가 될 것이고 기능적 행위자는 정부, 정치지도자, 매스컴 등이 될 것이다. 특히 상황을 단순화하여 전달해야 하는 매스컴은 '우리(we-ness)'와 '그들'을 정체성 차원에서 쉽게 구분하여 이를 대중들에게 전달할 수 있다.

정체성의 핵심은 민족, 종교, 언어, 문화 등이다. 따라서 국가적 차원에서는 이민을 통제하거나 수평적 경쟁, 그리고 수직적 경쟁에서 이기려고 노력하게 될 것이다. 국가 내 집단의 차원에서 보면 타 지방으로부터 자신의 지방으로 이주하는 것을 통제하거나 또는 수직적 경쟁에서 이기려고 노력하게 될 것이다. 따라서 국가적 차원이든 집단의 차원이든 중요 행위자는 국가나 집단의 정체성을 주장하는 지도자가 될 것이다.

3. 사회안보의 대상

역사적으로 사회안보의 보호 대상은 씨족이나 부족, 그리고 이를 기반으로 한 민족이었다. 고대 국가들은 대부분 민족을 바탕으로 형성되었으나 현재 한 민족으로 구성된 국가는 드물다. 유대인들의 디아스포라(diaspora) 역사는 고대 이스라엘 왕국의 멸망과 때를 같이한다. 유럽인들은 미국, 캐나다, 호주, 남아프리카공화국으로 이주하여 자신들의 나라를 건국하였다. 중국인과 인도인들은 전 세계 모든 국가로 이주하여 살고 있고 러시아인들은 구 소련 제국 내의 거의 모든 공화국에서 살고 있다. 한민족도 자의적이든 타의적이든 일본 및 중국의 동북 3성, 그리고 북미 등 전 세계로 이주하여 살고 있다.

사회안보의 핵심은 정체성이다. 따라서 민족, 언어, 종교, 문화 등이 보호의 대상이 될 것이다. 하나의 민족은 통상 하나의 언어와 하나의 종교 및 문화를 가지고 있다. 따라서 민족국가의 경우에는 민족의 정체성과 국가의 정체성이 크게 다르지 않기 때문에 사회안보 문제가 거의 발생하지 않는다. 그러나 다민족 국가의 경우 민족의 정체성은 국가의 정체성과 다를 수 있다. 따라서 소수민족의 경우, 사회안보의 보호 대상은 민족이 될 수 있다. 만일 국가가 소수민족을 차별할 경우, 민족의 정체성과 국가의 정체성은 갈등을 빚을 수 있다. 구 유고슬라비아가 민족의 정체성이라는 경계선을 따라 7개 국가로 분할된 것이 대표적인 사례이다. 이것은 유고 정부와 민족 단위의 공화국 간의 수직적 경쟁에서 민족 단위가 승리했음을 의미한다. 반대로 중국에서 티베트 및 위구르 독립이 결실을 맺고 있지 못하는 것은 수직적 경쟁에서 중국 정부가 승리하고 있음을 의미한다.

종교가 민족이나 국민을 아우르는 정체성의 핵심을 이룰 수도 있다. 이란은 1979년 팔레비 왕조를 무너뜨리고 호메이니(Ayatollah Ruhollah Khomeini)의 지도하에 이슬람 신정체제(theocratic republic)를 수립하였다. 이 시기의 이란은 최고 성직자가 곧 최고 지도자였다. 따라서 이란에서 사회안보의 대상은 이슬람이었다. 호메니이가 취했던 사회안보 정책은 미국 문화의 수평적 경쟁을 차단하면서 이슬람을 보호하겠다는 것이었다. 2004년, 2008년, 그리고 2010년에 발생한 나이지리아에서의 기독교 주민과 이슬람 주민과의 유혈 충돌이나, 수단에서의 주민간 유혈 충돌은 종교가 그 중심에 있다. 이들 집단의 사회안보의 보호 대상은 종교였다.

수평적 경쟁은 언어나 문화의 정체성 면에서 두드러지게 나타나기도 한다. 프랑스의 경우, 영어, 미국의 패스트 푸드 및 음악, 그리고 영화에 대해 일정 정도 통제를 하고 있다. 프랑스조차도 프랑스 국민의 정체성이 미국의 문화에 동화될 것을 우려하고 있는 것이다. 한국 정부도 미국이나 일본 문화와의 수평적 경쟁에서 지지 않기 위해 노력하고 있다. 전 세계로 확산하고 있는 영화, 드라마, K－팝 등의 한류 열풍은 오히려 한국의 수평적 경쟁력을 보여주고 있다. 그러나 이것이 그 나라의 입장에서 보면 자국의 사회안보를 위협하는 것으로 인식될 수도 있다.

4. 위협과 취약성

사회안보에 위협이 될 수 있는 이주, 수직적 경쟁, 그리고 수평적 경쟁에 대해 차례대로 살펴보자. 먼저 이주는 국가간의 이민과 국가 내의 이주로 분류할 수 있다. 국가간의 이민은 국가 내의 주민의 정체성을 위협할 수 있다. 대표적인 국가가 미국이다. 유럽인을 국민의 기반으로 건설된 미국은 멕시코 등 히스패닉의 불법 이민으로 정체성에 위협을 느끼고 있다. 미국 인구통계국(U.S. Census Bureau) 자료에 따르면, 2020년 미국 내 히스패닉 인구는 6,210만 명으로 10년 전보다 무려 23% 증가하였다. 캘리포니아의 경우 히스패닉 비율(39.4%)이 백인 비율(34.7%)보다 높았다. 2045년이 되면 미국의 백인 비율은 50% 이하로 떨어질 것으로 예상하고 있다. 이런 현상에 대해 미국이 느끼는 위협은 인종 비율의 변화와 언어 정체성에 대한 변화의 문제이다.

미국은 지상 및 해상으로부터의 불법 이민 차단의 한계, 영어 사용 강요 불가, 출산율 통제 불가, 정치 · 사회적 차원에서 이민법 강화 한계 등으로 주류 사회가 미국인이라는 정체성에 대한 위협을 인식하고 있음에도 불구하고 이에 적절히 대응할 수 없다는 취약성이 존재한다. 히스패닉은 영어보다는 스페인어를 더 많이 사용하고 있으며 수많은 스페인어 방송국과 신문사 등이 운영되고 있다. 주와 시에 따라 다소 다르긴 하지만 각종 공문서가 영어와 스페인어로 발행되기도 한다. 히스패닉이라는 정체성은 위협받지 않으나 미국인이라는 정체성은 위협받고 있는 셈이다. 히스패닉은 정체성을 위협받을 일이 별로 없으나 미국이라는 국가의 정체성은 계속 흔들릴 수 있다. 미국이 스페인과 멕시코와의 전쟁을 통해 획득한 땅에 히스패닉은 이민을 통해 그들의 영토를 되찾아가고 있는 형국이다. 급기야 연방이민국의 '새미국인 전담반'(The Task

Force on New Americans)은 '이민자 동화정책'(Americanization Movement)을 발표하여 연방차원에서 이민자들의 미국화에 대한 지도적 역할, 주 및 지방 정부, 그리고 비영리단체와 사적영역에서도 이민자 동화를 위한 역할 증대를 촉구하기에 이르렀다.

이민이 합법적으로 이루어지고 또 이민자들이 급속히 미국의 정체성에 동화될 경우 사회안보 문제는 발생하지 않는다. 문제는 불법 이민이 많다는 점과 또 이민자들이 쉽게 미국의 정체성에 잘 동화되지 않는다는 점이다. 따라서 많은 국가들은 사회안보를 위해 이민에 대해 엄격한 조건을 요구함으로써 이민을 간접적으로 통제하고 있고 불법이민을 엄격하게 단속하고 있다. 사회안보 차원에서 본다면 미국의 트럼프 대통령이 멕시코와의 국경에 장벽을 설치하고자 했던 것을 이해하지 못할 것도 아니다.

국가 내의 이민은 그 지역에 살고 있는 주민의 정체성을 위협할 수 있다. 구 소련 시절 각 공화국으로 이주한 러시아인들은 민족을 정체성으로 그 지역에 살고 있는 주민들에게는 위협적이다. 티베트나 위구르 신장성으로 이주하는 한족(漢族)의 중국인들 또한 티베트인이나 신장성 위구르족의 정체성을 위협하고 있다. 주거 이전의 자유가 있는 국가 내의 이주는 국가적 차원에서는 오히려 국가의 정체성을 향상한다는 차원에서 이를 방조하는 측면도 있을 수 있다. 그러나 그 지역에 거주하는 민족의 입장에서 보면 심각한 위협이 아닐 수 없다. 미국은 인디언 보호구역을 설정하여 인디언들에게 일정 정도의 배타적 권리를 법으로 인정해 주고 있다. 그러나 대부분의 국가는 그렇지 못한 것이 현실이다. 따라서 이주로 인해 특정 집단의 정체성이 위협받을 정도로 사회안보가 불안해도 이를 제지할 수 있는 수단이 별로 없다. 국가의 입장에서 보면 국가 내의 이주는 국가의 정체성을 높일 수 있으나 특정 집단의 입장에서 보면 자신들의 정체성이 손상되기 때문에 이를 심각한 사회안보의 위협으로 보게 된다.

수평적 경쟁은 한 국가나 민족의 정체성이 그 경계를 넘어 다른 국가나 지역으로 전파될 경우, 전파를 받는 국가나 지역의 정체성이 위협을 받는 경우이다. 주로 언어, 문화, 종교 등의 정체성이 문제가 될 수 있다. 앞에서 서술한 바와 같이 프랑스가 영어와 미국 문화의 전파를 우려하고 있다. 또한 이슬람 국가들은 미국의 세속적 문화가 전파되는 것을 위협으로 생각하고 있다. 프랑스어를 사용하는 캐나다의 퀘벡(Quebec)주 주민들은 영어의 침투를 불안하게 생각한다.

사회안보에서 가장 문제가 되는 상황은 수직적 경쟁으로부터 나온다. 국가가 국민을 강제로 통합하려 하거나 집단이 분리주의적 행동을 취할 경우 심각한 안보 문제가 발생한다. 국가가 국가 내의 특정 집단을 대상으로 인종청소를 하거나, 특정 지역에만 모여 살도록 강요하거나, 산아제한을 실시하거나, 개종을 강요하거나, 언어를 말살하는 등의 행동은 그 집단의 입장에서 보면 심각한 사회안보의 위협이 된다. 독일의 유대인은 대량학살을 당하기 전에 이미 유대인 표시를 하고 다녀야 했고, 특정한 지역(Ghetto)에 모여 살아야만 했다. 유대인의 입장에서 보면 심각한 사회안보의 위협이었다. 구 유고슬라비아의 대통령이었던 밀로셰비치(Slobodan Milosevic) 대통령과 군 사령관이었던 카라지치(Radovan Karadžić)는 보스니아-헤르체코비나 전쟁에서 무슬림을 대량학살하도록 방조하거나 또는 직접 지시했다는 혐의를 받음으로써 **구유고국제형사재판소**(ICTY: International Criminal Tribunal for the Former Yugoslavia)에서 재판을 받기도 했다. 국가와 집단 사이에서 발생하는 수직적 경쟁은 정체성의 갈등을 넘어 무력투쟁으로 인도되는 경우가 많다.

탈냉전 후에 발생했거나 발생하고 있는 대부분의 내전은 국가에 의한 집단의 정체성 말살이나 집단의 정체성을 근거로 국가에 대항한 것이었다. 이것은 국가에 의해 먼저 발생하기도 했고 집단에 의해 먼저 발생하기도 했다. 중국의 위구르족, 필리핀의 모로족 등도 분리 독립의 문제로 분쟁이 끊이질 않는데 이것을 사회안보로 다뤄야 할지 또는 군사안보로 다뤄야 할지 그 경계선이 명확하지 않다.

구유고국제형사재판소(ICTY)

1991년 1월 1일 이후 구 유고슬라비아 영토 내에서 발생한 중대한 국제인도범죄에 책임이 있는 개인을 형사소추하기 위하여 설립된 국제재판소로써 유엔 안보리 결의에 의거하여 1993년 네덜란드 헤이그에 설립되었다. 재판관할권을 행사할 수 있는 범죄는 제네바 협약 위반, 전쟁범죄, 집단학살, 반인륜적 범죄 등이다. 재판관은 총 16명으로 구성되어 있다. ICTY는 1998년 11월 보스니아 내전 중에 각종 잔학행위 혐의로 기소된 전범 3명에게 처음으로 유죄판결을 내렸다. 1999년에는 '발칸의 도살자'로 불리는 밀로세비치 전 유고 대통령을 전쟁범죄와 학살죄, 그리고 반인도적 범죄 혐의로 기소하였다. 2001년 체포된 밀로셰비치 전 유고대통령은 전범으로 재판을 받던 중 2006년 3월 감옥에서 사망하였다. 카라치지 전 군 사령관도 이곳에서 재판을 받았다.

비록 승자의 재판으로 비판받고 있긴 하지만 뉘렌베르그(Nurnberg) 및 동경 국제군사재판소의 뒤를 이어 '인간성에 반하는 범죄'(crime against humanity)를 단죄하기 위해 ICTY가 창설된 것은 국제법의 큰 진전으로 받아들여지고 있다. 이에 고무된 국제사회는 2002년 국제범죄를 범한 개인을 심리 · 처벌하는 국제재판소, 즉 국제형사재판소(ICC: International Criminal Court)를 설립하였다. ICC는 수단 대통령을 기소한 바 있으며 김정은의 기소 여부도 관심의 대상이다. 특히, ICC는 2023년 3월, 러시아의 푸틴 대통령을 전쟁범죄 피의자로 특정하여 체포 영장을 발부한 바 있다.

5. 사회안보 정책

한 국가 내에서 사회안보 문제로 발생하지 않으려면 여러 민족이 어울려 살아갈 수밖에 없다. 강건한 국가에서는 사회안보 문제가 발생하지 않으나 연약한 국가에서는 사회안보 문제가 일상화되어 있다. 강건한 국가에서는 국가가 사회집단에 대해, 그리고 사회집단이 국가에 대해 서로의 안보를 해치지 않는다. 또한 강건한 국가는 국가 내의 사회집단에 대해 차별(discrimination)을 하지 않는다. 오히려 그 차이(difference)를 인정하고 차이의 조화를 국가 발전의 원동력으로 삼기 때문이다. 그러나 연약한 국가는 그 반대이다. 집권 정부는 집단 간의 차이를 인정하는 대신 오히려 특정한 사회 집단을 차별한다. 여기서 사회안보 문제가 등장하게 되고, 정부의 입장에서는 정치 및 군사안보 문제가 등장하게 된다.

합법적인 이민과 불법적인 이민은 구별되어야 하며 불법적인 이민에 대해서는 엄격한 통제가 있어야 한다. 세계화 시대에 있어서 수평적 경쟁은 어쩔 수 없다. 경제적 경쟁을 받아들이듯이 문화적 경쟁도 받아들여야 한다. 경쟁력을 높이는 것이 사회안보를 위해 필요하다. 수직적 경쟁은 가능한 한 일어나지 않는 것이 바람직하다. 사회안보를 위해 국가는 집단의 정체성을 인정해야 한다. 국가 내의 집단도 집단에 충성함과 동시에 국가에도 충성할 수 있는 방법을 찾아야 한다. 집단에 대한 국가의 차별은 오히려 집단의 정체성만 더 공고히 할 수 있어 불안의 악순환만 계속될 수 있기 때문이다.

군사안보를 강조하다보면 안보딜레마가 발생하듯이 사회안보도 '안보의 딜레마'(dilemma of security) 현상이 발생할 수 있다. 사회안보 딜레마는 국가 간에, 국가와 집단 간에, 그리고 집단과 집단 간에 발생할 수 있다. 사회안보 정책은 이런 딜레마를 극복하는데 초점을 맞추어야 한다.

제3절 경제안보

1. 경제안보의 의제

시장이란 근본적으로 경쟁적 체제이다. 이 체제는 항상 이윤이라는 당근과 함께 파산이라는 채찍이 동시에 작동한다. 따라서 효율성이 떨어지는 개인이나 기업은 언제든지 시장에서 패배자가 될 위험을 내포하고 있다. 이처럼 시장의 허용은 '시장의 실패'와 '시장에서의 실패'[5]를 전제하고 있는 것이다.

사회주의는 생산수단을 국유화하고 계획 경제를 실시함으로써 '시장의 실패'와 '시장에서의 실패'를 극복하려 하였다. 추정된 소비량을 근거로 생산량을 조정함으로써 '시장의 실패'를 극복하고 기업은 기업별로 국가에 의해 계획된 생산량만을 생산함으로써 '시장에서의 실패'를 극복하려 하였다. 완전 고용과 가동률 조정을 통해 개인과 기업의 실패를 차단하려 했던 사회주의 국가들은 이런 비경쟁이 개인 복지와 사회보장은 물론 정치 및 사회 분야에서 정의와 평등을 가져오리라 생각했다. '실업'(失業)할 기회가 없는 개인, 파산할 위험이 없는 기업은 확실

5) '시장에서의 실패'(failure in the market)란 경제 주체가 시장의 경쟁과정에서 패배하는 것을 의미하며, '시장의 실패'(market failure)란 시장이 자원의 최적분배(最適分配)라는 과제를 해결해주지 못함으로써 발생하는 시장 자체의 결함을 의미한다. 전자의 사례 중의 하나는 개인이나 기업이 시장에서 퇴출되는 것을 말하고, 후자의 사례 중의 하나는 한 종류의 품목이 너무 많이 생산되어 가격이 폭락하는 것을 말한다.

히 안전한 것처럼 보인다. 그러나 경쟁의 배제로 효율성이 떨어진 사회주의 체제는 결국 몰락하고 말았다.

고도로 불안전하고 불완전하지만 그래도 생산, 분배, 기술혁신, 그리고 경제 성장을 위한 가장 효율적인 방식은 시장이다. 시장이 제대로 기능할 경우, 시장경제 내의 모든 행위자들은 불안할 수밖에 없다. 그렇다면 행위자들의 불안을 당연하게 여기는 시장경제에서 '경제안보'란 도대체 무엇인가? 경제적 위협이라고 부를 수 있는 많은 것들이 결국은 시장의 정상적인 게임의 규칙에 지나지 않는다면 이를 국가안보의 문제로 분류할 수 없는 것이다. 따라서 어느 정도의 경제적 위협이 국가안보 문제가 되는가는 극히 어렵고 고도로 정치적인 문제이다.

경제분야에서의 위협은 대개 통상적인 활동의 범주에 속하기 때문에 경제적 위협과 국가안보 논리의 연관성을 쉽게 설정하기 어렵다. 그러나 경제적 위협의 결과가 단순히 경제분야에만 국한되는 것이 아니라 정치적·군사적 분야로 확대될 때 보다 분명한 국가안보 문제가 발생한다. 경제적 능력과 군사력, 국가의 일반적인 힘, 그리고 사회·정치적 안정성과의 연계가 그것이다. 따라서 경제안보란 국민의 복지와 안정, 그리고 국력의 수준을 유지하고 향상시키는 것이라고 할 수 있다.

군사력은 경제적 능력으로부터 직접 영향을 받는다. 초정밀 무기체계를 생산할 수 있는 산업의 유무, 전략물자의 생산 정도와 해외 의존도, 안정된 전략 물자 공급선 확보 여부 등은 국가안보에 직접적인 영향을 미친다. 과거에는 군사 기술이 민간으로 파급(spin-off)되었지만 기술의 비약적 발전으로 인해 이제는 민간 기술이 군사 기술로 파급(spin-on)되고 있다. 따라서 산업 전체의 경쟁력이 군사 안보 측면에서도 중요하게 되었다. 무기 생산 및 전쟁 수행에 필요한 천연자원의 확보와 이들의 공급선에 대한 외부의 위협도 경제분야에서 중요한 국가안보 문제가 된다.

둘째, 경제력과 국가의 일반적인 힘과의 관계이다. 경제력은 국제체제 속에서 국가의 위상을 결정한다. 따라서 경쟁국의 상대적 경제성장은 국가안보에 대한 위협으로 간주될 수 있다. 영국과 프랑스는 뒤늦게 산업화에 뛰어 든 독일의 경제 성장을 두려워하였고, 1970년대 후반 미국은 일본의 경제성장을 두려워하였다. 또한 현재의 미국은 중국의 경제성장을 두려워하고 있다. 국력의 결정적인 요소가 첨단 제품 생산 능력과 기술력 등으로 옮겨지고 있다. 기술력은 그 자체가 첨단 제품 생산이나 지적 재산권 행사로 이어진다. 강대국의 흥망사가 보여주듯이 경제력이 강해야 국가의 위상이 높아진다.

셋째, 사회·정치적 안정에 대한 경제적 위협이다. 경제적 상호의존의 범위가 넓고 깊은 국가일수록 무역과 금융의 흐름에 취약하다. 특히, 상호의존의 정도가 비대칭적이면 그 취약성은 더 커진다. 선진국조차도 경제적 혼란이 국내 정치적 안정을 해칠까 두려워한다. 금융과 자본의 자유로운 국경 출입은 서로에게 이익을 주기도 하지만 경제적 혼란을 초래하기도 한다. 2008년 발생한 미국의 금융위기는 미국뿐만 아니라 전 세계를 혼란으로 몰아넣었고 2010~2011년에 발생한 유럽의 금융위기와 그리스 사태는 전 세계를 혼란에 빠뜨렸다.

비록 경제적 위협이 몇 가지 측면에서 국가안보의 문제가 될 수 있다고 하더라도 상당히 신중한 고려가 필요하다. 시장경제에서 손실의 위험은 이득의 기회를 누리기 위한 비용의 일부라는 점을 고려하면 더욱 그렇다. 특히 경제적 위협이 다른 국가, 또는 체제 전체로부터 나온 것인지 또는 국가 자체의 내부적 요소에 기인한 것인지를 구별해야 한다. 사회주의 체제의 몰락은 조직이념 자체의 문제로부터 기인한 것이며, IMF로부터 받는 구제 금융은 조직 이념 적용상의 문제라고 볼 수 있기 때문이다. 전자는 체제로부터 기인된 것이며, 후자는 국가 자체의 무능력에 의해 기인된 것이라고 볼 수 있다.

2. 경제안보의 대상과 주체

자본주의란 본질적으로 경쟁적 체제이며 그 전체 동학은 시장 내의 위협과 취약성, 그리고 기회간의 상호관계에 달려 있다. 패배자의 위험이 항상 내포되어 있는 시장경제에서 어떤 단위도 안전하다고 말할 수 없다. 여기서는 이윤이란 당근 못지않게 파산이란 채찍이 효율성을 제고하는 동기가 된다. 경제영역에서 안보를 증대하기 위한 최선의 방책은 취약성의 원인이 되는 상호의존을 줄이는 것이다. 그러나 '자급자족'은 효율적 생산을 가능하게 하는 분업과 규모의 경제를 위협한다. 구소련이 이를 잘 보여주었다.

경제안보의 대상은 개인, 기업, 국가 등이 될 수 있다. 개인 차원에서 경제안보란 바로 의식주라는 생활의 수단을 확보하는 것을 말한다. 만일 고용의 권리와 최저 임금의 권리 같은 것이 개인의 경제안보의 최소 조건이라면, 이는 시장의 작동에 중요한 잠식 요인이 된다. 과거 공산권 국가에서 그랬다. 생존을 위한 기본 조건 정도로 한정된다면 이는 사회보장의 차원에서 접근할 수 있다. 개인의 경제적 생존이 위험한 처지에 놓인다고 해서 이것이 안보문제가 될 수 없다는 뜻이다. 그러나 개인이 경제적 착취를 당한다면 이는 안보문제가 될 수도 있다. 이 경우 안보 대상은 개인이고, 주요 행위자 역시 개인이다. 기업, 정부, 노동단체, 인권위원회 등은 기능적 행위자가 될 수 있다.

기업은 어떤 단위보다도 경제 안보의 근본적 모순을 탈피할 수 없다. 기업이 안보를 유지하는 방법은 적응력과 혁신력으로 시장의 정상에

서든지, 독과점이나 정치적으로 시장지분을 확보하는 방법이다. 시장의 정상에 서는 과정에서 합병과 파산 등이 일어날 수 있다. PANAM, US Steel, Merilynch, Lehman Brothers 등 세계적으로 유명한 미국의 기업들도 파산했거나 합병당했다. 한국도 IMF 체제하에 있을 때 30개 대기업 중에서 16개가 해체되었다. 이런 현상은 시장 경제에서 일상적이나 만일 파산으로 인해 그 파장이 매우 클 경우, AIG처럼 국가로부터 구제 금융을 받을 수 있다. 그러나 기업이 독과점이나 정치적 보호를 통해 안보를 추구할 때, 기업과 소비자 간에 갈등이 일어난다. 독과점은 소비자 가격을 높이게 되고 보호는 국민의 세금이 투입되기 때문이다. 이들 기업들은 자신의 생존이 국가안보에 필요한 것이라고 주장하기도 한다. 기업 차원에서 보호 대상과 행위자는 각각 기업이다. 기능적 행위자는 정부와 소비자가 될 것이다.

국가가 경제안보의 주체가 되면 경제안보는 곧 국가안보의 일부가 된다. 국가가 생존하기 위해서는 식량의 확보와 전 산업에 공급할 수 있는 자원의 확보가 중요하다. 자체적으로 자원을 확보하지 못하면 무역을 통해 자원을 확보해야 한다. 만일, 공급체계에 교란이 생긴다면 경제 문제를 벗어나 복지와 정치적 안정까지도 위험해진다. 코로나 19 때 발생한 공급망 교란으로 인해 경제안보의 중요성이 급부상했다. 국가들은 세계적 차원에서의 안정적인 시장질서의 확립과 필수 재화의 비축을 통해 취약성을 감소시키고자 한다.

그러나 국가가 경제안보를 추구하기 위해 채택해야 할 전략의 문제에 이르면 뿌리 깊은 모순이 대두된다. 자유주의와 중상주의간의 오랜 논쟁과도 관련이 있기 때문이다. 자유주의자들은 경제체제를 소비자의 눈으로 보는 경향이 있는 반면, 중상주의자들은 생산자의 눈으로 보는 경향이 있어 자급자족을 위해서는 효율성을 희생할 필요가 있다고 주장하기도 한다. 자유주의자들은 시장의 자유로운 작동이 경제의 효율성 제고, 무역을 통한 필요한 자원의 확보, 시장과 자원 장악을 목적으로 한 전쟁 방지 등에 기여할 수 있다고 주장한다. 반면 중상주의자들은 경제를 시장에 전적으로 의존함으로써 발생하는 위협을 받아들일 수 없기 때문에 국가이익을 전면에 부각시킨다. 특히 경제문제를 정치·군사안보, 그리고 국력과 연계하려 한다. 자급자족, 경제 민족주의, 종속이론 등을 통한 자유주의에 대한 공격 등이 이들이 주로 사용하는 구호들이다.

국가가 자유주의적 성향을 띨 경우, 경제의 주체는 기업과 개인이며, 정부, 경제 및 노동단체, 매스컴 등은 기능적 행위자가 될 것이다. 그러나 국가가 중상주의적 성향을 취할 경우, 경제안보의 대상은 자원이 포함된 영토, 국민, 그리고 주권이 될 것이다. 안보 행위자는 국가가 될 것이며 기능적 행위자는 기업, 경제 단체, 매스컴, 노동단체 등이 될 것이다.

3. 위협과 취약성

여기에서는 개인 및 기업 차원은 제외하고 국가 차원의 경제안보로 한정하고자 한다. 먼저 시장의 역동성으로부터 유래하는 위협과 취약성을 살펴보고, 국가 정책에서 유래되는 위협과 취약성을 살펴보고자 한다. 시장의 역동성은 금융과 신용, 경쟁력, 그리고 불균등 성장에 초점을 맞춘다.

금융구조는 국가와 시장의 요소를 함께 포함하고 있다. 선진화된 금융체제는 경제 운용에 있어서 성장, 유연성, 유동성, 그리고 자유라는 많은 이점을 주지만 동시에 불안정, 불평등, 정치적 목적에 의한 오용,

그리고 때로는 체제 자체의 붕괴라는 위험도 제기한다. 선진 금융체제의 장점의 일부는 신용을 공급함으로써 자원 제약을 탈피하게 해 준다. 문제는 금융체제가 버틸 수 있는 최적 규모의 신용 발견에 있다. 신용 잠재력을 다 활용하지 못할 경우 경기 침체와 불황이 초래되기 때문이다. 그러나 복잡한 금융체제에서는 최적 수준의 신용이나 체제의 관리 능력을 정확히 알 수 없다. 다만 신용 잠재력을 미활용할 경우에 따를 정치적 · 경제적 부담 때문에 이를 극한까지 활용하려는 경향이 있다. 1929년의 대공황, 1990년대의 남미 및 아시아의 외환위기, 그리고 2008년 미국발 금융위기가 보여주듯이[6] 그 한계라는 것이 이미 상처를 입은 다음에야 나타난다. IMF로부터 구제금융을 받게 되면 국가별로 차이는 나겠지만 금융시장을 포함한 모든 시장의 대외개방, 외국인 투자에 대한 규제철폐, 공기업의 민영화, 기업 및 은행의 구조조정, 고금리정책, 자율변동환율제도, 외환규제조치 철폐, 긴축재정정책 등을 시행해야 한다. 소위 말하는 IMF에 의한 '경제의 신탁통치'가 이루어짐으로써 해당 국가의 경제 주권은 심대하게 손상된다. 따라서 국가는 금융체제가 가져다주는 이점과 그러한 위기에 휘말릴 경우의 취약성을 비교하여 자국의 경제안보를 계산해야 한다.

둘째, 경쟁은 시장의 효율성을 보장해 주는 귀중한 자극제이다. 그러나 시장의 경쟁이 치열해지면 경쟁의 대가가 치솟고 성공의 전망이 낮아져서 시장에 참여하는 것 자체가 매력을 잃게 된다. 산업화는 영국으로부터 출발하여 유럽과 미국, 그리고 일본을 거쳐 아시아의 신흥공업국(NICs)과 세계적 차원의 BRICs로 확대되었다.[7] 산업에서의 비교우위

---

6) 미국발 금융위기로 벨로루시, 우크라이나, 헝가리, 아이슬란드, 파키스탄, 라트비아, 세이셸 등 7개국은 IMF에 구제금융을 신청하였다.

7) NICs: Newly Industrializing Countries(1990년대 한국, 싱가포르, 대만, 홍콩은 '아시아의 4마리 용'으로 불렸다). BRICs: Brazil, Russia, India, and China(21세기 신흥 경제대국으로 부상하는 국가들을 통칭한 것임).

를 확보하기 위해 국가들 간에 치열한 경쟁이 시작되었다. 경쟁이 치열해짐에 따라 경쟁력이 약한 기업은 시장에서 퇴출당하게 되고, 국가는 끊임없이 국내 경제의 구조를 조정해야 한다. 이에 따라 실업이나 국가복지의 전반적인 하락은 물론 전반적인 국력의 쇠퇴를 가져오게 된다. 경쟁력이 약한 기업을 소유한 국가는 취약할 수밖에 없다. 이런 연유로 기업들은 반도체(IT), 생명공학(BT), 콘텐츠(CT), 로버트(RT), 인공지능(AI) 등 첨단 산업에서의 경쟁력을 키우기 위해 천문학적인 연구비를 쏟아붓고 국가도 전략적 산업에 대해 예산을 투입하게 된다. 이런 능력이 없는 국가는 경쟁에서 취약할 수밖에 없다.

경쟁이 치열해지게 되면 첨단 기술에 대한 첩보 수집과 기술 유출을 방지하기 위해 기업은 물론 국가 기관이 동원되기도 한다. 미국과 영국 등 영어권 5개국이 공동 운영하는 통신도청 시스템인 Eschelon은 군사적 목적으로도 사용되지만 외국기업의 전화, 전자메일을 도청하여 산업스파이 활동을 할 수도 있다. 이런 능력이 없는 국가는 첩보 수집과 기술 유출에 상대적으로 취약할 수밖에 없다.

마지막으로 불균등 성장을 살펴보자. 시장의 작동은 원래 빈부, 유불리, 그리고 성장과 정체의 패턴을 창출한다. 이런 연유로 시장에서 성공한 국가는 부를 축적하여 중심부를 차지하게 되고 실패한 국가는 주변부에 머물게 된다. 그러나 시장에서의 성공과 실패는 대단히 유동적이다. 불균등 성장은 한 시대의 선두 국가가 영원히 그 지위를 누릴 수 없음을 의미한다. 미국은 1980년대에는 일본의 불균등 성장이, 그리고 2000년대에는 중국의 불균등 성장이 자국을 위협하고 있다고 생각한다. 쫓기는 입장에 있는 선두국가는 불균등 성장의 효과를 통제하기 위해 자국의 경제와 사회를 시장의 요구에 맞추어 재편하는 대신 세계 시장을 자국에 유리하도록 만들려는 보호무역 정책의 유혹을 뿌리치기 어렵게 된다. 트럼프 행정부가 신보호무역 주의 방향으로 선회했던 이유도 이런 유혹과 무관하지 않다고 본다. 사실 강대국의 보호무역 정책은 반주변부나 중심부로 이동하고자 하는 주변부 국가의 의지 자체를 꺾어 카스트적인 국제 신분제도를 영원히 벗어나게 하지 못할 수도 있고 자유주의 체제 자체를 붕괴시킬 수도 있다. 상대적으로 저상장하는 국가는 고민이 깊어질 수밖에 없다.

시장 경제가 가진 이런 요소들이 매력적인 면도 있고 혐오스러운 면도 있는데 이것이 자유주의적 정책과 중상주의적 정책의 선택과 연결된다. 동시에 국가의 선택이 세계 시장의 성격을 결정한다. 자유주의적 정책은 시장을 국가에 대해 강화하는 경향이 있으며 중상주의적 정책은 세계 시장을 약화시키고 국가를 강화시키는 경향이 있다. 그럼에도 불구하고 자유주의가 반드시 유익한 것만은 아니며 중상주의가 반드시 유해한 것도 아니다.

자유주의 체제가 붕괴되거나 너무 약화되어 세계시장의 작동에 따른 여러 문제를 관리하지 못하면 유해할 수 있다. 중상주의도 그 의도가 다른 국가를 해치기 위한 목적으로 군사적, 경제적 힘을 늘리는 것이라면 유해한 것이다. 그러나 경제 민족주의의 의도가 국가 내의 경제적 복지와 사회 · 정치적 안정을 적정선에서 유지하기 위한 것이라면 반드시 해로운 것만도 아니다. 중상주의든 자유주의든 그 해로운 형태의 경제구조가 전략적 불안정을 초래하는 다른 정치 · 군사적 요인과 동시에 나타날 때 위험이 발생한다. 1930년대의 상황이 이것이었다.

4. 경제안보 정책

1930년대의 세계 대공황을 경험한 자본주의 국가들은 '보이지 않는 손(invisible hand)' 대신 정부가 적극적으로 시장에 참여해야 한다고 주장했다. 케인즈(John Maynard Keynes)로 대표되는 수정자본주의 이론이 그것이다. 그러나 1980년대에 들어서면서 신자유주의자들은 케인즈식 수정자본주의의 실패를 지적하고 경제적 자유방임주의를 주장하기 시작했다. 신자유주의가 등장한 것이다. '대처리즘(Thatcherism)'과 '레이거노믹스(Reaganomics)'로 대표되는 신자유주의는 자유시장과 규제완화를 중시하면서 세계화의 이름으로 전 세계의 금융, 무역, 그리고 자본의 시장 개방을 주장하였다. 그럼에도 불구하고 신자유주의는 1990년대 말의 아시아 외환위기와 2008년의 미국발 금융위기를 막지 못했다. 그물망처럼 연결된 금융의 상호의존 상태에서 경제 대국의 위기가 전 세계적으로 도미노 현상을 일으킨 것이다. 미국은 무려 1조 5000억 달러에 해당되는 공적 자금을 투입하였고, 유럽, 중국, 한국 등도 기업을 살리기 위해 대규모의 공적 자금을 투입하였다. 이를 극복하기 위해 각국은 유효 수요를 살리기 위한 신 뉴딜정책을 추진하였다. 보호무역주의, 또는 중상주의가 탄력을 받을 수 있는 상황이 조성된 것이다. 그러나 그 정도가 지나치거나 보호무역주의가 장기간 지속될 경우, 국가 간의 무역분쟁은 자연스러운 현상이 되고 이것이 1930년대의 상황을 재연할 수도 있다.

자유주의와 중상주의의 좋은 측면만을 종합한 중간적 차원에서 안보정책을 수립할 수 있다. 소위 말하는 '보호주의적 자유주의(protected liberalism)' 혹은 '자유주의적 보호주의(liberal protectionism)'가 그것이다. 시장 경제는 안보에 영향을 주는 모든 분야에서 높은 수준의 투명성을 가져다준다는 이점이 있다. 또한 무역 및 금융과 관련된 표준화된 회계 단위를 사용함으로써 서로의 사회를 개방시켜 준다는 이점도 있다. 그러나 자유주의적 질서의 불안정이나 붕괴의 위협도 동시에 존재한다. 효율성과 취약성의 중간 정도에서 경제 정책을 수립하는 것이 바람직할 것으로 보인다.

경제안보란 개념 자체가 애매하긴 하지만 경제안보를 위해 국가가 취해야 할 정책은 기본적으로 시장의 실패와 시장에서의 실패를 인정하는 자유주의적 입장을 견지해야 한다는 것이다. 이런 정책적 기조 하에 경제안보를 위해 국가는 경쟁력을 향상시키기 위한 노력을 해야 하고, 군사안보, 정치 및 사회적 안정에 필요한 자원을 확보해야 하며, 신용의 무한 사용을 적절히 통제해야 할 것이다.

경제안보도 안보의 딜레마를 초래한다. 시장의 역동성으로부터 발생하는 딜레마도 있고, 경제 정책(자유주의, 보호주의, 중상주의 등의 선택)으로부터 발생되는 딜레마도 있다. 경제안보 정책은 이런 딜레마를 극복하는데 초점을 맞추어야 한다.

제4절 정치안보

1. 정치안보의 의제

사회안보나 경제안보가 심각해지면 이것은 정치안보 문제로 쟁점화된다. 국가 내의 다양한 민족이나 종교 간에 문제가 생겨도 곧 정치안보로 비화하고, 천연자원을 제대로 확보하지 못하여 국가의 경쟁력이나 분배 복지에 문제가 생겨도 이것은 정치안보 문제로 쟁점화된다. 따라서 정치안보란 정치적 안정성 및 국가의 정통성을 유지하고 발전시키는 것이라고 할 수 있다.

정치적 안정성에 대한 위협은 자국의 정치적 이념을 이식시키기 위해 정통성 있는 정부를 전복시키려는 행동, 민족의 독립을 위해 Bottom-Up 형태의 분리주의 운동, 정치적 목표를 달성하기 위한 테러리즘 등이 될 것이다. 또한 국가의 정통성에 대한 위협은 특정 국가의 정통성에 대한 인정 여부와 관련이 있다. 군사 독재 정권, 인권을 침해하는 정권, 사회 내의 다양한 집단을 차별하는 정권, 그리고 서로 수교하지 않은 정권 등은 국제사회로부터 국가의 정통성을 인정받기 어렵기 때문에 정치적 위협을 느끼게 된다. 국가란 본질적으로 정치적 단위이기 때문에 정치적 위협은 군사적 위협만큼이나 두려움의 대상이 된다. 특히, 연약한 국가의 경우에 더욱 그러하다.

정치적 위협이 문제가 되는 이유는 국제 무정부의 명분을 제공해 온 개념과 전통이 다양하기 때문이다. 20세기만 해도 자유민주주의, 파시즘, 공산주의, 이슬람 근본주의 등이 다양한 정치적 사상이 조직 이념으로 대립해 왔다. 19세기에는 군주정과 공화주의의 대립이었다. 이들 이념간의 대립은 근본적인 만큼 하나의 이념을 채택한 국가가 다른 이념을 채택한 국가로부터 위협을 느끼는 것은 당연하다.

국가와 민족간의 경계 불일치도 정치적 위협이 된다. 주로 표적 국가 내부의 민족적·문화적 갈등이 정치적 위협의 대상이 된다. 강제적이거나 자발적인 합병, 통일, 분리주의 운동 등이 정치적 위협의 실체로 등장한다.

정통성에 대한 위협도 다양하다. 목표 국가의 특별한 정책이나 행위에 대한 압력이 대표적인 주권 침해이자 정통성에 대한 위협이다. 특정 국가의 인권 침해 여부, 대량살상무기의 확산 여부, 테러리즘 지원 여부, 심지어 정부의 투명성 및 부패 여부도 압력의 대상이 된다. 강건한 국가에서는 정치안보에 대한 내외부의 위협이 거의 없지만 연약한 국가에서는 내외부의 위협이 일상적인 일이 되고 있다.

2. 정치안보의 대상과 주체

국가적 차원에서의 정치 안보 대상은 국가의 구성 요소 중 주로 민족, 이데올로기, 그리고 주권과 관련이 있다. 국가 차원을 벗어나면, EU와 같은 유사(類似) 초국가 집단, 팔레스타인과 같은 주권이 없는 유사(pseudo) 국가, 그리고 구성원으로부터 고도의 충성을 동원할 수 있는 세계적 종교 집단 등도 정치 안보의 대상이 될 수 있다.

국가의 경우 정부가 안보의 행위자가 된다. 강건한 국가의 정부는 국민의 합법적인 대리인으로서 행동하나 연약한 국가의 정부는 정권의 대리인으로서 행동할 수 있다. 비록 정치·사회적으로 연약한 국가라 할지라도 합법적인 절차에 의해 수립된 정부라고 한다면 그 정부는 정치안보의 중요 행위자가 된다. 기능적 행위자는 정당, 분리를 주장하는 단체, 통합을 주장하는 단체, 정부와 이념을 달리하는 단체, 인권을 주장하는 단체, 초국가적 조직을 선호하거나 반대하는 단체, 종교 근본주의나 세속주의를 주장하는 단체 등이 될 것이다.

3. 위협과 취약성

정치적 안정성 및 국가의 정통성을 위협하는 요소는 많다. 민족이나 이념뿐만 아니라 국가의 승인 여부, 그리고 주권에 대한 침해도 정치적 위협 요소가 된다. 대부분의 국가들로부터 국가로 승인받지 못하는 대만은 언제나 정치·군사적 위협을 느끼고 있고 한국은 냉전시 외교관계가 없었던 중국과 러시아로부터 위협을 느꼈다. 외교관계가 수립되어 있다고 하더라도 주권이 침해당할 수 있다. 중국의 동북공정에 의한 역사 왜곡은 한국의 역사 주권을 침해한 것이고, 일본의 식민지 역사 왜

곡이나 독도 영유권 주장은 한국의 역사 주권과 영토 주권을 침해한 것이다. 한 국가에서 대량학살 등 인권 침해 사태가 발생해도 국제사회는 유엔 안보리 결의를 통해 이에 합법적으로 개입할 수 있는데, 피개입 국가의 입장에서 보면 이를 주권 침해라고 주장할 수 있다.

강건한 국가는 정치·사회적으로 취약하지 않기 때문에 국내에서 분리주의 운동 등이 일어나지 않는다. 또한 외부 행위자들도 강건한 국가의 안정성이나 정통성을 위협할 이유가 별로 없다. 그럼에도 불구하고 강건한 국가가 정치적 위협을 받고 있다고 생각할 수 있다. 예를 들어, 냉전시 미국은 미국식 자본주의의 합법성과 효율성, 그리고 민주주의 정치체제에 대한 공산주의로부터의 위협을 인식하였다. 또한 강건한 국가라고 하더라도 초국가적 통합이 실행되면 이를 주권의 위협이자 정치적 위협으로 인식할 수 있다. 주권의 일부를 EU에 양도한 유럽 국가들이 이런 사례에 속할 것이다. 이것은 자발적 주권 이양이라는 차원에서 위협으로 인식하는 것은 문제가 있을 수 있지만 EU의 모든 국가 및 국민들이 느끼는 것은 다를 수 있다. 영국은 유로화 대신 여전히 파운드화를 자국 통화로 사용하고 있으며, 프랑스와 네덜란드에서는 2005년 유럽 헌법 채택에 대한 국민투표가 부결되기도 했다. 또한 개정된 유럽 헌법(일명 '미니 조약')에 대해서도 아일랜드는 국민투표에서 이를 부결시켰으며 체코도 마지막 순간까지 반대하였다. 이것은 유럽통합을 향한 국가들의 저항이 그만큼 드세었다는 것을 의미한다. 결국 유럽 헌법에 해당되는 리스본 조약은 2009년 12월 1일부로 발효되었으며 이로 인해 유럽연합은 '유럽 합중국'을 바라보게 되었다. 그럼에도 불구하고 주권이 유럽연합에 너무 이양되지 않을까하는 의구심은 여전히 유럽인들의 가슴에 남아있다. 결국 영국은 2016년 6월, 국민투표를 통해 유럽연합 탈퇴를 결정한 후 2020년 1월 31일부로 탈퇴했다.

민족적인 문제는 보다 감정적이다. 민족과 국가가 일치하지 않을 때 불안이라는 잠재력이 존재한다. 만일 주민의 일부가 자기 자신의 국가를 구성하기를 원한다면 분리의 형식을 취할 수 있고 동서독처럼 흡수통합의 형식을 취할 수도 있다. 남북한은 한민족으로 통일된 국가를 가지기를 원한다. 또한 캐시미르나 쿠릴 섬처럼 인구와 영토의 일부가 다른 국가에 의해 주장될 경우 고토 회복주의의 형식을 취할 수도 있다.

국내적으로 이념적 분열이 있는 경우, 외국의 개입에 대한 두려움이 있을 수 있다. 냉전시 제3세계 국가들 대부분이 이런 위협에서 자유롭지 못했다. 또한 세계적인 정치 질서가 그 국가의 현존하는 정치질서와 조화되지 않는 민주주의나 인권과 같은 어떤 원칙을 전반적으로 증진하는 방향으로 발전된다면 이 또한 세계적인 정치질서 혹은 국제사회로부터의 보다 구조적인 위협에 직면할 수 있다. 냉전 종식이후 국제사회는 민주주의와 시장경제라는 비교적 높은 수준의 동질성을 유지하고 있다. 여기에 더하여 인권, 대량살상무기의 확산 금지, 대테러리즘 등에 대해서도 폭넓은 공감대를 형성하고 있다. 그러나 이런 공감대에서 이격되어 국가 주권의 틀 속에 있는 국가들은 위협을 느낄 수도 있다. 예를 들면, 인권이 세계적 관심사가 되고 있으나 이를 거부하는 무슬림과 일부 아시아 국가들은 이를 위협으로 인식할 수 있다. 또한 국제회의에서 인권 탄압국으로 지명된 국가들은 이를 직접적인 정치적 위협으로 인식할 수 있다.

국가와 민족의 차원, 정치·이념적 차원, 그리고 주권의 차원에서 위협과 취약성을 몇 가지로 요약해 보면 다음과 같다.

첫째, 국가-민족이 분리된 국가에 대한 국제적 위협이다. 국가와 민족의 일치를 주장하는 분리주의 또는 고토(古土) 회복주의가 등장할 가능성이 있다. 루마니아의 트란실바니아(Transilvania)에 거주하고 있는 헝가리인들에 대한 헝가리의 관심, 구 소련 공화국에 거주하고 있는 러시아인에 대한 러시아의 관심, 벨기에에 거주하는 프랑스인에 대한 프랑스의 관심, 북아일랜드를 회복하고자 하는 아일랜드의 관심, 키프러스 터키인에 대한 터키의 관심 등 이런 사례는 세계 어디에서든 쉽게 발견된다. 국가를 수립하고자 하는 쿠르드족, 서로가 통일의 주체가 되고자 하는 남북한도 서로에 대한 위협이 있다.

둘째, 국가-민족이 분리된 국가에서의 비고의적 단위체 수준의 위협이다. 여기서 비고의적이라는 의미는 강제적 요소보다는 심리적 요소가 많다는 것을 의미한다. 국가와 민족이 불일치되어 있는 국가에서 소수민족이 느끼는 비고의적인 위협은 많다. 에스토니아인이라는 정의는 에스토니아에 살고 있는 러시아인에게는 하나의 위협으로 인식된다. 크로아티아인에 대한 정의도 그 속에서 살고 있는 세르비아인에게는 하나의 위협으로 인식된다. 중국인의 정의 속에 포함된 55개 소수민족도 비슷한 감정을 느낄 것이다.

셋째, 정치-이념적 기반이 취약한 국가에 대한 의도적인 위협이다. 위협이란 그 자체가 의도성을 가지고 있지만 이를 구조적 위협과 구분할 수는 있다. 이 위협은 체제 운영의 기반이 되는 이념이 국민들 사이에서 광범위하게 수용되지 않을 때 발생한다. 냉전시 미국이 민주주의 정권을 지원하거나 공산정권을 전복시키기 위해 반군을 지원했으며, 소련은 공산주의 정권을 지원하거나 민주정권을 전복시키기 위해 반군을 지원했다. 정치적 이념이 사라진 냉전 후에는 이에 대한 위협은 상대적으로 줄어들었다. 체제의 합법성에 대해 이를 직접적으로 위협하는 경우가 드물어졌기 때문이다.

넷째, 정치적-이념적 차원에서의 구조적인 위협이다. 이는 특정 행위자간의 의도적 행위에 의해 발생하는 것이 아니라 상황의 본질에서 초래되는 위협을 말한다. 특정 국가의 원칙들이 국제 사회의 문명화 발전 정도와 공존할 수 없을 때 발생되는 위협이다. 20세기의 시대 정신이 군주정에 대해 정치적 위협을 가했다고 할 수 있다. 또한 남아프리카공화국의 인종차별정책, 아시아적 가치를 주장하는 중국, 싱가포르, 말레이시아 등도 보편적 인권을 중시하는 21세기의 시대정신과 맞지 않다. 이슬람적 가치도 보편적 인권과 충돌된다. 이들 국가의 입장에서 보면 시대 정신이 자신들에게는 구조적인 위협이 된다.

다섯째, 초민족적, 지역적 통합으로부터의 위협이다. 초국가적인 정치기구는 주로 지역적 수준과 관련이 있다. EU와 독립국가연합(CIS) 등이 이런 사례에 속한다. 초민족적, 지역적 통합 움직임은 각 국가의 주권을 침해한다는 측면에서 이를 위협으로 받아들일 수 있다. 특히, 정책결정에 있어서 투표권이 일국 일표제가 아닐 경우, 또는 특정 국가에 의해 이런 기구나 운동 등이 주도 될 경우에는 주도적 입장에 있지 못하는 국가는 이를 더 위협적인 것으로 인식할 수 있다. 구 소련이나 구 유고슬라비아의 해체, 조지아의 CIS 탈퇴, 10년밖에 유지되지 못했던 이집트와 시리아 통일아랍공화국의 해체, 그리고 영국의 유럽연합 탈퇴 등은 위협을 벗어나고자 하는 단위체들의 몸부림에 다름 아니다.

여섯째, 초민족적, 초국가적인 운동에 의한 위협이다. 민족과 국가를 뛰어넘어 그들의 구성원으로부터 고도의 충성심을 향유하려고 시도하는 운동은 해당 국가의 안보를 위협할 수 있다. 과거의 공산주의 운동이 이런 사례에 속한다. 범이슬람주의도 초국가적, 초민족적 운동이라고 할 수 있다. 주로 이슬람 근본주의자들에 의해 동원되는 범이슬람주의는 이슬람 세속주의 국가들에 대한 위협은 물론 국제사회에 대한 위협으로도 작동한다. 알 카에다와 IS(이슬람 국가)에서 보듯이 이슬람 근본주의자들은 이슬람 세속주의 국가들을 전복시키고자 하며 세계를 테러의 위협으로 몰아넣고자 한다.

일곱째, 주권에 대한 직접적인 위협이다. 위의 유형들도 크게 보면 모두 주권의 위협에 해당된다. 그러나 주권을 겨냥한 보다 직접적인 위협들도 있다. 레짐의 가입 여부는 국가의 주권에 해당된다. 따라서 핵확산금지조약(NPT), 생물학무기금지협정(BWC), 화학무기금지협정(CWC), 미사일기술통제레짐(MTCR), 테러리즘 관련 각종 국제 조약 등 국가안보와 관련된 각종 국제레짐에 대한 가입 여부는 국가가 결정한다. 그럼에도 불구하고 이런 군비통제레짐에 가입하지 않을 경우, 국제사회가 가입을 독려하거나 다른 국가의 안보를 위협할 소지가 있는 국가로 낙인을 찍게 된다. 대상 국가의 입장에서는 위협이 아닐 수 없다.

4. 정치안보 정책

민족과 국가의 경계 문제는 대단히 어려운 문제이다. 민족에 대한 차별이나 민족의 정체성이 커지게 되면 국가는 민족의 경계선을 따라 분리되거나 통합되기도 하기 때문이다. 탈냉전 이후에도 수많은 국가들이 해체되었고 또 민족의 경계선을 따라 신생 국가가 분리 독립하였다. 따라서 소수민족에 대한 차이를 서로가 인정하면서 국가의 정체성을 키워 나가야 이 문제를 극복할 수 있다. 그럼에도 불구하고 이 과업은 결코 쉽지 않을 것이다.

이념의 문제도 어렵기는 마찬가지이다. 정치적 이념 대결은 사라졌지만, 여전히 중국, 북한, 쿠바, 베트남 등은 공산주의 이념을 채택하고 있으며 네팔도 21세기의 모택동주의자들이 무력투쟁을 통해 정권을 장악하였다. 중국과 인접해 있는 한국, 서로의 체제를 중심으로 통일하고자 하는 남북한, 민주주의의 대국인 미국의 앞마당에 있는 쿠바 등은 여전히 이념적 위협에 노출되어 있다. 문제는 이러한 이념이 국민들 사이에 얼마나 광범위하게 수용되고 있으며 외부의 이념적 침투에 대해서도 얼마나 이를 방어해 낼 수 있는 능력이 있느냐와 관련이 있다. 정부와 국민이 동일한 정치적 이념에 대해 강한 신념을 보유하고 있다면 내외부적 이념적 침투에 대해 위협을 느낄 이유가 없다.

초민족적, 초국가적 통합 문제는 이런 통합이 가져다줄 정치, 경제, 사회적 측면에서의 유불리점을 판단하여 결정하면 된다. 통합이 가져다줄 이점이 주권의 침해보다 더 크고 이익이 많다면, 그리고 국민의 복지를 더 향상시킬 수 있다면 통합이 나쁜 것만은 아니다. 분리와 해체의 경험이 대부분이었던 탈냉전의 역사에서 유럽의 통합은 오히려 주권 국가가 앞으로 나아갈 방향을 제시해 줄 수도 있을 것이다.

초민족적, 초국가적 운동은 연약한 국가가 그 대상이 되기 쉽다. 특히, 이슬람 근본주의 운동은 사우디아라비아처럼 왕정체제를 유지하면서 부패한 국가, 이집트와 파키스탄처럼 세속주의 체제를 유지하면서 부패한 국가가 목표가 될 수 있다. 이런 국가들이 근본주의 운동에 의해 체제가 전복되는 것을 막기 위해서는 부패를 청산하여 국민들로부터 체제의 정통성을 확실하게 인정받는 방법밖에 없다.

문명화로 인한 시대정신과 관련된 주권 침해 문제도 결국 선택의 문제이다. 대량살상무기확산과 관련된 각종 국제레짐에 가입하지 않는 것은 국가의 주권 사항인 것만은 틀림없다. 그러나 국가안보, 더 나아가 국제안보와 관련된 레짐에 가입하지 않는다는 것은 결국 이들 무기를 생산, 보유, 실험, 배치, 그리고 다른 국가로 확산하겠다는 의지와 다름 아니다. 따라서 국제사회가 이 국가들을 경계하는 것은 당연하다. 정치범 수용소의 운영, 그리고 범죄인에 대한 공개 처형 등도 21세기의 시대정신과 맞지 않는다. 어떤 것을 선택할 것인가는 주권의 문제이지만 시대정신의 흐름에 발을 맞추지 못한다면 이 또한 국제사회로부터 경계의 대상이 될 것이다.

정치안보도 안보의 딜레마를 초래한다. 국가와 민족의 차원, 정치·이념적 차원, 그리고 주권의 차원에서 정치안보의 딜레마가 발생한다. 특히 정치안보에 대해 내·외부의 위협을 많이 느끼는 연약한 국가는 더 많은 정치안보 딜레마에 봉착하게 된다. 정치안보 정책은 이런 딜레마를 극복하는 데 초점이 맞춰져야 한다.

토론 주제

1. 안보의 딜레마(dilemma of security)와 안보딜레마(security dilemma)는 어떻게 다른가?
2. 안보딜레마와 군사안보딜레마는 서로 다른가?
3. 사회문제와 사회안보는 다른가? 사회안보딜레마란 무엇인가?
4. 경제문제와 경제안보는 다른가? 경제안보딜레마란 무엇인가?
5. 정치문제와 정치안보는 다른가? 정치안보딜레마란 무엇인가?
6. 한국 군사안보의 위협과 취약성은 무엇인가?
7. 한국 사회안보의 위협과 취약성은 무엇인가?
8. 한국 경제안보의 위협과 취약성은 무엇인가?
9. 한국 정치안보의 위협과 취약성은 무엇인가?
10. 정치안보와 사회안보, 또는 군사안보와 경제안보 등 각 부문간에도 안보의 딜레마가 존재하는가?

더 읽으면 좋은 글

1. Barry Buzan, Ole Wæver and Jaap de Wilde, *Security: A New Framework for Analysis*(London: Lynne Rienner Publishers, Inc., 1998): 국방대학교 안보문제연구소 역, 『안전보장』(서울: 국방대학교 안보문제연구소, 1998).
2. 김태현 역, 『세계화시대의 국가안보』(서울: 나남출판, 1995).
3. 김준섭 역, 『신안전보장론』(서울: 국방대학교 안보문제연구소, 2004).
4. Samuel P. Huntington, *The Clash of Civilizations and the Remaking of World Order*(New York: Tochstone, 1997): 이희재 역, 『문명의 충돌』(서울: 김영사, 2000).

P·A·R·T

03

취약성 감소와 국가안보

'내외부의 위협으로부터의 자유'가 국가안보의 핵심이라고 한다면, 그 자유를 누리기 위해서는 위협을 제거 또는 완화시키는 것이 국가안보를 위해 가장 좋은 방법이다. 그러나 이것이 여의치 않다면 위협으로부터 자신의 취약성을 감소시키는 방법을 채택해야 한다. 냉전시대에는 위협의 제거 또는 완화가 쉽지 않았고 이런 연유로 많은 국가들은 자신의 취약성을 감소시키는 방향으로 국가안보를 도모하고자 했다. 취약성 감소 논리는 탈냉전의 상황을 인식하면서 지금도 계속되고 있다.

취약성을 감소시키는 정책은 크게 3가지로 대별된다. 첫째는 자주국방이고, 둘째는 동맹 형성이며, 셋째는 세력균형이다. 무정부적 체제하에서 국가의 가장 중요한 임무는 생존이다. 생존을 위해 국가는 군사력을 건설하기도 하고, 동맹을 형성하기도 한다. 또한 세력을 균형시킴으로써 적대국가로부터 영토와 주권, 그리고 국민을 보호하고자 한다.

취약성을 감소시키는 정책은 국가별로 다르다. 어떤 국가는 자주국방에만 의존하기도 하고 또 어떤 국가는 자주국방과 동맹에, 그리고 또 다른 국가는 세 가지 모두에 의존하기도 한다. 특히, 강대국들은 세력균형에 많은 관심을 가지고 있는데, 세력균형이 되기 위해서는 우선 자신의 방위력이 어느 정도 있어야 하고 이것이 부족할 경우에는 동맹을 형성해야 한다. 냉전시대의 미국과 구 소련이 세력균형을 위해 각각 NATO와 WTO를 창설한 이유도 여기에 있다.

3가지 개념은 서로 배타적인 것이 아니다. 자주국방을 추구한다고 해서 그 나라가 동맹을 형성하지 않는 것도 아니고, 동맹이 체결되었다고 해서 군사력을 건설하지 않는 것도 아니기 때문이다. 동맹국의 군사력이 약하면 동맹으로서의 역할이 미미하기 때문에 동맹국은 '적절한' 규모의 군사력을 유지해야 한다. 또한, 동맹이 체결되었다고 해서 이것이 영구적으로 지속되는 것이 아닐 뿐만 아니라 배반의 가능성이 있기 때문에 군사력을 건설하지 않을 수도 없다. 또한 자주국방만 추구하다 보면 한정된 자원이 군사 분야에만 쏠리게 됨으로써 국가 전체적으로는 오히려 안보가 취약할 수 있다. 따라서 적정 규모의 군사력 유지와 함께 동맹을 체결하는 것이 현명한 방법이다. 이런 상호관계가 국가들 사이에서 중층적으로 발전하게 되면 세력균형의 현상이 나타날 수 있다. 또는 균형화 정책을 추진하는 과정에서 동맹이 선택될 수도 있다.

제6장은 자주국방, 제7장은 동맹, 그리고 제8장은 세력균형을 다룬다.

제6장 자주국방

개 요

자주국방(self defense)이란 말 그대로 한 국가가 스스로 내외부의 위협으로부터 자신을 보호할 수 있는 능력을 갖추는 것을 말한다. 능력을 갖추었다고 해서 절대로 외부의 위협을 받지 않거나 또는 침략을 당하지 않는다는 보장이 없다. 대단한 군사력을 자랑했던 과거의 로마제국이나 중국제국도 결국 해체되었다. 세계 영토의 1/4을 차지했던 영국도 결국 쇠퇴하였다. 도대체 어느 정도의 군사력을 갖추어야 자주국방이 될까? 불행히도 아무도 이에 대한 대답을 해주지 못한다.

자주국방의 핵심은 군사력 건설이다. 그렇다면 군사력은 방위용으로만 사용되는 것일까? 그렇지 않다. 군사력은 방위뿐만 아니라 전쟁을 억제하기 위해 사용되기도 하고, 자국의 이익을 강요하기 위해 상대방을 강압할 목적으로도 사용되기도 하며, 시위용으로 사용되기도 한다. 군사력의 역할과 기능을 이해한다면 신기루 같은 '자주국방'이 결코 신기루가 될 수 없다는 점도 이해할 수 있을 것이다.

제6장에서는 내부의 취약성을 줄이고자 하는 자주국방의 개념과 군사력의 역할을 중심으로 글을 전개할 것이다. 또한 군사력의 개념과 한국의 자주국방 노력도 소개될 것이다.

제1절 자주국방의 개념

1. 자주국방의 목적

'자주국방'의 목적이 내외부의 위협으로부터 취약성을 줄이기 위한 것이라면 그 수단은 자국의 군사적 능력의 향상, 즉 군사력 건설이 될 것이다. 따라서 '적절한' 규모의 군사력 건설이 자주국방의 핵심이다.

적절한 규모의 군사력 건설은 통상 내외부의 위협 및 취약성 평가를 근거로 산출된다. 위협의 양과 질, 위협의 긴급성, 그리고 그 위협에 대처할 수 있는 자국 군사력의 취약성이 평가의 기준이 된다. 그러나 평가를 근거로 산출된 군사력 규모가 과연 적절한지는 주관적일 수밖에 없다. 후술하겠지만 군사력을 객관적으로 평가하는 것이 어렵기 때문이다.

세계에서 두 번째로 영토가 큰 캐나다가 5만 명 정도의 정규군을 가지고 있는데 반해, 한국 면적과 비슷한 북한은 128만 명이나 되는 정규군을 유지하고 있다. 제3자의 입장에서 보면 캐나다는 정규군의 규모가 너무 적은 것 같고, 북한은 너무 많은 것 같다. 그런데도 이들 국가들은 이를 적절한 규모라고 생각할 수 있다. 물론 캐나다의 군사력 규모는 자주국방보다는 동맹에 의존하는 안보 정책을 선택한 결과일 수도 있고, 북한의 군사력 규모는 동맹이 있음에도 불구하고 동맹보다는 자주국방에 의존하는 안보정책을 추구한 결과일 수도 있다.

자주국방은 구호가 아니라 행동이다. 그런데도 자주국방을 '구호'로 내세우는 데에는 두 가지 이유가 있다. 하나는 국민들을 심리적으로 동원할 필요가 있기 때문이며, 다른 하나는 해당 국가의 의지를 천명할 필요가 있기 때문이다.

대부분의 군사 선진국들은 자주국방을 구호로 내세우지 않고 행동으로 실천한다. 자주국방을 구호로 외치면 국민들이 이에 대해 거부감을 표출할 수 있기 때문이다. 따라서 대부분의 군사 선진국들은 국방백서에서 자국의 군사력 건설 방향과 군사력 규모만을 밝힐 뿐이다. 그런데도 한국을 비롯한 일부국가에서는 여전히 구호로써 자주국방이 거론된다. 한정된 자원을 군사력 건설로 돌리기 위해서는 국민들의 심리적 동원이 필요하기 때문이다. 물론 이런 구호성 자주국방은 정치적으로 이용되기도 한다.

자주국방은 또한 대내외에 그 국가의 의지를 천명하기 위해 사용되기도 한다. 첨단 무기체계를 언제까지 어느 정도 규모로 건설할 것인지를 공개적으로 천명함으로써 외부의 위협을 억제할 수 있는 효과가 있기 때문이다. 또한 국민들에게도 정부의 의지를 밝힘으로써 국민들이 보다 안전한 환경 속에서 일상생활을 영위할 수 있도록 하게 해주는 심리적 효과도 있다. 이를 통해 국민들은 국방에 대해 자긍심을 가질 수도 있다.

2. 자주국방의 딜레마

자주국방은 두 가지 딜레마, 즉 안보딜레마와 국방의 딜레마를 야기한다. 제1장에서 이미 서술했던 것처럼 자주국방은 안보딜레마를 야기한다. 위협으로부터 자신을 보호하기 위해 '적절한' 군사력을 건설하지만, 인접국가에서는 이것을 오히려 자신에 대한 위협으로 받아들인다. 인접국도 군사력 건설에 나서게 되는데 이렇게 되면 최초의 목적과는 달리 위협이 오히려 더 증가하게 되는 모순에 처하게 된다. 이것이 바로 안보딜레마이다.

자주국방은 또한 국방의 딜레마(defense dilemma)를 야기한다. 국가의 한정된 자원을 군사분야에 많이 할당할 경우 국가안보가 오히려 더 위험에 빠질 수 있다. 사회의 다양한 분야에 사용될 자원을 군사력 건설에 투자할 경우 국가 경제와 국민의 복지가 희생당하게 되기 때문이다. 이로인해 사회 불안이 정치 불안으로 연결되면 국가안보에 대한 위협은 외부에서 오는 것이 아니라 오히려 내부에서 발생할 수도 있다. 베리 부잔은 이를 국방의 딜레마로 정의한다. 구 소련의 소멸은 국방의 딜레마에 의한 것이었다. 북한도 심각한 국방딜레마에 처해 있다.

제2절 군사력의 구성요소

1. 군사력의 여러 얼굴

한글로 표현되는 군사력이란 용어를 영어로 표현하면 다양하게 나타난다. 군사력은 Armed Forces, Military Forces, 그리고 Military Powers로 번역된다. 이 차이점들을 구분해 보자.

Armed Forces는 국방부 소속의 육·해·공군 및 해병대뿐만 아니라, 경찰청 소속의 경찰과 해양경비대(Coast Guard) 등이 포함된다. 즉, 현재 무장을 하고 있는 세력을 일컫는다. Military Forces는 Armed Forces+Unarmed Forces(예비 전력)를 의미한다. 즉 Armed Forces에 예비전력이 추가된 것을 말한다. 한편, Military Powers라고 할 경우에는 한 나라가 가지고 있는 총체적인 군사적 힘으로써 여기에는 Military Forces와 전쟁잠재력이 모두 포함되는 개념이다. Military Powers는 국력(National Power)과는 다르다. 국력은 제4장에서 서술했듯이 자연적 요소와 사회적 요소가 모두 합쳐진 힘인 반면, Military Powers는 전쟁에 초점을 맞춘 국력의 일부분만을 의미하기 때문이다.

3가지 군사력을 굳이 한국어로 구분해 본다면 Armed Forces는 현재 군사력, Unarmed Forces는 동원 군사력, Military Forces는 국방 군사력, 그리고 Military Powers는 국가 군사력 정도로 번역이 가능할 것이다. 그러나 영어로 표기된 다양한 군사력의 의미를 제대로 이해하기 위해서는 전후 맥락을 통하여 파악할 수밖에 없다. 본 저서에서 사용되는 '군사력'이란 용어도 맥락적 차원에서 이해할 필요가 있다.

2. 군사력의 구성요소 및 구분

군사력의 얼굴마다 그 구성요소는 차이가 있다. Armed Forces의 구성요소에는 병력의 수, 무기체계, 기동성, 군수, 전략 및 전술 교리, 훈련정도(전투준비태세), 군사 리더십, 사기 등이 포함된다. Military Forces의 구성 요소는 Armed Forces의 구성 요소에 동원 능력이 포함된다. 동원 능력 속에는 동원전력의 양과 질뿐만 아니라 동원의 속도 등도 포함된다. Military Powers는 Military Forces의 구성요소에 군수산업, 산업 및 군사기술, 국민의 의지, 동맹관계, 그리고 국가적 리더십 등이 더해진다.

군사력은 또한 가시적인 유형적 군사력과 비가시적인 무형적 군사력으로 구분된다. 병력의 수, 무기체계, 기동성, 군수, 군수산업 등이 유형적 군사력이라고 한다면, 전략 및 전술 교리, 훈련정도, 군사 리더십, 사기, 그리고 군사기술 등은 무형적 군사력에 해당된다.

제3절 군사력의 역할과 기능

1. 군사력의 역할 개요

군사력은 대외적으로 역할을 수행하기도 하고 대내적으로 역할을 수행하기도 한다. 또한 군사력은 특정 사회적 차원에서 역할을 수행하기도 하고 범국가적 차원에서 역할을 수행하기도 한다. 이를 매트릭스로 나타내면 다음 〈표 6-1〉과 같다.

〈표 6-1〉 군사력의 역할

구분	대내적 역할	대외적 역할
특정 사회적 차원 (지배계층, 이데올로기)	①	②
범국가적 차원	③	④

①에서는 군사력이 지배계층을 위해 봉사하는 역할을 수행할 수 있다. 군사력의 역할은 주로 정적 제거를 위한 친위 쿠데타를 하거나 지배 이데올로기를 옹호하기 위해 국민을 탄압하는 데 동원될 수 있다. ②에서는 군사력이 국제사회의 특정 이데올로기를 위해 동원될 수 있다. 예를 들어, 민주주의를 수호하기 위해 월남전에 참전한다든지 또는 인권이라는 인류의 보편적 권리를 위해 세계 평화활동에 참여하는 것 등이다.

③에서는 군사력이 치안 유지의 역할을 하거나 민간인의 재산을 보호하는 역할을 수행할 수 있다. 즉, 반혁명의 역할을 수행하거나 대민

지원을 하는 경우가 여기에 해당된다. ④에서는 군사력이 국가의 생존과 번영을 위해 주로 사용된다. 군사력의 대외적 역할이 대부분 이런 경우에 속한다.

후진국에서는 군사력이 주로 대내적 역할 즉, ①, ③의 역할을 많이 수행하고, 선진국에서는 군사력이 주로 대외적 역할 즉, ②, ④의 역할을 많이 수행하게 된다. 한국도 후진국에서 선진국으로 전환됨에 따라 군사력의 대외적 역할이 점차 중요하게 되었다. 군사력의 대외적 역할은 방어, 억제, 강압, 시위, 위상 제고 등으로 대별된다.[1)]

2. 군사력의 대외적 역할

(1) 방어(defense)

군사력은 적의 공격을 격퇴하고 피해를 최소화하기 위한 방어적 역할을 수행한다. 군사력의 방어적 역할은 공격받은 후에 격퇴와 보복을 하는 것이고, 또한 적의 공격이 임박하거나 피할 수 없는 경우에 먼저 공격하는 것이다. 따라서 선제공격(preemption)과 예방 공격(preventive attack)도 군사력의 방어적 역할에 해당한다고 볼 수 있다. 선제공격이란 적이 자국을 공격할 계획을 가지고 있으며 그 공격이 임박했다고 확신할 때, 적국의 공세적 타격을 지연시키거나 공격의 이점을 상쇄시키기 위해 실시된다. 예방공격이란 현재의 군사력 균형이 자신에게 유리하나 미래에는 적에게 유리해져서 적이 자신을 공격할 것이라고 믿고, 군사력 균형이 자국에게 유리할 때 공격하는 것이 더 좋다고 판단될 때 시행된다.[2)]

---

1) Robert J. Art, "The Four Functions of Force," Robert J. Art and Robert Jervis ed., *International Politics: Enduring Concepts and Contemporary Issues*, 8th ed.(New York: Pearson and Longman, 2007).

두 사례 모두 먼저 공격을 당하는 것보다 먼저 공격하는 것이 더 유리할 것이라는 "최선의 방어는 좋은 공격이다"라는 격언에 기초하고 있다. 선제공격은 기껏해야 몇 시간, 며칠, 그리고 몇 주의 전의 문제이나 예방공격은 몇 달 심지어 몇 년 전의 문제이다. 선제공격 시에 국가는 공격 시점을 거의 통제하지 못하지만, 예방공격 시에는 시간을 조절할 수 있다.

선제공격은 전쟁이 끝난 후에 자신의 선제공격 행위를 정당화할 수 있다. 다양한 증거가 이를 뒷받침해 줄 수 있기 때문이다. 그러나 예방공격은 공격의 정당성을 입증하기가 힘들다. 먼 미래에 닥쳐올 가능성의 영역에 있는 위협을 사전에 제거했기 때문이다. 따라서 예방공격에 대한 국제사회의 잣대는 엄격하다. 국제사회가 발전시켜 온 어떤 국제규범도 예방공격의 정당성을 옹호하지 않기 때문이다. 2003년 미국의 이라크 공격이 선제공격이었는지 또는 예방공격이었는지에 대한 논쟁도 아직 끝나지 않았다.

방어를 어디서 하는지에 따라 그 형태가 분류될 수도 있다. 전방방어(Forward Defense)란 국토 밖에서 방어하는 형태이다. 미국이 수많은 해외기지를 건설한 이유 중의 하나도 적이 본토를 공격하기 이전에 본토 밖에서 이를 방어하기 위한 것이다. 과거의 구 소련도 전방방어 형태를 띠었다. 서유럽이 미국의 전방방어 지역에 해당되고 동유럽이 구 소련의 전방방어지역에 해당하였다. 전방방어 형태는 국토를 방어하기 위한 경고시간이 길어 대응을 위한 시간적 여유가 있고 본토에 대한 피해는 최소화할 수 있으나 평시 방어 비용은 크다고 볼 수 있다.

---

2) *Ibid.*, p. 142; Michael W. Doyle, *Striking First Preemption and Prevention in International Conflict*(New Jersey: Princeton University Press, 2008), pp. 7-96; Ivo H. Daalder, *Beyond Preemption*(Washington D. C: Brookings Institution Press, 2007), ch.5.

본토방어(Frontier Defense)란 국경을 맞대고 있는 국가간의 방어형태로써 대부분의 국가들의 취하는 방어형태이다. 이 형태는 경고시간이 짧아 본토 피해도 크고 방어비용도 크다.

영토방어(Territorial Defense)란 영토 내에서 정부군과 반정부군, 또는 정체성을 중심으로 한 집단간에 자신의 지역을 방어하기 위해 취하는 형태이다. 경고시간은 거의 없으며 그 피해는 가장 크다고 볼 수 있다. 영토 방어는 주로 게릴라전의 형태를 띠고 있기 때문에 방어 비용은 본토방어에 비해 적을 수도 있다. 그러나 장기간 내전이 지속되면 그 피해는 어떤 형태의 방어 비용보다 클 수 있다.

(2) 억제(Deterrence)

군사력은 또한 적으로 하여금 자신이 원하지 않는 것을 하지 못하도록, 그리고 만약 적이 그 일을 한다면 수용할 수 없을 정도의 응징을 가할 것이라고 위협함으로써 전쟁을 억제하는 역할을 수행한다. 억제란 전쟁을 치르지 않고 상대를 굴복(不戰而 屈人之兵)시키는 개념이라고도 할 수 있다. 억제는 이처럼 응징의 위협인데 응징은 적의 군사력이 아니라 주로 적의 인구 또는 산업 인프라를 지향한다. 억제의 목적은 자국이 원하지 않은 일이 일어나지 않도록 막는 데 있다.

억제의 방식에는 2가지 종류가 있다. 즉, 방위적 억제(defense deterrence) 또는 거부적 억제(deterrence by denial)와 보복적 억제(deterrence by retaliation)가 바로 이것이다. 방위적 억제 또는 거부적 억제란 방(어)자가 보유한 군사력이 공(격)자의 군사력을 파괴함으로써 침략 시 패배당할 위험성이 있음을 공자가 인식토록 하여 침략행위를 억제하는 것을 말한다. 상대방의 공격을 무력화시킬 수 있는 능력을 보유하고 상대방도 그 사실을 알고 있을 때 거부적 억제가 성립된다. 보복적 억제란 상대방의 공격 행위에 대한 보복으로 상대방이 귀중하게 여기고 있는 목표를 파괴할 수 있는 힘을 가지고 있을 때 성립된다. 즉, 만일 공격을 받는다면 방자의 군사력으로 공자가 보유한 고가의 자산에 대해 보복한다는 위협을 가함으로써 공자의 도발을 단념하게 하는 것을 말한다.

거부적(방위적) 억제와 보복적 억제의 중요한 차이점은 공자가 지불해야 할 비용의 확실성과 통제성과 관련이 있다. 만약 공자가 거부적(방위적) 억제에 직면할 경우, 공자는 비용과 이득을 계산하여 불확실성이 낮고 상황에 대한 공자의 통제력이 높으면 도발을 할 수 있다. 만약 공자가 보복적 억제에 직면할 경우, 공자는 비용 계산이 힘들고 통제도 곤란해진다. 방자는 공자의 산업중심지와 인구 중심지 등에 대해 보복할 수 있기 때문이다. 따라서 방자는 보복적 위협을 통해 강한 억제력을 발휘할 수 있다. 이때 보복을 실제 행동으로 옮기는 신뢰성이 중요하다.

억제가 성공하기 위해서는 몇 가지 조건(3C+R+O)이 필요하다. 먼저 억제자는 상대방을 응징할 수 있는 능력(Capability)을 가지고 있어야 한다. 적의 인구와 또는 산업 인프라를 타격할 수 있는 무기체계와 운반수단을 가지고 있어야 하고 무기의 잔존성과 비취약성을 가지고 있어야 한다. 타격할 수 있는 무기체계가 적의 방어력에 의해 무력화되면 억제자는 억제의 능력을 가지고 있다고 할 수 없다.

두 번째 조건은 신뢰성(Credibility)이다. 억제자는 억제를 위해 반드시 필요한 무기로써 공격할 것이라는 의지를 천명하고 또 이를 실천해야 한다. 상대방이 억제자의 능력과 의지에 대해 신뢰성을 가지고 있어야 억제가 성립되기 때문이다. 억제자가 능력은 있으나 의지가 없으면 이는 공갈(blackmail)에 해당되기 때문에 상대방은 자신이 원하는 방향으로 정책을 추진하게 된다. 이스라엘의 인접 아랍국들은 적어도 이스라엘의 의지에 대해서는 어느 정도 신뢰를 하고 있다.

세 번째 조건은 의사소통(Communication)이다. 억제자가 자신의 능력과 의지를 숨기고 있으면 상대방은 억제자의 의도를 알 수가 없다. 따라서 억제자는 자신의 능력과 의지를 각종 수단을 통하여 상대방에게 확실히 전달해야 한다. 미국이 일본에게 진주만을 기습하지 못하도록, 더 나아가 태평양 전쟁을 일으키지 못하도록 확실하게 의사소통을 했더라면, 미국-일본의 전쟁은 다른 시나리오로 전개될 수도 있었을 것이다. 그리고 미국이 이라크로 하여금 쿠웨이트를 절대로 공격해서는 안 된다는 확실한 메시지를 전달했더라면, 역시 다른 시나리오도 가능했을 것이다.

네 번째 조건은 합리성(Rationality)이다. 억제자가 제시한 처벌 위협의 종류와 정도에 대해 상대방이 이를 타산적으로 계산하여 합리적 판단을 할 수 있어야 한다. 물론 억제자도 처벌의 시행이 이익인지 손해인지를 합리적으로 계산해야 하지만, 상대방의 합리적 판단도 이에 못지않게 중요하다. 상대방이 억제자의 처벌 위협을 공갈로 여기면 억제는 실패하기 때문이다.

마지막 조건은 억제자가 피억제자에게 제시하는 대안(Option)이다. 대안은 억제의 성공을 담보하기 위해 상대방에게 처벌의 위협을 제시하는 것이 아니라 당근을 제시한다. 쿠바 미사일 위기가 하나의 사례가 될 수 있다. 구 소련이 쿠바에서 미사일을 철수시키는 대신 미국은 터키에 배치되어 있던 주피터 미사일을 철수하고 쿠바를 침공하지 않겠다는 약속을 해 주었다. 대안 제시는 피억제자의 체면을 세워주는 역할을 함으로써 억제자가 원하는 목표를 달성할 수 있다는 이점이 있다. 또한 대안 제시는 상대방에게 유화정책(appeasement)으로 비칠 수 있기 때문에 주의를 기울일 필요가 있다. 대부분의 조건은 억제자가 주로 갖춰야 하는 조건이지만, 합리성은 피억제자가 갖춰야 할 조건이다.

억제의 성공 조건에 대한 비판이 없을 수 없다. 우선 능력에 대한 비판을 해보면, 도대체 억제자가 어느 정도의 능력을 가지고 있어야 하는지에 대한 의문이다. 핵무기를 보유한 국가의 경우, 어느 정도 많은 그리고 질적으로 높은 핵무기를 가져야 하며, 어느 정도 수준의 운반 수단을 가져야 억제 능력이 있다고 판단할 수 있는지에 대해 확신이 없다. 이런 연유로 억제자는 가능한 많이, 그리고 성능이 우수한 핵무기를 가지고 싶어 하며 하늘과 땅, 그리고 바다에서 발사할 수 있는 핵탑재 미사일을 가지고 싶어 한다.

합리성에 대한 비판도 있다. 억제자가 자살적 수준의 위협(suicidal threat)을 할 수도 있고 피억제자가 결사항전으로 억제에 대항할 수도 있기 때문이다. 특히 합리성에 역행하려는 인간의 심리 중 가장 큰 것이 거울 이미지(mirror image)로 인해 발생하는 오해(misperception)인데 피억제자는 억제자의 능력이나 의도를 오해할 수 있다. 그러나 무엇보다도 피억제자가 위험을 감수하겠다는 행동(risk-taking behaviour)을 하게 되면 억제는 불가능하다. 오히려 피억제자는 억제자에 대해 계산된 모험을 시도할 수도 있다.

억제와 방어는 자국이나 동맹을 물리적 공격으로부터 보호한다는 차원에서 비슷하다. 두 개의 목적은 타국이 자국을 손상시키는 행동을 하지 않도록 상대방을 설득하여 이를 단념(dissuasion)시키는 것이다. 방어는 적이 정복할 수 없는 자국의 군사력을 보여 줌으로써 적을 단념시키는 것이고, 억제는 보복적 응징의 확실성을 보여줌으로써 적을 단념시키는 것이다.[3]

---

3) Robert J. Art, *ibid.*, p. 143.

억제의 유형에는 4가지가 있다. 일방적 억제(unilateral deterrence)는 적대국가 간에 군사력이 비대칭일 경우 성립된다. 핵무기를 가진 국가와 그렇지 못한 국가 사이에는 일방적 억제가 성립된다. 또한 서로가 재래식 무기를 가지고 있다고 하더라도 군사력의 차이가 현저하게 날 경우 일방적 억제가 가능하다.

상호억제(mutual deterrence)란 적대국가들이 서로가 서로에게 억제 정책을 실시하는 것을 말한다. 적대 국가 상호간에 서로 핵무기를 보유하고 있을 때, 서로가 공격을 하지 못하도록 정책을 추진하게 되면 상호 핵억제가 된다. 대표적인 것이 상호확증파괴(MAD: Mutual Assured Destruction)이다. MAD가 성립되려면 먼저 공격을 당하더라도 상대방을 확실히 파괴할 수 있는 제2격 능력(second strike capability)을 서로가 보유해야 하며, 서로가 핵공격에 노출되어 있어야 한다.[4] 따라서 서로는 핵 운반수단을 파괴할 수 있는 탄도미사일 요격체제(BMD: Ballastic Missile Defense System)를 가지면 안 된다.[5] 이를 위해 1972년 미국과 구 소련은 탄도탄 방어체제 비소유 협정(ABM: Anti Ballastic Missile System)을 체결하였다. 그러나 이 협정은 2002년 6월 미국이 일방적으로 탈퇴함으로써 그 효력이 상실되었고 이를 계기로 미국은 미사일 방어(MD: Missile Defense)체제를 강화하고 있다.

확장억제(extended deterrence)란 억제자가 자신뿐만 아니라 동맹이나 우방국을 보호하기 위해 공동의 적에 대해 억제력을 발휘하는 것을 말한다. 강대국이 약소국을 보호하는 것이 일종의 확장된 억제로써 핵우

---

4) 이상우, 『국제정치학강의』(서울: 박영사, 2005), p. 257.

5) ABM의 기본철학은 미국이든 소련이든 전국적 차원의 미사일 방어체계를 구축하지 않음으로써 서로의 공격에 스스로를 노출시켜 확실한 상호확증파괴를 달성하는데 있다. 미국과 구 소련은 각각 1군데에만 ABM을 설치하도록 했다. 구 소련은 모스크바 근교를, 미국은 노스 다코다(North Dakoda)주의 그랜드 폭스(Grand Forks)를 요격 미사일 방어체계 배치지역으로 선정하고 그 이외의 지역에는 요격 미사일을 배치하지 못하도록 했다.

산을 제공하는 것이 이런 사례에 속한다. 2006년 북한이 핵실험을 단행한 이후 한미 양국은 한미연례안보협의회(SCM: Security Consultative Meeting)를 통해 미국은 “한국에 대해 핵우산 제공”을 넘어 확장된 억제를 제공하기로 합의했다. 한미간에 합의된 확장된 억제의 개념 속에는 핵우산 제공과 함께 재래식 무기에 대한 억제, 그리고 미사일 방어도 포함된다. 2023년 한미정상이 발표한 워싱턴 선언은 확장억제를 위한 최고 수준의 의지 표명이자 실천을 위한 선언이었다고 할 수 있다.

그 외에도 집단억제(collective deterrence)가 있다. 집단억제란 가치를 같이 하는 여러 국가가 특정한 국가 또는 국가군에 대해 억제력을 발휘하는 것을 말한다. 국제사회가 유엔 결의안을 통해 북한이나 시리아에 대해 제재를 하고 있는 것이 집단억제에 속한다.

억제는 수 세기 동안 강대국 간의 관계를 특징적으로 보여 주었다. 억제는 1890~1914년 사이에 강대국간에 의해 사용되었고 특히 1930년대에도 현저하게 나타났다. 제2차 세계대전 후 억제는 중요한 변화를 경험하게 되는데, 바로 핵무기에 의존한 억제였다. 강대국들 사이의 억제는 생존을 유지하고 안전을 지키기 위해 무엇보다도 중요했다. 이것은 전술적 차원이 아니라 광범위한 전략적 차원이었다. 지구적인 파멸을 가져올 수 있기 때문에 강대국들은 전체적인 국제체제를 위해 부분적으로 협조하기도 하고 경쟁하기도 했다.

한국은 6.25전쟁 이후 한미연합으로 북한의 침략을 억제할 수 있었으나, 북한의 국지적 도발이나 테러에 대한 억제는 실패했다. 즉, 전쟁의 발발은 억제할 수 있었으나 국지도발이나 테러 등에 대한 억제는 실패했다는 뜻이다. 북한의 국지적 도발에 대한 억제 실패 이유는 한국에게 있다. 북한의 국지적 도발에 대한 보복적 차원의 응징이 없었기 때문에 북한은 자신이 원하는 시기와 장소에서 도발할 수 있었다. 북한이 도발하면 반드시 응징이 따를 것이라는 행동을 통한 신뢰성을 북한에 주지 못한 것이 가장 큰 원인이다.

이런 한국의 수세적 입장도 1999년 제1차 연평해전을 통해 그 흐름이 바뀌고 있다. 천안함 피격 시에는 도발의 주체를 규명하는 시간이 필요했기 때문에 즉각 응징이 곤란했으나 연평도 포격 도발시와 목함지뢰 도발시에는 비교적 빠른 시간 내에 응징이 가능했다. 향후 북한이 도발할 경우 한국 정부는 즉각 응징할 것이다.

(3) 강압(Coercion)

억제란 '적이 무엇을 시작하지 못하도록 하기 위한 의도된' 행동이라고 한다면, 강압이란 '적으로 하여금 무엇을 하도록 하는 의도된 행동'이라고 할 수 있다. 억제에 비해 강압은 그것이 성공적인지, 아닌지를 즉각 알 수 있다. 즉, 피강압국이 '무엇을 시작했으나 지금은 하지 않거나 피강압국이 무엇을 하고 있지 않다가 지금은 하고 있는 것'을 보면 금방 알 수 있기 때문이다. 억제는 적이 그의 행동을 변화시키지 않도록 예방하기 위해 고안된 것이기 때문에 '하고 있지 않은 어떤 일을 계속 안 하도록' 하는 것이다. 그러나 강압은 적의 행동을 변화시키는 것이다.

억제는 일반적으로 군사력 사용 위협만을 포함하나 강압은 군사력 사용 위협과 군사력의 실제적 사용 모두를 포함한다. 억제를 위한 위협이 행동으로 옮겨지면 그 정의상 억제는 실패한 것이나, 강압은 군사력의 위협과 실제적 사용을 모두 포함하기 때문에 위협이 시행된다고 하더라도 반드시 실패한 것은 아니다. 강압과 억제의 차이는 군사력의 공세적 및 수세적 사용과 관련이 있다. 억제적 위협의 성공은 군사력을 사용할 필요가 없는 것으로부터 측정되나, 강압적 행동의 성공은 적이 얼마나 신속히 내가 원하는 방향으로 움직이는가에 의해 측정된다.

강압은 군사력의 사용 위협과 함께 실제 군사력 사용을 모두 포함하기 때문에 억제에 비해 그 조건이 더 까다롭다. 따라서 강압의 조건은 억제의 조건인 3C+R+O는 물론이고 이에 더하여 긴박감 조성이 포함되어야 한다. 긴박감 조성 방법은 최후통첩, 세부적인 행동 요구 내용 전달, 순응기간 명시 또는 피강압자의 대답 기간 제시, 비순응에 대한 처벌의 내용과 수준 제시, 신뢰성 증대를 위한 군사력의 본보기적 사용이나 한정된 사용 등이 이에 해당한다. 또한 시도 후 관망(try and see)하는 방법도 사용된다. 강압자의 요구만 제시하되(예를 들어, 금지선만 제시), 순응 시간 명시나 실제적인 군사력 사용은 하지 않는다. 점진적 목조르기(screwdriver) 방법도 사용된다. 상대방이 행동을 변화시킬 때까지 점진적으로, 그리고 단계적으로 위협을 증가시켜 나가는 방법이다.

강압은 3가지 단계로 이루어진다.[6] 첫 번째 단계는 만약 피강압국이 행동을 바꾸지 않으면 군사력을 사용하겠다는 위협을 발하는 외교적 단계이다. 두 번째 단계는 군사력의 과시적 사용(demonstrative use)으로써 실제 군사력을 본보기용으로 사용하거나 한정적으로 사용하는 단계이다. 세 번째 단계는 군사력의 전면적 사용, 또는 전쟁의 단계이다. 첫 번째 단계는 적에 대해 물리적으로 군사력을 사용하는 것이 아니라 단지 사용할 것이라고 위협만 한다. 두 번째 단계는 자국의 이익을 보호하고 필요시 더 많은 군사력을 사용할 것이라는 결의를 과시할 정도로 충분한 군사력을 사용한다. 세 번째 단계는 전쟁이다. 여기서 강압이란 통상 세 번째 단계를 제외한 첫 번째 및 두 번째 단계를 말한다.

제1차 걸프전시, 미국은 유엔 안전보장이사회 결의를 통해 이라크에

---

6) Robert J. Art, "Coercive Diplomacy," in Robert J. Art and Robert Jervis ed., *International Politics: Enduring Concepts and Contemporary Issues*, 8th ed.(New York: Pearson and Longman, 2007), p. 165.

게 쿠웨이트에서 즉각 철수할 것을 요구했다. 이것은 최후통첩에 해당하는 것이었다. 그 이후 미국은 유엔 안보리 결의에 따라 이라크에 대한 제재를 점점 더 강하게 부과하였고 해상 봉쇄를 단행한 후에 이라크를 공격했다. 이것은 점진적 목조르기에 해당한다.

강압은 억제보다 더 어렵다.[7] 이것은 본질적으로 상대방이 하던 행동을 계속하도록 하는 것보다 행동을 바꾸도록 하는 것이기 때문이다. 강압적 행위는 강압자의 가시적 시도에 반응하여 상대방이 가시적인 방법으로 행동을 바꿀 것을 요구한다. 반대로 억제는 상대방이 체면 손상 없이 억제를 무시한 것처럼 보이거나 수용한 것처럼 보이기 때문에 강압에 비해 더 쉽다. 행동을 명확히 바꾸는 것보다 아무것도 하지 않는 것이 체면을 덜 잃게 되기 때문이다. 강압은 억제에 비해 본질적으로 달성되기 더 어려운데, 그 이유는 그 목표들이 더 모호해서가 아니라 강압당하고 있는 국가가 치욕감을 느끼기 때문이다.

만일, 피강압국이 강압국의 강압에 순응한다면 피강압국은 국가 체면의 손상과 창피를 감수해야 한다. 이런 연유로 피강압국은 오히려 강압국의 요구에 반대되는 행동을 취하는 경우가 많다. 이런 행동을 취할 경우, 피강압국의 지도자는 오히려 국민들로부터 지지를 더 받게 되는 이상한 현상이 벌어지게 된다. 따라서 피강압국의 입장에서 보면, 강압국의 요구에 응하지 않는 것이 국가의 체면과 위신도 지킬 수 있고 국민들로부터 지지도 더 많이 받을 수 있다고 생각한다. 소위 말하는 강압의 역설 현상이 생기는 것이다. 사실 이라크의 후세인 대통령, 세르비아의 밀로세비치 대통령, 그리고 베네수엘라의 우고 차베스 대통령이 그러했다. 이런 연유들로 인해 강압은 억제보다 더 어렵다.

억제와 강압의 성공률을 비교해 보면 다음 〈표 6-2〉와 같다.

---

7) Robert J. Art, "Coercive Diplomacy," *ibid.*, pp. 165-172.

〈표 6-2〉 억제와 강압의 성공률 비교

전략 또는 수단의 형태	성공률
강압(군사적 위협 또는 사용)	32%
경제 제재	25~33%
확장된 억제	57%

* 출처: Robert J. Art, "Coercive Diplomacy," in Robert J. Art and Robert Jervis ed., *International Politics: Enduring Concepts and Contemporary Issues*, 8th ed.(New York: Pearson and Longman, 2007), p. 173.

강압의 조건도 억제의 조건만큼이나 비슷한 문제점들을 안고 있다.[8] 주로 능력, 신뢰성, 합리성, 그리고 대안제시와 관련된 내용들이다.

첫째, 만약 피강압국이 강압에 대항할 수 있는 무기체계나 외교 등의 기술을 가지고 있다면 강압은 거의 불가능해진다. 강압자의 과업은 만약 피강압국이 그의 행동을 중지하지 않으면 엄청난 고통과 어려움이 뒤따르게 될 것이라고 확신시키는 것이다. 그러나 피강압국이 강압자의 수단을 좌절시키거나 현저히 완화시킬 수 있거나, 또는 오히려 강압자에게 위험을 부과시킬 수 있다고 믿는 무기체계나 기술 등을 가지고 있다면 강압은 이루어지지 못한다. 통상 반강압(counter-coercion)으로 통칭되는 이런 능력을 가지고 있다고 확신하면 피강압국은 자신의 의지를 결코 포기하지 않을 것이다.

둘째, 강압자의 의지를 피강압자가 오해하면 강압은 곤란하다. 강압자가 긴박감을 조성하고 군사력 사용을 고조시키겠다는 강력한 의지를 가지고 있다고 하더라도 피강압국이 강압국의 위협과 한정된 군사력의 사용을 강압국의 약한 의지로 인식할 수 있다. 피강압자는 만약 강압자가 그의 목표에 집착한다면 왜 처음부터 큰 펀치를 날리지 않는지를

8) *Ibid.*

의심할 수 있기 때문이다. 강압자가 강압의 단계를 밟아나가는 것을 피강압자는 강압자가 대규모 군사력을 전개할 의지가 없거나 무능력하다고 볼 수도 있다. 걸프전은 강압에 실패했기 때문에 전쟁으로 이어졌다. 코소보전을 각오했던 밀로셰비치도 나토 동맹이 며칠 동안 폭격하고 나면 동맹은 계속해서 단결할 수 없을 것이고 따라서 엄청난 폭격도 중지될 것이라고 오해했다. 이라크전을 각오했던 후세인도 미국의 지상군이 이라크에서 많은 피를 흘리게 되면 미국의 반전 여론이 높아져서 월남전과 비슷한 결과를 가져올 것이라고 오해함으로써 전쟁으로 연결되었다.

셋째, 합리성과 관련된 것이다. 만약 피강압국이 강압국의 요구대로 행동을 변화시킨다면, 이것이 강압자의 마지막 요구인지 또는 여러 요구 중의 첫 번째 요구에 불과한 것인지를 알 수 없다는 것이다. 심지어 강압자가 더 많은 것을 요구하지 않는다고 하더라도, 이 강압자에게 주게 되는 어떤 효과는 다른 강압자에게도 나쁜 영향을 주게 된다고 생각할 수 있다. 이런 점에서 피강압국은 1930년대 후반 영국 지도자들이 히틀러와 거래를 했을 때 직면했던 그런 비슷한 상황에 처하게 된다. 즉, 유화정책이 히틀러를 만족시킬까? 아니면 이것은 단지 히틀러의 맛보기(appetite)에 해당되는 것일까? 이런 상황을 목도한 다른 잠재적 강압국들도 비슷한 것을 요구하지 않을까? 피강압국의 고민이 바로 여기에 있는 것이다. 피강압국은 타자로부터의 압력에 대한 그의 대응이 어떻게 그의 명성에 영향을 미칠지를 결코 무시할 수 없기 때문이다.

마지막으로, 강압국이 포기의 대가로 대안을 제시해도 피강압국이 이를 받아들이기를 꺼려할 수 있다. 강압자의 요구를 들어주면, 피강압자는 자신들이 심각한 군사력 약화에 직면하게 될 것이라고 계산할 수 있다. 그래서 피강압국의 포기는 저항할 수 있는 미래 역량이 심각하게 줄어든다는 것을 의미하기 때문에, 오히려 이것을 지키겠다는 동기가 극적으로 상승하게 된다. 강압의 수용은 피강압국에게는 일방적 무장해제로 보인다. 이렇게 되면 피강압국의 의지에 대한 그의 명성과 강한 저항 능력이 모두 꺾이게 된다. 이런 연유로 피강압국은 강압국의 요구 수용보다는 오히려 저항을 택할 수도 있다. 사실 강압자와 피강압자 사이에는 종종 겁쟁이 게임(chicken game)이 일어나기도 한다.

아트(Robert J. Art)는 강압외교의 어려움을 주장하면서 정책결정자들에게 다음과 같은 여섯 가지의 가이드라인을 제시하고 있다.[9]

- 강압외교는 어렵고 성공률은 상대적으로 낮다.
- 시행되고 있는 강압외교의 결과를 측정하기 어렵다.
- 피강압국에 비해 우월한 군사력를 소유하고 있다고 하더라도 이것이 곧 강압외교의 성공을 보장하는 것은 아니다.
- 긍정적 유도(대안 제시)같은 것이 성공 비슷한 것을 향상시키는 것으로 보이지만, 위협이나 군사력의 본보기적 사용 또는 한정된 사용 이후에 이런 대안들이 제공될 때만 그렇다.
- 과시적 거부는 강압외교의 한정된 처벌보다 더 잘 작동한다.
- 전쟁으로 갈 준비가 되어있지 않은 이상 강압외교에 의존하지 말거나 만약 전쟁을 각오하지 않는다면, 적절한 탈출구를 마련하지 않는 한 강압외교에 의존하지 마라.

아트의 가이드 라인은 강압이 얼마나 어려운지를 잘 보여 준다. 만일 강압자가 강압을 빈번하게 사용하거나 강압을 실제 행동으로 옮기지 못한다면 오히려 강압자에 대한 신뢰성이 추락할 것이고 강압자의 명

9) Robert J. Art, "Coercive Diplomacy," in Robert J. Art and Robert Jervis ed., *International Politics: Enduring Concepts and Contemporary Issues*, 8th ed.(New York: Pearson and Longman, 2007), p. 172.

성에도 좋은 못한 결과를 가져올 것이다.

겁쟁이 게임

겁쟁이 게임이란 1950년대 미국 젊은이들 사이에서 유행하던 자동차 게임의 이름이었다. 이 게임의 방법은 도로의 양쪽에서 두 명의 경쟁자가 자신의 차를 몰고 정면으로 돌진하는 것이다. 핸들을 꺾는지 여부가 게임의 결과를 좌우하며 핸들을 꺾은 자는 그 순간부터 겁쟁이가 된다.

4가지 종류의 게임 결과가 나타난다, 2명 모두 핸들을 꺾거나, 2명 모두 서로 정면 충돌하거나, 갑만 핸들을 꺾거나, 또는 을만 핸들을 꺾을 수 있다. 2명 모두 핸들을 꺾을 경우, 생명은 건질 수 있으나 2명 모두 겁쟁이라는 놀림을 받을 수밖에 없다. 2명 모두 핸들을 꺾지 않을 경우 2명 모두 사망한다. 용감하다는 평가는 받을 수 있어도 하나 뿐인 생명을 잃게 된다. 갑이나 또는 을만 핸들을 꺾을 경우, 핸들을 꺾은 자는 겁쟁이가 된다. 생명을 담보한 게임이기 때문에 가장 나쁜 게임에 속한다.

국제정치에서도 이런 겁쟁이 게임이 가끔씩 등장한다. 특히 강압국과 피강압국 사이에서 이런 현상이 발생할 수 있다. 북한 핵문제를 둘러싼 미국과 북한과의 극단적인 대결국면도 겁쟁이 게임에 속한다. 게임을 벼랑 끝으로 몰고 가려면 어느 일방이 핸들을 제거했다고 소리를 치거나 또는 브레이크를 제거했다고 소리칠 수도 있을 것이다.

(4) 과시(Swaggering)

군사력의 4번째 역할은 과시이다.[10] 과시는 방어, 억제, 또는 강압의 목적에 비해 어느 정도 잔여(殘餘)적 카테고리에 해당된다. 과시는 타국이 공격하지 못하도록, 또는 타국에 대해 보복적 공격을 하기 위해, 또는 타국의 행동을 강제적으로 변화시키기 위한 것도 아니다. 과시의 목

10) Robert J. Art, *ibid.*, pp. 145-146.

표는 더 애매하다. 과시는 통상 한 두 가지 방법으로 표현되는데, 군사 연습과 군사 퍼레이드 그리고 그 시기 가장 품위 있는 무기의 구입 등이다. 군사력의 과시는 국민들의 국가적 자부심을 향상하거나 통치자의 개인적 야망을 만족시키는 데 그 목적이 있다.

국가와 정치가는 자신들이 보다 강력하고 중요한 것으로 보이게 하려고 과시를 하는데, 이것이 통하면 국제사회에서 자국의 위상이 높아진다고 생각한다. 만약 이미지가 향상된다면, 방어, 억제, 그리고 강압도 어느 정도 향상될 것이다. 과시는 저비용으로 정치가 자신과 국가의 위상을 제고할 수 있기 때문에 이들은 과시를 선호한다. 그러나 과시는 신중한 생각의 결과로 전개되기보다는 제3세계에서 보듯이 그 자체의 재미로 끝날 수도 있다.

군사력의 역할을 4가지로 구분하는 것이 이들을 실제 적용하는 것보다 훨씬 쉽다. 두 가지 요소 때문이다. 첫째, 행동의 목적을 판단하기 위해 그 행동 뒤에 있는 동기가 무엇인지 알기를 원하지만, 문제는 그 동기들이 행동으로부터 이미 추론될 수 있는 것이 아니라는 점이다. 그 이유는 하나의 행동에는 많은 동기들이 뒤섞여 있기 때문이다. 따라서 누구도 어느 한 국가가 공개적·공식적으로 발표하는 것으로부터 국가의 동기를 쉽게 추론해 낼 수는 없다. 이런 발표는 종종 외교적 수사로 모호하게 표현되기 때문이다.

더군다나 강압으로부터 방어를 구분하는 것은 특히 어렵고 과시로부터 억제를 구분하는 것도 어려운데 그 이유는 그들이 취하고 있는 행동의 이유나 동기를 모르기 때문이다. 평화로운 방어적 대비태세는 종종 평화로운 강압적 대비태세와 같은 것으로 보인다. 선제공격이나 예방공격은 강압적 공격과 거의 구분이 되지 않는다. 억제와 과시는 둘 다 시대의 고귀한 무기를 획득하고 전개하는 것을 포함한다. 이런 무기들이 명성을 올리기 위한 것인지 또는 적의 공격을 단념토록 하기 위한 억제의 목적으로 획득한 것인지도 애매하다.

3. 군사력의 대내적 역할

(1) 정권 찬탈 및 정권의 전위대 역할

군대는 국가의 상징이기도 하다. 국가가 있어야 군대도 존재할 수 있고, 또 군대가 있어야 국가가 존재할 수 있기 때문이다. 국가가 없는 군대는 팔레스타인이나 쿠르드처럼 저항세력에 불과하다. 따라서 군대는 국가의 상징이자 국가의 존재 이유이기도 하다. 군사력이 있어도 국가의 생존을 보장할 수 없지만 군사력 없는 국가의 생존은 생각하기 어렵다. 각 국가는 군사력의 대외적 역할 중 1~2가지 이상의 목적을 가지고 군대를 창설하여 이를 유지한다. 그러나 방어 · 억제 · 강압 · 시위 등 대외적 역할을 수행하기 위해 창설된 군이 오히려 국내의 사회 · 정치적 질서를 해칠 우려도 있다. 폭력의 수단을 거의 독점하고 있는 군대가 오히려 권력 찬탈의 도구로 이용될 수도 있기 때문이다.

민주 선진국이나 철저한 당(黨)의 군대인 공산주의 사회에서는 이런 사례가 거의 발생하지 않았으나 제3세계에서는 군사 쿠데타가 다반사로 발생하였다. 특히, 식민지를 경험한 국가들에서 이런 경향이 많았다. 독립과 동시에 과대성장한 군대가 독점적 폭력수단을 권력 찬탈에 이용했기 때문이다. 독립 이후의 한국 역사도 예외에 속하지 않는다. 국민이 뽑은 지도자를 총칼로써 갈아치울 수 있는 것은 군사력 외에는 있을 수가 없기 때문이다. 이는 군사력이 가지는 대내적 차원에서의 부정적인 역할이다. 1960~70년대에 전 세계적으로 성행했던 군부의 정권 찬탈은 탈냉전 이후에도 멈추지 않고 계속되고 있다. 아이티의 군부는 역사상 처음으로 민선으로 선출된 대통령을 군부 쿠데타로 추출하였으며, 파키스탄의 무샤라프 장군도 쿠데타를 통하여 정권을 찬탈하였다. 그 외에도 기니(2008), 니제르(2010), 이집트(2013), 말리(2020, 2021), 부르키나파소(2022), 니제르(2023) 등에서도 쿠데타가 발생했다.[11]

국내적으로 군사력이 가지는 또 하나의 부정적 역할은 군대가 정권의 전위대 역할을 한다는 것이다. 군대가 국가안보를 명목으로 시민의 자유와 권리를 탄압하는데 사용되는 것이다. 후진국의 군대는 주로 이런 역할을 수행하였고 과거 한국의 군대도 예외는 아니었다.

(2) 전쟁 이외의 활동

군사력이 4가지 대외적 역할과 앞서 언급한 부정적인 대내적 역할만 수행하는 것은 아니다. 군사력은 재난 지원, 대테러 지원의 역할을 수행할 뿐만 아니라 국외의 평화활동에 참여함으로써 국가의 위상을 제고하는 역할을 수행하기도 한다. 국군의 경우, 재난 지원이 군의 임무로 명시될 만큼 군의 역할이 중요해졌다. 태풍, 가뭄, 지진, 붕괴사고 등이 일어났을 때 군대는 국민의 생명과 재산을 보호하기 위해 동원된다. 또한 테러 사건이 발생하거나 사스(SARS), 메르스, 조류 인플루엔자, 코로나 19 등의 질병이 발생했을 때에도 군은 관련기관을 지원하는 역할을 수행한다.

전쟁 이외의 군사활동은 대내적 역할로만 한정되지 않는다. 대외적으로도 군은 외국의 재난이나 분쟁지역의 평화활동에 참여함으로써 국가의 위상을 제고시키는 역할을 수행한다. 평화활동은 군사력의 대내적 역할이 아니라 대외적 역할에 해당한다.

---

11) 말리는 2022년 자국에 주둔하던 프랑스군 2,000여 명을 철수시켰고, 부르키나파소도 2023년 자국에 주둔하던 프랑스군 400명을 철수시켰다. 부르키나파소도 2024년 미군과의 군사협정을 종료하고 자국 땅에서 미군을 철수시켰다.

제4절 군사력 평가

1. 군사력 평가의 어려움

군사력을 객관적으로 평가한다는 것은 대단히 어려운 작업이다.[12] 무엇보다도 군사력을 구성하고 있는 요소들이 대단히 복잡하고 다양하기 때문이다. Armed Forces는 8개의 구성요소, Military Forces는 9개의 구성요소, 그리고 Military Powers는 14개의 구성요소를 가지고 있기 때문이다. 또한 군사력을 현재 군사력, 또는 국가 군사력 등 어떤 수준에서 평가하는 것이 합리적인 것인지도 어렵기 때문이다.

군사력 평가가 어려운 두 번째 이유는 분석을 위한 자료 수집이 어렵다는 점이다. 물론 각국은 자국 군사력의 투명성을 확보하기 위해 국방백서를 통해서 군사력의 규모를 밝히고 있다. 그럼에도 불구하고 북한처럼 이를 밝히지 않는 국가도 존재한다.

셋째, 군사력 구성 요소 중 무형적 요소에 대한 평가가 특히 어렵다. 소위 말하는 비가시적 군사력에 해당하는 전략 및 전술 교리, 훈련정도, 군사 리더십, 사기, 그리고 군사기술 등에 대한 평가는 어렵다는 것이다. 어떤 전략과 교리가 더 좋은 것인지에 대한 평가도 어렵고 리더십과 장병들의 사기에 대한 평가도 어렵다. 자국에 대한 이런 무형적 요소의 평가도 어렵지만 잠재 적국에 대한 평가는 더더욱 어렵다.

넷째, 가시적인 유형적 요소에 대한 평가도 쉽지 않다. 비슷한 무기체계에 대한 숫자 비교는 가능하겠지만 이를 질적으로 비교한다는 것

---

12) 장문석, "군사력의 현대적 역할과 기능," 국방대학원, 『방위학 개론 II』(서울: 국방대학원, 1998), pp. 107-110.

은 어려운 일이다. 전투기라도 제 각기 성능이 다르며, 잠수함도 제 각기 성능이 다르기 때문이다.

다섯째, 군사력 구성요소에 대해 각각 비중을 어떻게 부여할 것인지도 어려운 문제이다. 어떤 요소에 더 높은 비중을 부여할 것인지, 또 같은 요소 내에서도 어떤 세부요소에 더 높은 비중을 부여할 것인지도 어렵다. 예를 들어, 14개의 구성요소 중 무기체계에 대해서는 어느 정도의 비중을 부여해야 하는지, 그리고 무기체계 내에서 잠수함의 비중은 어느 정도 두어야 하는지에 대한 어려움 등이다.

2. 군사력 평가 방법

군사력 평가는 양이나 질로 평가하느냐에 따라 정량적 분석과 정성적 분석 방법이 있다. 또한, 군사력 평가 시기에 따라 정태적 평가와 동태적 평가로 구분할 수 있다. 정량적 분석이란 군사력을 양적으로 비교하는 것이다. 결국 유형적 요소만 비교의 대상이 되지만 유형적 요소 중에서도 무기체계와 병력의 수 등이 주요 비교의 대상이 된다. 국방비도 주요 비교의 대상이 되는데 그 이유는 국방비로 군사력 건설의 양과 질을 유추해 볼 수 있기 때문이다.

정성적 분석이란 정량적 분석의 단점을 보완하기 위해 개발된 방법으로써 주로 무기체계의 성능을 질적으로 분석하는 방법이다. 이 방법은 1974년 미 육군 분석국에서 처음 시도되었는데 무기체계의 무기치사 지수, 잠재화력 지수, 잠재화력 방법을 종합하여 무기별로 상이한 특성을 구체적으로 비교 평가하는 것이다. 무기별 화력, 기동성, 생존성 등을 분석하여 이를 지수화함으로써 다양한 무기 특성을 복합적으로 고려하여 평가할 수 있다. 이를 무기효과 지수 또는 부대가중지수(WEI/WUV:

Weapon Effectiveness Indices/Weighted Unit Values)라고 한다.[13] 그러나 이 방법은 군사력의 모든 요소를 분석하기보다는 유형적 요소, 그 중에서도 무기체계에 한해서만 계량화가 가능하다는 단점이 있다.

정태적 방법이란 전쟁 개시 이전의 어느 한 시점에서 양측의 군사력을 양적, 질적으로 평가하는 방법이다. 정태적 평가는 정량적 분석인 단순 수량 비교법과 무기체계와 장비의 질적 비교와 더불어 부대가 보유하고 있는 다양한 종류의 무기들을 종합했을 때 나타나는 전력을 비교하는 무기효과지수 및 부대효과지수들을 사용하는 정성적 분석방법이 가미되는 지수비교법이 있다.

동태적 평가란 전쟁개시 일정 기간 후에 전력비교나 전력손실 비율 등을 평가하는 방법으로 카우프만(William Kaufmann) 모형, 전투상황변수 적용방법, 그리고 다양한 워 게임 모형 등이 있다. 국군과 주한미군이 동시에 참여하는 프리덤쉴드(Freedom Shield) 훈련이나 을지프리덤쉴드(UFS) 훈련시에 주로 워 게임의 방법이 적용된다.

3. 군사력 평가시 유의사항

군사력을 평가할 때 몇 가지 유의해야 할 점이 있다. 군사력 자료 획득 과정에서 오차가 발생할 수 있고 해석과정에서도 오차가 발생할 수 있다는 점을 유의해야 한다. 또한 양적 비교를 할 때 발생하는 통계의 함정도 유의해야 한다. 수적 비교를 하다 보면 질 또는 환경의 변화에 따른 효율의 변화가 도외시되는 경우가 발생할 수도 있다. 다양한 무기체계 등을 표준전력으로 환산할 때도 유의해야 한다. 또한 평화시의 투입량보다 전시의 효과에 중점을 두고 군사력을 판단해야 한다. 전시의

13) 부형욱, "군사력 비교평가 방법론 소개," 『국방정책연구』(1999년 여름), p. 277.

군사적 효과를 판단한다는 것이 매우 어렵고 부분적으로는 불가능한 작업일 수도 있다. 따라서 일반적인 평화시의 투입량 위주로 흐르게 되는데 이렇게 되면 정성적 분석은 도외시한 채 정량적 분석에만 집착할 수 있다. 지나치게 보수적으로 평가하는 것도 위험하지만 낙관적으로 평가하는 것은 더욱 위험하다. 보수적으로 평가할 경우 한정된 자원이 군사력 건설에 많이 투입되어야 하고, 낙관적으로 평가할 경우에는 방어에 실패할 수 있기 때문이다.

자주국방은 신기루에 불과하고 또 그 개념 자체는 많은 모순을 안고 있지만 전혀 무의미하기만 한 것도 아니다. '적절한' 규모의 군사력을 건설하기 위해 국민들을 동원하고 대내외적으로 해당국가의 의지를 천명함으로써 외부의 위협 감소 효과는 물론 국민들의 자긍심도 향상시킬 수 있기 때문이다. 자주국방 정책은 현존 및 미래에 다가올 내외부의 위협, 잠재 적대국과의 군사력 평가 등을 통해 수립된다. 한국은 정부 수립 이후 두 번에 걸쳐서 자주국방을 안보의 전면에 등장시켰다.

제5절 한국의 자주국방

1970년대 등장한 자주국방은 박정희 정부에 의해 추진되었다. 1970년대 초까지만 하더라도 북한의 GDP는 한국보다 많았다. 북한은 식민지 유산으로 물려받은 중공업을 중심으로 경제성장을 이룩하였고 이를 바탕으로 군사력을 증강하기 시작했다. 1962년부터 '전군의 현대화,' '전군의 간부화,' '전인민의 군인화,' 그리고 '전국의 요새화' 등 4대 군사노선을 추진하기 시작했다. 한국이 월남에 군사력을 파병한 기간 동안, 북한은 조직적으로 군사적 도발을 감행하였다. 1968년의 1.21청와대 기습사건과 울진·삼척지구 무장공비 침투사건 등이 대표적이다. 한국의 안보 상황이 악화되고 있었음에도 불구하고 미국은 1969년 닉슨 독트린을 발표하였다. 그 골자는 '자국의 안보는 자국이 일차적으로 책임져야 한다'는 것이었다. 미국은 일본과 한국에 주둔 중인 미군을 일부 감축하기로 결정하였고 실제로 주한 미 제7사단이 1971년 3월에 철수하였다.

박정희 정부는 북한으로부터 위협이 증가함에도 불구하고 주한미군의 일부가 철수하자 취약성이 더 커지는 극도의 안보 불안 상황에 직면하게 되었다. 이런 안보 상황에서 등장한 것이 '자주국방'이다. 박 대통령은 자조(自助), 자립(自立), 자위(自衛)의 정신에 입각하여 자주국방을 추진하기 시작했다. 국방과학 연구소의 창설, 핵무기의 개발, 군수산업체의 육성, 그리고 새로운 무기체계의 도입 등이 그 핵심이다. 비록 핵무기의 개발은 미국의 방해로 '무궁화 꽃이 필 수' 없었지만 창설된 국방과학연구소는 한국형 소화기 개발을 넘어 미사일 등 첨단무기체계도 개발해 내고 있다. 이때 육성된 군수산업체는 소화기 및 탄약의 수입대체를 넘어 한국형 전차와 장갑차, 자주포는 물론 함정, 잠수함, 미사일, 헬기, 고등훈련기와 전투기 등을 생산하고 있다. 새로운 무기체계의 도입은 '율곡 사업'으로 구체화되었는데, 연도별 군사력 증강계획이 세부적으로 적시되었다. 특히, 율곡 사업은 1974년부터 1996년까지 3차에 걸쳐서 진행되었다. 세부 내용은 〈표 6-3〉과 같다.

제1차 율곡 사업은 최소 방위전력을 확보하는 데 중점을 두었으며, 제2차 율곡사업은 방위전력을 보완하는 데 중점을 두었다. 제3차 율곡사업은 방위전력을 완비하고 미래형 전력 기반을 조성하는 데 목표를 두었다.

〈표 6-3〉 주요 방위력 개선 추진 현황

구분	제1차 율곡 (1974-81)	제2차 율곡 (1982-86)	제3차 율곡 (1987-96)
투자비 (국방비 대비)	3조 1,402억원 (31.2%)	5조 3,280억원 (30.5%)	26조 105억원 (32.0%)
추진 내용	• 노후장비 교체 • 전방지역 진지구축 • 고속정 건조 • 항공기(F-4) 구매	• 자주포, 한국형 전차, 장갑차 개발 • 주요 전투함정 건조 • F-5 전투기 기술도입 생산	• 전차, 장갑차, 자주포 양산 • 헬기, 잠수함, F-16 전투기 기술도입 생산

* 출처: 국방부, 『국방백서 1996-97』(서울: 국방부, 1996), p. 89.

박정희 정부의 자주국방은 북한의 위협에 대한 한국의 취약성을 줄이는 데 초점을 맞추었다. 1975년 월남의 패망으로 안보 환경이 더욱 악화되자 자주국방이라는 슬로건이 국민들 속으로 침투하기가 더 용이해졌다. 방위세법이 제정된 것도 이때였다. 국민들도 흔쾌히 자주국방의 슬로건에 동참하였고 시간이 경과할수록 내부적 취약성은 현저히 줄어들기 시작하였다. 자주국방 슬로건이 전력화라는 가시적인 결과로 나타났기 때문이다.

1997년부터는 율곡계획이라는 명칭 대신 '방위력 개선사업'이라는 이름으로 전력 증강 계획이 추진되다가 2006년부터는 국방개혁이라는 명칭으로 전력증강이 추진되기 시작했다. 소위 말하는 제2차 자주국방의 시작이었다.

제2차 자주국방은 노무현 정부 초기에 등장하였고 그 비전은 대통령의 훈시 속에서 드러났다. 노대통령은 2003년 8.15 경축사와 국군의 날 치사에서 "10년 이내 '자주국방'의 역량을 갖출 수 있는 토대를 마련하고", "군의 정보와 작전기획능력을 보강하라"고 강조했다. 물론 "자주국방과 한미동맹은 상호보완적인 관계"라는 것도 잊지 않고 강조하였다. 노대통령의 '자주국방' 비전은 「국방개혁 2020」으로 구체화되었다. 국방개혁의 4대 중점은 국방의 문민기반을 확대하고, 현대전 양상에 부합된 군구조 및 전력체계를 구축하며, 저비용·고효율의 국방관리체제로 혁신하고, 시대상황에 부응하는 병영문화를 개선하는 것이다. 이 중에서도 현대전 양상에 부합된 군구조 및 전력체계 구축이 국방개혁의 핵심인데, 그 내용은 양적 위주의 군구조를 질적 위주로 바꾸는 것이었다.

2006년부터 2020년까지 투입되는 국방비는 총 621조(수정 후에는 약 590조) 규모였다. 그러나 2006년부터 2010년까지 이미 130조 가까운 국방비가 투자되었고, 2011년부터 2015년까지 약 160조 가까운 국방비가 투입되도록 예정되어 있었다. 그렇다면 마지막 5년 동안 약 300조 가까운 국방비가 투입되어야 수정된 「국방개혁 2020」을 달성할 수 있다. 결국 예산이 뒷받침되지 못하자 국방개혁 2020은 수정되었다. 제1, 2차 자주국방의 몇 가지 서로 다른 특징을 살펴보면 다음과 같다.

우선, 제1차 자주국방은 외부의 위협과 내부적 취약성이 동시에 커지고 있는 상황에서 추진되었던 반면, 제2차 자주국방은 햇볕정책의 영속화로 인해 북한의 위협이 상대적으로 줄어든 상황에서, 그리고 제1차 자주국방의 결과로 내부적 취약성도 어느 정도 줄어든 상황에서 제기되었다는 특징이 있다. 둘째, 제1차 자주국방은 주로 북한의 위협에 대응하기 위한 것이었다고 한다면, 제2차 자주국방은 주변의 잠재적 적국의 위협까지를 어느 정도 고려한 것이었다고 할 수 있다. 셋째, 제1차 자주국방은 군사력 건설에 초점을 맞춘 반면, 제2차 자주국방은 국방개혁에 초점을 맞추었다. 넷째, 제1차 자주국방은 주한미군 철수의 반대급부로 미국으로부터 상당한 군사원조를 받아서 진행되었던 반면, 제2차 자주국방은 미국의 전세계 미군 재조정 계획(GPR)에 따라 주한미군의 배치도 조정됨으로써 오히려 그 소요경비를 한국이 부담하는 형태로 진행되었다.

제2차 자주국방이 가지고 있는 이런 특징에도 불구하고 노대통령의 이데올로기와 관련된 드러나지 않는 특징이 있음을 간취할 필요가 있다. 취임 첫해의 8.15 경축사와 국군의 날 치사 속에 대통령의 의지가 분명히 표현되어 있다. 노대통령은 정보 및 작전기획능력의 대부분을 주한미군에 의존하고 있는 상황에서 벗어나는 것을 '자주국방'으로 인식한 것으로 보인다. 결국 2012년 4월, 전시작통권 전환과 함께 한미연합사를 해체하는 것이 노대통령이 인식한 '자주국방'인 셈이다.

자주국방은 취약성을 줄이는 데 목적이 있다. 그러나 그 구호가 정치적 목적을 띠게 되면 자주국방은 국방의 목적과 함께 정치적 목적도 달성해야 한다. 박정희 대통령의 자주국방은 대내적 성격의 정치적 목적을 가지고 있었다. 예비군의 창설, 학도호국단의 창설, 민방위대 창설 등을 통하여 유신체제를 강화할 수 있었기 때문이다. 노무현 대통령의 자주국방은 대외적 성격의 정치적 목적을 가지고 있었다. 한미연합지휘체제를 해체하고 독자적 지휘체제를 갖게 됨으로써 대외적 '자주성'을 향상시킬 수 있다고 믿었기 때문이다.

2020년을 목표로 했던 「국방개혁 2020」은 2011년, '국방선진화추진위원회'의 건의를 바탕으로 2030년을 목표로 하는 「국방개혁 기본계획 2010-2030」으로 조정되었고 개혁의 과제는 73개로 확정되었다. 문재인 정부는 북한의 비대칭적 위협과 국지도발 및 전면전에 동시대비하는 「국방개혁 2.0」을 추진했다. 윤석열 정부는 제4차 산업혁명 과학기술을 기반으로 북한 핵·미사일 대응, 군사전략 및 작전개념, 첨단 핵심전력, 군구조 및 교육훈련, 국방과학기술 분야를 혁신하여 경쟁우위의 AI과학기술강군을 육성하겠다는 「국방혁신 4.0」을 추진 중이다.

토론 주제

1. 북한에서도 국방의 딜레마가 발생할 수 있는가? 그 근거는 무엇인가?
2. Armed Forces, Military Forces, 그리고 Military Powers를 적절한 한국어로 번역한다면?
3. 군사력의 구성요소에 새롭게 추가하거나 제거할 수 있는 요소는 무엇인가?
4. 미국의 이라크전은 방어적 차원에서의 선제공격인가? 또는 예방공격인가?
5. 강압이 억제보다 더 어려운 이유는 무엇인가?
6. 억제국이나 강압국이 당근을 제시해도 피억제국이나 피강압국이 이를 즉각 수용하지 못하는 근본적인 이유는 무엇인가?
7. 탈냉전 이후 강압과 억제의 성공 및 실패 사례를 들 수 있는가?
8. 한국 국방비가 북한 국방비보다 압도적으로 많음에도 불구하고 북한의 국지도발을 억제하지 못하는 이유는 무엇인가?
9. 미국은 북한의 핵무기 개발을 포기하도록 강압할 수 있다고 보는가?
10. 「국방개혁 2.0」과 「국방혁신 4.0」의 차이점은 무엇인가?

더 읽으면 좋은 글

1. Michael W. Doyle, *Striking First Preemption and Prevention in International Conflict*(New Jersey: Princeton University Press, 2008).
2. Robert J. Art, "The Four Functions of Force," Robert J. Art and Robert Jervis ed., *International Politics: Enduring Concepts and Contemporary Issues*, 8th ed.(New York: Pearson and Longman, 2007).
3. Robert J. Art, "Coercive Diplomacy," in Robert J. Art and Robert Jervis ed., *International Politics: Enduring Concepts and Contemporary Issues*, 8th ed.(New York: Pearson and Longman, 2007).
4. 국방부 군사편찬연구소, 『국방정책 변천사 1988~2003』(계룡대: 국군인쇄창, 2016).
5. 국방부 군사편찬연구소, 『국방 100년의 역사: 1919~2019』(계룡대: 국군인쇄창, 2020).

제7장 동 맹

개 요

외부의 위협에 대한 내부의 취약성을 줄이기 위한 가장 이상적인 방법은 자주국방이다. 그러나 자주국방은 안보딜레마와 국방의 딜레마를 가져오기 때문에 결코 현실적이지 않다. 동맹은 자주국방에 비해 국가의 자율성이 제약당하는 단점이 있음에도 불구하고 많은 국가들은 국가 자율성과 내부의 취약성 감소에 대한 이익계산을 통하여 동맹을 체결한다. 국가들이 동맹을 선호하는 이유는 동맹국의 군사력을 자국의 군사력처럼 쓸 수 있을 것이라는 믿음 때문이다.

이런 연유로 동맹의 역사는 전쟁의 역사만큼이나 오래되었다. 고대 유럽의 도시국가에서도 동맹은 있었고 중국의 춘추전국시대에도 동맹은 있었다. 그러나 역사적 사례에서 보듯이 동맹은 동맹국의 믿음만큼 잘 수행되지 못했다. 동맹을 이탈하거나 심지어 동맹을 배반하는 사례도 있었다. 그럼에도 불구하고 동맹은 오늘날까지도 그 생명력을 유지하고 있다. 이는 동맹이 그만큼 필요하다는 것을 역설적으로 보여주고 있다.

제7장에서는 동맹의 개념, 동맹의 흥망성쇠, 동맹의 딜레마, 그리고 한미동맹 등이 서술될 것이다.

제1절 동맹의 개념

1. 동맹의 유형

동맹(alliance)이란 "두 개 이상의 자주국가들 간의 안보협력을 위한 공식적 또는 비공식적 협정"[1]이다. 이 정의에 의하면 동맹에는 방위조약뿐만 아니라 중립, 불가침 협정, 협상, 그리고 제휴 등도 포함된다. 군사동맹이란 "외부의 위협에 대항하여 군사력의 균형을 유지하거나 공동의 적에 대항하기 위한 것"[2]으로써 "2개 국가나 그 이상의 복수 국가간의 합의에 의해 성립되는 집단적 방위의 방식으로써 군사적 공동행위를 맹약하는 제도적 장치나 사실적 관계"[3]를 말한다. 군사 동맹은 방위조약(defense pact)의 형태로 나타나는데, 한 국가가 적대국에게 침략을 당했을 경우, 다른 모든 서명국들이 공동으로 전쟁에 참여하기를 약속하는 형식이다. 한미동맹, 미일동맹 등이 2개국 간의 군사동맹이라고 한다면, NATO와 과거의 WTO는 복수국가들 간의 군사동맹이라고 할 수 있다.

중립은 중립조약(neutrality pact)에 의해 성립된다. 중립조약이란 "특정국가가 전쟁을 하지 않을 것을 약속하고 동시에 다른 체약국들이 그 국가의 독립과 영토의 보전을 존중할 것을 약속하며, 만약 이것이 침해될 경우에는 다른 체약국들이 원조할 것을 보장하는 조약"을 말한다.

---

1) Stephen M. Walt, *The Origins of Alliances*(Ithaca: Cornell University Press, 1987), p. 12.

2) Stephen M. Walt, "Alliance in Theory and Practice: What lies Ahead?" *Journal of International Affairs*, Vol.43, No.1(Spring 1989), p. 4.

3) 국방대학원, 『안보관계 용어집』(서울: 국방대학원, 1998), p. 22.

1815년 비엔나 회의의 결과로 대표되는 범유럽적인 근대적 국제질서와의 연관 속에서 이루어진 스위스의 중립화 사례가 그 대표적이다. 국가들간에 조약으로 체결되지는 않았지만, 중립을 표방한 사례들도 있다. 미국이 유럽의 문제에 관여하지 않겠다고 선언한 몬로(James Monroe) 대통령의 고립주의도 일종의 중립주의라고 할 수 있다. 1955년 인도네시아 반둥에서 태동한 비동맹 운동(non-alignment)도 중립주의의 한 유형이라고 할 수 있다.

불가침조약(nonaggression pact)이란 "체약국들 간에 서로 침략을 하지 않을 것을 약속하거나 서명국 중 어느 한쪽이 제3국으로부터 침공을 받았을 때 서명국들은 서로 간에 전쟁을 선포하지 않겠다고 서약"하는 것이다. 비록 전쟁 발발시 서로를 원조하겠다는 약속은 아니지만 서로에 대해 침략하지 않겠다는 약속인 관계로 네거티브(－)적 성격을 지닌 동맹이라고 할 수 있다. 1939년의 독소 불가침 조약이 그 대표적인 사례이다.

협상(entente)이란 "서명국들 중 어느 한 국가가 제3국으로부터 침략을 당했을 경우 서명국들간에 서로 공조체제를 유지할 것인지 등에 관한 차후의 대책을 서로 협의할 것에 동의하는 관계"를 말한다. 1881년, 독일 · 오스트리아 · 이탈리아 간의 삼국동맹(Triple Alliance)에 공동대처하기 위해 프랑스와 러시아 간에 체결된 1891년의 프 · 러협상, 1894년에 맺어진 프 · 러 동맹, 1904년의 영 · 프 협상, 그리고 1907년의 영 · 러 협상 등이 이러한 사례에 속한다.

제휴(coalition)란 '공동의 목표를 달성하기 위해 일시적으로 동맹을 형성하는 관계'를 말한다. 군사분야에 있어서 제휴란 비교적 최근에 등장한 개념이다. 제휴란 여기에 참여하는 국가들끼리 협정을 체결하는 것이 아니라 '의지의 동맹(alliance of willing)'에 참여하는 것을 말한다.

다국적군(multinational forces)이 이런 유형의 동맹에 속한다. 의지의 동맹은 어떤 목표를 달성하고 나면 자동적으로 해체된다. 의지의 동맹에 속한 국가들은 자국 군인이 기대 이상으로 희생되는 등 여러 가지 이유로 인해 목표를 달성하기 전에 의지의 동맹에서 탈퇴할 수도 있다. 수십 개 국가들이 걸프전, 동티모르 독립전쟁, 보스니아-헤르체코비나전, 이라크전, 아프가니스탄전 등에 의지의 동맹국으로써 참여했다.

2. 동맹의 분류

동맹을 몇 가지 기준에 의해 분류해 보면 다음과 같다. 지리적 범위에 의해서는 범세계적 동맹과 지역적 동맹으로 구분된다. 미국과 구 소련이 전세계를 대상으로 맺은 동맹이 범세계적 동맹이다. 지역적 동맹이란 지역 단위의 동맹으로써 북대서양조약기구(NATO: North Atlantic Treaty Organization)와 바르샤바조약기구(WTO: Warsaw Treaty Organization) 등이 대표적이다.

동맹 참가자에 의해서는 양자동맹과 다자동맹으로 분류된다. 양자동맹이란 두 국가간의 동맹으로써 한미동맹, 미일동맹 등이 대표적이다. 다자동맹이란 다수의 국가들이 동맹을 체결하는 것으로써 NATO와 WTO가 대표적이다.

이익의 성격에 의해서는 동종(同種)이익동맹(identical)과 이종(異種)이익동맹(complementary)으로 구분된다. 동종이익동맹이란 동맹참가자가 동맹으로부터 받는 혜택 혹은 동맹형성의 목적이 같은 종류의 것일 때를 의미한다. 영미동맹이 대표적인 사례이다. 이때의 동맹은 물질적인 것일 수도 있고 정치·사상적인 것일 수도 있다. 이종이익동맹이란 동맹참가자가 동맹으로부터 받는 혜택이 다른 종류의 것일 때를 의미한다. 통상 상호보완의 관계가 많다. 한미동맹이 대표적인 사례인데, 한국은 국가안보를 위해, 그리고 미국은 한국 안보에 대한 책임과 함께 미군의 전진배치를 통한 동아시아 세력균형과 일본 방위를 위한 이익이 있다.

동맹참가자의 국력을 기준으로 본다면 대칭적 동맹(symmetric alliance)과 비대칭적 동맹(asymmetric alliance)으로 분류할 수 있다. 이 부분은 뒤에서 후술할 것이다.

3. 공고한 동맹이 되기 위한 원칙

공고한 동맹이 되기 위해서는 몇 가지 원칙이 요구된다.[4] 우선, 동질성의 원칙(principle of homogeneity)이 요구된다. 이념의 동질성, 가치의 동질성, 문화의 동질성이 크면 클수록 공고한 동맹이 되기 쉽다. NATO의 경우는 이념, 가치, 문화면에서 어느 동맹보다도 동질성이 크다고 볼 수 있다. 어느 한 분야의 동질성이 반드시 동맹관계를 공고화하는 것은 아니다. 이념적 동질성이 강했던 중소동맹(1950~1980)은 형식상 동맹을 유지했지만, 실제적으로는 아무런 효과를 발휘하지 못했다. 오히려 1970년대의 미중협조(entente)가 중소동맹보다 국제사회에서 더 큰 효과를 발휘했다. 또한, 아랍연맹(LAS)은 이슬람이라는 종교와 문화, 아랍이라는 언어와 지역의 동질성을 가지고 있어도 그들의 행동 통일은 많은 제약을 받고 있다.

둘째, 호혜의 원칙(mutual benefit)이다. 서로가 서로에게 비슷한 이익을 줄 수 있다면 동맹은 더욱 공고해질 수 있다. 따라서 동종이익동맹이 이종이익동맹보다 더 공고하다고 볼 수 있다.

---

4) 서춘식, "군사동맹론," 육군사관학교, 『국가안보론』(서울: 박영사, 2001), pp. 129-131.

셋째, 균등 세력의 원칙(equal power)이다. 후술할 스몰과 싱어의 연구결과에서도 알 수 있듯이 동맹이 체결되었다고 해서 전시에 그 동맹이 자동적으로 유효화되는 것은 아니다. 유사시 강대국은 약소국을 배반하고 싶은 유혹을 가질 수도 있기 때문이다. 따라서 제1차 세계대전 당시의 3국 협상이나 3국 동맹처럼 서로 비슷한 세력을 가지고 있으면 동맹이 공고화된다. 그러나 약소국의 국력이 약해도 그 약소국이 군사기지를 제공한다든지, 주요 해로를 통제할 수 있는 전략적 가치가 있다든지, 또는 희소자원을 보유하고 있어 경제적 가치가 있는 경우에는, 동맹이 공고화될 수도 있다.

넷째, 동맹국의 원조의무(casus foederis) 규정의 내용이다. 동맹 체결을 위한 협정의 내용에는 통상 의무발생 조건과 의무발생 결정절차를 규정하고 있다. 회원국이 침공을 받을 시 자동지원을 규정할 수도 있고 협상처럼 차후에 서로 의논해 보도록 규정할 수도 있다. NATO와 구 WTO는 회원국이 침략받을 시 자동으로 지원하도록 규정하고 있다. 그러나 한미상호방위조약은 동맹국 헌법절차에 따라 서로 지원하도록 규정하고 있다. 미주협조기구(OAS)는 동맹국이 침공받을 시 동맹국간 상호협의 하도록 규정하고 있다. 따라서 동맹국의 원조의무가 어느 정도 강하냐에 따라 공고한 동맹 여부가 평가되기도 한다. OAS보다는 한미상호방위조약이, 한미상호방위조약보다는 NATO가 더 공고한 동맹이라고 할 수 있다.

제2절 동맹의 흥망 성쇠

1. 시대별 동맹의 유형 및 수명

스몰(Melvin Small)과 싱어(J. David Singer)는 1816년부터 1965년까지 동맹의 유형을 연구하였다.[5] 먼저, 동맹의 체결건수를 보면 1816~1965년까지 148개의 군사동맹이 체결되었고 그중에서 73개는 방위조약, 39개는 중립조약, 36개는 협상의 형태였다. 동맹의 유형을 19세기와 20세기로 나누어 보면 다음 〈표 7-1〉과 같다. 방위조약은 19세기에는 22개가 체결되었으며, 20세기에는 51개가 체결되었다. 중립조약은 19세기에는 5개, 그리고 20세기에는 34개가 체결되었다. 협상은 19세기에는 9개, 그리고 20세기에는 27개가 체결되었다.

〈표 7-1〉 19~20세기의 동맹

	19세기	20세기	계
방위조약	22(61%)	51(46%)	73(49%)
중립조약	5(14%)	34(30%)	39(26%)
협상	9(25%)	27(24%)	36(25%)
계	36(100%)	112(100%)	148(100%)

* 출처: Bruce Bueno de Mesquita and J. David Singer, "Alliances, Capabilities, and War: A Review and Synthesis," in Cornelius Cotter ed., *Political Science Annual: An International Review*, Vol.4(1973), p. 246: 김우상, 『신한국책략 II』(파주: 나남, 2007), p. 57에서 재인용.

---

5) Melvin Small and J. David Singer, "Formal Alliances, 1816-1965: An Extension of the Basic Data," *Journal of Peace Research*, Vol.3(1969), pp. 257-282.

수명을 살펴보면, 방위조약의 평균수명은 115개월, 중립조약은 94개월, 협상은 68개월이었다. 이는 동맹 조약의 내용이 강하면 강할수록 수명이 길다는 것을 보여준다.[6)]

2. 전시 동맹 공약의 이행 정도

메스키타(Bruce Bueno de Mesquita)는 1815년 이후의 공약의 이행정도를 분석하였다. 그의 분석에 의하면, 동맹을 체결했던 국가가 전쟁 참전시 동맹을 포함한 제3국의 64%가 지원을 했거나 지원을 받은 반면, 동맹을 체결하지 않은 국가가 전쟁 참여시 동맹을 포함한 제3국은 25%만이 지원을 했거나 받았다. 특히, 동맹국가가 침공을 당했을 경우, 동맹 체결 국가는 76%가 지원을 받은 반면, 동맹 미보유 국가는 17%만이 지원을 받았다.[7)] 이는 동맹을 체결했을 때 훨씬 더 많은 지원을 받는다는 것을 보여주며, 특히 동맹국가가 침공을 당했을 경우에는 더 많은 지원을 받는다는 것을 보여준다.

한편, 사브로스키(Alan Sabrosky)의 연구 결과는 조금 다르다. 1816~1965년까지의 전시 동맹 공약의 이행 상태에 관한 그의 연구에 의하면,[8)] 177개의 동맹국들 중 48개 동맹의 서명국들이 동맹 의무를 수행한 반면, 108개 동맹국들은 중립을 유지하였고, 심지어 21개 동맹국들

---

6) Bruce Bueno de Mesquita and J. David Singer, "Alliances, Capabilities, and War: A Review and Synthesis," in Cornelius Cotter, ed., *Political Science Annual: An International Review*, Vol.4(1973), p. 246: 김우상, 『신한국책략 Ⅱ』(파주: 나남, 2007), p. 56에서 재인용.

7) Bruce Bueno de Mesquita, *The War Trap*(New Haven: Yale University Press, 1981), pp. 112-113.

8) Alan Sabrosky, "Interstate Alliances: Their Reliability and the Expansion of War," *in J. David Singer, ed., The Correlates of War Ⅱ: Testing some Realpolitik Models*(New York: Free Press, 1980).

은 동맹을 배반하고 반대편에 참전한 것으로 나타났다. 이는 한 국가가 전쟁에 빠져들면, 방관할 가능성이 가장 높다는 것을 보여준다. 특히, 방위조약과 협상의 경우는 동맹 공약을 이행하는 경우가 많은 데 비해, 중립 또는 불가침 조약 체결 당사국들은 이 조약을 이행하지 않고 오히려 반대편에 협조한 경우가 많았음을 유념할 필요가 있다.

1793년 프랑스 혁명정부가 영국과 네덜란드에 선전포고를 했을 당시, 미국은 프랑스와 정식 동맹을 맺고 있었으나 미국은 중립을 선포하였다. 또한, 제2차 세계대전 시 미국은 영국과 동맹 관계를 맺고 있지 않았으나 영국을 원조하였다. 미국의 이라크전 당시, NATO 동맹국들은 미국의 공격을 지원하지 않았고 심지어 프랑스와 독일 등은 반대의 입장을 보였다. NATO의 집단방위는 침공을 받았을 경우로 한정된다는 조약상의 제약사항이 있지만, 동맹이 전쟁에 연루됨에도 불구하고 영국을 제외한 동맹국들은 미국의 대 이라크전을 반대하였다. 이라크전의 중요 작전이 종료된 이후의 안정화 작전 초기 단계에서도 NATO의 구회원국들은 이 작전에 참가하기를 거부하거나 꺼린 반면, 신회원국들 또는 NATO에 가입하기를 희망하는 동유럽 및 중부 유럽 국가들은 헌신적으로 참여하였다.

동맹 사례가 제시하는 함의는 동맹은 전시에 동맹체결국으로부터 지원을 받고, 특히, 동맹 체결국이 침공을 받았을 때에는 더 확실한 지원을 받을 수 있으나 언제나 지원을 받았던 것은 아니라는 것이다. 또한, 동맹을 체결하지 않았다고 해서 전혀 지원을 받지 못한 것도 아니다. 동맹을 체결한 국가들이 동맹 체결 이후 전시에 이르기까지 상호 관계가 어떤 발전 경로를 밟았는지에 대한 자세한 연구는 없지만 동맹국이 동맹의 의무를 이행하지 않았던 합리적인 이유는 분명히 있을 것이다. 그 원인이 자국에 있는 것인지 또는 동맹 서약국의 상대편에 있는 것인지에 대해서는 보다 심층 깊은 연구가 필요하다.

3. 전시 제3국의 동맹 선택 경향

메스키타는 기대효용 이론(Expected Utility Theory)을 통해 전쟁 원인에 대한 과학적 분석을 시도한 최초의 학자이다. 그는 한 국가가 전쟁을 일으키는 이유를 2개의 변수로써 설명한다. 즉, 전쟁을 통해 국가적 이익 또는 손실이 얼마나 큰지에 대한 효용변수, 전쟁에서 이기거나 질 확률이 얼마인지에 대한 확률변수가 그것이다. 따라서 한 국가가 전쟁에 돌입하는 경우는 전쟁에서 이길 확률이 높고, 전쟁에서 얻을 수 있는 기대효용이 높을 경우이다.[9]

메스키타는 이 논리의 연장선 상에서 국가간의 전쟁 시 제3국이 어떤 선택을 할 것인가를 연구하였다.[10] 그의 연구 결과는 제3국은 기대효용을 따져본 연후에 동맹을 선택한다는 것이었다. 메스키타는 제3국은 자국이 승리하기를 원하는 국가와 전시 동맹을 맺어 참전하는 경향이 있으며, 강대국일수록 교전중인 국가들 중 어느 한 편을 들어 참전할 가능성이 높고, 동맹국 간에도 전쟁이 일어날 가능성이 있다고 하였다.[11]

그는 1816~1975년까지의 세계 전쟁사를 중심으로 그의 주장을 증명하고자 했다. 사례 연구 결과, 참전하지 않을 것이라고 분석한 국가들

9) Bruce Bueno de Mesquita, *The War Trap*(New Haven: Yale University Press, 1981).

10) Bruce Bueno de Mesquita, "The Contribution of Expected Utility Theory to the Study of International Conflict," in Manus I. Midlarsky ed., *Handbook of War Studies* (Ann Arbor: University of Michigan Press, 1989).

11) 동맹국이 동맹국을 침략하는 경우는 동맹국을 계속해서 동맹으로 유지시키고자 할 때 발생한다. 구 소련이 동맹국이었던 체코슬로바키아, 아프가니스탄에 대한 침략, 미국이 동맹국인 도미니카 공화국 및 그라나다에 대한 침략 등이 이런 사례에 속한다.

중 92%(104/113)가 실제로 전쟁에 참전하지 않았고, 참전할 것이라고 분석한 국가들 중 87%(27/33)가 실제로 참전하였다는 것이다.

4. 동맹의 형성과 와해

라이커(William H. Riker)는 동맹의 형성과 와해에 대한 연구를 하였다. 라이커는 동맹보다는 다소 포괄적인 안보협력을 위한 연합에 초점을 맞추어 이런 연합들이 왜 붕괴되어 최소 수준으로 남게 되는지를 설명하고자 한다. 그는 규모의 원칙(size principle)과 중추적 동반자 역할(pivotal role)이라는 변수를 이용하여 연합의 형성과 와해를 설명하고자 했다.[12] 라이커는 이를 설명하기 위해 연합 형성 과정에 참여하는 행위자들은 합리적으로 행동하고, 기대효용을 극대화하는 정책을 선호할 것이며, 대안들에 대한 기대 효용을 계산할 것이라고 가정한다. 또한 연합을 형성하고 있는 n수의 행위자에 의한 제로섬 게임을 가정하고, n수의 행위자들은 완전 정보 하에 있다는 것을 가정한다.

라이커는 최초 형성된 연합은 최소 승자의 연합(minimum winning coalition)이 될 때까지 와해되고 또 형성된다고 주장한다. 그는 19세기 초 유럽의 사례를 들어 이를 설명하고자 했다. 신성동맹을 체결하여 나폴레옹 전쟁을 종결시켰던 영국, 러시아, 프러시아, 그리고 오스트리아는 1815년 빈 회의(Congress of Vienna)에서 유럽 협조체제(Concert of Europe)를 발족시켰다. 그러나 러시아는 그때 당시 점령했던 폴란드 일부 지역을 계속 점령하기를 희망했고, 프러시아는 섹스니 지방의 합병을 희망하였다. 그러자 영국과 프랑스는 러시아와 프러시아의 영토적 야욕

---

12) William H. Riker, *The Theory of Political Coalition*(New Haven: Yale University Press, 1962).

에 불만을 표시하고 이전의 상태로 돌아가기를 희망하였다. 이에 영국의 카스텔리(Castlereagh) 외상과 오스트리아의 메테르니히(Metternich) 외상은 프랑스의 탈레랑(Talleyrand) 외상과 비밀리에 군사동맹을 체결하게 된다. 이 군사동맹은 프랑스가 워털루 전투에서 패한지 100일만의 사건이었다. 대동맹(Grand Alliance)과 같이 규모가 큰 동맹은 최소승자연합 규모가 될 때까지 계속 동맹의 형성과 와해가 지속된다는 것이 그의 주장이다.

최소 승자 연합을 쉽게 표현하면, 전시에는 연합을 형성하나 전쟁이 승리로 종결되면, 그 전리품을 두고 승자끼리의 연합이 와해된다는 것이다. 그러나 그 와해는 승자 연합의 모든 당사국들이 한꺼번에 와해되는 것이 아니라 승자들이 영합(Zero Sum) 게임에 입각하여 최소한으로 연합을 구성하게 된다는 것이다.

중추적 동반자 역할이란 최소 승자 연합을 형성하기 위해서는 가장 중요한 행위자를 그 속에 반드시 포함해야 한다는 것이다. 그 행위자에 대한 필요성이 높아지면 높아질수록 중추적 동반자 역할의 중요성은 더욱 커지게 된다. 나폴레옹 전쟁 이후 프러시아와 러시아의 야욕에 영국과 오스트리아가 맞서기 위해서는 프랑스가 필요했다. 프랑스는 패전국이었음에도 불구하고 그 중추적 역할로 인해 유럽협조체제의 일원으로 참여할 수 있었고, 영국과 오스트리아와 군사동맹을 체결할 수 있었다.

5. 동맹의 유지와 붕괴

라이커가 동맹의 형성과 와해에 대해 분석을 한 반면, 월트는 형성된 동맹의 지속 요인과 붕괴 요인에 대해 분석을 시도했다. 형성된 동맹은 일정한 시간이 경과되면 필연적으로 변화되거나 소멸되는데 월트는 어떤 요인들에 의해 기존의 동맹이 붕괴되는지, 그리고 이런 변화 요인에도 불구하고 어떤 요인들에 의해 기존의 동맹이 지속되는지를 분석하였다.

월트는 동맹의 붕괴요인을 3가지로, 그리고 지속요인을 5가지로 분석하였다.[13] 동맹의 붕괴요인을 먼저 살펴보면 첫째, 위협 인식의 변화 요인이다. 동맹은 주로 외부의 위협에 대한 대항으로 형성된다. 따라서 동맹국들이 외부위협에 대해 인식이 변화되거나 달라진다면, 기존의 동맹관계는 약화되거나 와해될 수 있다.

둘째, 신뢰성의 감소 요인이다. 동맹은 동맹국들의 안보를 제고하기 위해 형성되었기 때문에 이러한 목적을 위한 동맹국의 능력에 대한 의문이 생기면 동맹국들은 동맹을 다시 생각해 보게 된다. 비록 공동의 위협이 지속되고 있다고 하더라도 동맹은 붕괴되기 쉽다.

셋째, 국내정치 요인이다. 이는 동맹국 간에 동맹의 기반이었던 공통된 민족 또는 문화적 배경, 그리고 역사적 경험과 같은 결속요인이 변화를 겪게 될 때 발생한다. 이데올로기를 포함한 사회적 성향이 변화되거나 정치지도자가 정치적 목적을 위해 동맹관계를 약화시킴으로써 그들의 위상을 제고시키려고 할 경우 동맹은 붕괴될 수 있다.

한편, 동맹의 지속요인을 살펴보면 첫째, 동맹국의 강력한 패권적 리더십의 존재 여부이다. 동맹 내부의 강대국은 동맹을 유지하기 위하여 동맹을 파기하거나 이탈하려는 국가를 설득하거나 위협하는 방법을 취할 수 있다. 이에 따라 동맹 리더들은 비용부담의 불균형을 감수하거나 동맹이 보다 매력적일 수 있도록 물질적 원조를 제공하거나 불복하는 정권을 위협함으로써 동맹 해체를 막을 수 있다. 또한, 동맹 내부의 강

13) Stephen M. Walt, *The Origins of Alliances*(Ithaca: Cornell University Press, 1987), pp. 158-170.

대국 파트너가 패권국가가 지역 내에서 영향력을 유지하는 것이 동맹 파트너 국가에게 사활적인 국가이익이 된다고 설득할 경우 기존의 동맹은 지속될 가능성이 높다.

둘째, 신뢰성 보존 요인이다. 동맹참가국들은 동맹을 해체할 경우 기존의 다른 동맹의 신뢰성을 약화시킬 우려가 있기 때문에 동맹을 유지하려는 노력을 하게 된다. 동맹국은 파트너에 대한 신뢰성에 의문을 가질 경우 동맹을 포기하는 경향이 있다. 따라서 많은 국가들과 여러 종류의 동맹을 맺고 있는 국가는 어느 하나의 동맹도 포기하려 하지 않는다. 이는 동맹참가국이 하나의 동맹을 포기하게 되면 다른 동맹국들이 그 국가에 대한 신뢰를 의심하게 되고, 적대세력도 그 국가의 타국에 대한 개입의지가 약화된 것으로 해석할 가능성이 높아지기 때문이다.

셋째, 국내정치와 엘리트에 의한 조작 요인이다. 동맹에는 하나 이상의 이익단체들이 포함되어 있으며 이러한 이익단체들은 그들의 개별적인 이익을 위해 동맹을 필요로 하기 때문에 비록 동맹에 전체적인 국가이익이 존재하지 않더라도 이익단체들의 개별적인 이익이 존재한다면 동맹은 지속될 수 있다.

넷째, 제도화의 영향 요인이다. 동맹은 제도화 수준이 높을수록 외부위협이 변하더라도 지속될 가능성이 높다. 제도화는 군사계획, 무기구입, 위기관리 등 동맹에 관련된 특정임무를 수행하는 공식적 기구의 설치와 동맹국들이 집단적 결정을 하는 공식 또는 비공식 규정의 존재를 의미한다.

다섯째, 동맹 참여국들의 이념적 결속 요인이다. 두 국가가 공통된 정치적 가치와 목적을 공유할 때 동맹은 지속될 수 있다. 국가들은 정치적 견해가 유사한 국가와 동맹을 형성하는 것을 선호하고, 유사한 체제를 가진 국가들은 그들이 서로 지원함으로써 고유의 이념을 지킬 수 있다고 생각한다. 따라서 이념적 결속은 동맹 내부의 갈등을 줄이고, 기본적으로 유사한 목적을 향한 공약은 동맹의 근본적 이유가 사라지더라도 동맹을 장기간 유지할 수 있다.

제3절 동맹의 딜레마

1. 안보 지원과 자율성 교환의 딜레마

국력이 비슷한 국가들 간에 체결된 대칭적 동맹을 '국력결집(capability aggregation)동맹'이라고 하고 국력이 비슷하지 않은 국가들 간의 동맹을 '자율성-안보 교환(autonomy-security trade-off)동맹'이라고 한다.[14] 전자는 대칭적 동맹이고 후자는 비대칭적 동맹이다. 자율성-안보 교환동맹이란 강대국이 약소국에게 안보를 지원해 주는 것을 교환조건으로 약소국은 강대국에게 그 자율성을 제약당하는 동맹을 말한다. 더 정확하게 표현한다면 '강대국의 안보지원-약소국의 자율성 제한 교환동맹'이자 비대칭적 동맹이라고 해야 할 것이다.

자율성-안보 교환동맹에서 강대국은 약소국에게 유무상 군사원조, 무기이전, 군사기술 이전 등을 제공해 줄 뿐만 아니라 군대를 주둔시켜 그들의 안보 공약을 현실화시켜 주기도 하고 적국으로부터 침략을 당할 경우에는 동맹국으로서 이를 격퇴하기도 한다. 이 부분만 본다면, 강대국은 약소국에게 일방적인 시혜만을 베풀고 약소국은 강대국과의

---

14) James D. Morrow, "Alliance and Asymmetry: An Alternative to the Capability Aggregation Model of Alliance," *American Journal of Political Science*, Vol.79, No.3 (Autumn 1991), p. 904.

동맹에 편승하여 일방적인 이익만을 향유하는 것으로 볼 수 있다.

만일 강대국과 약소국과의 동맹 관계에서 강대국의 일방적 시혜만 존재한다면 강대국도 자율성을 제약 당할 수 있다. 미국은 제2차 세계대전 이전까지 그 어느 국가와도 동맹을 체결하지 않았는데, 그 이유는 미국의 약소국에 대한 동맹 의무로 인해 미국의 자율성이 제약당한다고 생각했기 때문이다. 국제연맹의 창설을 주장했던 미국이 상원의 부결로 국제연맹의 회원국이 될 수 없었던 것도 미국의 자율성 제한과 일방적인 시혜로 인한 인적, 물적 손실을 우려했기 때문이었다.[15] 해방군으로 진주했던 주한미군이 한국으로부터 철수할 때 이승만 대통령의 한미동맹 체결 요구를 미국이 거절했고, 1953년 휴전의 대가로 한미동맹을 요구했을 때에도 미국은 한미동맹이 미국의 자율성을 제한한다는 측면에서 한미동맹의 체결을 주저했다.[16] 이 당시의 미국은 국제공공재를 이용한 약소국들의 무임승차가 자신의 자율성을 제한 할 수 있다는 생각만 했을 뿐, 동맹관계를 통해 이익을 창출하거나 오히려 동맹국의 자율성을 제한할 수도 있다는 생각은 하지 못했다. 그러나 제2차 세계대전이 종료되고 냉전이 심화하면서 미국은 지난 70여 년 동안 무려 100개 가까운 공식적인 안보 조약을 체결하거나 안보 공약을 서약했다.[17]

비대칭적 동맹에서 강대국은 일방적 시혜만 베풀고 약소국은 일방적 무임승차만 하는 것은 아니다. 강대국은 약소국과의 동맹을 통해 그 속에서 이익을 창출하려고 한다. 비대칭적 동맹에서 약소국이 강대국에게 제공해 줄 수 있는 군사력은 그다지 크지 않기 때문에 강대국은 약소

15) 오기평, 『현대국제기구정치론: 국제정치의 과업체계』, 전정판(서울: 법문사, 1992), p. 42.
16) 김계동, "한미동맹관계의 재조명," 『국제정치논총』, 제41집 2호(2001), p. 13.
17) Kurt M. Campbell, "The End of Alliance? Not So Fast," *The Washington Quarterly*, Vol.27, No.2(Spring 2004), p. 151.

국으로부터 군사력을 제공받는 것보다 다른 측면에서 그들의 이익을 확보하려고 한다.[18] 강대국은 약소국과 비대칭 동맹관계를 형성함으로써 자신의 이익을 약소국의 제 정책 결정에 투영시킬 수도 있다. 약소국은 군사, 외교 정책 결정뿐만 아니라 경제정책 결정 등의 경우에도 강대국의 눈치를 보거나 강대국의 의사를 정책에 반영해야 하고, 강대국이 원할 경우 군사기지 및 시설 등을 제공해야 한다.[19] 이렇게 되면 약소국에 대한 강대국의 자율성은 확대되고, 약소국 스스로의 자율성은 제한받게 된다. 결과적으로 약소국은 강대국으로부터 안보지원을 제공받지만, 자국의 정책결정 및 수행에 있어서 충분한 자율성을 확보할 수 없게 된다. 즉, 자율성과 안보지원의 관계는 반비례 관계를 형성하게 되고[20] 약소국은, 소위 말하는 자율성의 갈등(conflict of autonomy)을 겪게 되는데[21] 이것이 약소국이 가지는 동맹관계의 딜레마이다.

2. 방기-연루의 딜레마

동맹을 맺은 국가가 상대방에게 두려움을 갖게 되는 경우는 상대방이 동맹을 방기하거나 자신이 원하지 않음에도 불구하고 상대방의 이익 때문에 갈등에 연루될 때이다. 동맹의 한 당사자가 동맹의 정신을 방기할 때 다른 당사자는 두려움을 가지게 된다. 방기(abandonment)는 동맹 파트너에 대한 배반을 의미하며, 동맹국에 대한 명시적 공약의 철회, 동맹 계약의 파기, 동맹으로부터 탈퇴, 적과의 새로운 동맹 결성,

---

18) 장노순, "교환동맹모델의 교환성," 『국제정치논총』, 제36집 1호(1996), p. 82.

19) 김우상, "한미동맹의 이론적 재고," 『한국과 국제정치』, 제20권 1호(2004), p. 4.

20) James D. Morrow, "Alliance and Asymmetry: An Alternative to the Capability Aggregation Model of Alliance," *op. cit.*, p. 909.

21) David Vital, *The Survival of Small States: Studies in Small Power-Great Power Conflict*(London: Oxford University Press, 1971), pp. 183-185.

명백한 책임의 불이행, 또는 동맹국이 지원을 필요로 할 때 이를 제공하지 않는 등의 다양한 형태로 나타난다.[22)]

동맹의 한 당사자가 다른 당사자의 결정에 연루되고 싶지 않은데 동맹의 정신 때문에 연루될 때 그 당사자는 두려움을 가진다. 연루(entrapment)는 자국의 국가이익과 무관하거나 중요성이 크지 않음에도 불구하고 동맹국의 이익을 위해 분쟁에 끌려들어가는 것을 말한다. 물론, 연루는 동맹국의 이익을 위하여 분쟁에 참여하는 희생이 있다고 하더라도 동맹으로 남아있는 가치가 더 클 경우에 발생한다.[23)] 연루는 위협국가에 대해 동맹국이 전격적이고 예상치 못한 공격을 한다든지, 위협국가의 공격을 직접적으로 유발시킨다든지, 또는 위기협상에서 전쟁을 발발시킬 수 있는 강경한 입장을 견지할 때 어쩔 수 없이 끌려 들어가는 것을 말한다.[24)]

동맹을 구성하는 국가들은 각자의 이익, 동맹에 대한 의존성의 강도, 그리고 동맹에 대한 안보 공약의 정도에 따라 기회비용의 편차를 경험하게 된다. 이러한 기회비용의 편차는 위기시 동맹의 구성국가가 동맹을 탈퇴할 가능성과 그 자신의 원하지 않는 분쟁에 휩쓸릴 가능성에서 발생하는 긴장감에 직면하게 되는데 이러한 긴장감이 바로 방기와 연루의 위험성이자 동맹관계의 딜레마를 구성하게 된다.[25)]

비대칭적 동맹에서 방기와 연루의 동맹딜레마는 어느 쪽에 더 많은 두려움을 주게 될까? 약소국은 강대국이 자신을 방기하지 않을까 두려워한다. 강대국의 방기는 곧 자국의 안보와 직결되기 때문이다. 그러나

---

22) 이수형, "동맹의 안보딜레마와 포기-연루의 순환: 북핵 문제를 둘러싼 한-미 갈등 관계를 중심으로,"『국제정치논총』, 제39집 1호(1999), 24쪽.

23) Glenn H. Snyder, "The Security Dilemma in Alliance Politics," *World Politics*, Vol.36, No.4(1984), p. 467.

24) Glenn H. Snyder, *Alliance Politics*(Ithaca: Cornell University Press, 1997), p. 183.

25) Glenn H. Snyder, *Alliance Politics*, pp. 180-199.

강대국은 약소국이 자신을 방기한다고 해서 두려워 할 필요는 없다. 약소국이 강대국을 방기한다고 해서 강대국의 안보가 흔들릴 정도는 아니기 때문이다. 그러나 약소국이 방기하는 행태를 취하면 강대국은 본격적으로 약소국을 방기하게 된다. 이것은 동맹의 파탄으로 귀결될 수도 있다. 결국 비대칭적 동맹에서 약소국은 강대국이 자신을 방기하지 않도록 노력하게 되는데 이 과정에서 약소국의 자율성은 줄어들게 되고 강대국의 정책결정에 연루될 가능성은 높아지게 된다.

약소국은 강대국의 정책결정에 연루되지 않을까 두려워한다. 물론 강대국도 약소국의 분쟁에 연루되지 않을까 부담스러워할 수도 있다. 그러나 강대국은 그 연루의 폭과 강도를 조절할 수도 있고 제3의 방법을 동원하여 약소국의 분쟁에 연루되지 않도록 외교적 방법을 동원할 수도 있다. 1.21사태가 발생했을 때나 울진 · 삼척 지구 무장공비 사건이 발생했을 때 한국은 강력한 대북 응징을 주장했으나 미국은 한국의 대북 응징에 연루될 것을 두려워하여 이를 제지했다. 그러나 약소국의 현실은 다르다. 약소국은 자신이 원하지 않은 강대국의 분쟁에 연루됨으로써 국력을 낭비하고 자원을 소모하며 외교적 손실을 볼 수도 있다. 약소국의 입장에서 보면 강대국의 요구에 연루되지 않게 되면 강대국이 자신을 방기할 수 있다는 방기의 두려움이 뒤따른다.

비대칭적 동맹에서 강대국의 방기-연루의 딜레마는 적지만 약소국의 방기-연루딜레마는 클 수밖에 없다. 방기되지 않으려고 노력하다 보니 연루될 수밖에 없고, 연루되자니 입을 수 있는 손실이 너무 크다. 연루되지 않으려고 노력하면 방기의 위험성이 증가한다. 결국 약소국은 이러한 방기-연루의 악순환을 겪게 되는데 이것이 약소국이 가지는 진정한 동맹관계의 딜레마이다.

비대칭적 동맹에서 강대국이 가장 바라는 것은 약소국에게 안보지원을 해 주되 강대국이 원하지 않는 약소국의 분쟁에 연루되지 않고, 자신의 정책을 약소국의 정책에 반영시키는 것이다. 이는 약소국의 악몽이다. 한편, 약소국이 가장 바라는 것은 안보지원을 받으면서도 강대국의 정책에 연루되지 않고 자신의 정책을 자율적으로 결정하면서 필요하다면 강대국에게 저항하는 것이다. 이는 강대국의 악몽이기도 하다. 비대칭적 동맹에서 약소국이 동맹의 파탄을 전제하지 않는 한, 어느 정도 자율성은 제한될 수밖에 없고, 어느 정도 강대국의 정책에 연루될 수밖에 없다.

말도 많고 탈도 많았던 한미동맹 조약이 체결된 지 벌써 70년이 넘었다. 방위조약의 평균수명이 115개월이라는 점을 고려해 본다면 한미상호방위조약은 평균 수명의 7배를 훌쩍 넘는다. 일방적으로 혜택만 받았던 한국도 이제는 주한미군의 주둔비를 분담할 정도로 커졌다. 한미동맹의 3대 축은 방위 조약, 주한미군, 그리고 지휘체제라고 할 수 있다. 세 가지 차원에서 한미동맹을 분석해 보자.

제4절 한미동맹

1. 한미상호방위조약

원폭투하에 따른 일본의 패전을 확신한 구 소련이 대일(對日) 선전포고(1945.8.8)와 동시에 빠른 속도로 남하하여 38선 이북 전 지역을 점령하자(1945.8.24) 미국은 당황하였다. 이에 미국은 구 소련군의 급속한 남하와 일본의 조기 항복이라는 급박한 사태 속에서 일본군으로부터 항복을 접수하고 무장 해제를 위해 연합국끼리 지역분담 지침을 확정할 필요성이 있었다. 미국과 구 소련은 38도선을 경계로 한 미·소 양국의 한반도 분할점령안을 채택하였다. 이에 따라 72,000명 규모의 미 제24군단이 1945년 9월 8일 인천항에 상륙하게 되었다.[26)]

해방군으로 진주하게 된 주한미군은 일본군을 무장해제시킴과 동시에 남한의 질서유지라는 임무를 수행하였다.[27)] 미 군정청의 도움으로 한국은 1948년 대한민국 정부 수립과 함께 5개 여단, 15개 연대, 5만여명의 육군 병력과 3,000여명의 해군 병력으로 국군을 조직하였다. 한국이 독립하자 해방군으로서의 미군의 주둔 명분이 없어졌다. 북한에 진주했던 구 소련군이 1948년 9월에 철수한다는 계획을 발표하자 주한미군도 여수, 순천, 대구 반란 등의 영향으로 잠시 지체하다가 그 이듬해 철수하였다. 물론 이승만 대통령은 극력 반대하면서 북대서양조약기구(NATO)와 같은 태평양조약이나 한미간 또는 다른 나라를 추가하는 방위조약의 체결, 또는 미국에 의한 한국 방위에 대한 공개서약을 요구[28)]하였으나 그 어느 것도 실현되지 못했다.

미군이 한국으로부터 철수한 직후인 1949년 7월, 구 소련은 핵실험에 성공했고 그해 10월에 중국은 공산화되었다. 자유세계를 보호하겠다는 트루먼 독트린은 유효했지만, 한국은 여기에서 제외되었다. 1950년 1월 애치슨(D. Acheson) 국무장관은 소련과 그 위성국들에 대한 미국의 방어선을 알류산열도에서 일본과 류쿠수 군도와 필리핀으로 지칭함으로써 남한과 대만을 미국의 방어선 밖에 두었다. 애치슨 장관의 발언이 "북진통일이나 본토수복을 외치는 이승만이나 장제스의 무모한 모험

26) 주한미군의 효시에 대해서는 김학준, 『한국전쟁: 원인, 과정, 휴전, 영향』(서울: 박영사, 1989); 서울신문사, 『주한미군 30년』(서울: 서울신문사, 1976); 동아일보사,『철저해부 주한미군』(서울: 동아일보사, 1990) 등을 참조할 것.

27) 유재갑, "주한미군에 대한 한국의 입장," 강성학 외 『주한미군과 한미안보협력』(성남: 세종연구소, 1996), pp. 79-80.

28) 강성철, 『주한미군』(서울: 일송정, 1988), p. 201.

을 견제"[29]하는 정치적 효과를 거두고 또 실제 한국전이 발발했을 때 미군이 주축이 된 유엔군이 한국을 지원했다는 점에서 한국은 실제적으로는 미국의 방어선 안에 있었다고 해석할 수는 있다. 그러나 한국을 미국의 방어선 안에 둔다고 발표하는 것과 제외한다고 발표하는 것은 역사를 바꿀 수도 있는 중요한 대목이다.

어쨌든 미군이 다시 한국 땅에 들어오게 된 것은 북한의 남침을 저지하기 위한 것이었다. 한국전 기간 동안 주한 미군의 역할은 북한의 침략을 저지하는 침략 저지군으로서의 역할을 수행하였다.[30] 한국전에 참전한 미군의 규모는 종전 무렵 육군 7개 사단, 해병 1개 사단 등 총 325,000명 수준에 이르렀다. 전쟁 기간 동안 미군은 사망자 36,940명, 부상자 92,134명, 실종 3,737명, 포로 4,439명 등 총 137,250명이라는 희생자가 발생했다.[31]

이승만 대통령의 끈질긴 요구로 1953년 12월 1일부로 한국과 미국의 국방부 장관은 **「한미상호방위조약」**을 체결하였고 「한미상호방위조약」이 발효되는 당일인 1954년 11월 18일에는 「한국에 대한 군사 및 경제원조에 관한 대한민국과 미합중국간의 합의의사록」을 체결하였다. 이

---

29) 김일영 · 조성렬, 『주한미군: 역사 · 쟁점 · 전망』(서울: 한울 아카데미, 2003), p. 52.

30) 해방 이후 6.25 종전까지 미군은 해방군, 질서유지군, 침략저지군으로서의 역할을 수행했고, 그 이후 현재까지는 전쟁 억제군, 국방력 증강군, 그리고 자유민주주의와 경제성장의 견인차 역할을 수행하였다. 이에 대해서는 다음을 참조할 것. 백광일, "주한미군에 대한 미국의 입장," 한국전략문제연구소, 『90년대를 지향한 주한미군의 재조명』(서울: 한국전략문제연구소, 1990), pp. 7-10; 동아일보, 『주한미군』(1990), p. 21; 백기봉, "주한미군 감축과 그 대응책,"(국방대학원 안보과정 논문, 1991), pp. 7-8; 백종천, "한미연합지휘체제의 발전방향," 백종천 · 김태현 · 이대우, 『한미군사협력: 현재와 미래』(성남: 세종연구소, 1998), pp. 51-56; 유재갑, "주한미군에 대한 한국의 입장," 강성학 외, 『주한미군과 한미 안보협력』(성남: 세종연구소, 1996), pp. 113-122; 이상훈, "21세기 한반도 안보환경과 주한미군의 역할," 세종정책연구 2001-8(성남: 세종연구소, 2001), pp. 29-41.

31) 참전 미군 중에는 미군 장성들의 아들 142명도 포함되었으며 이들 중에는 고귀한 희생을 치른 사람들도 있다. 이 중 35명(25%)이 전사 또는 부상을 하였으며 아이젠하워 미국 대통령, 워커 8군 사령관, 클라크 유엔군 사령관의 아들들도 한국전에 참전했다. 벤플리트 8군 사령관의 아들은 폭격기 조종사로서 한국전에 참전하였으나 실종되었다. 국방부, 『한미동맹과 주한미군』(서울: 국방부, 2002), p. 8, p. 30.

로써 한미간에는 군사동맹관계가 시작되었다.

총 6개조로 구성되어 있는 「한미상호방위조약」은 즉각적 개입을 보장하고 있는 「북대서양조약」이나 「조중우호협력 및 상호원조조약」과는 조금 다르다.

한미상호방위조약(1953.10.1 서명, 1954.11.18 발효)

본 조약의 당사국은 모든 국민과 모든 정부와 평화적으로 생활하고자 하는 희망을 재인식하며 또한 태평양지역에서의 평화기구를 공고히 할 것을 희망하고 당사국 중 어느 일방이 태평양지역에 있어서 고립하여 있다는 환각을 어떠한 잠재적 침략자도 가지지 않도록 외부로부터의 무력공격에 대하여 그들 자신을 방위하고자 하는 공통의 결의를 공공연히 또한 정식으로 선언할 것을 희망하고 또한 태평양지역에 있어서 더욱 포괄적이고 효과적인 지역적 안전보장 조직이 발생될 때까지 평화와 안전을 유지하고자 집단의 방위를 위한 노력을 공고히 할 것을 희망하여 다음과 같이 합의한다.

제1조: 당사국은 관련될지도 모르는 어떠한 국제적 분쟁이라도 국제적 평화와 안전과 정의를 위태롭게 하지 않는 방법으로 평화적 수단에 의하여 해결하고 또한 국제관계에 있어서 국제연합의 목적이나 당사국이 국제연합에 대하여 부담한 의무에 배치되는 방법으로 무력에 의한 위협이나 무력의 행사를 삼갈 것을 약속한다.

제2조: 당사국 중 일방의 정치적 독립 또는 안정이 외부로부터의 무력침공에 의하여 위협을 받고 있다고 어느 당사국이든지 인정할 때에는 언제든지 당사국은 서로 협의한다. 당사국은 단독적으로나 공동으로나 자조와 상호원조에 의하여 무력공격을 방지하기 위한 적절한 수단을 지속하여 강화시킬 것이며, 본 조약을 실행하고 그 목적을 추진할 적절한 조치를 협의와 합의하에 취할 것이다.

제3조: 각 당사국은 타 당사국의 행정관리하에 있는 영토 또한 금후 각 당사국이 타 당사국의 행정관리하에 법적으로 들어갔다고 인정하는 영토

에 있어서 타 당사국에 대한 태평양지역에 있어서의 무력공격을 자국의 평화와 안전을 위태롭게 하는 것이라고 인정하고 공통한 위험에 대처하기 위하여 각자의 헌법상의 수속에 따라 행동할 것을 선언한다.

제4조: 상호합의에 의하여 결정된 바에 따라 미합중국의 육군, 해군과 공군을 대한민국의 영토와 그 주변에 배치하는 권리를 대한민국은 이를 허여(許與)하고 미합중국은 이를 수락한다.

제5조: 본 조약은 대한민국과 미합중국에 의하여 각자의 헌법상의 절차에 따라 비준되어야 하며, 그 비준서가 양국에 의하여 워싱턴에서 교환되었을 때에 효력을 발생한다.

제6조: 본 조약은 무기한으로 유효하다. 어느 당사국이든지 타 당사국에 통고한 일년 후에 본 조약을 종지시킬 수 있다.

「한미상호방위조약」 제3조의 내용을 부정적으로 해석한다면 한미동맹은 방위조약적 성격이라기보다는 오히려 협상적 성격을 지니고 있다고 볼 수 있다. 비록 "타 당사국에 대한 태평양지역에 있어서의 무력공격을 자국의 평화와 안전을 위태롭게 하는 것이라고 인정"하고 있으나 "공통된 위험에 대처하기 위하여 각자의 헌법상의 수속에 따라 행동할 것을 선언"하고 있기 때문이다.

2. 주한미군

해방군으로서 존재했던 주한미군이 그 임무를 종료하고 1949년에 철군한 것이 1차 철군이고 침략을 격퇴하기 위해 한국에 투입되었던 미군이 종전과 함께 철군한 것이 2차 철군이다. 3차 철군은 '아시아의 방위는 아시아인의 힘으로'라는 닉슨 독트린이 발표되면서 가시화되었다. 미국은 아시아에서 총 42,000명의 병력을 철수시키기로 결정하고 한국에서는 미 제7사단 20,000명 규모를 철수(1970년 후반~1971년 3월)시켰다. 한국으로서는 1968년의 1.21사태와 울진·삼척에서의 무장공비 침투사건 등을 경험한 직후여서 한국의 불안은 최고조에 달해 있었다. 박정희 대통령은 6만 명 규모의 주한미군은 북한의 남침을 억제할 수 있는 적정 규모이며 5만여 명의 한국군이 베트남전에 참가하고 있음을 상기시키면서 국회결의와 내각 총사퇴 불사론까지 내밀었지만, 미군의 3차 철군은 강행되었다.

미 제7사단이 철수하게 되자 주한미군의 군사적 임무에 변화가 생겼다. 즉 전방 철책선 임무를 담당하던 미 제2사단이 미 제7사단이 주둔하고 있던 동두천·의정부 방향으로 철수하고 철책선 경계임무를 한국군에게 인계하였다. 이로인해 휴전선의 방어임무는 한국군이 전담하게 되었다.

카터가 대통령에 당선되면서 4차 철군이 시작되었다. 당시의 철군계획은 3단계로 나뉘어져 있었는데 1단계(1978~1979)에서는 미 제2사단의 1개 여단과 지원 병력 등 6,000명을 철수하고, 2단계에서는 보급·지원 병력 등 9,000명을 철수하며, 3단계(1981~1982)에서는 남은 2개 여단과 사단 본부를 철수시키되 공군과 정보 및 통신부대는 주둔시킨다는 내용이었다.[32] 한국인들은 월남에서의 미군철수가 월남공산화를 가져왔기 때문에 한국에서도 공산화 도미노 현상이 발생할 수 있다는 차원에서 범국민적인 위기의식을 느꼈다. 그럼에도 불구하고 4차 철군은 강행되었으나 싱글러브(John K. Singlaub) 주한 미 8군 참모장의 카터 대통령의 철군정책에 대한 정면 비판과 군부의 반대 및 미 의회의 반대를 받아들여 카터 대통령이 주한미군 동결 조치를 발표(1979.7.20)함으로써 제4차 철군은 1개 여단 규모 3,400명 선에서 그쳤다.

---

32) 오관치 외, 『한미 군사협력 관계의 발전과 전망』(서울: 세경사, 1990), p. 59.

5차 철군은 1989년 7월 넌-워너(Sam Nunn-John W. Warner)법안이 통과되면서 본격화되었다. 이 법안은 국방부에 미군의 주둔위치, 전력구조, 임무의 조정방향, 동맹국의 방위비 분담, 필리핀 및 오키나와 기지 재편성 등에 관해 보고서를 제출하도록 요구하였다. 이 요구에 따라 1990년 4월 미 국방부가 제출한 '동아시아 전략구상'(EASE-Ⅰ)에는 향후 10년간 3단계에 걸쳐 병력을 감축할 것을 제시하고 있다. 제1단계(향후 1~3년)는 아시아 전체 주둔 병력 중에서 14,000-15,000명을 감축하되 한국에서는 지상군 5,000명과 공군 2,000명을 감축하며, 제2단계(향후 3~5년)는 미2사단을 재편성하고 평시작통권을 한국에 이양하며, 제3단계(향후 5~10년)에서는 한국의 방위에 있어서 한국군이 주도적 역할을 수행하고 미군은 지원적 역할과 함께 동북아 전체에 대한 균형자 역할을 수행하며 이를 위해 미군은 최소규모로 유지한다는 것이다.[33) 제5차 철군은 주한미군 7,000명을 철수시키고 2단계 감축안을 시행하려는 과정에서 북핵문제가 불거지면서 추가적인 철군이 중단되었다.

'동아시아 전략구상' 발표 이후 이라크의 쿠웨이트 침공, 구 소련의 해체, 필리핀 미군 기지 철수 결정 등 미국은 안보전략을 재검토할 필요가 있었는데 이때 등장한 개념이 지역방위전략[34)이다. 이후 미국은 각종 「국가안보전략」과 「동아시아 안보전략」보고서를 통해 유럽과 아시아 지역에 각각 10만 명 규모의 미군을 주둔시키겠다고 했다. 이것이 지역방위전략의 골자였다.[35)

---

33) Department of Defense, *A Strategic for the Asian Pacific Rim: Looking toward the 21st Century*(Washington, D.C.: DoD, 1990), pp. 12-25.

34) 1991년 8월에 발표된 「국가안보전략」과 1992년 1월 발표된 「미국의 국가군사전략」에 명시되어 있다.

35) The White House, *A National Security Strategy of Engagement and Enlargement* (Washington, D.C.: The White House, 1994); DoD, *The United States Security Strategy for the East Asia-Pacific Region*(Washington, D.C.: DoD, 1995); DoD, *The United States Security Strategy for the East Asia-Pacific Region*(Washington, D.C.: DoD, 1998).

제5차 철군으로 한미 군사관계가 변화되었다. 한미연합사령부 예하의 지상구성군 사령관에 한국군 4성 장군이 보임(1994.9)되었고 한미야전사령부(CFA)가 해체(1992.7)되었으며 판문점 공동경비구역(JSA)에 대한 한국군의 경비책임이 증가되었고 군사정전위원회(MAC)의 수석대표도 한국군 장성으로 보임(1991.3)되었다. 또한, 평시작통권을 환수(1994.12) 받았으며 용산 미군골프장 환수(1992.11) 및 주한미군방송인 AFKN의 UHF채널도 환수(1996)받았다.

주한미군 철수 중지에 대한 공식적인 발표는 1991년 11월 21일 체니(D. Cheney) 당시 국방부 장관에 의해 이루어졌다. 그러나 〈표 7-2〉에서 보듯이 2단계 계획 중에서도 많은 부분이 실천되었음을 알 수 있다.

〈표 7-2〉 넌-워너 법안에 따른 미 국방부의 3단계 주한미군 재조정 계획안

구분	병력감축	휴전협정 관리체제	연합지휘 체제
제1단계 ('90~'92)	• 육·공군 6,987명 (육군 5,000/공군 1,987)	• 군정위 수석대표 한국군 장성보임 • JSA(판문점)한국 경비병 증가	• 한미야전사(CFA)해체 • 지상군사령관(GCC)에 한국군 대장 임명
제2단계 ('93~'95)	• 감축완료시 미2사단 2개 여단, 7공군 1개 전투 비행단 규모로 재편 ※ 북한 핵개발 연계 일단 보류	• JSA(판문점)경비 임무인수	• 한미야전사(CFA)해체 • 지상군사령관(GCC)에 한국군 대장 임명 -평시 작전통제 권 환수
제3단계 ('96이후)	• 북한 위협정도, 억제개념, 미군의 지역역할에 따라 주둔규모결정(최소규모 장기체류)	• 미2사단 책임지역 인수	• 전시작통권 전환 • 한·미기획사령부 정착 • 한·미병렬체제 발전 ※ 용산기지 이전

9.11테러 직후 발표된 미국의 4개주년국방태세검토(QDR)[36]로 인해 한미관계는 또 한 번 큰 변화를 맞이하게 된다. 기지 재조정과 주한미군의 역할 변화, 그리고 후술하게 될 지휘체제의 변화가 핵심이다. 넌-워너 법안의 제3단계, 즉, 한국방위의 한국화가 진행되고 있는 것이다. 주한미군 기지는 오산·평택과 대구·부산 등 2개의 중심기지(hub)와 3개의 지역기지(site)로 통폐합된다. 중심기지인 오산·평택에는 유엔군사령부, 한미연합사령부, 미8군 사령부 및 미 제2사단이, 대구·부산에는 지원부대가 배치된다. 3개의 지역기지는 한강 이북의 연합훈련센터와 연합사의 용산 잔류 기지, 그리고 군산기지가 포함된다.

주한미군의 역할도 근본적으로 변할 것이다. 만일 연합방위체제에서 공동방위체제 즉, 신연합방위체제로 전환된다면 한반도 방위의 주체는 한국이 되고 미국은 보조적인 역할을 하게 될 것이다. 28,500명 수준으로 유지될 것으로 기대되는 주한미군은 한미간에 합의된 '전략적 유연성(strategic flexibility)' 원칙[37]에 따라 한반도 '붙박이군'에서 미국의 세계 전략을 실현하는 '기동군'으로 전환하게 될 것이다. 이에 따라 한국

36) US Department of Defense, *Quadrennial Defense Review Report*(Washington D,C.: DoD, 2001), p. 26. QDR에 의한 미국의 세계적 군사태세는 다음과 같은 4가지 차원에서 진행되었다. 첫째, 핵심지역에 배치되어 있는 미군에게 더 많은 유연성을 부여하는 새로운 기지체계를 개발하며, 유럽과 동북아 이외 지역에 추가적인 기지와 주둔지를 설치한다. 둘째, 항구적인 사격장이나 기지가 부재한 경우 미군이 훈련과 연습을 수행할 수 있도록 외국에 있는 시설을 임시로 사용할 수 있도록 한다. 셋째, 지역별 억제소요에 근거하여 기존의 전력과 장비를 재배치한다. 넷째, 공중수송, 해상수송, 사전배치, 기지건설에 대비한 기반시설, 예비 항만시설 및 새로운 병참개념 등을 통해 충분한 기동성을 제공하며, 이로써 대량살상무기 또는 기타 미군 접근을 거부하는 수단을 보유한 적에 대한 원거리 전역에서의 원정작전을 효과적으로 수행한다.

37) 전략적 유연성은 냉전종식 후 새로운 형태의 위협에 효과적으로 대응하기 위해 세계주둔 미군을 경량화·기동화하여 다양한 위협에 신속 대응하도록 운용한다는 개념이다. 결국 주한미군을 더 이상 북한의 남침에 대비하는 붙박이 군이 아니라 주한미군을 동북아시아의 신속대응군으로 재편하여 동북아시아와 기타 분쟁지역에 투입하겠다는 것이다. 상당한 논란을 불러왔던 전략적 유연성은 2006년 1월 다음과 같이 합의된 내용이 발표되었다. "한국은 주한미군의 전략적 유연성을 존중하되 미국은 한국민의 의지와 관계없이 한국이 동북아 지역분쟁에 개입되는 일은 없을 것이라는 한국의 입장을 존중한다."

군은 미군으로부터 총 10개 분야의 군사적 임무를 넘겨받았다.[38)]

2001년 이후 한미간에 합의한 한미군사관계에 대한 주요 내용을 요약해 보면 다음 〈표 7-3〉과 같다.

〈표 7-3〉 한미군사관계 변화

구분	주요 내용
2001	부시 행정부 등장, GPR 추진 시사
2003. 4	한·미 동맹정책구상(FOTA) 회의에서 미국은 한강 이북의 미군을 이남으로 재배치 희망
2003. 7	용산기지 이전 협상 타결
2003. 10	한미, 미제2사단 재배치 위한 연합토지관리계획(LPP) 수정안 합의
2004. 1	유엔사, 연합사 포함한 전 용산기지 이전 합의
2005. 12	한국, 미 기지이전을 위한 평택지역 부지(1151만㎡) 매입 완료
2006. 1	한미, 주한미군 해외 파견 가능하도록 한 전략적 유연성 합의
2006. 9	한미 정상, 전작권 전환 합의
2007. 2	한미군사위원회(MCM), 전작권 전환시기를 2012년 4월 17일로 확정, 연합사 해체 확정
2007. 6	한미, 전작권 전환을 위한 연합 로드맵 완성
2007. 11	평택 미군기지 기공식
2008. 4	한미 정상회담, 주한미군 규모를 현 수준(28,500명)으로 유지 합의
2009. 6	한미 정상간에 '한미동맹을 위한 공동비전' 채택, "공동의 가치와 상호 신뢰에 기반한 양자·지역·범세계적 범주의 포괄적인 전략동맹을 구축해 나갈 것"
2010. 6	한미 정상, G20 회의에서 2015. 12. 1부로 전작전 전환 연기 합의
2014. 10	제46차 SCM에서 "조건에 기초한 전작권 전환" 합의
2015. 7	미 제2사단 제1기갑여단 해체, 미 기갑사단 예하 기갑여단들이 순

38) 판문점 JSA 경비 책임, 북 장거리포 공격 파괴, 북한 특수공작원의 해상 침투 저지, 유사시 후방 화생방 오염 제거, 신속한 지뢰 살포, 유사시 수색·구조 작전, 폭격유도 등 전선통제, 공대지 사격장 관리, 헌병 임무, 그리고 공개되지 않은 1개항 등이다.

	환군 개념으로 배치
2017. 7	미8군사령부 평택기지로 이동
2018. 6	평택 기지(캠프 험프리스) 개소식
2019. 6	연합사 본부 평택기지로 이전 방안 승인
2022. 10	연합사 본부 평택기지로 이전

3. 지휘체제[39)]

해방 이후 한국에 주둔했던 미군이 철군할 무렵 철군에 따른 과도기적 부작용을 줄이기 위해 한국과 미국은 「과도기의 잠정적 군사 및 안보에 관한 행정협정」[40)]을 체결했는데 지휘통제권과 관련하여 한국은 주한미군사령관에게 미군이 완전철수 할 때까지 한국군에 대한 작전권을 행사할 수 있는 권한을 주었다. 전쟁에 참여하기 위해 미군이 다시 한국에 들어온 이후 이승만 대통령은 1950년 7월 14일, 현 적대상태가 계속되는 동안 한국 육해공군 전체에 대한 지휘권(command authority)을 맥아더 사령관에게 위임하는 공한을 보냈다. 이에 대해 당시 주한미 대사였던 무초(John J. Mucho)는 "대한민국 육해공군에 대한 그(맥아더 장군)의 작전지휘권을 지명한(your designated to his operational command authority) 귀하의 서신에 대해 회신을 전달함…"이라는 설명과 더불어 맥아더 원수의 서한을 전달하였다.[41)]

39) 김열수, "주한미군의 군사력 재편성과 대응방안," 국방대학교 안보문제연구소, 『한미동맹 50년과 군사과제』(서울: 국방대학교 안보문제연구소, 2003), pp. 228-231의 내용을 요약, 수정한 것임.

40) 협정의 내용은 다음과 같다. (1) 주한미군사령관은 주한미군이 철수할 때까지 계속해서 한국군을 조직·훈련·무장시킨다. (2) 동 사령관은 대한민국 정부에 한국군의 감독의무를 점진적으로 이양하고 미군이 완전 철수할 때까지 한국군에 대한 작전지휘권을 행사할 수 있는 권한을 보유한다. (3) 동사령관은 중요한 지역과 시설에 대한 통제권과 주한미군사령부의 인원에 대한 치외법권을 보유한다.

이 서한에서 보듯이 무초 대사는 이 대통령이 사용한 지휘권을 작전지휘권이라는 표현으로 수정하였다. 물론 이 용어도 적절한 것은 아니었다. 작전통제권이란 용어가 등장한 것은 1954년 11월 체결된 한미합의의사록이었다. 제2조에 "유엔군 사령부가 대한민국의 방위를 위한 책임을 부담하는 동안 대한민국 국군을 유엔군사령부의 작전통제하에 둔다"라는 규정이 바로 그 근거이다. 이후 한국군에 대한 유엔군사령부의 작전통제권은 1978년 한미연합사령부가 창설되기 전까지 계속되었다.

지휘권과 작전지휘, 그리고 작전통제권은 구별되어 사용되는데, 지휘권(command authority)이란 국가주권 기능의 일부로써 자국의 군대에 대해서 행사하는 인사, 작전, 군수, 정보 등 모든 분야를 총망라한 군에 대한 통수권을 의미한다. 작전지휘(operational command)란 행정지휘에 대한 상대적인 개념으로써[42] 작전에 대한 전반적인 지휘를 하나 행정 및 군수에 대한 책임과 권한은 없다. 작전통제(operational control)란 작전계획이나 작전명령 상에 명시된 특정임무나 과업을 수행하기 위해 지정된 부대에 임무 또는 과업부여, 부대의 전개 및 재할당 등에 관한 권한을 말하며 여기에는 행정 및 군수, 군기, 내부편성 및 부대훈련 등에 관한 책임 및 권한은 포함되지 않는다.[43] [그림 7-1]은 지휘관계에 대한 차이점을 명확히 보여주고 있다.

한미연합사가 창설됨으로써 한국군에 대한 작전통제권은 유엔군사령관으로부터 연합사령관으로 이양되었다. 과거 유엔군사령관이 일방적으

41) 국방부, 『한미관계의 올바른 이해』(서울: 국방부, 1989), p. 24.

42) 작전지휘란 작전 임무수행을 위하여 지휘관이 예하부대에 행사하는 권한으로서 작전수행에 필요한 자원의 획득 및 비축, 사용 등의 작전소요 통제, 전투편성(예속, 배속, 지원, 작전통제), 임무부여, 목표 지정 및 임무수행에 필요한 지시 등의 권한을 말하며 행정지휘에 대한 상대적 개념의 용어로서 여기에는 행정 및 군수에 대한 책임과 권한은 포함되지 않는다. 여기에 대해서는 합동참모본부, 『연합합동 군사용어사전』, 합동참고교범 10-2(서울: 합동참모본부, 1998), p. 337을 참고할 것.

43) 상게서, p. 337.

로 행사하던 작전통제권이 한미가 연합으로 행사하는 체제로 바뀐 것이다. 유엔군사령관은 미 합참으로부터 직접통제와 지침을 받아 한반도 정전협정의 유지 및 이행과 관련된 임무만을 수행하고 한미연합사는 북한의 남침을 억제하기 위한 임무를 수행한다. 한미연합사의 창설로 인한 한·미군의 지휘체제를 살펴보면, 우선 한미 양국의 국가통수 및 군사지휘기구(National Command and Military Authority: NCMA)와 실무적인 최고 군령기관인 군사위원회(MC)의 통제를 받도록 되어있다. 한편 한미군사위원회는 한국방위를 위하여 한미 양국이 발전시킨 전략지시와 전략지침을 발전시켜 연합사 사령관에게 하달하고, 연합사령관은 이에 따라 한미 양국의 작전부대를 작전통제한다.44)

[그림 7-1] 지휘관계 구분

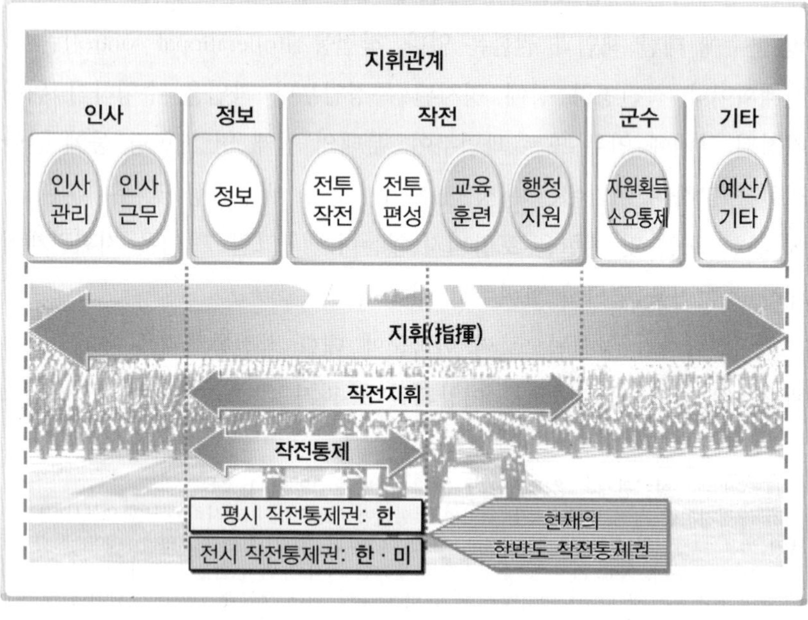

44) 백종천, “한미연합체제의 발전방향,” 백종천 · 김태현 · 이대우, 『한미군사협력: 현재와 미래』(성남: 세종연구소, 1998), p. 48.

한국군에 대한 작전통제권이 다시 한번 변하게 된 것은 1994년이었다. 1994년 제26차 연례안보협의회의(SCM)와 제16차 군사위원회 회의(MCM)는 평시 작전통제권을 한국군에 이양하는 전략지시 2호를 연합사령관에게 하달하였다. 비록 한국 합참의장이 연합사령관에게 위임한 연합권한위임사항(CODA)[45]이 있긴 하지만 한국 합참의장은 1994년 12월 1일부로 연합사령관이 행사하던 한국군에 대한 평시작통권을 행사하게 되었다.

한미상호방위조약 체결 이후의 한국군에 대한 작전통제권을 요약해 보면, 유엔군사령관에 의한 작전지휘(1950~1953) → 유엔군 사령관에 의한 작전통제(1954~1977) → MC를 통한 한미연합사령관에 의한 작전통제(1978~1993) → 합참의장은 평시 한국군 작전통제, 한미연합사령관은 전시 한국군 작전통제(1994~)로 변화되었다. 이는 한미연합사의 작전통제 역할이 점점 축소되고 한국의 국군에 대한 지휘 역할이 점점 확대되고 있음을 보여주고 있다.

2006년 9월, 한미정상은 한국군에 대한 전시 작전통제권을 2012년 4월 17일부로 국군에게 전환하기로 합의하였다. 그러나 전작권 전환 합의 이후 북한의 1, 2차 핵실험, 미사일 발사, 천안함 피격 등 북한의 위협이 고조되자 한・미 정상은 2010년 6월, 전작권을 2015. 12. 1부로 전환하는데 합의하였다. 그러나 김정은 정권의 등장과 함께 북한이 장거리 미사일을 발사하고 핵실험 등을 단행함으로써 한반도의 긴장이 다시 고조되기 시작하였다. 이에 2014년 4월, 한미 정상은 전작권 전환 재검토에

45) CODA의 주요 내용은 (1) 전쟁억제, 방어 및 정전협정 준수를 위한 한미연합위기관리, (2) 전시 작전계획 수립, (3) 한미연합위기관리, (4) 한미연합 3군 합동훈련 및 연습의 계획과 실시, (5) 조기경보를 위한 한미연합정보관리, (6) C4I 및 상호운용성 등의 전시업무를 수행하기 위해 연합사가 평시에 준비해야 할 사항에 대한 권한 행사 등이다. 여기에 대해서는 허남성, “평시 작전통제권 환수 경과와 향후의 대책,” 『외교』, 제33호(1995년 3월), pp. 90-91을 참고할 것.

합의한 후 그해 10월 개최된 제46차 SCM을 통해 시한을 못 박은 전작권 전환이 아니라 '조건에 기초한 전작권 전환'[46]에 합의하였다.

2018년 10월 워싱턴에서 개최된 제50차 SCM에서 양국 국방부 장관은 『전작권 전환 이후의 연합방위 지침』(Guiding Principles following the Transition of Wartime Operational Control)에 대해 합의했다. 이것은 양국 합참의장의 협의체인 MC에 하달할 전략지침인데, 핵심 내용은 미래 연합사령부가 현재 한미연합사의 기능과 역할을 그대로 수행하되 한국군 4성 장군이 연합사령관이 되고 미군 4성 장군이 부사령관이 된다는 것이다. 참모부도 현재와 똑같이 편성된다. 이로써 미래 연합사에 대한 그림은 어느 정도 그려졌다고 볼 수 있다. 전작권 전환 조건만 갖추어진다면 전작권은 전환될 수 있을 것이다.

---

46) 3가지 조건으로 요약된다. 첫째, 전작권 전환 이후 한국군이 연합방위를 주도할 수 있는 핵심군사능력 확보 여부. 둘째, 북한의 핵미사일 위협에 대해 한국군이 초기 필수 대응능력 구비 여부. 셋째, 미국은 확장억제 수단 및 전략자산 제공·운영 및 안정적인 전작권 전환에 부합하는 한반도 및 지역 안보환경 관리 여부 등이다.

토론 주제

1. 공고한 동맹의 원칙을 한미동맹에 적용하여 평가해 본다면?
2. 동맹국으로 존재하다가 오히려 동맹국의 반대편에 가담했던 역사적 사례를 들 수 있는가?
3. 한국이 겪었던 동맹 딜레마의 구체적인 사례를 들어본다면?
4. 동맹을 형성하고, 유지하고, 강화하기 위한 최선의 방안은 무엇인가?
5. 이라크전시 구 동구 국가들은 미국을 적극적으로 지원했는데 이를 이론적으로 설명할 수 있는가?
6. 이라크전시 영국을 제외한 서구 국가들은 미국을 지원하지 않았는데 이를 동맹의 이론으로 설명할 수 있는가?
7. 공고한 동맹이 되면 오히려 동맹의 딜레마는 커지는가?
8. 주한미군의 '전략적 유연성'이 한국안보에 미치는 영향은?
9. 전작권 전환을 두 번이나 연기한 근본적인 이유는 무엇인가?
10. 전시 전작권 전환된다면 한미 지휘기구는 어떻게 바뀔 것으로 보는가?

더 읽으면 좋은 글

1. Stephen M. Walt, *The Origins of Alliances*(Ithaca: Cornell University Press, 1987).
2. Glenn H. Snyder, *Alliance Politics*(Ithaca: Cornell University Press, 1997).
3. 김우상, 『신한국책략 2』(서울: 나남출판, 2007).
4. 백종천 편, 『한미동맹 50년』(성남: 세종연구소, 2003).
5. 이수훈 편, 『조정기의 한미동맹: 2003－2008』(서울: 경남대학교 극동문제연구소, 2009).
6. 국방부 군사편찬연구소, 『한미동맹 60년사』(계룡대: 국군인쇄창, 2016).
김열수, 『한미동맹 70년 한미역사 140년』 (파주: 법문사, 2023),

제8장 세력균형

개 요

무정부 체제에서 각 국가는 어떤 특정한 국가가 국제체제를 지배하는 충분한 힘을 가지는 것에 대해 우려한다. 만약 한 국가가 지배적 위상을 차지하게 되면 다른 국가들은 그들의 독립을 잃을 수도 있기 때문이다. 따라서 강대국들은 이런 결과를 막기 위해 다른 국가와 충분한 세력을 결집하여 부상하고 있는 국가를 억지하거나 전쟁을 통해 이를 중지시키려고 노력하게 될 것이다.

학자들은 이론을 통해 강대국들의 행위를 설명해 보고자 노력한다. 대표적인 노력의 결과가 바로 세력균형 이론이다. 강대국들은 내외적 균형 등을 통해 세력균형을 유지함으로써 안보를 담보받고자 할 수도 있다. 한편 약소국이나 중견국들은 편승이나 유화 정책 등을 통해 강대국들의 세력균형 정책을 이용할 수도 있다. 또한, 강대국으로 부상하고 있는 국가는 균형화 정책을 추구하거나 책임전가의 정책을 수행할 수도 있다.

비판론자들은 세력균형 이론이 현실 세계와 아무런 관련이 없다고 주장하는 반면, 현실주의자들은 세력균형의 역동성은 다양한 형태와 강도로 세계 정치에서 여전히 작동하고 있다고 주장한다. 제8장에서는 세력균형의 개념과 발전, 세력균형과 관련된 정책 선택, 세력균형과 관련된 이론 비교, 패권국의 균형화 감소정책, 그리고 패권이론의 편견 등을 순서대로 살펴볼 것이다.

제 1 절 세력균형(Balance of Power)

1. 개 념

세력균형 이론은 국가들이 독립적 실체로서 생존과 파워(힘)를 추구한다는 관념에 기초하고 있다. 파워가 없는 국가들은 타자의 의지에 비굴해지게 되거나 또는 그들의 안보와 번영을 잃게 된다. 무정부 체제는 국가들로 하여금 그들의 파워를 증가시키도록 요구하고 있는데, 그 이유는 안보와 물리적 생존은 파워의 극대화와 분리될 수 없기 때문이다. 그 결과 파워를 획득하기 위한 경쟁은 국제정치에 있어서 자연적인 국가의 과업이 되고 만다. 만약, 언젠가 특정한 국가가 파워의 우세를 획득하게 되면 결국 그의 의지를 타자에게 강요하고자 시도할 것이다. 파워가 약한 국가들은 안전을 잃을 수 있고 심지어 소멸할 수도 있다. 이런 결과를 막기 위해 국가들은 충분한 세력을 결집하여 지배적인 국가와 파워의 균형을 맞추려고 노력한다. 이것이 현실주의자들이 주장하는 세력균형이다.[1)]

세력균형은 국가의 과업으로써, 정책과 치국책(statecraft)의 규범적 지침으로써, 그리고 군사적 능력, 외교적 자원, 그리고 정치적 동기의 차원에서 경쟁자와의 상대적 파워를 메우기 위한 목적으로 주로 사용되었다. 비록 학자들은 이 용어의 정확한 의미에 대해 합의하지 못하지만, 세력균형은 국가들의 정치, 군사, 경제적 관계에서 가장 현저하게

1) T. V. Paul, "Introduction: The Enduring Axioms of Balance of Power Theory and Their Contemporary Relevance," in T. V. Paul, James J. Wirtz, and Michel Fortmann, eds., *Balance of Power: Theory and Practice in the 21st century*(Standford: Standford University Press, 2004), pp. 4-5.

작동되는 것으로 간주된다.

다양한 세력균형 이론이 있다. 그럼에도 불구하고 세력균형 이론의 모든 형태(version)는 현실주의의 핵심 가정들로부터 시작한다, 즉 무정부적 체제, 중요 행위자는 국가, 그리고 그들의 목표는 힘 또는 안보의 극대화 등이다. 그런 연후에 학자들은 다른 가정을 보태고 핵심 개념에 서로 다른 명칭과 운용적 조작을 부여하는데, 그 결과는 상이하고 때로는 정반대의 명제로 나타난다. 예를 들어, 모겐소(Hans J. Morgenthau)와 같은 전통적 세력균형 이론가들은 다극체제가 양극체제에 비해 보다 안정적이라고 주장하는 반면, 왈츠(Kenneth N. Waltz)는 정반대로 주장한다.

사실 세력균형은 국제정치 연구의 가장 오래되고 가장 근본적인 개념 중의 하나이다. 흄(David Hume)은 이를 과학적 법칙이라고 하였고, 스나이더(Glenn H. Snyder)는 이를 국제관계에 있어서 핵심적인 이론적 개념[2)]이라고도 하였다. 역사가들은 18~19세기를 세력균형의 황금기라고 하지만, 이 개념을 르네상스 시대와 중국과 그리스 고대 문명에도 적용해 보고자 시도하는 학자들도 있었다. 모겐소는 무정부 상태에서 각 국가가 자국의 이익을 위해 노력하면 각국의 행위의 총화로써 상호 견제의 안정질서가 형성되는데, 이 질서를 세력균형 체제라고 하였다. 그는 흄에 동조하여 세력균형을 '정치의 철칙'이라고 하였으나 키신저(Henry Alfred Kissinger)는 이것이 "과학이기보다는 정치 지도자들이 대단히 기술적으로 사용하는 술(術)"이라고도 하였다.[3)]

세력균형 이론의 개념이 국제정치의 이론과 실제에서 빼어난 아이디

---

2) Glenn H. Snyder, "Alliance Theory: A Neorealist First Cut," *Journal of International Affairs*, Vol.44, No.1(Spring 1990), p. 104.

3) Jack S. Levy, "What Do Great Powers Balance Against and When?" in T. V. Paul, James J. Wirtz, and Michel Fortmann, eds., *ibid.*, pp. 29-30.

어이지만 동시에 가장 모호하고 가장 다루기 힘든 것 중의 하나인데, 그 이유는 어떤 이론가들은 이를 국제체제에서 파워의 실제적 분배로 묘사하기도 하고, 어떤 이들은 파워의 이상적 분배나 특정한 어떤 체제를 의미하는 것으로 사용하기도 하며, 또 어떤 이들은 이를 국제적 결과로 보기보다는 국가의 전략으로 보기도 하기 때문이다. 또한 어떤 이론가는 세력균형이 평화를 유지하는 데 도움을 준다고 주장하기도 하고, 또 다른 이는 전쟁의 개시에 기여한다고 하기도 하며, 또 다른 사람은 이 이론이 전쟁과 평화에 대해 어떤 결정적인 예측도 하지 못한다고 주장한다. 이런 연유로 곱덴(Richard Cobden)은 이를 "묘사할 수도 없고, 막연하고, 이해할 수도 없는 아무것도 아닌 키메라(chimera) 같은 것"이라고 하였다.

2. 세력균형의 기원과 발전

17~18세기의 과학적 발전은 정치가들의 사고에도 대단히 많은 영향을 미쳤다. 과학자들이 자연과 물리적 세계가 법칙과 구조에 의해 지배받는다는 것을 발견하는 것과 마찬가지로, 정치가들도 정치세계가 유사한 법칙(analogous laws)에 의해 지배받아야만 된다고 생각했다. 비록 1713년의 유트리트 조약(the Treaty of Utrecht)이 세력균형을 언급한 첫 번째 유럽 조약이라고는 하지만 국가들이 세력의 균형을 찾고자 하는 시도는 즉각 이루어지지 않았다.

어떤 정치가들은 세력균형을 부모들이 유아들을 위해 여러 가지를 매달아두는 모빌(mobile) 같은 것이라고 생각했다. 모빌은 여러 요소들이 매달려질 수도 있지만 그 요소들 사이에는 균형이 유지되어야 된다. 그렇지 않으면 모빌이라는 구조는 엉망진창이 된다. 세력균형도 마찬가지이다. 요소의 과다와 관계없이 요소 간에는 균형이 유지되어야 한다.

세력균형의 기본 요소는 '강대국' 또는 '핵심적 행위자"가 중요하다. 핵심적 행위자들의 숫자에 따라 두 개의 강대국을 가진 체제를 양극(bipolar)체제, 3개를 3극(tripolar)체제, 그리고 4개 이상인 경우를 다극체제라고 부른다. 17세기와 18세기 초반까지 유럽에서는 프랑스와 오스트리아-헝가리가 세력균형을 이루는 양극체제였으며, 영국은 덜 강력한 위치를 차지하고 있었으나 체제의 균형자(balancer)의 위상을 점유하고 있었다. 18세기 동안 모빌은 더욱 복잡해져 5대국, 즉 오스트리아-헝가리, 프랑스, 영국, 프러시아, 러시아 등이 강대국으로 등장했다. 유럽의 세력균형은 그런대로 잘 작동되었으나 1793년부터 시작된 나폴레옹 전쟁에 의해 와해되기 시작했다. 이로인해 거의 150년간의 안정성을 제공했던 세력균형이 그 균형을 잃게 되었다.[4)]

오스트리아-헝가리, 프러시아, 영국, 러시아 대표들이 1814년 3월, 프랑스의 쇼몽(Chaumont)에서 조약을 체결했다. 이 조약에서 서명자들은 나폴레옹을 결정적으로 패배시키고 프랑스에 대한 승리 이후에도 동맹을 유지하기로 합의했다. 소위 말하는 신성동맹(Holy Alliance)이 체결된 것이다. 쇼몽 조약은 지난 세월 동안 발전해 왔던 세력균형 원칙의 많은 부분을 수용하였다. 유럽 정치가들은 1814년 9월 비엔나에 다시 모여 나폴레옹 전쟁 이후의 유럽 정치 질서를 재건하기 위한 회의를 갖기 시작했다. 비엔나 회의에 참여한 4대 강국의 대표자들[5)]은 영토적 안정, 다양한 유럽 공국(公國)들의 재건, 전후 여러 가지 쟁점 등 다양한 문제들에 관심을 가졌다. 1815년 2월 25일, 나폴레옹이 엘바

4) Dan Caldwell, *World Politics and You*(Upper Saddle River, New Jersey: Prentice Hall, 2000), p. 41.

5) 오스트리아-헝가리 외상 메테르니히(Klemens Wenzel Nepomuk Lothar von Metternich), 영국 외무장관 카스틀레히(Viscount Castlereagh), 프랑스 외무장관 탈레랑(Tallyrand), 그리고 러시아의 알렉산더(Tsar Alexander)였다.

섬을 탈출했다는 소식이 전해지자 이들 국가들은 쇼몽 조약에 의해 그를 격퇴시킬 것을 다짐하고 1815년 6월 워털루에서 나폴레옹군을 대패시킴으로써 나폴레옹 전쟁은 종결되었다.

비엔나회의에 참여했던 대표자들은 안정적인 국제체제, 즉 유럽협조체제(Concert of Europe)를 창출하는 데 성공했다. 1815년 유럽협조체제에는 50개의 비공식적 회원국이 있었다. 5대 강국(영국, 프러시아, 러시아, 오-헝, 프랑스), 4개의 두 번째 국력 국가군(secondary powers: 스페인, 포르투갈, 스웨덴, 네덜란드), 그리고 40개의 소국과 4개의 자유 도시가 있었다. 국가의 등장과 세력균형체제의 발전은 외교를 필요로 하게 되었다. 르네상스 시대의 이탈리아 도시국가들 간의 상호행동으로부터 진화한 외교는 해결해야 할 문제를 토의하거나 협상하기 위해 한 정부의 대표자가 다른 정부의 대표자와 만나는 것으로 진화했다.[6] 비엔나 회의의 결과로 탄생한 이 체제는 제1차 세계대전이 발발하기 이전인 1914년까지 존속되었다.

100년간의 평화기간에도 유럽에는 적지 않은 갈등이 있어 과연 세력균형체제가 유지되었는가에 대해서 의문을 품을 수도 있다. 전 유럽 대륙이 전쟁에 휩쓸린 것은 아니지만 국가 간의 전쟁은 있었다. 독일은 오스트리아-헝가리 및 프랑스와의 전쟁을 통해 통일을 달성했다. 19세기가 거의 끝날 무렵에는 민족주의가 전 유럽을 휩쓸어 세력균형체제가 효과적으로 작동되는 것을 더욱 어렵게 만들기도 했다. 민족주의적 열병에 추가하여 또 하나의 중요한 이데올로기가 세계정치에서 힘을 얻고 있었다. 1848년 마르크스가 공산당 선언을 발표하자 다양한 국가의 국민들이 이에 매료되었고 이로인해 세력균형의 효과는 더욱 약화되어 갔다. 윌슨은 세력균형을 '낡고 사악한 질서'로 규정하고 비엔나

---

6) Dan Caldwell, *ibid.*, p. 43.

회의 이후의 모든 회의는 비밀외교라고 비판하면서 외교 정책과 외교의 민주적 통제를 강조하였다. 외교에 대한 민주적 통제에 대한 요구로 인해 세력균형의 작동이 더 많은 방해를 받기 시작했다.

국제체제 내에서의 변화로 인해 19세기 후반에는 세력균형의 효과적인 작동이 약화되었다. 비록 몇몇 유럽 국가들은 제국을 보유하고 있었지만, 강대국들은 더 이상 확대할 공간이 없었다. 또한 많은 식민지들이 그들이 이등국 취급을 받는 것에 대해 결사반대하였다. 20세기가 되면서 유럽은 독일-오스트리아-이탈리아의 3국 동맹과 영국-프랑스-러시아의 3국 협상이 서로 대립하기 시작했고 결국 제1차 세계대전과 제2차 세계대전으로 연결되었다. 제2차 세계대전이 종료된 이후에는 미국과 구소련을 중심으로 한 양극체제가 세력의 균형을 이루게 되었다.

제2절 세력균형과 관련된 정책

1. 정책의 선택

(1) 균형화 정책

세력균형과 관련된 정책은 크게 세력균형을 위한 균형화(Balancing), 편승화(Bandwagoning), 책임전가(Buck Passing), 그리고 유화 정책(Appeasement Policy) 등으로 대별된다. 균형화란 세력균형을 위한 국가 전략이나 외교 정책 행위를 말한다. 균형화의 목적은 부상하는 세력(rising power)이 패권을 차지하는 것을 방지하는 것이며, 만약 이런 노력이 성공하게 되면 그 결과로 세력균형이 나타나는 것이다. 균형화는

외적 균형과 내적 균형으로 나뉜다.[7)]

세력균형 이론은 한 국가가 국제체제에서 지배적인 국가로 등장하기 이전에 국가들은 이런 결과를 막기 위해 서로 연대할 것이라고 예측한다. 만일 부상하는 국가의 전략이 분리 및 정복(divide and conquer)이라고 한다면, 잠재적 희생국들은 서로 단결하여 이에 저항해야만 한다. 잠재적 희생국들은 무정부적 국제체제를 대체하려는 지구적 패권국의 등장을 막아 그들의 생존을 보장할 필요가 있다. 국가 외부의 힘을 결집시켜 지배국가와의 힘의 균형을 형성하는 것을 외적 균형(External Balancing)이라고 하는데 가장 대표적인 것이 제7장에서 서술한 군사동맹이다. 또 하나의 방법은 지배국가와 그 지배국가와의 동맹국의 힘을 약화시키는 것이다. 동맹국들을 이간질하여 자기편으로 만들거나 실질적인 동맹이 되지 못하도록 고도의 심리전을 사용하는 방법이다.

하트만(Frederick H. Hartmann)은 외적 균형을 4가지 유형으로 구분하였다.[8)] 먼저 균형자형 균형(balancer form of b/p)이란 대립되는 두 개의 세력에 제3의 세력으로서의 균형자가 개입하여 그 어느 한쪽에 자국의 힘을 보탬으로써 균형을 유지시켜 나가는 유형을 말한다. 영국은 지난 400여 년간 균형자로서 소위 말하는 영광스러운 고립정책(splendid isolation)을 추진함으로써 유럽대륙에서 강하고 위협적인 세력에 대항하였다. 균형자형 균형에서 균형자는 어느 일방과도 영구적인 동맹관계를 맺어서는 안 된다. A와 B간에 균형자 C가 개입하여 A+C>B, 또는 B+C>A가 되도록 함으로써 C 없이는 A 또는 B가 모두 우위에 설 수 없도록 하는 것이다.

7) Mark R. Brawley, "The Political Economy of Balance of Power Theory," *op. cit.*, pp. 80–85.

8) Frederick H. Hartmann, *The Relations of Nations*, 4th ed.(New York: Macmillan, 1973), p. 361.

복합형 또는 비스마르크형(complex form of b/p: Bismarckian form)이란 어느 한 국가가 몇 개의 동맹을 복합적으로 체결함으로써 가상침략국을 고립시켜 견제하는 방법이다. 비스마르크가 프랑스를 대상으로 벌였던 2중, 3중의 동맹체제가 그 원형이다. 복합동맹을 체결하고자 하는 국가는 예상침략국과 동맹을 맺으려고 하거나 맺고 있는 국가에게 동맹 포기를 결심하게 할 이익을 마련해 주어야 한다. A국이 B, C, D와 동맹을 맺고 E, F, G와 동맹을 맺은 후 A+B+C+D와 A+E+F+G 사이에 균형을 유지해 나가는 형태이다. 닉슨외교의 기본구조가 바로 비스마르크형이라고 볼 수 있다. 비록 미국이 중국이나 구 소련과 정식 동맹을 체결하지는 않았지만, 미국은 중·소분쟁을 이용하여 미·일·중공간에는 구 소련에 대한 공동이익을 확보하고, 미·일·구 소련간에는 대중공 견제라는 공통이익을 확보하려 했다는 차원에서 일종의 복합형 형태라고 할 수 있다. 이때 미국이 구 소련 또는 중국과 협력한 형태는 유사동맹(pseudo alliance)에 속한다고 볼 수 있다.

단순형(simple form of b/p)이란 적대자간, 또는 적대 집단간의 힘의 균형으로 이루어지는 세력균형을 말한다. 제3자가 개입하지 않는 자국과 적대국간의 힘의 균형은 군사력 건설을 통해서 가능한데 이는 후술할 내부적 균형에 해당된다. 냉전시 NATO와 WTO간의 균형이 단순형에 속한다.

내적 균형(Internal Balancing)이란 균형화를 위해 외부의 힘에 의존하는 것이 아니라 스스로 군사력을 건설하여 지배국으로 떠오르는 국가와 균형을 형성하는 것을 말한다. 제6장에서 소개한 자주국방이 여기에 해당된다. A국은 A<B로, B국은 B<A로 인식함에 따라 군비경쟁이 불가피해진다는 측면이 있다. 지구적 차원에서 내적 균형을 달성할 수 있는 국가는 별로 없다. 그러나 지역적 차원에서는 이런 균형을 달성하

기 위한 노력이 지속적으로 이루어지고 있다. 중동지역, 동아시아 지역, 서남아시아 지역 등이 대표적이다.

(2) 편승화

만약 한 국가가 내·외적 균형화를 통해 힘의 분배를 변화시킬 수 없다면, 그 국가는 오히려 체제를 지배하고자 하는 강대국에 편승하려고 노력할 수도 있다. 약소국은 그 국가의 비중이 세력균형을 변화시킬 수 있는 능력을 갖지 못하기 때문에 강대국에 편승을 하는 것은 상식이다. 그러나 일부 강대국들도 편승을 하는 경우가 많은데, 특히 강대국들 사이에 전쟁이 발발했을 때이다. 국가가 균형화를 위해 노력하기보다는 편승을 택하는 이유는 편승을 통해 국가안보를 담보 받고 또 전후 전리품을 챙길 수 있는 이점이 있기 때문이다.

(3) 책임전가

책임전가란 강대국 스스로가 세력균형을 위해 노력하기보다는 다른 강대국이 이런 역할을 하도록 내버려두는 것을 말한다. 국가들은 잠재적 패권국에 대한 균형화 제휴를 형성하는 것을 주저하는데 그 이유는 봉쇄 비용이 너무나 크기 때문이다. 따라서 만약 다른 국가가 이런 비용을 수용할 의지가 있다는 것을 안다면, 그 국가는 의지가 있는 다른 국가가 그렇게 하도록 내버려둘 것이다.

미어샤이머는 책임전가가 균형화보다 매력적인 전략으로 묘사하면서 4개의 책임전가 방안을 소개하고 있다.[9] 첫째, 패권국과 외교적으로 좋은 관계를 유지하거나 패권국을 자극하지 않음으로써 패권국이 나보다

---

9) John J. Mearsheimer, *The Tragedy of Great Power Politics*(New York: W.W. Norton & Company, 2001): 이춘근 역, 『강대국 국제정치의 비극』(서울: 나남출판, 2004), pp. 314-316.

는 '책임을 맡으려고 하는 후발 강대국(buck-catcher)'에 관심을 집중하도록 하는 것이다. 1930년대 후반 프랑스와 구 소련은 나치 독일의 위협에 직면하여 서로 그 위협을 상대방에 떠넘기려 했다. 프랑스와 구 소련은 모두 히틀러와 좋은 관계를 유지하고자 노력했고 그럼으로써 히틀러의 총부리를 상대방으로 향하도록 노력했다.

둘째, 책임을 전가하려는 국가는 후발 강대국과 냉랭한 관계를 유지한다. 이는 책임전가국과 후발 강대국 사이에서 외교적 거리가 있을 경우 패권국과의 관계가 좋아질 수 있다는 이유에서뿐만 아니라 후발 강대국이 패권국과 전쟁에 빠져들 경우 전쟁에 개입하지 않을 수 있다는 이점도 있다.

셋째, 책임전가를 성공시키기 위해 자신의 군사력을 더 동원할 수 있다. 책임전가를 원하는 국가는 자신의 국방비를 증액시킴으로써 자신을 보다 어려운 대상으로 만들 수 있다. 물론 책임전가가 성공하기 위해서는 후발 강대국이 책임 전가국의 도움 없이도 스스로의 힘으로 패권국의 공격을 막아낼 수 있을 정도로 강해야 한다. 패권국은 후발 강대국과의 전쟁에서 승리한 후 책임전가국을 침략할 수도 있기 때문에 보험에 드는 것처럼 군사력을 증강할 필요가 있다.

넷째, 책임전가국은 후발 강대국의 힘의 성장을 허용한다. 1864년부터 1870년 사이 영국과 러시아는 비스마르크의 프러시아가 유럽의 심장지역을 점령하고 프러시아보다 훨씬 강한 독일 제국을 건설하는 것을 방치했다. 영국은 독일이 프랑스뿐만 아니라 러시아가 유럽의 핵심지역으로 팽창해 나가는 것을 막을 수 있을 것으로 생각했고, 러시아는 독일이 오스트리아와 프랑스를 제약할 뿐만 아니라 폴란드의 민족적 야심도 제어할 수 있을 것으로 생각했다.

책임전가를 통하여 그 강대국은 짧은 시간 안에 힘을 최대화해야 하는 부담을 회피하면서 부를 향상시킬 수 있는 시간을 벌 수 있다. 이를 통해 강대국은 미래에 지배국과 대등한 힘을 가짐으로써 세력을 균형시킬 수 있다고 생각한다. 소위 말하는 불균등 성장을 통해 후일을 기약한다는 것이다. 책임전가는 집단적 행동에 있어서의 공차(free-ride) 개념과 유사하다.

중국은 러시아가 미국과 세력균형을 할 수 있도록 책임전가 정책을 수행하고 있고, 러시아도 중국이 미국과 세력균형을 할 수 있도록 책임전가 정책을 수행하고 있다고 볼 수 있다. 책임전가가 매력적이긴 하지만, 어떤 강대국에 대해서는 이것이 옳은 전략이 아닐 수도 있다. 예를 들어, 만약 한 국가가 물리적으로 패권국에 인접해 있음에도 불구하고 책임전가 정책을 펼친다면, 자국의 안보는 더 위험에 빠질 수도 있기 때문이다.

(4) 유화 정책

유화란 자신을 위협하는 강대국에 대해 무엇인가를 양보해 주는 것을 의미한다. 역사적으로 이런 양보는 지배를 열망하는 강대국이 이 양보에 대해 충분히 만족할 것이고 그 이상 어떤 요구나 더 이상의 세력 결집을 중단할 것이라는 희망하에 제공되었다. 1933년 히틀러가 집권하자 독일은 세계군축회의 및 국제연맹을 탈퇴하였다. 1934년에는 폴란드와 불가침조약을 체결하고, 1936년에는 로카르노 조약(Pact of Locarno)을 파기하였으며, 1937년에는 일·독·이의 3국협정을 체결하였다. 이를 바탕으로 독일은 1938년 오스트리아를 병합하였으며, 1938년에는 체코[10]를 강압하여 광물자원이 풍부하면서도 독일인이 많이 거

10) 이때 당시 체코는 체코인 700만, 독일인 300만, 슬로바키아인 200만, 헝가리인 70만, 러시아인 60만, 기타 등 총 1,500만 명의 인구를 가지고 있었다.

주하는 수데텐(Sudeten) 지방의 할양을 요구하였다. 이에 영국과 프랑스는 독일 및 이탈리아와 함께 뮌헨협정을 체결하여 수데텐 지방을 독일에게 할양하였다. 제1차 세계대전 당시 영국과 프랑스 편에 섰던 체코는 외상과 대통령이 사임하는 등 격렬히 저항했으나 영국과 프랑스는 독일이 더 이상 유럽 질서를 해치지는 않을 것으로 보고 협정을 체결했던 것이다. 이것이 유화정책이 가져 온 대표적인 실패 사례이다. 그 이후 독일은 1939년 독-폴란드 불가침조약 파기, 영-독 해군협정 파기, 그리고 독-구 소련 불가침조약을 체결한 후 제2차 세계대전을 일으켰다.

2. 균형화 개념의 확대

균형화(balancing)의 목적은 특정 강대국이 패권을 가지는 것을 방지하는 것이다. 이것이 성공하면 그 결과로 세력균형이 나타난다. 현실주의자들은 국가간 군사력 균형에 배타적 초점을 맞춤으로써 세력균형 이론을 만들었다. 비록 그것이 유용하다고 하더라도 융통성은 별로 없다. 따라서 국가들이 사용하는 다양한 전략을 설명하기 위해 균형화 행동의 개념을 확대할 필요가 있다. 균형화는 3가지 형태, 즉 강성균형화(hard balancing), 연성균형화(soft balancing), 그리고 비대칭적 균형(asymmetric balancing)으로 나타난다.[11)]

강성균형화는 전통적인 현실주의의 접근을 취하고 있는데, 이들은 강대국과 균형을 유지하기 위해 군사동맹이나 군사력 건설을 통한 내외적 균형화를 주장한다. 또한, 이들 국가들은 공식적인 동맹과 반동맹

---

11) T. V. Paul, "Introduction: The Enduring Axioms of Balance of Power Theory and Their Contemporary Relevance," *ibid.*, p. 2.

(counter alliances)을 창설하거나 유지하기도 한다. 전통적 현실주의자와 신현실주의자들은 강성균형을 선호한다.

군사력에 초점을 맞춘 강성균형과는 달리 연성균형은 부상하거나 잠재적으로 자국을 위협하는 국가를 중립화시키기 위해 은밀하게 비공세적 제휴를 구축하는 데 초점을 맞춘다.[12] 때로는 잠재적 패권국이 다른 국가들에 대해 위협을 가하지 않을 수도 있지만 균형화를 위한 대응을 하지 않는다면 그 국가는 불안의 핵심 근거지로 부상할 수도 있다. 국가들은 연성균형에 관여하기 위해 다양한 수단을 채택한다, 즉, 은밀한 양해(tacit understanding)나 협상(entente), 일시적 제휴의 형성, 그리고 위협국가의 힘을 한정시키기 위한 국제제도의 사용 등이 이런 수단에 속한다. 러시아와 균형을 맞추기 위한 동구의 NATO와의 협력, 중국과 균형을 맞추기 위한 미국과 인도의 협력, 미국과 균형을 맞추기 위한 러시아와 중국의 협력 등이 이런 사례에 속한다. 또한 프랑스, 독일, 러시아는 안보리에서 미국의 이라크 침공을 방지하기 위해 서로 협력하기도 했다. 이런 것들은 공식적인 공개 동맹이 아니라 한정된 안보협력에 바탕을 두고 있다.

연성균형은 체제적 수준에서 일어날 수도 있다. 지배국가와의 강성균형화 전략을 취하기에는 너무나 위험 부담이 클 때 취할 수 있는 전략이다. 어떤 국가가 강성균형 노력을 하게 되면, 지배국으로부터 정치적, 경제적인 보복을 받을 수도 있다. 더군다나 패권국과의 경제적 연대를 파괴하는 것은 그 비용이 너무나 크다. 비록 중국, 러시아, 독일, 프랑스 등이 미국의 파워와 균형을 맞추려는 경향이 있긴 하지만, 그들은 지역 국가들로부터 협력을 끌어내지 못한다. 인도와 같은 잠재적 동맹

---

12) T. V. Paul, "Introduction: The Enduring Axioms of Balance of Power Theory and Their Contemporary Relevance," *ibid.*, pp. 14-16.

국은 미국에 편승하고 있는데 그 이유는 미국이 그들에게 경제, 정치, 군사 지원과 이념적 친화성을 제공하기 때문이다. EU도 군사력을 발휘할 수 있는 정치적 실체로 전환하지 못했는데, 그 이유는 참여 국가들이 어떤 직접적인 군사적 위협도 인식하지 못하고 다른 강대국에 의해 그들의 존재에 대한 도전도 인식하지 못하기 때문이다. 그들은 미국에 대해 협상력을 늘리기 위해 그리고 미국의 일방주의 특히, 군사적 주도권을 제한하기 위한 노력을 할 수도 있다. 따라서 이들은 군사적 대항이 아니라 정치적, 경제적, 외교적 수단이 미국에 영향을 미치기 위한 가장 좋은 방법이라고 인식하고 있다.

비대칭적 균형은 핵심 국가에 대해 전통적 군사력이나 전략을 사용하여 도전할 수 없는 테러 집단과 같은 하부국가 행위자들의 행위에 대해 국가가 균형을 맞추거나 이를 봉쇄하려는 노력을 말한다. 또한 비대칭적 균형은 정반대의 의미도 있다. 국가하부 행위자와 그들의 국가 후원자들이 테러리즘과 같은 비대칭적 수단을 사용함으로써 기존의 국가에 도전하고 또 이들의 힘을 약화시키는 노력도 비대칭적 균형에 해당된다.

미래의 특정한 시점에 강성균형이 언제 일어날 것인가를 예측하는 것은 어려운데 그 이유는 국가들이 그들의 상대적 군사력 위상을 극대화하기 위해 끊임없이 노력하지 않기 때문이다. 종종 국가들은 그들의 자원과 에너지를 군사력 강화에 쏟기보다는 오히려 국내 복지를 향상시키는 데 투자한다. 예를 들어, 전간기(戰間期) 동안 미국은 강대국 정치에서 비켜 서 있었고, 일본도 제2차 세계대전 이후 국제정치에서 한정된 역할에 만족했다.

사실 강성균형화가 국가 행위의 지배적인 형태도 아니거니와 현재와 미래의 결과도 아니다. 국가들은 미국이 패권국으로 존재할 때에도 그들의 이익을 최대화하기 위해 종종 절충주의적 또는 기회주의적 전략을 추구했다. 국가들은 연성균형화를 작동시켰다. 2008년 미국발 금융위기 발생 이후 미국의 단극적 위상이 흔들렸을 때 연성균형화가 빈번하게 일어났다.

강성 및 연성균형화에 대한 비교는 다음 〈표 8-1〉과 같다.

〈표 8-1〉 균형화 행동

	경쟁의 본질	주요 전략
강성균형	강렬, 공개, 영합, 상대적 이득	공개적 군사력 건설, 공식 동맹
연성균형	은밀, 비영합, 특정영역에서의 상대적 이득	한정된 군사력 건설, 비공식적 전술적, 또는 일시적 안보 이익
비대칭균형	국가 또는 비국가 행위자, 경쟁 강렬, 비국가 행위자 포착 어려움	비대칭전략 수행하는 비국가 행위자와 후원 국가; 국가들은 위협 대비 전통 + 비전통 전략 추구

* 출처: T. V. Paul, "Introduction: The Enduring Axioms of Balance of Power Theory and Their Contemporary Relevance," in T. V. Paul, James J. Wirtz, and Michel Fortmann, eds., Balance of Power: *Theory and Practice in the 21st century* (Standford: Standford University Press, 2004), p. 13의 내용 일부 수정.

제3절 세력균형 이론과 관련 이론

1. 세력전이 이론

강대국들 간의 세력을 중심으로 국제정치 및 국제정치경제를 설명해 보려는 노력은 비단 세력균형 이론에 국한된 것만은 아니다. 세력전이 이론, 패권안정 이론, 위협균형 이론 등도 이런 노력의 일환이다. 세력전이 이론은 체제 내의 가장 강력한 국가에 의해 지배되는 국제체제를 묘사한 것이다. 세력전이 이론은 체제 내에 지배적 세력이 존재하는 것이 바람직하다고 보는데, 그 이유는 지배적 세력이 국제질서를 수립한 후 현상을 유지하고자 하기 때문이다.[13)]

어떤 국가들은 현상유지로부터 이익을 얻기도 하고 그렇지 못하기도 한다. 국가의 국내제도가 지배국의 그것과 비슷하면 할수록 국가들은 현상유지로부터 더 많은 이득을 얻을 수 있고, 현상유지에 만족할 수 있다. 그러나 국내제도가 다르면 다를수록 이익은 없고 불만족스럽게 된다.[14)] 과거의 계획경제 국가들은 국제사회로부터 자본을 획득하기가 확실히 힘들었고 이로인해 현상유지에 대해 불만을 가질 수밖에 없었다.

국가 만족의 수준이 문제가 되는데 그 이유는 불만족 국가들은 현상유지를 변경시키기를 원하는 반면, 지배국은 현상유지를 선호하기 때문이다. 만약 불만족 국가가 충분한 파워를 획득하여 현상유지를 바꿀 능력이 있다고 믿으면, 세력전이 이론은 불만족 국가가 그의 인식에 따라 행동한다고 예상한다. 이것이 세력전이 이론의 중요 가설이 되는데, 불만족스러운 도전국이 지배국과 파워의 등가(parity)를 획득할 때 국제전쟁의 개연성(probability)은 극적으로 증가한다는 것이다. 세력전이 이론은 파워의 등가와 불만족이라는 두 개의 조건만 충족되면 지배국과 도전국 사이에 전쟁이 일어날 것이라고 예측한다.[15)]

사실 오간스키(A. F. K. Organski)에 의해 발전된 세력전이 이론[16)]은 당시 국제정치학계를 독점적으로 풍미했던 세력균형 이론에 정면으로

---

13) Douglas Lemke, "Great Powers in the Post-Cold War World: A Power Transition Perspective," in T. V. Paul, James J. Wirtz, and Michel Fortmann, eds., *Balance of Power: Theory and Practice in the 21st century*(Stanford: Stanford University Press, 2004), p. 56.

14) *Ibid.*

15) *Ibid.*, p. 57.

16) A. F. K. Organski, *World Politics*(N. Y.: Knopf, 1958).

도전하면서 현실주의 국제정치학에 있어서 국제체제와 전쟁발발의 상관관계를 새롭게 이해하는 커다란 전환점이 되었다. 세력균형 이론은 국제체제를 무정부적 상태로 보는 반면 세력전이 이론은 국제체제를 국내질서와 유사한 위계체계(Hierarchy)로 본다. 오간스키의 위계적 국제질서를 그림으로 표시해 보면 다음 [그림 8-1]과 같다.

[그림 8-1] 오간스키의 위계적 국제질서 구조

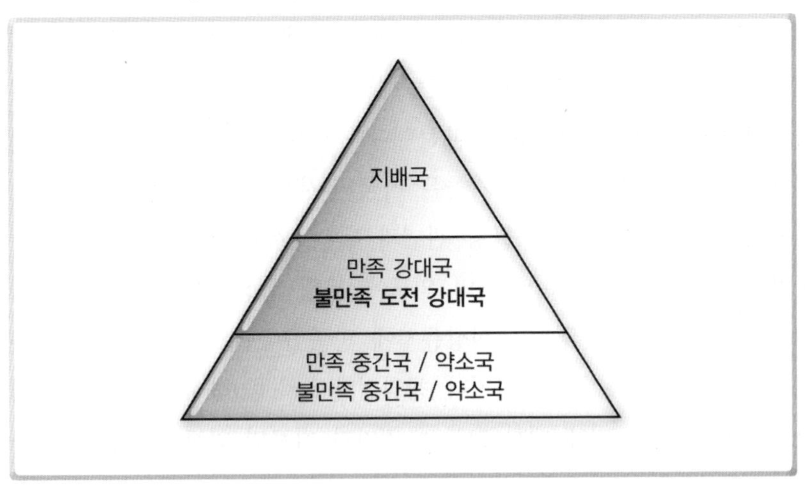

세력전이 이론에 의하면, 지배국은 국제 분쟁을 회피한다고 주장한다. 지배국의 지배력이 불만족 도전국들에 비해 현저하게 강하게 남아 있는 한, 강대국 간의 전쟁은 일어나지 않는다는 것이다. 세력전이 이론과 몇몇 세력균형 이론의 중요한 차이점은 세력 불균형에 의한 전쟁의 가능성이다. 세력균형 이론은 세력이 균형되면 전쟁이 일어나지 않는다고 주장하는 반면, 세력전이 이론은 세력이 균형되는 시점에 전쟁이 일어난다는 것이다. 즉 세력전이 이론은 지배국과 불만족 도전국 사이에 대략 균등해지는 상황이나, 또는 파워의 등가가 되는 상황이 되면

대단히 높은 전쟁의 개연성이 있다는 것이다. 전쟁과 평화에 대한 예측이 세력균형 이론과 반대된다.[17]

세력전이 이론은 지배국의 현상유지에 대한 다른 강대국들의 대응방식은 대단히 다르게 나타난다고 주장한다. 현상유지에 대한 비슷한 견해를 가진 강대국들은 서로의 파워가 증가하는 것에 대해 별로 위협을 느끼지 않는데 그 이유는 그렇게 증가된 파워가 자신들을 향해 사용될 것이라고 생각하지 않기 때문이다. 또한 현상유지에 만족스러운 도전자가 지배국을 능가하거나 승계하는 곳에서의 세력전이는 전쟁이 일어날 것으로 예상되지 않는데, 그 이유는 새로운 지배국은 전임 지배국의 현상유지를 이어갈 것으로 보기 때문이다. 그러나 현상유지에 대해 본질적으로 다른 평가를 하는 국가들은 타국의 세력 증가에 대단한 관심을 가지게 된다. 전통적 세력균형 관념과 달리, 세력전이 이론은 만족한 국가는 다른 만족스러운 국가의 의도에 대해 걱정하지 않는다는 점을 제시한다. 부상하는 국가가 현상유지에 만족한다면, 지배국은 그 국가에 대해 균형을 유지하려 하거나 책임전가 노력을 하지 않는다는 것이다. 그러나 현상유지에 대한 그들의 평가가 다르면 안보딜레마 같은 공포가 일어나게 된다.

세력전이 이론은 탈냉전 시기 강대국들의 행동이 미국과 세력균형을 위한 행동은 아니라는 점을 제시하기도 한다. 미국과 비슷한 국내 제도를 가진 강대국들은 현상유지로부터 이익을 얻고 있기 때문에 결과적으로 미국에 대한 균형화 노력을 위한 시간이나 노력을 낭비하지 않는다는 것이다. 사실, 만족스런 국가들은 기존의 현상유지를 더 강화하기 위해 미국에 편승할 수도 있다. 미국과 국내 제도가 다른 국가들은 국

17) T. V. Paul, "Introduction: The Enduring Axioms of Balance of Power Theory and Their Contemporary Relevance," in T. V. Paul, James J. Wirtz, and Michel Fortmann, eds., *op. cit.*, p. 9.

제적 현상유지로부터 이익을 덜 얻을 것이며, 더 불만족스럽게 될 것이고 국제문제에 대한 계속적인 미국의 지배력에 대해 적대적 단계를 밟을 수도 있다. 만일 이런 국가들이 미국과의 파워의 등가를 즐긴다면, 강대국 간의 전쟁은 가능할 수도 있다.[18)]

2. 패권안정 이론

패권안정 이론은 통상 국제정치경제와 연관이 있다. 이 이론의 핵심은 국제경제체제가 효과적으로 기능하기 위해서는 패권국을 필요로 한다는 것이다. 패권국은 안정된 예비(reserve) 통화와 국제적 유동성을 제공하고, 국제경제의 마지막 호소처로 봉사하며, 그리고 시장에서의 게임의 규칙을 강화하는 역할을 수행한다는 것이다. 패권의 행위가 체제 차원에서 이익을 주기 때문에 패권국은 국제체제에 안정을 제공한다는 것이다.[19)]

패권안정 이론의 논리는 정치경제로부터 국제정치의 다른 측면으로 확대될 수 있다. 길핀(Robert Gilpin)이 주장한 것처럼, 패권적 힘은 국제질서의 규칙과 규범을 수립하고, 국제체제에서 안전과 안정을 제공하는 행동을 한다. 패권안정 이론에 의하면, 체제 내의 국가들은 온화한 패권국과 협력하게 되는데, 그 이유는 패권국이 제공하는 집단적 공공재로부터 이득을 취할 수 있기 때문이다. 패권안정 이론가들도 전쟁은 힘의 균형으로부터 결과된다는 것을 믿고 있는데, 패권국의 지배력이 평화 보존의 필수 조건으로 작동한다고 생각하기 때문이다. 패권안정

18) Douglas Lemke, "Great Powers in the Post-Cold War World: A Power Transition Perspective," *ibid.*, p. 58.

19) Christopher Layne, "The War on Terrorism and the Balance of Power: The Paradoxes of American Hegemony," *ibid.*, p. 113.

이론은 지배국이 있어야 평화가 유지된다는 측면에서 세력전이 이론과 비슷하고 세력균형 이론과 상반된다.

3. 위협균형 이론

월트(Stephen Walt)는 국가들 사이에 균형화 행동을 촉진함에 있어서 위협 인식의 역할을 강조함으로써 세력균형 이론을 수정하였다. 국가들은 반드시 파워에 대항해서가 아니라 위협에 대항해서 균형을 취하려는 경향이 있다고 월트는 주장한다. 따라서 힘이 약한 행위자들은 기존 국가나 부상하고 있는 국가의 파워를 온화(benign)한 것으로 인식하고 대항력을 통한 힘의 균형을 맞출 필요가 있다고 인식하지 않는다.[20]

중동의 동맹 형성과 관련된 그의 연구에서, 월트는 그의 이론을 시험하고 파워에 대한 균형화가 통상적인 것이 아니며 지역적 수준에서는 위협에 대한 균형화가 더 지배적이라는 결론을 내린다. 균형화 또는 편승화를 결정하는 요소는 결국 위협에 근거를 두고 있다 즉, 국가의 결집된 파워(aggregate power: 인구, 경제, 군사, 기술력 등), 지리적 인접성(proximity), 공세적 군사력의 보유, 그리고 강력한 행위자들의 공세적 의도 표출의 수준 등을 보고 위협을 평가하고 이에 대응한다는 것이다.

월트의 이론에 따르면, 국가들은 종종 강대국에 편승을 하는데, 특히 그 강대국이 자신들에게 안보와 경제적 이득을 줄 때 더욱 그렇다는 것이다. 균형화는 국가들의 자연적 행위가 아니며, 오히려 강대국과 손을 잡는 것이 국가 행위의 지배적인 패턴이라는 것이다. 그러나 월트는 균형화가 편승화보다 보편적이라고 주장하는데 그 이유는 연대

20) T. V. Paul, “Introduction: The Enduring Axioms of Balance of Power Theory and Their Contemporary Relevance,” *ibid.*, p. 8.

(alignment)를 하게 되면 국가 행동의 자유가 패권국에 종속될 우려가 있기 때문이다. 월트는 의도는 변할 수 있고 인식은 믿을 것이 못 되기 때문에, 강대국이 계속해서 관대하게 남아있을 것이라는 희망보다는 잠재적 위협에 대해 균형을 유지하는 것이 더 안전하다고 주장한다.[21]

월트의 위협균형 이론은 타국이 왜 패권국을 위협으로 보기보다는 온화한 것으로 파악하는지를 설명하기 위한 취지에서 만들어졌다. 위협균형 이론의 핵심은 파워의 단순한 비대칭성이 타국의 안보에 위협을 구성하지 않는다는 것이다.[22]

4. 균형화 감소를 위한 패권국의 정책

향후에는 미국이 과연 계속해서 패권을 유지할지 또는 거의 균형을 유지할지에 대한 관심이 모아질 것이다. 세월이 갈수록 국제정치의 현실세계는 패권이 안정과 평화를 가져다줄 것이라는 이론(패권안정 이론, 위협균형 이론, 세력전이 이론)과 패권체제는 전쟁 지향적이고 불안정하다(전통적 세력균형 이론)는 이론 사이에서 열띤 논쟁이 벌어질 것이다.[23] 미국의 많은 학자들은 미국이 변하지 않으면 강대국들의 균형화 노력에 직면하게 될 것임을 인식하고 있다.

나이(Joseph S. Nye)와 같은 자유주의학자들은 미국의 소프트 파워, 즉 미국의 이상, 정치 제도, 그리고 문화들이 타국에게 매력을 느끼게 함으로써 워싱턴의 궤도 속으로 이끌어야 한다고 주장한다. 미국의 파워가 연성으로 보이면, 다른 강대국들은 미국을 위협으로 보지 않고 매

21) *Ibid.*

22) Christopher Layne, "The War on Terrorism and the Balance of Power: The Paradoxes of American Hegemony," *ibid.*, p. 114.

23) Christopher Layne, "The War on Terrorism and the Balance of Power: The Paradoxes of American Hegemony," *ibid.*, p. 121.

력적인 나라로 본다는 것이다. 또한 자유주의적 제도학자들인 아이켄베리(G. John Ikenberry)와 러기(John Ruggie)도 미국이 일방적으로 행동하기보다는 국제제도를 통해 우월성을 행사해야 다른 국가들이 미국의 패권을 묵묵히 따를 것이라고 주장한다.[24)]

미국의 '패권 문제'에 대한 우려는 9.11과 이라크 침공 이후 광범위하게 확산되었다. 미국 패권의 옹호자들은 세력전이 이론, 패권안정 이론, 위협균형 이론, 그리고 국제정치에 대한 자유주의적 접근을 종합함으로써, 미국 우세라는 공포를 완화할 수 있고, 미국에 대항한 균형화의 동기를 제거할 수 있다고 주장한다. 예를 들어, 나이는 미국은 국제공공재를 제공함으로써 –핵심지역에서는 세력균형 유지, 개방적인 국제경제 촉진, 지구적 환경 쟁점에 대한 선도, 국제제도의 강화, 경제발전 지원, 제휴의 조직자 및 분규의 중재자로서의 행동– 그리고 일방적이기보다는 다자적 행동을 취함으로써 국제정치에서 미국의 현저한 위상을 유지할 수 있다고 주장한다. 타국들은 9.11 이후 미국의 세계정치에서의 우월성에 대해 대단히 복잡한 감정을 가지고 바라보고 있다는 점을 인식하면서, 월트는 다자적으로 행동함으로써, 그리고 "타국을 대함에 있어서 보다 많은 관용과 호의를 가지고 행동함으로써", 세계에서 미국의 패권이 수용될 수 있다고 주장한다. 나이와 월트에 화답하여 자유주의적 학자들은 그 스스로의 파워를 자발적으로 제한함으로써, 미국은 타국에게 미국의 패권에 대한 우려를 불식시킬 수 있다고 주장한다.[25)]

그럼에도 불구하고 내외적 균형화는 (1) 국가들이 그들의 안보에 대한 심각한 군사적 도전에 직면할 때, (2) 국가들이 부상하는 국가의 점

---

24) Christopher Layne, "The War on Terrorism and the Balance of Power: The Paradoxes of American Hegemony," *ibid.*, p. 114.

25) *ibid.*

증하는 파워 때문에 절멸의 상태에 직면할 때, 그리고 (3) 국가들이 강렬히 지속되고 있는 경쟁 상태에 개입되어 있을 때 일어날 수 있다.[26)]

미국과의 균형화를 시도할 수 있는 후보군 중에 가장 우선순위가 높은 국가는 중국이다. 중국은 미국발 금융위기의 발생으로 그 위상이 급부상하자 종전의 외교방식을 바꾸고 있다. 30년 전 개혁개방을 단행할 당시 중국의 국내총생산(GDP) 규모는 2164억 6000만 달러로 세계 10위권에도 미치지 못했다. 하지만 2008년 중국의 GDP는 4조 3,000억 달러로 세계 3위를 기록한 데 이어 2010년엔 일본을 제치고 세계 2위로 올라서면서 G2로 부상했다. 2023년 미국의 GDP는 25조 달러였고 중국의 GDP는 18조 3,000억 달러였다. 그러나 구매력 평가 기준(PPP: purchasing power parity) 경제규모는 2014년 말 부로 중국이 세계 1위를 차지했다. 미국이 1872년부터 140년 넘게 수성해 온 PPP 기준 세계 경제규모 1위 자리를 중국에 넘겨준 것이다.

그러나 경제력을 군사력으로 전환하는 데 소요되는 기간과 두 국가가 강렬한 경쟁 상태가 되는 상황적 조건이 아직 충족되지 않았다는 점에서 중국의 미국에 대한 내외적 균형화는 아직 본격적으로 시도되지 않았다고 본다. 그러나 미국의 국가정보위원회(NIC)가 2012년 가을에 발표한 *Global Trends 2030*은 중국의 부상을 객관적으로 전망하고 있다. 보고서에 따르면, 2030년이 되면 국내총생산(GDP), 기술투자, 군사비 지출 등을 기준으로 산정한 글로벌 지배력에서 아시아가 북미·유럽을 합친 것보다 더 커질 것이며 그 중심에 중국이 있을 것으로 예상하고[27)]있기 때문이다. Pax Americana의 쇠퇴가 곧 Pax Sinica로 이

---

26) Michel Fortmann, T. V. Paul, and James J. Wirtz, "Conclusion: Balance of power at the Turn of the New Century," in T.V. Paul, James J. Wirtz, and Michel Fortmann, eds. *op. cit.*, p. 365.

27) National Intelligence Council, *Global Trends 2030*(NIC: Washington D.C, 2012).

행되지는 않고 2030년 경에도 미국은 동급최강(first among equals) 국가로서 위상을 유지할 것으로 예상되나 그 과정에서 많은 굴절과 변곡의 가능성이 상존하고 있다는 점을 유념할 필요가 있다. 중국의 부상을 견제하기 위한 미국의 반중 봉쇄정책은 제14장을 참고하기 바란다.

제4절 세력균형 이론의 편견

1. 강대국 중심 이론

세력균형 이론은 두 가지 편견을 가지고 있다.[28] 하나는 강대국 중심의 이론이라는 것이고 다른 하나는 유럽 중심의 이론이라는 것이다. 먼저 강대국 중심 이론에 대해 살펴보자.

세력균형 이론에 있어서 국가들이란 주로 강대국을 의미한다. 약소국과 중견국가들도 패권을 추구하고 싶지만 그들의 힘은 제한될 수밖에 없고 강대국만이 세력을 다르게 만들 수 있는 군사력을 보유하고 있기 때문이다. 약소국들은 결과에 대해 미세한 영향을 행사할 수 있다는 것을 알고 있다. 따라서 이들은 맥락에 따라서 종종 균형화 정책을 추진하거나 편승 정책을 추진한다.

클라우드(Inis L. Claude)는 “세력균형 이론은 경쟁국들과 관련이 있고 강대국들의 충돌과 관련 있다”고 했으며, 왈츠도 국제정치의 어떤 이론도 강대국들에 기초하고 있다고 주장하고 있다. 그 이유는 강대국들만이 그들뿐만 아니라 타 국가들의 맥락을 규정할 수 있기 때문이라

28) Jack S. Levy, “What Do Great Powers Balance Against and When?” *ibid.*, pp. 38-44.

는 것이다. 공세적 현실주의자인 미어샤이머(John J. Mearsheimer)도 강대국에 초점을 맞추어 「강대국 정치의 비극」을 분석하고 있다.

이외에도 세력균형 이론에 있어서 강대국 중심의 편견은 많다. 균등의 개념도 일반적인 국가들 간의 균형이 아니라 강대국들 간의 균등을 의미한다. 체제 내에서의 강대국의 숫자는 결국 이론 형성에 있어서 핵심적인 독립변수로서의 역할을 수행하는 것이다. 또한 양극 및 다극체제의 상대적 안정성에 대한 문제도 일반적인 의미에서의 전쟁의 부재(不在)가 아니라 강대국들 간의 전쟁 부재로 규정되고 있다.

2. 유럽 중심적 이론

많은 학자들이 유럽에 초점을 맞추어 세력균형에 대한 이론화를 시도하였다. 이 이론은 많은 유럽인들에 의해 주창되었고 이어 미국인에 의해 계승되었다. 이론은 웨스트팔리아 조약을 시작으로 18~19세기의 유럽 세력균형의 황금기에 초점을 맞추고 있다. 또한 균형자(balancer)란 유럽 대륙에서의 세력의 균등을 유지하기 위한 영국의 역할을 의미하는 것으로 해석되었다.

많은 세력균형 이론가들은 패권을 추상적 용어로 인식한 것이 아니라 유럽체제에 대한 우세라는 용어로 사용하였다. 세력균형은 지난 5세기 동안 유럽에서의 패권의 위협에 대한 대응 경험으로부터 나온 것이었다. 이론가들은 16세기 초에는 찰스 5세 하의 합스부르크가에 대한 균형화, 16세기 후반에는 필립 2세에 대한 균형화, 30년 전쟁 동안에는 스페인과 신성 로마제국의 결합된 힘에 대한 균형화, 그리고 18세기 후반부터 19세기 초까지는 루이 16세 및 나폴레옹의 프랑스에 대한 균형화, 그리고 20세기 초중반에는 빌헬름과 히틀러 하의 독일에 대한 균형

화에 대한 경험이 이론으로 정립된 것이다.[29)]

---

29) 유럽에서의 지난 5세기를 모두 세력균형으로 설명하는 것이 맞는지를 생각해 볼 필요가 있다. 19세기 영국을 팍스 브리타니카로 부르는 것이 보통인데 이는 영국을 패권국 또는 지도국으로 취급하고 있다는 것을 의미한다. 이런 논쟁은 패권안정 이론, 세력전이 이론, 또는 리더십 장주기 이론과 연계되는 것이지 세력균형 이론과 연계되는 것은 아니라는 점을 생각해야 한다. 또한 19세가 말 체제의 지도적 국가는 영국이 아니라 독일이었으며 영국에 대항하는 것이 아니라 독일에 대항하는 것이었다는 점과 20세기 초 대부분의 강대국은 영국 편이었다는 점도 생각해 봐야 한다.

토론 주제

1. 오늘날 어떤 지역에서 강성균형이 이루어지고 있는가?
2. 오늘날의 국제 현실에서 강성균형, 연성균형, 그리고 비대칭 균형의 사례를 들 수 있는가?
3. 한국 진보정권의 대북정책을 유화정책이라고 할 수 있는가?
4. 패권국의 존재가 세계평화를 담보하는가? 아니면 세력균형이 세계평화를 보장하는가?
5. 책임전가의 구체적인 사례를 들 수 있는가?
6. 탈냉전 이후 미국에 대한 균형화는 주로 어떤 형태로 이루어지고 있는가?
7. 어떤 조건 하에서 강렬한 세력균형 정치가 부상하겠는가?
8. 중국이 미국과 세력균형을 이룰 것이라고 보는가?
9. 동아시아에서 한국은 균형자 역할을 할 수 있는가?
10. 바이든 행정부의 대중국 정책을 이론적 관점에서 제시해 볼 수 있는가?

더 읽으면 좋은 글

1. T. V. Paul, James J. Wirtz, and Michel Fortmann, eds., *Balance of Power: Theory and Practice in the 21st century*(Standford: Standford University Press, 2004).
2. John J. Mearsheimer, *The Tragedy of Great Power Politics*(New York: W.W. Norton & Company, 2001): 이춘근 역, 『강대국 국제정치의 비극』(서울: 나남출판, 2004).
3. Stephen M. Walt 저, 김성훈 역, 『미국 외교의 대전략』(서울: 김앤김 북스, 2021).

P·A·R·T

04

위협 감소와 국가안보

국가가 불안을 느끼는 이유는 다른 국가들이 존재하기 때문이다. 설령 다른 국가들이 존재한다고 하더라도 그 국가들로부터 위협을 받지 않는다면 국가는 안전할 것이다. 그러나 현실은 그렇지 못하다. 따라서 무정부적 국제체제 속에서 국가가 안전해지기 위해서는 위협을 감소시키는 것이 최선의 방법이다.

자주국방은 안보딜레마와 국방의 딜레마를 초래하고, 동맹은 동맹의 딜레마를 벗어날 수 없다. 세력균형 이론은 패권안정 이론 및 위협균형 이론과 갈등을 일으키고 있다. 취약성 극복을 통해 안보를 담보받고자 하는 정책은 어렵기도 하지만 고비용이다. 저비용으로 국가가 안전해 질 수 있는 방법은 위협을 감소시키는 정책이 될 것이다.

위협을 감소시키는 정책은 크게 3가지로 대별된다. 첫째는 집단안보이고, 둘째는 군비통제이며, 셋째는 통합이다. 집단안보는 유엔 헌장을 근거로 침략이나 평화를 파괴한 국가를 대상으로 집단으로 무력을 행사하는 것으로써, 특정국가가 무력 침공을 당할 경우 집단적으로 침공당하는 국가를 도와주는 것을 말한다. 집단안보는 침략국에 대한 집단적 응징을 약속한 것이기 때문에 침략국의 침략 위협을 억제하는 데 있다. 따라서 위협을 감소시키는 측면이 있다. 군비통제 또한 서로가 체결한 협정을 통해 구속력이 발휘되는데, 군비경쟁을 제한한다는 차원에서 위협을 감소시키는 측면이 있다. 통합, 특히 통일은 위협의 근원이 사라진다는 차원에서 위협을 없앨 수 있는 가장 좋은 방안이다. 통합은 부문별 통합이나 연합, 연방, 또는 통일의 형태로 나타날 수 있다.

제9장은 집단안보, 제10장은 군비통제, 제11장은 통합을 다룬다. 물론 국제법이나 중립도 위협을 감소시킬 수 있다는 차원에서 접근해 볼 수 있으나 본 저서에서는 생략한다.

제9장 집단안보

개 요

나폴레옹 전쟁 이후 제1차 세계대전 이전까지 약 100년 동안 유럽 대륙에서는 대규모의 전쟁이 일어나지 않았다. 독일 통일 전쟁이라고 불리는 프러시아와 오스트리아, 그리고 프러시아와 프랑스 간의 전쟁은 있었으나 전 유럽 대륙이 휩쓸린 전쟁은 없었다는 뜻이다. 긴 평화(Long Peace)가 가능했던 것은 소위 말하는 유럽 협조체제(Concert of Europe)의 결과일 수도 있고, 이 협조체제 속의 5대 강대국 간의 세력균형의 결과일 수도 있다. 그러나 결과적으로는 이런 체제나 세력균형들이 제1차 세계대전을 막지는 못했다.

미국의 윌슨 대통령은 전쟁을 근본적으로 억제할 수 있는 새로운 방안을 강구하기 시작했다. 그는 오히려 세력불균형이나 세계적 동맹에 주목했다. 그의 아이디어가 현실화된 것이 바로 세계적 차원의 집단안보(Collective Security)이다. 침략국을 제외한 모든 국가들이 단결하여 침략국을 응징하는 제도를 만들면 전쟁은 억제될 수 있으리라는 것이 집단안보의 핵심이다. 그의 이상은 국제연맹 규약과 국제연합 헌장의 정신에 반영되었다.

제9장에서는 집단안보의 개념을 비롯하여 집단안보의 성장과 발전, 집단안보와 다른 개념들의 비교, 집단안보의 현실, 전 세계의 관심의 대상이 되고 있는 유엔 안보리 개혁, 그리고 유엔과 한국 등을 소개할 것이다.

제1절 집단안보의 성장과 발전

1. 집단안보의 개념

가족, 종족, 국가들 사이에서 협력과 동맹이라는 개념이 인류 역사의 공통된 특징이었다면, 집단안보는 20세기의 발명품이었다. 집단안보란 "집단 내의 한 국가가 침략을 감행할 경우 다른 모든 회원국이 집단적으로 이를 응징한다는 집단적 행동을 규정한 협정에 의해 국제 공동체가 평화를 유지하는 제도"를 말한다. 즉, 집단안보란 한 국가가 평화를 파괴하거나 전쟁을 일으키면, 나머지 모든 국가들이 단결하여 필요시 군사력으로 그 국가를 응징하는 것(one for all, all for one)이다.

집단안보는 2가지 이론, 즉 동맹 이론과 세력균형 이론으로 설명이 가능하다. 침략을 당했을 시 서로가 군사적으로 지원한다는 차원에서 보면 동맹의 개념이 확대된 것이라고 볼 수 있다. 지역적으로 확대된 동맹을 집단방위(Collective Defense)라고 하고, 세계적으로 확대된 동맹을 집단안보라고 할 수 있다.

집단안보는 특별한 동맹이라고 할 수 있다. 동맹은 통상 공격 및 방어 시에 군사적으로 협력할 것을 동의하는 것인데 반해, 집단안보는 그들 사이에서 평화를 유지하고 안보를 제공할 것을 동의하는 것이기 때문이다. 그들은 서로로부터 서로를 보호하는 것이다. 이 특별한 동맹 참여자들은 서로를 공격하지 않을 것이라는 것에 대해 동의한다. 집단안보체제를 만들기 위해서는 회원국들 사이에 보다 추가적인 협정이 필요한데, 한 국가가 평화를 파괴하거나 전쟁을 하면 타국들이 군사력으로 그 위반국을 응징하는 데 동참한다는 약속이 그것이다. 집단안보란 평화를 파괴한 어떤 회원국에 대하여 모든 회원국이 응징하는 동맹을 말한다.

세력이 과도하게 불균형될 경우 약한 세력이 전쟁을 일으킬 확률은 적다. 집단안보란 침략국의 세력이 약하다는 것을 가정하는 한편, 침략국을 제외한 모든 국가들의 세력의 합이 더 강하다는 것을 가정한다. 따라서 집단안보란 세력균형 이론의 연장선에 있는 세력불균형 이론이라고 할 수 있다.

자주국방, 동맹, 그리고 세력균형은 자신의 취약성을 줄임으로써 전쟁을 억제할 수 있을 것으로 보고 있다. 물론 이런 정책들은 억제가 실패하면 전쟁에서 승리하기 위한 정책일 수도 있다. 집단안보도 전쟁을 억제하는 역할을 수행한다. 억제란 상대방이 공격하면 그 보다 더 가혹한 손상을 부과하는 것이다. 따라서 집단안보는 평화를 유지하기 위해 침략자에게 받아들일 수 없는 손실을 부과하겠다고 위협을 가하는 것이다. 이런 차원에서 본다면, 집단안보란 억제에 기초한 평화와 안전을 위한 시스템이라고 할 수 있다. 이것은 개별국가나 동맹에 의한 억제가 아니라 지구적 차원의 집단적인 억제체제이다.[1] 국제연맹(League of Nations)이 창설되었을 당시의 지배적인 사고는 만약 대규모의 동맹이 침략자의 공격에 맞선다면, 어떤 공격도 쉽게 일어나지 않을 것이라고 생각했는데, 그 이유는 억제가 작동할 것이라고 믿었기 때문이다.

침략자에게 받아들일 수 없을 정도의 손실을 부과하겠다는 집단안보는 결국 침략자로 하여금 전쟁을 포기하게 하는 결과를 가져오게 한다. 이것이 결국 전쟁의 위협을 감소시키는 효과를 가져온다.

---

1) Patrick M. Morgan, *International Security: Problems and Solutions*(Washington DC: CQ Press, 2006), p. 136.

윌슨(Woodrow Wilson) 이전에도 세력균형의 대안을 희구하는 철학자와 정치가는 있었다. 1712년 피에르(Abbe de Saint-Pierre)는 유럽 국가들간의 분규는 유럽연맹을 창설(league of European rulers)하여 이를 조정하자고 주장했다. 또한 루스벨트(Theodore Roosevelt) 대통령은 1904~05년의 러일 전쟁에서 그의 성공적인 조정으로 노벨상을 수상하는 수락연설에서 '평화의 연맹'(League of Peace) 창설을 제안하기도 했다.

이들의 제안이 빛을 보기 시작한 것은 윌슨 대통령 시절이었다. 그는 세력균형이 오히려 전쟁을 일으킨다고 주장하면서 세력균형을 "제1차 세계대전이 시작되기 전에 퍼져있던 낡고 사악한 질서였다"고 비판하였다. 그는 5세기 남짓 동안 유럽은 119번의 전쟁에 연루되었고, 그 기간의 3/4 동안에 강대국 중 한 나라는 전쟁 중이었으며, 119번 중 9번은 강대국들이 개입한 대규모 전쟁이었다고 지적하면서, 세력균형이 결코 평화유지에 도움을 주는 것이 아니라 오히려 무정부상태 유지에 도움을 준다고 비판하면서 집단안보를 위한 국제연맹의 창설을 제안하였다. 그는 집단안보를 "세력균형이 아니라 세력 공동체(community of power)이며, 조직화된 적대관계(organized rivalries)가 아니라 조직화된 공동의 평화(organized common peace)"라고 하였다.

집단안보는 국제사회의 구성원이 불특정 소수의 질서 교란자에 대해 이를 예방하거나 응징한다는 차원에서 세계정부의 이념과 가깝다. 그러나 세계정부는 현실세계에 존재하지 않는다. 따라서 집단안보는 무정부상태에서의 자력구제를 위한 세력균형체제도 아니고 완전한 정부 형태를 갖춘 세계정부도 아닌 그 중간형태의 현상유지체제라고 할 수 있다.

2. 집단안보의 발전

집단안보의 개념은 제1차 세계대전의 과정 및 종료 후에 세력균형의 실패에 따른 반작용으로 인해 세계로부터 많은 지지를 받았다. 집단행동의 개념은 국제연맹을 창설하는 것으로 구체화되어 갔다. 윌슨은 집단안보의 창시자적 역할을 수행했고 동맹국들은 미국이 전쟁에 돌입하기 이전인 1917년 1월에 그 아이디어를 수용했다. 비록 영국은 미국의 강력한 지원 하에 유럽협조체제(Concert of Europe)를 빨리 복구하고 공식화하려 했지만, 윌슨은 그의 소신을 꺾지 않았다.[2)]

1919년 제1차 세계대전을 종결하는 과정에서, 윌슨은 만약 침략국에 대해 모든 국가가 집단으로 행동할 것에 동의한다면 세계는 보다 안전하게 될 것이라고 주장하였다. 집단안보를 위해 국제연맹이 필요하다는 그의 아이디어는 수용되었다. 이에 따라 베르사이유 조약에 조인한 29개국을 포함하여 42개국을 회원국으로 하는 국제연맹이 창설되었다. 국제연맹 규약에는 분쟁의 평화적 해결장치를 마련하였고(규약 제11조~13조), 집단적인 안전보장제도를 도입(규약 제10조~11조, 16조)하였다.[3)] 그러나 집단안보의 정신을 구현하기 위해 국제연맹의 창설을 주도한 미국은 오히려 상원에서 비준을 받지 못하여 국제연맹의 회원국이 되지 못했다.

국제연맹은 만장일치 제도를 도입하였다. 이 규정은 만약 회원국들이 부동의하거나 부담을 싫어할 경우, 연맹의 신뢰성은 저하될 수밖에 없다는 문제점을 안고 있었다. 그럼에도 불구하고 1920년대 소규모의 전

2) Otto Pick and Julian Critchley, *Collective Security*(London: The Macmillan Press Ltd., 1974), p. 26.

3) 오기평, 『현대국제기구정치론』(서울: 법문사, 1992), p. 43.

쟁은 국제연맹의 노력에 의해 해결되거나 짧게 끝났다. 군비통제 노력이나 식민지 관리 문제들도 이 틀 속에서 논의되었다. 그러나 1929년 경제공황이 닥치자 이 모든 것들이 제대로 작동되지 않았다. 경제공황으로 인해 각 국가들은 국내 문제에 전념할 수밖에 없었다. 이로인해 여러 국가에서 파시스트 그룹이 성장하기 시작했다.

1930년대가 되자 국제연맹의 회원국들 사이에 정치적 균열이 생기기 시작했다. 그 대칭선은 냉전 시의 그것과 비슷한데, 민주국가 대 파시스트 및 공산주의였다. 이러한 균열의 뿌리는 제1차 세계대전과 그 후의 여파로 생긴 것이었다. 유럽의 비민주국들과 일본은 국제연맹을 승자에 의해 부여된 체제라고 생각하여 이를 뒤엎어야 한다고 생각했다. 양측은 많은 쟁점에서 불일치했을 뿐만 아니라 파시스트 국가들(독일, 이탈리아, 일본)은 제국건설에 깊이 관여하였고 이념적으로 전쟁을 선호하였다.

균열이 명백해지자, 심지어 국제연맹의 지도국들도 이에 대해 회의적인 시각을 갖고 다른 접근법을 찾기 시작했다. 이들은 이탈리아와 독일을 서로 싸움 붙여 이득을 취할 궁리를 했다. 그래서 그들은 이탈리아가 1935~36년 점령한 에티오피아에 제국을 건설하려는 것에 대해 중지할 것을 요구하지도 않았다.[4] 그러나 이들의 궁리는 통하지 않았다. 오히려 이탈리아는 독일의 동맹이 되었고, 결국 독일, 이탈리아, 일본은 국제연맹에서 탈퇴했다. 1940년, 국제연맹이 소련의 핀란드 침공을 비난하자 소련도 탈퇴했다.

국제연맹은 또한 그때 당시 가장 상황이 나빴던 내전, 즉 1936~38년의 스페인 내전을 다루는 데에도 실패했다. 민주적으로 수립된 좌파 정부는 강력한 파시스트 성향을 지닌 군대에 의해 도전받고 있었다. 영

---

4) Patrick M. Morgan, *ibid.*, p. 142.

국, 프랑스, 러시아는 군부(반군)보다는 정부를 지원하면서도, 이 세 국가는 반군보다 정부에 더 타격이 될 수 있는 무기금수 조치를 취했다. 그러나 독일과 이탈리아는 파시스트 성향의 군부(반군)에게 군부대 파견을 포함한 중화기를 지원했다. 영국과 프랑스는 전쟁에 참여하기를 싫어했기 때문에 결과적으로 스페인 공화국이 붕괴되는 것을 방치했던 것이다. 요약하면, 국제연맹은 가치를 공유하지 못한 회원, 회원의 단결 부족, 그들 사이에 전쟁 발발시 이를 멈추게 할 수 있는 강력한 수단의 결여, 그리고 신뢰성 부족 등으로 실패하고 말았다.

제2차 세계대전 이후 강대국 지도자들은 국제연맹의 실패를 거울삼아 실패하지 않을 새로운 제도를 만들고자 하였다. 강대국들은 결국 국제 평화와 안전을 위해 서로 협의하는 제도를 만들었다. 강대국 콘서트(Concert of Great Powers)를 유엔이라는 기구 속에 만든 것이다. 이것이 바로 제2차 세계대전의 승전국들로 구성된 강대국 중심의 유엔 안전보장이사회이다.[5)]

유엔 창설 당시, 중국 공산당, 분할된 독일, 패배한 일본 등이 참여하지 못했지만 1973년 이후에는 이 모든 것이 해결됨으로써 유엔은 세계적인 보편적 기구가 되었다. 유엔 헌장(Charter)은 연맹의 규약(Covenant)과 달리 세계평화를 유지하기 위한 강대국의 책임을 반영하였다. 이론상으로 보면 국가들은 5대 상임이사국에 의해 지배되는 안전보장이사회에 평화를 유지하는 과업을 넘겨준 셈이다. 이로써 5대 강대국들은 전 회원국의 의사에 반하는 결정을 내릴 수 있는 거부권(veto)을 가지게 되었다. 강대국의 국가이익에 반하는 문제가 생기면 유엔은 비효과적이나, 거부권 규정은 중요한 강대국들이 직접적으로 대치하는 것을 막을 수 있는 규정으로 인식되었다.[6)]

---

5) *Ibid.*, p. 143.

강대국들이 배타적 특권을 가지고 있었음에도 불구하고 냉전 시기 유엔 안보리는 거의 기능을 발휘하지 못했다. 집단안보는 한국전이 유일했으며, 집단안보의 변형에 해당하는 평화유지활동(PKO: Peace Keeping Operations)도 13건에 그쳤다.

탈냉전이 되자 유엔 안보리는 경쟁과 반목에서 벗어나 협력하기 시작함으로써 유엔의 창설 목적에 보다 충실해지기 시작했다. 걸프전에 대한 집단안보를 시작으로 유엔은 각종 분쟁에 적극적으로 개입하기 시작했다. 심지어 유엔 헌장의 정신에 따라 국내분쟁에도 인도주의를 명분으로 개입하기 시작했다. 인간의 권리가 국제법 지위상 객체에서 주체로 인정되면서 개인이 국가나 국제기구와 법적으로 동등하게 다루어지게 되었고 개인의 권리문제가 국제적인 관심의 대상으로 부각되었던 것이다.[7] 이에 따라 UN은 '웨스트팔리아를 넘어'(Beyond Westphalia)[8] 주권의 종말(The End of Sovereignty)[9]을 강조함으로써 다양한 평화활동을 전개하게 되었다. 탈냉전이 되어서야 윌슨의 이상이 어느 정도 실현되기 시작했던 것이다.

3. 집단안보의 수단

유엔헌장에는 무력분쟁이 발생했을 시 UN이 취할 조치 방법과 수단이 규정되어 있다. 헌장 제1장에는 분쟁관리의 원칙이 규정되어 있으

6) *Ibid.*, p. 31.

7) 박치영, 「유엔정치론」(서울: 박영사, 1994), p. 329.

8) Gene M. Lyons and Michael Mastanduno, *Beyond Westphalia?: State Sovereignty and International Intervention*(Baltimore and London: The Johns Hopkins University Press, 1995).

9) Joseph A. Camilleri and Jim Falk, *The End of Sovereignty?: The Politics of a Shrinking and Fragmenting World*(Vermont: Edward Elgar Publishing Co., 1992).

며, 헌장 제6장과 제7장에는 분쟁관리를 위한 수단이 규정되어 있다. 따라서 UN은 이러한 원칙과 수단을 이용하여 분쟁을 관리할 수 있는 전략을 구사할 수 있다. 원칙과 수단들을 구체적으로 살펴보면 다음과 같다. 유엔헌장은 회원국 간의 주권평등(제2조 제1항)의 원칙과 UN의 목적과 양립할 수 없는 무력에 의한 위협 또는 무력사용금지(제2조 제4항) 원칙을 규정하고 있다. 그럼에도 불구하고 분쟁이 발생하면 회원국들은 이를 평화적으로 해결(제1조 제1항, 제2조 제3항)하고, 침략행위나 평화의 파괴행위가 발생하면 이에 대해 회원국들이 집단적 조치를 취하도록(제1조 제1항, 제2조 7항) 규정하고 있다.

이러한 원칙에 따라 유엔헌장은 분쟁의 평화적 해결을 위한 수단을 제6장에서 제시하고 있으며, 집단안보를 위한 수단을 제7장에서 제시하고 있다. 헌장 제6장에 의한 분쟁의 평화적 해결수단은 협상(negotiation), 심사(inquiry), 중재(mediation), 조정(coordination), 중재재판(arbitration), 사법적 타결(judicial settlement), 지역기관 또는 지역협정의 이용(resort to regional agencies or arrangement) 또는 당사자가 선택하는 다른 평화적 수단(other peaceful means of their own choice) 등이 있다.[10)]

이러한 평화적 수단들에 의해서도 분쟁이 평화적으로 종결되지 않을 경우 UN은 '평화에 대한 위협, 파괴 및 침략행위의 존재를 결정하고 어떤 조치를 취할 것인가를 결정한다'(제39조). 헌장 제7장은 집단안보를 위한 여러 가지 수단들을 제시하고 있는데, 이러한 수단들은 비군사적 강제조치와 군사적 강제조치로 대별할 수 있다. 전자에 속하는 수단은 경제관계 및 철도·항해·항공·우편·전신·무선통신 및 기타 의

10) 유엔헌장 제33조 제1항. 헌장상에 명시되어 있지 않은 방법 중 국제사회에서 널리 이용되고 있는 수단으로는 주선(good offices)이 있다.

사소통의 전부 또는 일부의 중단과 외교관계의 단절 등이 있으며,[11] 후자에 속하는 수단은 시위·봉쇄 및 기타 행동[12] 등이 있다.

분쟁의 평화적 해결, PKO, 그리고 집단안보 간의 관계를 살펴보면 다음 〈표 9-1〉과 같다.

〈표 9-1〉 평화적 해결, 평화유지활동, 집단안보의 상관관계

구분	평화적 해결	평화유지활동	집단안보
헌장상의 근거	제6장		제7장
목적	현상유지/평화적 변화	현상유지/평화적 변화	현상유지
수단	평화적	평화적/강제적 (소극적)	강제적(적극적)
방법	협상, 심사, 중재, 조정, 중재재판, 사법적 해결, 주선	유엔요원의 분쟁현장 존재(presence)	비군사적 조치 (외교·경제 단절) 군사적 조치(시위·봉쇄·무력 제재)
당사자 동의	필요	필요/불필요	불필요
중립성	필요	필요/불필요	불필요
무력사용	불필요	자위/소극적	적극적

4. 집단안보 작동 개념과 허점

윌슨의 집단안보의 작동 개념을 요약하면 다음과 같다.[13] 첫째, 무력분쟁 발생시 모든 국가는 분쟁의 야기자(originator)가 누구인지에 동의해야 한다. 누가 먼저 평화를 파괴하거나 침략했느냐에 대한 회원국들

11) 유엔헌장 제41조.
12) 유엔헌장 제42조. 무력에 의한 강제조치가 기타 행동에 속한다.
13) Dan Caldwell, *World Politics and You*(Upper Saddle River, New Jersey: Prentice Hall, 2000), pp. 101-102.

의 동의가 있어야 그 국가에 대해 집단안보를 실시할 수 있기 때문이다. 한국에 대한 북한의 침략, 쿠웨이트에 대한 이라크의 침략은 누가 분쟁의 야기자인가에 대해 회원국들이 동의하였다. 그러나 아프리카의 많은 분쟁에서 보는 것처럼 분쟁 야기자에 대한 규명은 명확하기보다는 애매할 때가 더 많다. A정부를 공격하는 게릴라가 B국가에서 지원을 받아 A정부를 공격한다고 생각해 보라. 그리고 B의 정부가 게릴라에 대해 동정적이긴 하지만 그들의 활동에 대해서는 반대하고 국경선을 연해 그들을 통제하기 힘들다고 생각해 보라. 만약 A국가의 군대가 게릴라를 공격하기 위해 B를 침공했다면 누가 공격자인가? 누구에게 집단안보 행동을 취해야 하는가? C, D국가는 A에게 책임이, E, F국가는 B에게 책임이 있다고 주장하면, 집단안보는 작동하기 힘들게 된다.

둘째, 모든 국가는 침략을 중단시키는 데 이익을 가져야 한다. 그러나 집단안보의 모든 회원국들이 침략 중단에 이익을 가져야 하지만 그렇지 않을 수도 있다. 침략한 국가가 이데올로기적으로 같은 진영에 속하는 국가이거나, 또는 침략의 결과가 승리로 연결되어 이것이 세력균형에 도움이 된다고 생각하거나, 또는 침략한 국가가 자국에 대한 역사적 침략자를 대신해서 응징해 주었다고 생각한다면, 침략 중단에 대한 이익이 같을 수가 없다. 모든 회원국들이 침략 중단에 대한 동일한 이익을 가지는 것이 아니기 때문에 집단안보의 작동은 쉬운 것이 아니다. 특히, 유엔 안전보장이사회에서는 5개 상임이사국의 비토가 없어야 하며, 10개 비상임이사국을 포함하여 안전보장이사국의 9/15의 찬성이 있어야 집단안보가 작동할 수 있다. 안전보장이사회 상임이사국들은 '침략 중단에 대한 이익'을 자국의 관점에서 판단하기 때문에 집단안보에 대한 합의를 이루기가 쉽지 않다. 후술하겠지만 냉전시에 집단안보가 제대로 작동하지 못했던 이유도 여기에 있다.

셋째, 모든 국가는 침략에 대항하여 통합된 행동에 동참할 수 있어야 한다. 집단안보가 억제의 역할을 하려면 집단안보에 대한 신뢰성이 있어야 한다. 그러나 이기적 성향의 국가들은 다른 국가보다 자신에게 더 많은 주의를 기울이며, 가능한 한 다른 국가 특히 강대국에게 어려운 일을 맡기고 싶어 한다. 소위 말하는 집단안보가 제공하는 공공재(public goods)에 대한 공차 심리(free ride)가 작동하는 것이다. 이렇게 된다면 집단안보라는 억제적 위협은 의문에 쌓이게 된다. 한국전 당시에도 16개국만이 전투부대를 파병했으며, 탈냉전 당시의 걸프전에도 회원국의 1/4정도인 40여 개국만이 참전했다.

넷째, 침략에 반대하는 집단의 통합된 힘은 침략자를 패배시킬 만큼 커야 한다. 그러나 이것도 문제가 있다. 제1차 걸프전시 유엔군의 힘은 이라크를 압도했고 또 이라크를 지원하는 세력들도 없었다. 집단안보가 제대로 작동된 것이다. 그러나 한국전 때 최초 유엔군의 힘은 북한보다 컸으나 중공의 개입으로 세력이 균형을 되찾자 휴전으로 종결되고 말았다. 이것은 통합된 힘이 침략자보다 크지 않을 수도 있으며 오히려 세력이 균형 잡힐 수도 있다는 것을 의미한다.

다섯째, 침략자는 집단의 힘이 자신보다 더 강하다는 것을 인식해야 한다. 이렇게 되면 침략자는 그 분쟁을 평화적으로 타결하거나 설령 침략한다고 하더라도 패배하게 될 것이다. 그러나 이것은 위에서 서술한 4개의 문제점이 복합적으로 등장하게 된다면, 침략자는 침략의 유혹에서 벗어나지 못할 수도 있다.

제2절 집단안보와 집단방위

지역적 동맹체인 집단방위는 냉전의 심화와 함께 가속화되었다. 미국은 유럽에서는 NATO를, 동남아에서는 SEATO(South-East Asia Treaty Organization)를, 오세아니아에는 ANZUS(The Australia, New Zealand, United States Security Treaty)를 창설하였다. 영국은 중동에서 CENTO (Central Treaty Organization)를 창설하였으며, 구 소련은 WTO(Warszawa Treaty Organization)를 각각 창설하였다.

동맹의 지구적 차원인 집단안보와 동맹의 지역적 차원인 집단방위도 몇 가지 점에서 차이가 있다. 이를 비교해 보면 다음과 같다. 집단안보는 가상적을 사전에 설정하지 않으며, 설령 있다고 하더라도 그 가상적은 내부에 있다. 그러나 집단방위는 가상적을 설정하고 있으며 가상적 또한 외부에 있다. 집단안보는 개방형인데 비해, 집단방위는 회원국을 제한하는 폐쇄형이다. 또한 범위면에서 살펴보면, 집단안보는 지구적 차원이나 집단방위는 지역적이라는 특성을 가지고 있다. 참여의 적극성에도 차이가 있다. 회원국들은 집단안보보다 집단방위에 더 적극적으로 참여하는 경향이 있다. 지휘권의 문제도 있다. 집단방위의 작전통제권은 집단방위를 책임지고 있는 주도국가에게 있지만, 집단안보의 작전통제권은 원칙적으로 유엔에 있다. 만약, 집단안보기구가 작전통제권을 특정국가에 위임할 경우 그 국가가 작전통제권을 행사할 수 있다. 이를 요약해 보면 다음 〈표 9-2〉와 같다.

유엔 헌장이 제공하는 수단은 실로 다양하다. 그럼에도 불구하고 현실세계에서 유엔의 집단안보는 많은 제약을 받았다. 특히 냉전시대에는 더욱 그랬는데 이를 다음 절에서 3가지 차원에서 살펴보자.[14]

〈표 9-2〉 집단안보와 집단방위

구분	집단안보	집단방위
가상적의 유무	×	○
가상적의 위치	내부	외부
조직의 개방성	개방적	폐쇄적
범위	전 지구적	지역적
참여의 적극성 여부	소극적	적극적
작전통제권	유엔	지역기구 주도국

제3절 집단안보의 현실

1. 보편주의와 지역주의의 충돌

유엔헌장 제8장(Regional Arrangements)은 지역적 협정 또는 지역적 기관의 존재를 인정(제52조 제1항)하고 있으며, 여기에 가담하고 있는 유엔 회원국은 지역적 분쟁을 안전보장이사회에 제기하기 전에 지역적 협정 또는 기관에 의하여 분쟁을 평화적으로 해결하도록 규정(제52조 제2항)하고 있다. 그러나 안전보장이사회의 허가 없이는 어떠한 강제행위(enforcement action)도 지역적 협정 또는 기관에 의해 취해져서는 안 되는 것(제53조 제1항)으로 규정하고 있다.

이와 같이 UN이 지역기구를 인정하고 또 지역적 분쟁에 관해 우선적인 심사권을 보장함으로써 UN의 보편주의와 각 지역의 지역주의가 충돌할 수 있는 소지를 만들어 놓았다. 미국과 구 소련은 유엔 창설과

14) 이 부분은 김열수, "UN 평화유지활동의 부침: 구조적 원인과 행태적 원인," 『국제정치논총』, 제39집 1호(1999년 봄)의 내용을 일부 수정한 것임.

동시에 팽창정책과 이에 따른 봉쇄정책이라는 명분을 내세워 지역단위의 안보기구를 창설하기 시작하였다. 비교적 동질성이 강한 지역의 국가군들은 강대국들이 주도하는 지역단위의 안보기구에 합류하였으며, 지역기구가 여의치 못한 지역의 국가들은 강대국들과 군사동맹을 체결하였다. 1940년대 후반 및 1950년대 초에 이러한 군사동맹기구나 쌍무군사동맹이 집중적으로 체결되었던 이유도 여기에 있다.

전 세계를 대상으로 한 미국과 구 소련에 의한 '땅따먹기식' 형태의 지역군사동맹기구 결성이나 쌍무 군사동맹 체결은 분쟁관리에 대한 UN의 역할을 한정시켰다. UN이 일차적으로 관여할 수 있는 지구상의 '잔여(residual)지역'은 아프리카와 서남아시아 및 중동 지역 등 극히 제한된 지역에 머물 수밖에 없었다.

이데올로기를 중심으로 한 양극체제가 공고화되면서 UN은 '무늬'만 국가들의 연합이었으며 지역기구나 동맹체제가 UN의 역할을 대신하였다. 지역기구에 가입하였거나 군사동맹을 체결한 개별 국가들은 UN이라는 보편적 국제기구에 의한 집단안보보다는 자국의 안보나 진영의 안보를 확실히 보장받을 수 있는 지역기구에 의한 집단방위나 쌍무동맹을 더 선호했던 것이다. 중남미에서 발생한 대부분의 분쟁은 미국 주도하의 OAS에서 처리되었으며, 동유럽에서 발생한 민주화의 열풍도 구 소련 중심의 구 WTO에 의해 차단되었다. 따라서 냉전시 집단안보의 변형인 PKO조차도 지구상의 '잔여지역'에 머무를 수밖에 없었다.

냉전기 UN의 보편주의는 지역주의와 보완적 관계에 있었다기보다는 경쟁적 관계로 존재했으며, 오히려 지역주의가 보편주의 위에서 군림했다고 볼 수 있다. 40여 년의 냉전기간 동안 유엔 PKO가 활성화될 수 없었던 소이도 바로 여기에 있다. 이와 같은 제약요인에 의해 국제평화와 안전에 관한 UN의 일차적 기능은 제약될 수밖에 없었고, 결과적으

로 UN이 효과적으로 PKO를 전개하는 것도 불가능했던 것이다.15)

그러나 구 WTO 등 지역군사기구가 해체되고 탈냉전이 가시화됨에 따라 각 국가들은 홉스(Hobbes)적인 시각을 유보한 채 그로티우스(Grotius)적인 '국가들의 사회'로 복귀하게 되었다.16) 분쟁 당사국들도 분쟁을 지역기구에 의존하기보다는 UN에 분쟁종결을 요청하게 되고17) 강대국들도 대결보다는 협력의 정신을 발휘함에 따라 UN은 분쟁종결의 '새로운' 권위체로 등장하게 되었다.

탈냉전 후 UN의 평화활동은 지구상의 잔여지역이 아니라 아프리카, 아시아, 구 유고, 조지아, 타지키스탄 등 구 소련 지역을 포함한 전세계가 그 대상이 되었다. 탈냉전 후 UN은 윌슨(Woodrow Wilson)의 정신이 반영된 집단안보(걸프전)를 수행했으며 제2대 유엔 사무총장이었던 함마르셸드의 정신이 반영된 집단안보의 변형인 PKO를 폭넓게 수행할 수 있었다. 그런데 이런 분위기도 식어가고 있다. 미국과 중국의 패권경쟁이 본격화되고 안보리 상임이사국인 러시아가 우크라이나를 침공하는 사태가 발생하는 등 탈탈냉전의 환경이 조성되고 있기 때문이다. 그러나 헌장상에 명시된 지역주의는 '지역'의 이익이 침해받을 시 언제라도 보편주의와 충돌할 수 있는 소지를 안고 있다. 지역기구가 무력을 사용할 경우에는 반드시 유엔 안보리 결의를 거쳐야 함에도 불구하고 NATO가 유엔 안보리의 결의 없이 코소보 전쟁에 개입한 것이 그 대

15) Brain Urquhart, "The UN and International Security after the Cold War" in Adam Roberts and Benedict Kingsburg (eds.), *United Nation, Divided World: The UN's Roles in International Relations*(Oxford: Clarendon Press, 1993), pp. 81-103.

16) 그로티우스(Hugo Grotius)의 국가들의 사회(Society of State)란 국가들이 합의된 행위준칙에 따라 서로의 관계를 유지해 나가는 사회를 의미한다. 국제관계를 바라보는 시각에 대해서는 Headly Bull, *The Anarchical Society: A Study of Order in World Politics*(New York: Columbia University Press, 1997), pp. 3-76 참조.

17) 유엔헌장 제33조에는 분쟁 당사자가 평화적 수단을 선택할 수 있도록 규정하고 있으며, 제35조에는 회원국이 분쟁상황에 대하여 안보리나 총회에 주의를 환기시킬 수 있도록 규정하고 있다.

표적인 사례이다.

2. 강자의 논리

유엔헌장은 "국제평화와 안전을 유지하기 위하여" 집단안보에 대한 일차적 권한을 안전보장이사회에 부여(제24조, 37조, 41조, 42조)하고 있다. 유엔헌장이 안전보장이사회의 5대 상임이사국에게 부여한 거부권은 UN의 탄생과 생존을 위한 순기능적 측면이 없는 것은 아니다. UN의 창설과 존재를 위해서 강대국의 이익을 보장해 주어야 한다[18]는 절대적이고 현실적인 요구에 부응한 장치가 안보리 상임이사국에게 부여한 권한이며, 이로 말미암아 강대국들을 참여시킬 수 있는 동기(incentive)를 마련해 주었고 종국적으로는 보편적 국제기구로서 UN의 존재가치를 높여주는 데 공헌하고 있다.[19] 또한 강대국들의 거부권은 그들이 동조하지 않은 어떤 문제에 대해 UN이 개입되지 않기 위한 안전판으로서의 기능이 있기는 하다.[20]

그러나 5대 강국에 의한 거부권은 냉전기간 동안 냉전의 상징으로 자리 잡게 되었다. 분쟁지역에 UN이 개입할 것인지의 여부에 대한 1차적인 권한을 안보리가 갖고, 그 중에서도 상임이사국들의 동의는 전제조건이 되어야 하며, 회부되어진 안건이 절차문제와 실질문제로 애매할 경우 실질문제에 준하여 투표가 이루어지게 함으로써 세계평화와 안전문제에 관해서는 강자의 논리가 철저하게 반영되도록 규정되어 있는 것이다. 결

18) 미국의 루스벨트(Theodore Roosevelt) 대통령은 5대 강국이 세계평화와 안전유지를 위해 특수한 책임을 수행해야 한다는 의미에서 이들 국가들을 '세계경찰'이라고 불렀다. Peter R. Baehr and Leon Gordenker, *The United Nations in the 1990*, 2nd ed.(Houndmills · Basingstoke · Hampshire: The Macmillan Press Ltd., 1994), p. 5.

19) 오기평, 전게서, p. 137.

20) 상게서.

국 유엔헌장은 강대국의 국가이익에 직접적인 관계가 있는 문제에 대해서는 집단안보 기능을 수행할 수 없도록 규정하고 있는 셈이다.

유엔헌장이 제공하고 있는 유엔 개입에 대한 안보리의 1차적인 권한과 상임이사국의 거부권은 강대국을 UN이라는 체제 내로 끌어들임과 동시에 UN이 수행해야 할 1차적인 목적을 제한하는 자기모순(self-contradiction)적 성격을 지니고 있다고 볼 수 있다. 이러한 자기모순적 성격은 역사에 그대로 반영되어 현실로 나타났다. 부터러스 갈리 전 유엔 사무총장도 "유엔 창설 이후 이 지구상에 100회 이상의 주요 분쟁이 발생하여 약 2천만 명이 사망하였으나 이러한 위기에도 안보리는 279회에 달하는 거부권을 행사함[21]으로써 UN은 무기력할 수밖에 없었다"[22]고 했을 정도이다.

냉전시기 강대국의 논리는 거부권에 그대로 반영되었으며 그 결과 UN에 의한 국제평화와 안전을 유지하기 위한 조치는 제한될 수밖에 없었다. 그러나 탈냉전이 되면서 안보리 상임이사국들은 '결의안(blue text)'을 제출하기 전 비공개회의 등 충분한 막후 협상을 통하여 'UN의 1차적 목적'을 달성하려 노력함으로써 UN은 집단안보뿐만 아니라 다량·다종의 평화활동을 전개할 수 있었다. 그런데 이런 분위기가 식어가고 있다. 미국과 중국의 패권 경쟁이 본격화되고 안보리 상임 이사국인 러시아가 우크라이나를 침공하는 사태가 발생하는 등 탈탈냉전의 환경이 조성되고 있기 때문이다.

---

21) Anjali Patil, *The UN Veto in World Affairs 1946-1990: A Complete Record and Case Histories of the Security Councils Veto*(New York: Unifo Pubns Ltd, 1992) pp. 471-481.

22) Boutros Boutros-Ghali, *An Agenda for Peace: Preventive diplomacy, Peacemaking and Peacebuilding*(New York: UN Department of Public Information, 1992), 제14항.

3. 권능의 다툼

안보리가 의사결정과정에 있어서 실질문제에 관해서는 5대 상임이사국의 전원 일치제가 요구되는 소수결정주의 원칙에 입각하고 있는 반면, 총회는 민주주의 철학의 한 표현인 다수결주의를 채택하고 있다. 특히 총회는 헌장에서 규정하고 있는 모든 사항과 문제에 대하여 토의(debate)하고 회원국 혹은 안전보장이사회 또는 이 양자에 대하여 권고(recommendation)하도록 규정하고 있으나 안전보장이사회가 특정분쟁이나 사태에 대하여 임무를 수행하고 있는 동안은 총회는 안전보장이사회가 요청하지 않는 한, 이 분쟁 또는 사태에 대해 어떤 권고도 할 수 없도록 규정(제10조, 제11조, 제12조)되어 있다.

그러나 냉전이 심화되면서 미・구소 간의 합의의 도출이 어렵게 되자 안전보장이사회는 자동적으로 제 기능을 수행하지 못하게 되었고 안보리의 집단안보기능을 총회가 대체하는 결과를 초래하게 되었다. 1950년 초부터 안전보장이사회에 불참하던 구 소련[23]이 8월 1일 참석하게 되자 한국전쟁과 관련된 안보리의 후속결의는 이루어질 수 없게 되었다. 이에 미국은 총회를 이용하여 '국제평화와 안전을 유지'하고자 했다. 미국의 제안으로 1950년 11월 3일 총회에서 52 대 5, 기권 2로 '평화를 위한 단결(Uniting for Peace)'(GAR. 377(V))을 결의하였는데, 그 핵심내용은 안보리가 '평화에 대한 위협, 평화의 파괴 또는 침략행위'에 대하여 그 기본적인 책임을 수행하지 못하게 되면 24시간 이내에 긴급총회를 소집하고 또 총회가 국제평화와 안전의 유지 또는 회복을 위해 필요할 경우 무력사용을 포함한 집단안보를 위해 회원국들에게 적절한

---

23) 구 소련은 1950년 초부터 대만 대신 중공을 UN에 가입시켜야 할 뿐만 아니라 안전보장이사회의 상임이사국이 되어야 함을 주장하면서 안보리 참석을 거부해 왔다.

권고를 할 수 있다는 것이다.[24)]

총회는 '평화를 위한 단결' 결의의 근거를 "총회는 그 원인의 여하에도 불구하고 일반적 복지와 각 국가 간의 우호관계를 해할 우려가 있다고 인정하는 여하한 사태에 대해서도 이를 평화적으로 조정하기 위한 조치를 권고할 수 있으며 이 사태에는 국제연합의 목적 및 원칙을 정한 헌장의 규정위반에서 발생하는 사태가 포함된다(제14조)"에서 찾고 있기는 하다. 또한 총회가 평화유지활동을 승인할 수 있는 권한은 국제평화유지와 관련해서 무엇이든지 토의하고 건의할 수 있는 광범위한 헌장상의 권한(제10조)에 근거하고 있다고 주장하기도 한다.[25)]

이 결의가 유엔헌장에 합치되느냐의 문제를 놓고 많은 법리적인 논란이 있었으나 법리적인 문제와 관계없이 유엔총회는 이 결의를 근거로 하여 유엔 회원국들에게 국제평화와 안전과 관련된 권고를 함으로써 이 결의는 정치적인 성격을 띠게 되었다. 그 결과 총회는 중공군에게 유엔군에 대한 적대행위를 중지하고 한국으로부터 철수할 것을 촉구하였으며,[26)] 수에즈 위기와 헝가리 사태와 관련하여 긴급총회를 소집했는가 하면[27)] 콩고 사태의 경우에서도 총회는 긴급총회를 소집하여 결의[28)]를 채택하였다.

냉전기간 동안 총회 결의에 근거하여 평화유지활동을 수행한 사례로는 중동 지역의 유엔긴급군(UNEF-1)과 서뉴기니아에서의 유엔 임시행정기구(UNTEA) 및 유엔 안전군(UNSF) 등 단 두 번 있었다. 데탕트기를

---

24) 박치영, 『유엔 정치론』(서울: 법문사, 1994), pp. 105-106.

25) Leland M. Goodrich, *The United Nations in a Changing World*(New York: Columbia University Press, 1974), p. 139, pp. 150-151.

26) 1951년 2월 1일 총회 결의(GAR. 498〈V〉).

27) 1956년 11월 초 제11차 정기총회가 시작되기 전에 소집되어 긴급총회 및 정기총회 기간 동안 이 문제를 총회가 다루었으며 유엔 긴급군(UNEF)을 중동 지역에 설치하였다.

28) 1960년 9월 21일 긴급총회 결의(GAR. 1474〈ES IV〉). 그러나 ONUC는 최초 안보리에 의해 설치, 결정이 이루어졌다(SCR 143).

거치면서 그리고 유엔 총회가 1950년대의 미국의 거수기 역할에서 60년대 후반, 70년대에는 제3세계의 토론의 광장이 되고 이들의 투표 성향이 반식민지, 반제국적 성향을 띠게 됨에 따라 미국을 중심으로 한 서방 강대국들은 총회보다는 안전보장이사회에 더 많은 비중을 두게 되었다. 안보리와 총회의 갈등은 외형상 헌장 해석을 둘러싼 권능의 다툼으로 보이지만, 내면적으로는 지역주의와 보편주의의 갈등이라는 국제체제의 성격을 반영한 진영 간의 갈등이었다.

분쟁을 관리하기 위한 안보리의 결의가 강대국들의 진영싸움에 의해 계속 거부되자 미국을 중심으로 한 서방세계는 총회의 권위로 분쟁을 관리하려 했으나 이 또한 한 시대의 에피소드로 끝났다. 1970년대 초에 전개된 데탕트와 함께 미국은 유엔 안보리로 복귀하였다.

안보리 상임이사국인 러시아가 우크라이나를 침공하자 긴급총회가 소집되었다. 러시아군의 철수, 우크라이나 인도주의 지원, 러시아의 인권이사국 자격 정지, 우크라이나 평화 결의, 우크라이나 침공 배상 결의안 등 무려 5개의 결의안이 압도적인 표차로 통과되었다. 그러나 러시아는 러시아군 철수나 침공 배상 결의 등에 대해서 꿈쩍도 하지 않았다. 긴급총회의 권능이 안보리의 권능을 대체하기에 한계가 있음을 여실히 보여주었다.

제4절 유엔 안보리 개혁

1. 개혁 논의

1945년 창설 당시 유엔 회원국은 51개국에 불과했다. 그러나 2024년도 현재 유엔 회원국은 193개국으로서 창설 당시와 비교해 볼 때 세 배 이상으로 늘어났다. 지난 50여 년 동안 많은 국가들이 새롭게 탄생했으며, 또 이들의 대부분은 UN에 회원국으로 가입했다.

그렇다면 51개국으로 출범한 UN이 거대성장을 한 현 시점에서도 과연 그 존재목적과 가치를 인정받으면서 존재하게 될까? 우크라이나 전쟁과 하마스-이스라엘 전쟁에 대한 무능력을 표출하면서도 UN은 존재할 것으로 전망된다. UN을 단순히 관료적이고 낭비적이며 쓸모없는 기구라고 비난하기[29]보다는 이러한 요소들을 제거해 보자는 데 초점이 모일 것으로 전망된다.

아직 국제공권력의 핵심은 UN이며 또한 국제공권력의 사용 여부를 결정하는 것도 UN의 안전보장이사회이다. UN을 대체할 '새로운 국제기구'에 대한 국제사회의 논의는 미미하며, UN의 존재는 여전히 그 필요성이 약화하지 않고 있는 실정이다. 다시 말하면 UN을 대체할 대안이 없다는 뜻이다. 그러나 UN을 대체할 새로운 기구에 대한 논의는 미미한 반면, UN이라는 기존 기구의 효율성을 제고시켜보자는 논의는 꽤 활발했다. 국제사회의 공감대는 'UN의 존속', 그러나 '기구의 효율성 제고'로 요약된다.

UN의 효율성 제고 문제는 기구 전반에 관한 분야이긴 하나[30] 국제평화와 안전유지에 관한 분야로 범위를 좁혀본다면, 안전보장이사회라고 하는 주요 기관에 초점이 맞춰진다. 안보리의 효율성 제고는 1990

---

29) Peter R. Baehr and Leon Gordenker, *The United Nations in the 1990s*(London: Macmillan, 1992), p. 152.

30) UN 개편 논의문제에 대해서는, Baehr and Gordenker, *op. cit.*, pp. 161-162; Eskine B. Childers, "Gulf Crisis Lessons for the United Nations," *Bulletin of Peace Proposals*, Vol.23, No.2(June 1992), pp. 147-148; Brain Urquhart, "The United Nations System and the Future," *International Affairs*, Vol.65. No.2(1989), p. 228; Robert W. *Tucker*, *The Inequality of States*(New York: Basic Books, 1977), p. 164; http://www.mofat.go.kr/web/un.nsf/…htm (검색일: 1999.9.17) 등을 참조.

년대 초반부터 중점적으로 논의됐으나[31] 현재는 소강상태에 있다.

안보리는 1963년에도 이미 한 차례 개편된 바 있다. 당시 유엔에는 식민지역의 독립으로 아시아·아프리카 지역의 신생회원국 수가 대폭 증가하게 되었고, 이들 신생회원국들이 유엔에서의 공평한 의석배분을 요구함에 따라 안보리 비상임이사국 수를 6개국에서 10개국으로 늘렸으며 경제사회이사회(ECOSOC)의 이사국 수도 18개국으로 27개국으로 증가시켰다.[32]

2. 개혁 쟁점

안보리 개편문제는 1993년 제48차 유엔 총회 산하에 실무작업반(Open-ended Working Group on the Question of Equitable Representation on and Increase in the Membership of the Security Council and other Matters related to the Security Council)을 설치함으로써 공론화되었다. 이러한 논의의 결과 안보리 이사국의 숫자가 확대되어야 한다는 데에는 대체로 의견을 같이하고 있다. 그러나 안보리 확대의 구체적 방식, 즉 확대규모, 상임이사국의 증설 여부 및 증설방식 그리고 상임이사국이 보유하고 있는 거부권 사용문제와 신규 상임이사국에 대한 거부권 부여문제 등에 대해서는 회원국들 간에 의견이 대립되고 있다. 이를 서술해 보면 다음과 같다.[33]

먼저 안보리 규모문제에 관한 논의이다. 미국은 안보리의 효율적 운

---

31) Ingvar Carlsson, "The UN at 50: A Time to Reform," *Foreign Policy*, No.100(Fall 1995), pp. 6-8.

32) 1963년 12월 UN은 헌장 개정안을 채택하였으며, 이 헌장 개정안은 1965년 8월 안보리 상임이사국을 포함한 총 95개국이 비준함으로써 발효되었다.

33) 이 부분에 대해서는 1997년에 게시된 외교통상부의 웹사이트(web-site)를 많이 참고하였다. 이 부분은 현재 게시되지 않고 있다.

영상 21개국 이상은 수락할 수 없다는 입장이며, 비동맹권은 그간의 회원국 수의 대폭 증가를 반영하여 최소한 26개국 이상으로 확대할 것을 주장하고 있다. 대부분 국가들의 의견도 24~25개국으로 수렴했기에 미국의 입장 변화가 관심거리였다.

둘째, 상임이사국 증설문제이다. 상임이사국 증설은 일본과 독일만 우선 상임이사국화하자는 안(소위 Quick-Fix안)이 있으며 일본과 독일 및 개도국 3개국(아주, 중남미, 아프리카 각 1국)을 상임화하자는 2+3안이 있고, 개도국 상임이사국 자리는 특정국가에 주기보다는 몇 개 국가가 돌아가며 담당케 하자는 지역순환대표안(Permanent Regional Representation) 등이 제시된 바 있다. 이와 관련해서 제51차 유엔 총회의장을 지낸 라잘리(Razali) 주유엔 말레이시아 대사는 1997년 3월, 선진국 2개국과 아시아, 중남미, 아프리카 지역에서 각각 개도국 1국씩을 상임이사국화하고, 비상임이사국을 4개국 증설하자는 개편안을 제시하였다. 이 라잘리안은 미국·영국·일본·독일 등 상임증설지지 국가들의 후원을 받았으나, 비동맹 등 다수 국가의 지지를 확보하는 데는 실패했다. 그러나 개도국의 상임이사국 진출에 대해 모호한 입장을 취했던 미국이, 1997년 7월 기존입장을 수정하여 개도국의 상임이사국 진출에 동의함으로써 안보리 개편논의가 라잘리안을 중심으로 상임·비상임 동시 증설 쪽으로 활성화되었다. 그러나 라잘리안이 채택되기에는 많은 어려움이 있다. 우선 이 안이 중견국가들의 입장을 제대로 반영하지 못하고 있다는 점에서 한국을 비롯하여 이탈리아·캐나다·뉴질랜드·멕시코·아르헨티나·스페인·파키스탄·이집트 등 국제사회의 중견국가들이 강력하게 반대하고 있다. 안보리 규모와 거부권문제를 둘러싼 미국과 비동맹권 간의 대립도 쉽게 해소되지 않을 전망이다. 또한, 라잘리안을 지지하는 국가들 간에도 브라질·인도와 같은 상임이사국 진출 희망국들(Aspirants)은 개도국에 대해서만 지역순환상임제를 적용하는 것이 부당하다는 입장을 취하고 있다. 게다가 아프리카그룹(AU)은 거부권을 향유하는 상임이사국 자리 2석을 아프리카에 배정할 것을 요구하고 있고, 아랍그룹(Arab League)도 마찬가지로 상임자리 1석을 요구하고 있어 타협 여지는 더욱 어려워지고 있다.

셋째, 비상임이사국만을 증설하자는 논의이다. 상임이사국 증설에 반대하는 국가들은 상임이사국제도가 유엔이 지향하고 있는 민주화 추세에 역행한다고 주장한다. 상임이사국 증설은 특정 소수에게만 번복할 수 없는 특권적 지위를 부여함으로써 그간 유엔 활동에 적극 기여해 온 상당수 중견국가들의 소외(alienation) 및 주변화(marginalization)를 초래하게 된다는 우려가 제기되고 있다. 이들은 상임이사국 선정문제를 두고 정치적 분란이 있는 만큼, 여타 범주의 이사국 확대방식에 합의하지 못할 경우 당분간 비상임이사국만을 증설하자는 대안(비동맹의 fall-back position)을 제시하고 있다.

넷째, 새로운 이사국 제도의 창설제안이다. 이 안은 순환이사국(rotational membership)이나 장기 임기(longer tenure) 이사국과 같은 새로운 형태의 이사국제도(3rd category 또는 new category)를 신설하자는 제안이 제기되었으나, 또 다른 특권층을 창설한다는 비판으로 다수 국가의 지지를 받고 있지 못하는 편이다.

다섯째, 안보리의 거부권문제에 관한 논의이다. 일본·독일 등 신규 상임이사국 진출을 추진하는 국가들은 상임이사국 간 권리나 책임면에서 차이가 있어서는 안 된다는 무차별원칙을 주장함으로써 거부권을 희망하고 있다. 아프리카 등 상당수 개도국들은 개도국 상임이사국에 대한 거부권 부여를 요구하면서, 기존의 상임이사국들이 거부권을 향유하고 있는 상황에서 신규 상임이사국에 대해 거부권을 부정하는 것은 타당치 않다고 주장하고 있다.

거부권 사용제한 문제도 주요 쟁점사항 중 하나다. 현재의 안보리 기능과 역할강화는 상임이사국들이 거부권 사용을 자제함으로써 가능해졌다는 점에서 대부분의 유엔 회원국들은 거부권 사용범위가 제한되어야 한다는 입장이다. 특히 비동맹측은 거부권의 궁극적 철폐를 목표로 우선 거부권행사 범위를 유엔헌장 7장 상의 강제조치(enforcement measures)로 한정할 것을 주장하고 있다. 반면에 현 상임이사국들은 기존의 권리와 지위를 저해하는 어떠한 개편안에 대해서도 수락할 수 없다는 확고한 입장을 견지하고 있다.

그러나 이러한 안보리 개편문제에 관해 현 상임이사국들의 입장도 서로 엇갈리고 있다. 미국은 일본과 독일의 상임이사국 진출을 도모함으로써 유엔에서의 재정 부담을 덜어보려는 의도를 가지고 있다. 따라서 미국을 비롯한 영국과 프랑스는 일·독뿐 아니라 3개 개도국의 상임이사국 진출을 지지함으로써 안보리 개편이 조속히 마무리되기를 바라고 있다. 반면에 중국은 안보리 개편에 있어 지역적 배분과 선·후진국 간의 균형이 유지되어야 한다는 원칙적 입장을 강조하고 있다. 러시아는 안보리 개편이 효율성을 저해하는 방향으로 진행되는 데 반대한다는 입장을 취하고 있으나, 최근에는 독일과 일본의 상임이사국 진출에 긍정적인 태도를 시사하고 있다.

그 외에도 다양한 안들이 제시되었는데 이를 표로 요약해 보면 다음 〈표 9-4〉, 〈표 9-5〉, 그리고 〈표 9-6〉과 같다. 1993년부터 20년 이상 논의된 유엔 안보리 개혁 논의가 현재는 수면 밑으로 가라앉아 있다.

〈표 9-4〉 A안

구분		현재	개혁안	증감
상임이사국	상임이사국+거부권	5	5	0
	상임이사국+거부권 없음	0	6	+6
비상임이사국	2년 임기의 비상임 이사국	10	13	+3
계		15	24	+9

〈표 9-5〉 B안

구분		현재	개혁안	증감
상임이사국		5	5	0
비상임이사국	2년 임기의 비상임 이사국	10	11	+1
	4년 임기의 비상임 이사국	0	8	+8
계		15	24	+9

〈표 9-6〉 C안

구분	현재	개혁안	증감
상임이사국	5	4~5(영, 프, 독 중 1~2개국 선임)	−1~0
	5	8(AU, OAS, ASEAN 등 지역기구)	+3

제5절 한국과 유엔

1. 유엔과 한국정부의 수립 및 한국전쟁

대한민국 정부는 유엔총회 결의 제112(Ⅱ)B호에 따라 설치된 유엔한국임시위원단(UNTCOK: UN Temporary Commission on Korea)의 감시하에 총선을 통하여 수립되었다. 신생 대한민국 정부의 당면 외교과제는 국제사회로부터 정통성과 유일 합법성을 인정받는 것이었다. 제3차 유엔 총회는 결의안 제195(Ⅲ)을 통하여 대한민국 정부가 유일한 합법정부임을 결의하고 UNTCOK 대신 유엔한국위원단(UNCOK: UN Commission on Korea)을 설치하였다.

6·25전쟁이 발발하자 미국은 유엔 안전보장이사회를 긴급 소집하였고 안보리는 당일 결의안 제82호를 통하여 "적대행위의 즉각 중지와 북한군의 38선 이북으로의 즉시 철수"를 요구하였다. 안보리는 6월 29일, "유엔 회원국들이 대한민국에 무력침공을 격퇴하고 이 지역의 국제평화와 안전을 회복하는데 필요한 원조를 제공할 것"을 권고하는 결의안 제83호를 채택하였으며 7월 7일에는 결의안 제84호를 통하여 회원국들이 제공하는 병력 및 기타 지원을 미국이 주도하는 통합사령관(유엔군사령부)하에 두도록 권고하고, 미국이 통합사령관을 임명할 것과 통합사령부에 참전 각국의 국기와 함께 유엔기 사용 권한을 부여하였다.

구 소련이 1950년 7월 27일 그동안 보이코트해 오던 안보리에 복귀하여 8월 1일부터 윤번제 안보리 의장직을 맡게 되자 이때부터 소련의 거부권 행사로 안보리는 한국사태와 관련된 어떤 조치도 취할 수 없게 되었다. 그러자 유엔총회는 미국이 제출한 '평화를 위한 단결'을 채택하여 안보리가 국제평화와 안전유지에 관한 1차적 책임을 다하지 못할 경우 유엔총회에서 필요한 조치를 결의할 수 있도록 하였다.

유엔총회는 10월 7일, 결의안 제376(V)호를 통해 한국에 통일, 독립된 민주정부 수립과 한국내 구호와 재건의 책임을 수행하기 위해 7개국으로 구성된 유엔한국통일부흥위원단(UNCURK: UN Commission on the Unification and Rehabilitation of Korea) 설치를 결의하고 또 12월 1일 총회 결의 제410(V)를 통해 한국 부흥계획을 추진하기 위해 유엔한

국재건단(UNKRA: UN Korean Reconstruction Agency)를 설치하였다. 또한, 유엔 총회는 1951년 2월 1일 결의안 제498(V)호를 통하여 한국전에 개입한 중공군의 유엔군에 대한 적대행위 중지와 한국에서의 철수를 촉구하였다. 1953년 8월 28일 유엔 총회는 결의안 제712(Ⅶ)호를 통하여 한국과 참전국의 영웅적 병사들에게 경의와 조의를 표하는 동시에 유엔의 요청에 따라 처음으로 취한 집단적 조치가 성공한 데 대해 만족을 표시하였다.

2. 유엔 총회에서의 한국문제 토의

1953년 8월 28일 유엔 총회 결의안 제712(Ⅶ)호에 입각하여 한국문제의 평화적 해결을 위해 1954년 4월 26일부터 개최된 제네바 정치회담이 결렬되자 한반도 문제는 다시 유엔총회로 넘어갔다.

제9차 유엔 총회는 1954년 12월 11일 채택한 결의안 811(Ⅸ)호를 통하여 한반도에서 유엔의 목적이 평화적 방법에 의하여 대의제 정부형태로 통일, 독립된 민주국가를 수립하고, 이 지역에 국제평화와 안전을 완전히 회복하는 데 있음을 재확인하였다.

이후 총회는 매년 제출되는 UNCURK 연차보고가 자동적으로 차기 총회 의제에 포함됨으로써 한반도 문제를 매년 토의하게 되었고, 대한민국 대표를 단독 초청하여 동 토의에 참석시킨 가운데 유엔 감시하 인구비례에 의한 남북 총선거를 골자로 하는 통한(統韓) 결의안을 가결했다.

그러나 아프리카의 해로 불리던 1960년대부터 아프리카의 신생독립국이 대거 유엔에 가입하여 이들의 투표성향이 반 서방적 경향을 띠게 되자 한반도 문제는 보다 복잡한 양상을 띠게 되었다. 1968년부터 유엔 내 세력분포도 점차 변하게 되어 한반도 문제의 자동적인 연례 토의를 지양하는 방향으로 나아갔다.

1968년 12월 20일, 제23차 유엔 총회는 UNCURK로 하여금 그 보고서를 반드시 총회에 제출하지 않고 필요에 따라 사무총장에게 제출할 수 있게 함으로써 한반도 문제의 연례 자동 상정을 피하도록 하는 재량 상정방식을 내용으로 하는 결의안을 채택하였다(총회 결의 제2466호).

1973년 제28차 유엔 총회는 알제리에서 열린 제4차 비동맹 정상회의에서 북한의 열렬한 지지세력이었던 알제리, 쿠바 등 급진 좌경 국가들이 한반도 문제에 대해 북한 입장을 일방적으로 반영한 조항을 총회 결의안으로 채택하려 하자 이에 대한 타협책으로 남북대화를 통한 평화 통일의 촉구, UNCURK 해체를 내용으로 하는 합의 성명을 채택하였다. 이에 따라 UNCURK는 1973년 11월 29일 성명서를 발표하고 23년간의 활동을 종결하였다.

1975년 8월 페루에서 개최된 비동맹 정상회의에서 월맹(통일 베트남을 의미)과 북한이 비동맹 회원국으로 가입이 결정됨으로써 비동맹 내 급진 좌경국가들의 영향력이 최고조에 달하였고 이를 배경으로 1975년 제30차 유엔 총회에서 남북한 지지세력 간에 일대 외교전이 전개되었다. 1975년 9월 22일 제30차 유엔 총회에서 우리측은 남북대화의 계속 촉구, 휴전협정 대안 및 항구적 평화보장 마련을 위한 협상 개시 등의 결의안을 제출하였고, 북한측은 유엔군사령부의 무조건 해체, 주한 외국군 철수, 휴전협정의 평화협정 대체 등을 요구하는 결의안을 상정하였다. 상기 양 결의안이 표결에 부쳐진 결과 우리측 결의안(제3390 A호)과 북한측 결의안(제3390 B호)이 동시에 통과됨으로써 유엔의 한반도 문제에 관한 해결기능이 한계에 도달하였음을 보여주었다.

3. 한국안보와 유엔

1975년 제30차 총회를 마지막으로 유엔을 무대로 한 남북한 간의 대결적 외교경쟁은 진정되었다. 그러나 1983년 9월 1일 대한항공 007기가 소련전투기에 의해 격추되자, 한국 정부는 미국, 일본, 캐나다와 함께 안보리 긴급소집을 요청하였고 9월 3일부터 12일간 6차례의 회의가 개최되었다. 이 기간 동안 이 회의에 참석했던 46개국 중 42개국이 소련을 규탄하는 우리 입장을 지지하는 내용을 발언하였다. 비록 소련의 거부권 행사로 결의안이 채택되지는 못했지만, 한국 정부는 소련의 만행을 규탄하는 국제여론을 불러일으켰다.

1983년 10월 9일 랑군 암살 폭발사건이 발생했을 때에도 한국 정부는 제6위원회(법률위원회)에서 북한의 만행을 규탄하고 북한의 테러행위에 대한 공동 응징 및 재발방지를 촉구하는 국제여론을 형성하였다. 1987년 11월 29일 대한항공 858기가 북한 공작원에 의해 폭발하여 추락한 사건이 발생하자 한국 정부는 일본과 함께 안보리 소집을 요구하였고 이틀 동안 개최된 안보리 회의에서 북한의 테러 만행을 규탄하였다.

한국은 1989년 2월 헝가리를 시발로 동구 사회 국가들과 외교관계를 수립하게 되었다. 소련과는 1990년 9월 외교관계를 수립하였고 중국과는 1990년 10월 무역대표부 설치에 합의하였으며 1992년 8월에 외교관계를 수립했다. 이러한 분위기에 힘입어 남북한은 1991년 제46차 유엔 총회 개막일인 9월 17일 동시에 유엔 회원국이 되었다. 유엔에 가입한 이후 한국은 국제평화와 안전을 위하여 유엔이 주관하는 PKO에 적극적으로 참여하였고 1996~1997년과 2013~2014년에 안보리 비상임이사국으로 활동하였다. 한국의 세계적 위상 확대와 유엔 가입을 계기로 한국인들의 유엔 진출도 늘어나고 있다. 2006년 12월, 전 외교부장관이었던 반기문이 제8대 유엔 사무총장으로 취임하여 2016년까지 10년 동안 임무를 수행했으며, 다트머스대학 총장이었던 김용도 2012년 6월부터 2019년 4월까지 세계은행 총재로서 임무를 수행했다.

토론 주제

1. 집단안보가 왜 위협을 감소시킨다고 보는가?
2. 집단안보가 동맹 이론과 어떤 면에서 차이가 있는가?
3. 왜 국제연맹은 실패했는가?
4. 왜 평화유지활동을 집단안보의 변형이라고 하는가?
5. 집단안보에 대한 신뢰성은 있는가? 왜 유엔은 러시아, 하마스, 이스라엘 등을 대상으로 집단적 행동을 하지 않는가?
6. 해방 이후 1970년대 초까지 한국은 유엔으로부터 받은 지원은 무엇인가?
7. 유엔 안보리 개혁은 가능할 것으로 보는가? 어떤 안이 한국의 국가안보에 도움이 되는가?
8. 남북한의 동시 유엔 가입이 서로에게 전쟁 억제의 역할을 하고 있는가?
9. 총회 결의안 제3390 A호와 제3390 B호가 아직도 한국 안보에 영향을 미치고 있다고 보는가?
10. 오랫동안 유엔의 객체였던 한국이 이제는 보은(報恩)의 차원에서 국제사회에 기여하고 있다. 주로 어떤 분야에서 기여하고 있는가?

1. 오기평, 『현대국제기구정치론』(서울: 법문사, 1992).
2. 김열수, 『국제기구를 통한 분쟁관리』, 제2판(서울: 오름, 2001).
3. 박치영, 『유엔정치론』(서울: 박영사, 1994).
4. Jussi M. Hanhimaki, *The United Nations: A Very Short Introduction*, 2nd ed.(New York: Oxford University, 2015).

제 10 장 군비통제

개 요

취약성을 극복하기 위해 자주국방의 노력을 하게 되면 군비경쟁이 일어나게 되고 군비경쟁은 안보딜레마를 가져오게 된다. 외부의 위협에 대한 작용-반작용의 연계 결과가 바로 군비경쟁이다. 리차드슨은 수학 공식을 이용하여 이를 모델화하기도 했다.[1)] 군비경쟁이 위협에 대응하기 위해 취약성을 줄이는 데 목적을 둔 것이라면 군비통제(Arms Control)는 위협 자체를 줄이는 데 목적을 두고 있다.

위협이 줄어들게 되면 전쟁의 가능성도 줄어든다. 또한 전쟁이 일어난다고 하더라도 그 피해를 줄일 수 있다. 자전거끼리 충돌해서 발생하는 피해와 여객기끼리 충돌해서 일어나는 피해는 확실히 다르다. 고성능, 특히 핵무기를 포함한 WMD는 인류에 치명적인 살상을 일으킨다. 군비통제는 상호간에 신뢰를 증진시켜 전쟁의 가능성을 감소시키고 또한, 전쟁발생시 피해의 폭과 깊이를 감소시킨다.

미국 오바마(Barack Obama) 대통령의 '핵없는 세계(Nuclear Free World)' 전략을 높이 산 노벨 위원회는 대통령 취임 첫해에 그에게 노벨 평화상을 수여했다. 그의 의지가 세계를 보다 안전하게 만들 것이라고 확신했기 때문이다. 그의 노력은 핵안보(Nuclear Security) 정상회담으로 발전했다.[2)] 한국 안보의

1) Lewis F. Richardson, Arms and Insecurity: A Mathematical Study for the Causes and Origins of War(Chicago, Quadrangle Books, 1960).

2) "핵무기는 냉전이 남긴 가장 위험한 유산"이라고 인식한 오바마 대통령은 '핵 없는 세계'를 위해 미국이 모범을 보일 것이라고 선언했다. 이에 따라 2009년 7월 미 · 러 정상회담

최대 위협이 북한 핵무기라는 점을 감안한다면 한국은 국제사회와의 협력을 통해 북한 WMD의 위협을 감소시키는 데 갖은 노력을 기울여야 한다.

제10장은 군비통제의 개념과 한계, 군비통제 사례에 대해 살펴보고 한반도 군비통제의 문제점을 제시하는 순으로 글을 전개한다.

제 1 절 군비통제의 개념

1. 정 의

셀링과 할퍼린(Thomas C. Schelling and Morton Halperin)은 군비통제를 "잠재 적국 사이에 전쟁의 가능성을 제한하고, 전시에는 그 확산범위와 파괴력을 제한하며, 평시에는 전쟁에 대비한 정치・경제적 기회비용을 감소시키기 위한 다양한 형태의 군사적 협력"으로 정의하였다.[3] 한국 국방부는 군비통제를 "군비경쟁을 안정화 또는 제도화시킴으로써 군비경쟁에서 야기될 수 있는 위험과 부담을 감소 또는 제거하거나 최

에서 핵무기 감축에 합의한 이후 협상을 거쳐 2010년 4월 8일, 미・러 양 정상은 전략무기감축협정(START-1)을 대체하는 후속협정에 서명했다. 또한, 미국은 2010년 4월 6일 발간한 핵태세검토보고서(NPR: Nuclear Posture Review)를 통해 이란과 북한을 제외한 비핵국가에 대해 먼저 핵공격을 하지 않을 것임을 밝혔다. 또한, 오바마 대통령은 2010년 4월 12~13일, 워싱턴에서 사상 처음으로 47개국 정상이 참가한 핵안보정상회의(Nuclear Security Summit)를 주재했으며 이 회의에서 미국과 러시아는 핵무기 17,000개 분량의 플루토늄을 각각 34톤씩 폐기하기로 한 의정서에 서명했고, 우크라이나도 2012년까지 90Kg 정도의 고농축 우라늄을 폐기하겠다고 선언하였다. 또한 멕시코도 무기급 우라늄 전량을 폐기하겠다고 선언하였다. 2012년 한국에서 개최되었고 제3차 회의는 2014년 네덜란드에서 개최되었다. 이 회의는 2016년까지 개최된 후 중단되었다. 핵안보(security)란 핵테러에 대응하기 위해 테러분자의 핵물질, 방사성 물질, 혹은 관련 시설의 탈취, 파괴, 무단 접근, 불법 이전 및 기타 악의적 행위에 대한 예방 및 대응에 초점을 맞추는 것이고, 핵안전(safety)이란 원자력 사고 방지 및 사고 후 피해 완화에 초점을 두는 것이며, 핵안전조치(safeguard)란 국가차원에서 일어나는 핵물질의 군사적 전용을 방지하는 것을 말한다.

3) Thomas C. Schelling and Morton Halperin, *Strategy and Arms Control*(New York: A Perggamon-Brassry's Classic, 1961), p. 142.

소화하려는 모든 노력"으로 정의하고 있다.[4] 결국 군비통제란 '전쟁의 가능성을 감소시키고, 전시에는 피해를 감소시키기 위해 평시부터 국가들 간에 다양한 형태의 협력을 달성하기 위한 노력'이라고 할 수 있다.

군비(軍備)가 무기와 병력의 생성, 유지 및 배치, 그리고 사용 등과 관련된 자원과 자원의 준비를 통칭하는 것으로써 현재적 군사력과 잠재적 군사력을 포함하는 포괄적인 개념이라고 한다면, 군비통제란 이런 군사력의 생산, 배치, 이전 및 사용에 대하여 특정한 제한이나 규제를 가하는 것을 말한다. 따라서 군비통제는 군비감축 또는 축소(arms reduction), 군비제한(arms limitation), 무장해제(disarmament), 군비관리(arms management), 신뢰구축조치(CBMs: confidence building measures), 군비동결(arms freeze) 등의 개념을 포함하는 포괄적인 개념이다.[5]

군축이란 이미 건설된 군사력, 즉 보유하고 있는 무기나 병력의 질적·양적 감축을 의미하고, 군비제한이란 군사력의 수준을 양적 또는 질적으로 일정하게 제한하는 것을 말한다. 무장해제란 군사력의 완전한 해체를 의미하는 것으로써 승전국이 패전국에게 주로 강요하는 형태이다. 2003년 이라크전 때 미국은 이라크 군사력을 완전히 해체하였다. 또한 내전이 평화협정으로 종결될 때 반군들은 주로 무장해제를 당한 후 정규군에 편입되거나 귀향한다. 그러나 무장해제는 군축과 거의 동의어로 사용되기도 한다. 군비관리는 주로 일본에서 사용되는 용어로써 결국 군비통제를 의미한다.[6] 신뢰구축조치란 상대방에 대한 군사행동의 예측 가능성을 높여 군사충돌의 위험을 감소시키고 위기관리를 용이하게 하려는 제반 조치를 말한다. 군비동결이란 현 수준에서 더 이상 군사력을 증강시키지 않는 것을 말한다. 모든 군사력이 해당하기보다는

4) 국방부, 『군비통제란?』(서울: 국방부, 1992), p. 6.
5) 상게서, p. 6.
6) 한용섭, 『한반도 평화와 군비통제』(서울: 박영사, 2004).

협정의 결과로 발생하는 특정한 군사력에만 해당하는 것이 보통이다.

군비통제는 오랜 역사를 지니고 있지만 20세기, 특히 냉전기에 빛을 발하였다. 군비통제가 이루어지면 전쟁을 촉진하는 안보딜레마 경향은 감소할 수 있다. 또한, 이로인해 군사력 건설에 사용되는 비용, 첨단무기로 인한 살상력, 그리고 전쟁시의 손상은 줄어들 수 있다. 무기통제의 효과는 전쟁 억제를 더 효과적으로, 더 안정되게, 더 경제적으로, 그리고 더 유용하게 한다는 점이다.[7]

군비통제는 (1) 특정무기의 동결, 제한, 감축, 또는 폐기, (2) 특정한 군사활동의 제한, (3) 군사력의 전개 조정 및 통제 (4) 군사적으로 중요한 물자의 이전 규제, (5) 특정 무기의 사용 제한 혹은 금지, (6) 우발전쟁의 방지책, (7) 국가 간의 군사적 투명성 확보를 위한 신뢰구축 등이 있다. 군비통제는 크게 6가지 유형으로 구분될 수 있다.[8]

2. 군비통제의 유형별 구분

(1) 참여국 수에 의한 구분

군비통제 협정에 참여하는 국가의 수에 따라 일방적 군비통제, 쌍무적 군비통제, 그리고 다자적 군비통제로 구분할 수 있다. 일방적 군비통제(unilateral arms control)란 상대방 국가의 협력을 유도하기 위하여 협정을 체결하지 않은 상태에서 일방적으로 자신의 군사력을 통제하는 것을 말한다. 일방적 군비통제를 실시하는 동기는 상대방 국가도 이에 상응하는 행동을 보일 것이라는 기대 때문일 수도 있고, 국내 및 국제

---

7) Patrick M. Morgan, *International Security: Problems and Solutions*(Washington DC: CQ Press, 2006), p. 95.

8) 남만권, 『군비통제 이론과 실제』(서울: 한국국방연구원, 2004), pp. 59-67의 내용을 일부 수정하였음.

정치적 압력 때문일 수도 있다. 1985년 구 소련의 고르바초프 서기장이 등장한 이후 1987년부터 동구권에서 구 소련군의 일방적 철수나 감군은 미국과의 협상 없이 진행된 일방적 군비통제라고 할 수 있다. 과거 한미간에 실시되었던 팀스피리트(Team Spirit) 훈련의 일방적 중단도 일방적 군비통제에 해당한다. 1991년 한국의 노태우 정부가 비핵화 선언을 한 것도 이런 사례에 해당한다.

쌍무적 군비통제(bilateral arms control)란 2개의 경쟁 당사국이 상호 협의하여 군비통제 방안을 마련하고 이를 이행하는 것을 말한다. 미국과 구 소련간에 체결된 「전략무기제한협정」(SALT: Strategic Arms Limitation Treaty)이나 제13장에서 다룰 NATO와 구 WTO간에 체결된 「재래식 무기제한협정」(CFE: Conventional Armed Forces in Europe) 등이 대표적이다.

다자적 군비통제(multilateral arms control)란 3개국 이상의 국가가 상호협의하여 집단적으로 군비통제를 이행하는 것을 말한다. 비록 큰 성과를 이루지 못했지만 1899년과 1907년에 개최된 「헤이그 평화회의」가 다자적 군비통제의 시초이다. 1930년 미·영·일·러·이탈리아가 체결한 「워싱턴 해군군축조약」, 1968년에 체결된 「핵확산금지조약」(NPT: Nuclear Non Proliferation Treaty), 1972년에 체결된 「생물학무기금지조약(BWC)」, 1987년에 체결된 「미사일기술통제체제(MTCR)」, 그리고 1993년에 체결된 「화학무기금지협약(CWC)」 등이 다자적 군비통제에 해당된다.

(2) 무기형태에 의한 분류

무기형태에 따라 재래식 군비통제와 WMD군비통제로 구분된다. 재래식 무기와 WMD 무기는 살상력 면에서, 그리고 전략·전술면에서 차이가 난다. WMD 무기 중에서도 특히 핵무기는 전략적 무기라고 할 수 있다.

사실 군비통제의 관심은 WMD 통제에 있었다고 해도 과언이 아니다. 핵군비통제는 1963년 미국과 구 소련 간에 체결된 「부분적 핵실험금지조약」(The Partial Nuclear Test-Ban Treaty), 1967년 미국과 구 소련 간에 체결된 「우주의 평화적 사용에 관한 협정」, 1968년에 체결된 NPT, 미국과 구 소련 간에 체결된 1969-1979년의 SALT-Ⅰ과 SALT-Ⅱ, 그리고 「전략무기감축조약(START-Ⅱ)」, 「포괄적핵실험금지조약(CTBT: Comprehensive Test Ban Treaty)」 등이 바로 그것이다. 핵군비통제는 핵무기의 가공할 위력을 감안할 때 재래식 군비통제보다 더 중요하게 다뤄지고 있다. 화학무기와 생물학무기에 대한 군비통제인 BWC와 CWC, 그리고 미사일 기술을 통제하는 MTCR 등도 WMD를 통제하기 위한 중요한 협정들이다.

근대의 재래식 군비통제는 1899년에 개최된 제1차 헤이그 회담부터 시작되었다. NATO와 구 WTO간에 체결된 「상호균형군비감축(MBFR)」과 「유럽재래식무기통제(CFE)」 등이 대표적이다.

(3) 통제대상에 따른 구분

군비통제는 구조적 군비통제와 운용적 군비통제로 구분된다. 구조적 군비통제(structural arms control)란 군사력의 규모, 편성 등 군사력을 구성하는 실질적인 요소인 병력과 무기체계를 구조적인 차원에서 통제함으로써 군사력의 균형과 안정을 유지하려는 군비통제의 형태이다. 구조적 군비통제에는 군사력의 건설, 획득, 동원의 제한, 특정지역에서의 특정무기 사용의 제한, 또는 무기의 생산이나 이전에 대한 규제 등이 있다. 미소 간에 체결된 전략무기감축협정(SALT, START), 냉전 이후 동서유럽국들 간에 체결된 재래식무기감축협정(CFE), 국가들 간에 체결된 핵확산금지조약(NPT), 그리고 화학무기금지조약(CWC), 그리고 생물학무기금지조약(BWC) 등이 이런 사례에 속한다.

운용적 군비통제(operational arms control)란 군사력의 배치와 운용을 통제하여 투명성을 높이고 상호확인 및 감시를 통해 기습공격을 방지함으로써 전쟁 발발의 위험성을 감소시키고자 하는 군비통제의 형태이다. 즉, 자국의 모든 군사활동, 군부대 배치상황 등을 상대방에게 투명하게 공개하고 확인하는 작업을 허용함으로써 기습공격이나 전쟁도발의 의지가 없다는 것을 입증하여 예측 가능성을 높이는 것이다. 이 형태에는 전쟁의 규칙을 마련하거나, 위기시 직접 대화 수단으로써의 통신 및 행정협정을 마련하거나, 또는 정보 교환, 상호 통신, 상호 군사시설에 대한 접근, 부대훈련 및 기동의 사전 통보, 그리고 특정 부대 규모 이상의 훈련 제한 등이 포함된 신뢰구축조치(CBMs: Confidence Building Measures) 등이 있다. 1975년 헬싱키에서 체결된 동서 유럽 간의 CBMs, 1986년의 스톡홀름의 신뢰 및 안보구축조치, 1992년의 비엔나 CBMs 등이 이런 사례에 속한다.

(4) 접근방법에 따른 분류

접근방법에 따른 분류는 기능주의적 접근과 정치적 접근이 있다. 기능주의적 접근이란 잠재 적국 사이에 경제·사회·문화, 그리고 인도주의적 교류를 통하여 먼저 신뢰를 조성하고 이를 통하여 군비통제에 이르는 방법을 말한다. 정치적 접근이란 정치적 해결을 통하여 새로운 관계구조를 먼저 형성하고 이를 통하여 군비통제를 모색했던 것을 말한다. 한국이 북한과 추구하고자 했던 접근이 기능주의적 접근이다.

(5) 통제방법에 의한 분류

통제방법에 따라서는 참가국이 동일하게 군비통제를 실시하는 대칭적 군비통제와 그렇지 못한 비대칭적 군비통제로 분류된다. 대칭적 군비통제란 협정 당사국 간에 특정한 무기체계에 대해 서로 같은 상한선을 설정하거나 그 협정에 서명한 모든 국가들이 균등하게 의무를 수행하는 것을 말한다. NATO와 구 WTO간에 5대 재래식 무기의 상한선을 동일하게 둔 CFE나 또는 BWC, CWC 등이 이런 사례에 속한다.

비대칭적 군비통제란 협정 당사국 간에 서로 상한선을 달리 설정하는 것을 말한다. 미국과 구 소련이 체결했던 핵무기 관련 협정의 상당수가 이런 사례에 속한다. 또한 5대 핵무기 보유국의 의무 이행과 그 이외 국가들의 의무이행을 달리 규정한 NPT도 이런 사례에 속한다.

(6) 강제성 여부에 의한 분류

이 분류는 군비통제 협상과정에 따른 분류 방법이다. 협상과정이 합의에 의한 것인지 또는 일방적이고 강제적인 방법에 의한 것인지에 따라 합의에 의한 군비통제와 강압에 의한 군비통제로 구분된다.

대부분의 군비통제는 합의에 의해 협정이 체결되지만, 강제에 의해 협정이 체결되는 경우도 있다. 전쟁이 끝난 이후에 승전국이 패전국과 강화회담을 통해 체결되는 군비통제 협정이 주로 여기에 속한다. 제1차, 제2차 세계대전 종료 후에 승전국들이 독일에게 부과한 군비통제가 이런 사례에 속한다. 일본의 경우, 군대가 해산되면서 아직도 자위대라는 명칭을 사용하고 있는 이유도 강압에 의한 군비통제라고 할 수 있다.

3. 군비통제에 대한 일반적 조건

일방적이든, 쌍무적이든, 또는 다자적이든 참가국들이 군비통제에 동의하기 위해서는 몇 가지 일반적 조건이 필요하다. 즉, (1) 군비통제는 정치적 현상유지에 대한 상호 공감대를 형성할 때 가능하다. (2) 군비통제는 분쟁당사국 간의 정치적인 갈등을 완화할 필요가 있을 때 가능하다. (3) 군사비 부담이 치명적일수록 군비통제 가능성이 높아진다. (4) 서로가 서로에 대해 군사적인 최소한의 억제능력을 보유하고 있을 때 가능성이 높아진다. (5) 동맹관계가 급격히 약화되거나 혹은 새로운 동맹 획득이 좌절될 경우, 적대국과의 군비통제에 관심이 높아진다.

위에서 서술한 5가지 조건 중 1~2가지의 조건만으로도 군비통제의 가능성은 있다. 그러나 많은 조건이 충족될수록 군비통제의 가능성은 더 높아진다고 볼 수 있다. 군비통제는 크게 4가지 단계로 이루어진다.

제2절 군비통제 절차

1. 협상단계(agreement)

먼저 협상단계에서는 만일 어떤 국가가 군비통제에 대한 제의를 하고, 관련국들이 그 제의를 수락하게 되면 그때부터 본격적인 교섭과 흥정이 이루어진다. 설령 군비통제가 협정의 체결로까지 연결되지 못한다고 하더라도 군비통제를 제의하고 협상하는 것 자체가 많은 파생효과(side effects)를 가져올 수 있다. 협상을 통해 관련 국가들의 입장을 확인할 수 있고, 유용한 정보를 획득할 수 있다. 또한, 국민적 관심을 군비통제로 전환함에 따라 이를 국내정치에 이용할 수 있고, 군비통제를 제의한 국가는 평화를 지향한다는 이미지를 대내외에 과시할 수도 있다. 군비통제를 제의하는 것 자체가 상대방, 또는 관련국가들에게 일종의 압력수단이 될 수도 있다.

군비통제가 이행되려면 우선 군비통제의 목적, 군비통제의 대상, 이행 시기 및 방법, 그리고 검증 방법 등에 대한 합의가 협상을 통해 이루어져야 한다. 군비통제의 분류에서 살펴보았듯이 일방적 군비통제도 있지만 대부분 쌍무적이거나 다자적인 군비통제를 실시하게 된다. 협상의 결과는 협정의 형태로 나타난다.

협상의 결과에 따라 군비통제는 여러 단계를 거치게 되겠지만 가장 중요한 첫 번째 단계는 신뢰구축이라고 할 수 있다. 신뢰구축이 이루어지지 않은 상태에서 군비제한이나 군비감축 등은 일어날 수 없기 때문이다.

2. 신뢰구축단계(CBMs)

신뢰구축이란 분쟁 당사국들 간에 서로 우려할 만한 위협이 존재하지 않고 있다는 것을 신뢰성 있게 의사소통하는 정치·군사적 행위를 의미한다. 따라서 신뢰구축은 다음 3가지 요소의 실현을 목표로 한다.[9] 첫째, 신뢰구축은 분쟁 당사국들이 서로 침략하거나 기습공격을 감행하지 않을 것을 제도적으로 보장할 수 있어야 한다. 소위 말하는 불가침의 보장이다.

둘째, 투명성(transparency)이 보장되어야 한다. 불가침의 보장을 실현

9) 남만권, 전게서, p. 24.

하기 위해서는 서로 자국의 군사상황을 상대방에게 공개함으로써 분쟁 당사국 간에 속일 의사가 없다는 것을 적나라하게 보여줄 수 있어야 한다. 국방백서의 발간, 무기체계의 공개, 상대방 군사시설 상호방문, 고위 간부들의 상호방문, 상대방 교육기관에서의 위탁교육, 그리고 상대방 훈련시 참관 등이 이루어져야 한다.

셋째, 상대방의 행동에 대한 예측성(predictability)이 높아져야 한다. 투명성이 보장되면 전쟁이나 위기발발의 예측성이 높아지게 마련이다. 전력구조 및 배치 등에 대한 투명성이 높아지면 무력충돌의 가능성에 대한 예측성은 더 높아진다.

3. 이행단계(implementation)

3번째 단계는 협정에 의한 이행단계이다. 신뢰구축도 물론 이행단계에 속한다. 그러나 신뢰구축은 행동의 변화일 뿐 구조의 변화가 일어나는 것은 아니다. 따라서 신뢰구축이라는 운용적 군비통제가 성공적으로 이행된다면 구조적 군비통제로 발전해 나갈 수도 있다. 군비제한이나 군비축소에 대한 이행이 뒤따를 수 있다는 뜻이다.

4. 검증단계(verification)

협정에 따른 이행이 제대로 되고 있는지를 확인하는 것은 군비통제의 가장 중요한 단계 중의 하나이다. 이런 단계가 없다면 합의된 군비통제가 제대로 이루어지고 있는지를 확인할 수 없기 때문이다.

검증이란 용어는 사찰(inspection)이란 용어와 혼용되어 사용되고 있다. 재래식 무기와 관련된 양자 또는 다자간 군비통제는 주로 검증이란 용어를 많이 사용하고 핵과 관련된 군비통제는 주로 사찰이란 용어를 많이 사용한다. 국제원자력기구(IAEA: International Atomic and Energy Agency)가 NPT의 이행 여부를 확인하는 것이 바로 사찰에 해당한다.

검증이든 사찰이든 이 용어의 정의는 "기존의 조약 및 협정에 대한 충실한 준수 여부를 확인하기 위해 수행되는 적절한 법적 정보활동"이라고 할 수 있다. 검증의 필요성은 이미 과거부터 제기되어 왔다. 1899년 제1차 헤이그 평화회담이 열렸을 때에도 검증의 필요성은 제기되었으나 실현되지 못했다. 냉전시기까지만 해도 검증은 제한적이었다. 고르바초프 서기장이 등장하면서 검증이 현실화하기 시작했다.

검증은 조약 체결 당사국들 간에 신뢰구축 기능을 수행할 뿐만 아니라 억제의 기능도 수행한다. 즉, 검증을 통하여 조약의 위반 여부를 탐지할 수 있고, 조기경보라는 안전장치의 역할을 강화할 수 있으며, 조약의 준수 여부를 통하여 군사적인 의도를 사전에 알 수 있다. 따라서 검증은 억제의 기능을 수행한다.

검증 방법은 무검증부터 완벽검증에 이르기까지 조약 체결의 내용에 따라 다르다.[10] 무검증(no verification)은 1925년의 「생화학 금지를 위한 제네바 의정서」, 1963년의 미 · 영 · 소 3국간에 체결된 「우주에서의 부분핵실험금지조약(LTBT: Limited Test Ban Treaty)」, 1975년의 「헬싱키 협약」 등이 여기에 해당한다.

상징검증(symbolic verification)이란 조약위반의 징후가 있을 때 이를 해결하기 위한 해명과 협의절차에 따라 상징적으로 검증하는 것으로써 1972년에 체결된 「생물 및 독소무기 금지협약」이 여기에 해당된다.

적절검증(adequate verification)이란 군사적으로 중요한 위험을 초래할 정도의 위반을 적시에 탐지하여 충분히 대비할 수 있는 시간적 여

---

10) 황진환, "군비통제론," 육군사관학교, 『국가안보론』(서울: 박영사, 2001), pp. 311-313.

유를 확보하기 위해 검증조항을 두는 것을 말한다. 이것이 가능할 수 있었던 것은 인공위성의 탐지 능력 향상 덕분이었다. 미소간에 체결된 SALT-1 협정이 대표적인 사례이다.

효과검증(effective verification)이란 미묘한 조약 위반도 중요시하는 검증 방법이다. 이것은 군비통제 당사국의 주권에 대한 침투성이 강한 현장검사도 허용되는 방법이다. 1986년의 「스톡홀름 협약」이나 IAEA가 실시하는 방법이 이런 방법에 속한다.

완벽검증(perfect verification)이란 조약 내용에 대해 100% 검증을 허용하는 것으로써 1959년에 체결된 「남극조약」이 유일하다.

검증을 위한 현장사찰의 형태는 크게 3가지로 나뉜다. 정기 혹은 일반사찰(regular/routine inspection)이란 상호 교환된 사찰목록에 따라 정해진 시간에 사찰을 하는 것으로써, IAEA의 정기사찰이 여기에 해당한다. 임시사찰(adhoc inspection)이란 짧은 사전 통보기간을 가짐으로써, 수검국이 사찰에 대한 충분히 준비할 여유가 없는 사찰을 말한다. 특별/강제사찰(challenge inspection)이란 수검국이 협정에 위반되는 내용이 탐지되었을 때 이를 근거로 강제로 그 대상국을 사찰하는 것을 말한다. 1991년 안보리결의안에 근거하여 이라크 핵무기 프로그램을 사찰한 것이 강제사찰에 해당한다. 그러나 북한은 1993년 특별사찰을 거부하면서 NPT를 탈퇴했다.

군비통제는 잠재적국 간에 전략적 안정성(strategic stability)을 제고함으로써 전쟁의 가능성을 감소시키고, 전쟁발발시 피해 확산 범위와 강도를 제한하며, 평시 전쟁준비에 대한 정치·경제적 부담을 감소시키는데 그 목적이 있다. 전략적 안정성이란 어느 일방도 상대방의 군사적 공격에 대하여 치명적인 손실 없이 자국의 영토를 방어할 수 있는 상황을 의미한다. 군비통제는 크게 군사적 기능, 정치적 기능, 그리고 경

제 · 사회적 기능이 있다.[11)]

제3절 군비통제의 기능과 한계

1. 군비통제의 기능

(1) 군사적 기능

군사적 기능은 첫째, 우발 전쟁의 가능성을 감소시키는 기능을 수행한다. 군비통제는 쌍방이 전쟁 회피라는 공통적인 이해관계를 갖게 된다는 가정에서 출발한다. 이로인해 군비통제는 위기를 회피하거나 관리하는 데 효과적인 기능을 수행할 것으로 기대된다. 위기는 종종 잘못된 정보와 오해를 통해서, 그리고 신뢰할 수 있는 의사소통의 통로가 부재하기 때문에 발생하게 된다. 이 경우, Hot-Line 설치나 신뢰구축조치를 포함한 군비통제 레짐은 위기를 피하게 하거나 관리하는 데 필요한 요건이 될 수 있다.

둘째, 군비통제는 지역 및 세계 군비경쟁을 완화하는 역할을 수행한다. 군비통제가 이루어지면 어느 일방이 상대방을 공격할 가능성이 줄어들게 되고 또 완전히 제압할 수 있는 상황이 감소하기 때문에 굳이 군비경쟁을 해야 할 이유가 없어지게 된다. 이는 해당국가들로 하여금 새로운 무기의 개발이나 배치를 자제하게 하는 효과가 있을 수 있다.

셋째, 적대국가 간 상호 불신 감소 및 군사적 예측성을 증대시킬 수 있다. 군비통제를 통해 상호 신뢰성을 증대시킬 수 있고 상대방의 군비

---

11) Barry Buzan, *Introduction to Strategic Studies: Military Technology and International Relations*(London: Macmillan Press, 1987), pp. 256-275.

에 대한 정보 획득이 용이하기 때문에 상대방 군사에 대한 예측성을 증대시킬 수 있다.

넷째, 심각한 군사적 불균형을 완화시킬 수 있다. 군비통제는 적대국 간에 군사적 균형에 초점을 맞춘다. 따라서 어느 일방의 군사력이 다른 일방보다 강할 경우, 통상 군사력이 강한 국가가 군사력을 더 많이 감축하는 조치를 취하게 된다. CFE가 대표적이다.

다섯째, 평화적 방법에 의한 분쟁 해결을 선호할 수 있다. 상호 신뢰가 구축되면 군사력 사용을 통해 이견을 해소하기보다는 평화적 수단과 방법을 통해 분쟁을 해결하려는 경향이 생길 수 있다.

(2) 정치적 기능

정치적 기능은 첫째, 군사안보에 대한 대화의 장을 마련함으로써 외교 채널을 유지하게 해 준다. 군비통제는 기본적으로 점진적인 협상과정을 통해 이루어진다. 이렇게 되면 지속적으로 협력의 폭을 넓혀주게 되고 동시에 정치적 관계를 개선하는 데에도 도움을 준다.

둘째, 안보 공감대를 형성하는 교육과 학습의 장을 제공한다. 군비통제 협상을 하는 과정에서 협상 당사자들은 상대방 국가의 안보 문제에 대해 서로 이해할 수 있는 기회를 가지게 된다. 따라서 군비통제는 해당국가 간에 상호 안보문제에 대한 공감대를 형성하는 교육과 학습의 장을 제공해 준다.

셋째, 국가안보에 대한 자국민의 정치적 안정감을 제고시키는 기능을 수행한다. 군비통제 협상이 진행되고 또 이행되는 과정을 보면서 국민들은 군사적 위협이 줄어들 것으로 인식하게 될 것이고 이것이 결국 국민들에게 정치적 안정감을 제고시키는 역할을 하게 될 것이다.

넷째, 국가 간 관계 개선 과정을 조정하고 통제하는 주요 수단이 되는 기능을 수행한다. 군비통제를 통한 군사관계의 증진은 경제, 사회 등 비군사 부문에서의 교류협력 활성화를 위한 여건을 조성해 준다.

(3) 경제 · 사회적 기능

군비통제의 경제 · 사회적 기능도 있다. 첫째, 군비통제가 이루어지면 전반적으로 정치, 군사적 안정이 찾아와 무역 증진 등 경제적 여건이 좋아진다. 전쟁의 가능성이 낮기 때문에 기업가들은 국내외에서 더 많은 투자를 할 수 있고, 안정된 환경으로 인해 더 많은 무역이 일어날 수 있다.

둘째, 군비통제가 이루어지면 한정된 자산이 경제 성장을 위한 자원으로 활용될 수 있다. 군비통제가 이루어지면 군사비가 감축될 수 있어서 국가의 한정된 자산이 국가의 인프라 구축이나 국가적 차원의 기술개발 또는 투자에 쓰일 수 있다.

셋째, 군비통제가 이루어지면 사회적 복지 향상에도 기여할 수 있다. 군비통제가 이루어지면 전쟁의 가능성이 감소하기 때문에 사회는 더욱 안정될 수 있다. 그뿐만이 아니라 한정된 국가 예산이 국방비보다는 국민의 복지비로 사용될 수 있기 때문에 사회적 복지 향상에 기여할 수 있다.

넷째, 환경 파괴의 위험을 감소시킬 수 있다. 우주의 평화적 사용에 관한 협정이라든지, 핵실험 금지 등에 대한 군비통제 조약은 환경 파괴의 위험을 감소시키는 기능을 수행한다.

2. 군비통제의 한계

군비통제 사고(思考)가 부상했을 때, 그 궁극적인 목표는 심각한 갈등 속에 있는 국가들 사이에서도 군비통제를 위한 협력이 가능하다는 것이었다. 그러나 군비통제의 역사는 반드시 그런 것만은 아니라는 것을 보여준다. 국가들이 심각한 분쟁을 겪었거나 그 조약의 서명에 관해 국내 정치적 합의가 거의 이루어지지 않았을 때, 협정들은 종종 비준되지 않거나 무시되거나 위반되었다.

갈등이 높으면 신뢰는 낮다. 이렇게 되면 군비통제 제안이 오히려 의심스러워 보인다. 사람들은 상대방이 속인다고 생각하거나 상대방이 만족하게 여기면 이것은 곧 자신들에게 불리하다고 생각하거나 또는 협상이 곧 취약성을 보여주는 것이라고 주장한다. 갈등이 높으면 당사자들은 각자의 행위에 대해 조그마한 것에도 의문을 제기하고 속임수를 의심하고 협정을 포기할 계획을 세운다.[12] 1972년 미국과 소련이 전략적 탄도 미사일에 대해 엄격한 제한에 합의했지만, 그들은 곧 미사일에 다탄두(MIRV: multiple independently targeted reentry vehicle)를 장착할 것을 알았다. 결국 그들의 전략적 핵무기 숫자는 그 후 수십 년 동안 오히려 수백% 늘어났다.

1945년 이후 핵전쟁의 완전한 부재는 군비통제의 결과로 보인다. 핵무기는 사고(事故) 및 비합법적 사용면에서 과거보다 훨씬 더 안전해졌다. 그러나 국가들은 정치적 이유와 상업적 동기로 무기통제 협정을 위반한다. 화학무기 사용 금지는 1980년대 이란-이라크 전에 의해 위반되었다. 또한, 많은 국가들이 1980~90년대에 핵무기를 개발했거나 개발 프로그램을 가동 중에 있다. 인도와 파키스탄은 실질적인 핵무기 보유국가가 되었고 북한도 이 대열에 동참했다.

군비통제의 정치적 기능과 군사적 기능은 군비통제의 긍정적 기능을 잘 보여준다. 군비통제는 상호 신뢰성과 투명성을 강화함으로써 위협을

---

12) Patrick M. Morgan, *International Security: Problems and Solutions*, *ibid.*, p. 105.

줄이고 전쟁의 가능성을 감소시켜 주는 것은 사실이다. 그럼에도 불구하고 협정의 내용을 아전인수식으로 이해하거나 엄격한 검증을 피하고자 하는 개별 국가의 노력은 쉽게 포기되지 않고 있다. 국가안보를 위해 군비통제에 동참하지 않을 수도 없지만 군비통제에만 의존하여 외부의 위협을 줄이려는 정책은 위험하다. 군비통제 기능상의 한계를 몇 가지로 구분하여 살펴보자.[13)]

첫째, 상대방 군사력에 대한 정확한 평가가 어렵기 때문에 적정 수준의 통제방안을 마련하기가 쉽지 않다. 제6장 자주국방에서 서술했듯이 재래식 군사력에 대한 평가는 평가 요소가 복잡하고 또 질적 평가에 대한 한계가 존재하기 때문에 그만큼 통제방안도 어려울 수밖에 없다.

둘째, 상대방 군사전략에 대한 정확한 판단이 어렵기 때문에 서로 쉽게 합의에 도달하기 힘들다. 상대방의 군사전략이 서로 공격적인 것이라고 주장할 수 있기 때문이다.

셋째, 군비통제는 추구하는 목표와 관련해서 그 범위나 역할 수행에 한계성을 갖는다. 일반적으로 재래식 군비통제는 군사적 안정과 세력균형의 유지, 기습공격과 대규모 공격능력의 제거 등에 기본 목표를 둔다. 따라서 군비통제는 방위 충분성에 초점을 맞추게 된다. 그러나 방위 충분성의 개념은 애매하기 때문에 쉽게 합의에 도달하기 힘들다.

넷째, 군비통제는 국방의 중요성을 퇴색시키며 안보의식을 해이하게 만들 수 있다. 진정한 평화체제가 구축되지 않았음에도 불구하고 군비통제의 분위기에 젖어 상대방에 대한 경계심을 늦추는 등 안보의식이 해이될 수 있다.

다섯째, 군비통제는 상대방을 기습공격하기 위한 기만책으로 악용될 수 있다. 회담을 통해서 상대방의 의도를 파악할 수 있고 상대방의 군

---

13) 남만권, 상게서, pp. 73-74.

사력에 대한 기초지식을 획득할 수 있기 때문에 이를 바탕으로 침략할 수도 있다. 물론 해이된 상대방 국가의 안보의식도 이용할 수 있을 것이다. 북한은 1972년 7.4남북공동성명이 발표된 이후에 남침용 땅굴을 팠다.

다음 절에서는 군비통제 사례를 소개할 것이다. 수많은 사례 중에서 핵무기와 재래식 무기 군비통제에 초점을 맞출 것이다.

제4절 군비통제 사례

1. 핵군비통제

(1) NPT

1945년 8월 6일 히로시마(우라늄탄)와, 8월 9일 나가사키(플로토늄탄)에 떨어진 핵무기는 TNT 15~20Kt급(통상 표준 핵폭탄이라고 말함)이었다. 이 핵폭탄 투하로 일본은 항복했고 이 위력을 목도한 강대국들은 핵무기 개발에 박차를 가했다. 핵전쟁이 현실로 다가오자 미국을 중심으로 한 국제사회는 핵무기 통제의 필요성을 절감하였다. NPT는 이런 배경 속에서 등장하였다.

1970년에 발효된 NPT는 핵의 평화적 이용과 함께 핵무기의 수평적·수직적 확산을 방지하는 내용을 담고 있다. 세계 대부분의 국가들이 이 조약에 가입하고 있으나 사실상의 핵보유국인 이스라엘, 인도, 파키스탄 등은 비가입국이고 북한은 NPT에서 탈퇴하였다.

핵무기의 수평적 비확산이란 조약 체결 당시 핵보유국이었던 미국, 영국, 프랑스, 러시아, 중국을 제외한 어떤 나라도 핵무기를 보유하려는 시도를 원천적으로 봉쇄하는 것을 말한다. 이에 따라 핵보유국은 비핵국가에 대해 핵물질이나 기술 등을 이전하지 말아야 한다. 수직적 비확산이란 핵무기 보유국들이 보유 핵무기의 수준을 증대하지 않는 것을 말한다. 최종 목표는 핵무기의 완전한 제거이나 핵보유국끼리의 협상을 통해 수량을 감축하거나 발사체 등을 줄이는 노력을 말한다. 미국과 러시아 간에 체결되었던 SALT나 START 등이 여기에 속한다.

NPT는 매 5년 단위로 평가회의를 개최하도록 되어 있다. 1970년 이후 2015년 5월 회의까지 총 9차례 회의가 개최되었다.[14] 특히, NPT 발효 25주년이었던 1995년 회의에서는 NPT를 무기한 연장할 것과 함께 핵보유국의 완전한 핵무기 폐기 노력, 핵보유국의 의무, 그리고 비핵지대화 조기 추진 등에 대한 합의가 있었다. 핵보유국의 의무란 이미 유엔에서 결의안으로 통과되었던 적극적 안전보장과 소극적 안전보장[15]을 문서화해야 한다는 것이었다. 제10차 평가회의는 NPT 발효 50주년인 2020년 개최예정이었으나 COVID-19로 계속 연기되다가 2022년 개최되었다. 그러나 최종 선언문은 러시아의 반대로 채택되지 못했다.

IAEA는 원자력의 평화적 이용을 촉진하고 원자력의 군사적 전용, 즉 핵무기 개발을 방지할 목적으로 1955년 창설되었다. IAEA의 존재 의의는 NPT체제를 확실하게 보장하는 것이라고 할 수 있다. IAEA가 정기

14) 2015년에 4월 27일부터 5월 22일까지 유엔 본부에서 개최된 NPT 평가회의에서 190개 회원국들은 NPT 체제가 사실상 효력이 상실된 것이 아니냐는 회의론을 많이 제기하였다. 핵 강국의 두 축인 미국과 러시아가 1991년 이후 START를 통해 겉으로 핵무기 수를 감축하고는 있지만, 실상 천문학적인 예산을 투입해 기존 핵무기의 성능을 개량하는 현대화 작업에 박차를 가하고 있기 때문이다.

15) 적극적 안전보장(positive security assurance)이란 비핵국가가 핵국가로부터 핵위협을 받을 경우 핵국가가 핵우산을 제공해 주는 것을 말한다. 1968년 6월 안보리 결의안 제255호에 의해 결의되었다. 소극적 안전보장(negative security assurance)이란 NPT에 가입한 비핵국가에 대해 핵국가가 핵무기를 사용할 수 없도록 하는 것을 말한다. 이것은 1978년 유엔 군축 특별 총회에서 5대 핵보유국이 NSA를 선언하는 형식을 취했으나 비핵보유국은 이를 결의안으로 채택해 줄 것을 강력히 요구하였다.

적인 사찰 등을 통해 NPT에서 규정하고 있는 핵의 수평적 확산을 방지하는 역할을 수행하고 있기 때문이다. 그러나 1991년과 1999년 이라크에 대한 강제사찰에서 보았듯이 강제사찰을 할 경우에는 유엔 안보리의 결의를 받아야 한다.

핵폭탄의 위력

20kt급 핵무기의 위력을 살펴보자. 핵폭탄이 터지면 100만분의 1.5초 안에 5,000만 ℃의 불덩어리가 지름 1m로 형성되다가 1만분의 1초 후에는 30만 ℃의 불덩어리 지름 13~14m로 형성된다. 핵무기는 폭풍 및 충격파가 50%, 열복사선 35%, 그리고 방사선 15%로 구성된다. 폭발 중심으로부터 1~5㎞ 이내의 목조건물, 300m 이내의 콘크리트 건물, 그리고 150~220m 이내의 지하 구조물이 파괴된다. 폭풍은 초속 300m인데 태풍 매미의 최대 풍속이 초속 60m로 크레인이 넘어갔던 것을 기억해 보면 그 위력을 실감할 수 있다.

히로시마와 나가사키에 투하된 핵폭탄은 전체 핵물질의 20%만 완전한 핵분열이 되었다. 그럼에도 불구하고 히로시마에 투하된 폭탄(U235 15Kt의 위력)은 시가지 상공 580m에서 폭발하여 13㎢의 시가지를 초토화시켰다. 히로시마에서는 34만여 명 중 20만 명의 사상자가 발생했다.

나가사키에 투하된 폭탄(Pu239 22Kt의 위력)은 시 중심부에서 벗어난 산의 상공 약 500m에서 폭발하여 인구 20만 명 중 약 64,000명이 사망하였다. 미 화생방 위험예측 프로그램인 HPAC에 적용해 보면, 표준 핵무기가 서울에 투하될 경우, 24시간 내에 사망자 258만 명을 포함하여 총 425만 명의 사상자가 발생될 것으로 예상된다.

(2) CTBT

포괄적 핵실험금지조약인 CTBT는 1996년 유엔 총회에서 채택되었다. CTBT는 대기권, 외기권, 수중 및 지하에서의 전면적인 핵실험을 금지하자는 것이 골자이다. 비록 미국과 소련은 1963년 제한핵실험금지조약(LTBT: Limited Test-Ban Treaty)을 체결하여 대기권, 외기권, 수중에서의 핵실험을 금지하고 오직 지하에서만 핵실험만을 허용했으나, CTBT는 이를 지하에까지 적용한 것이었다.

CTBT가 발효되려면 5대 핵강국과 원자력 발전소를 가지고 있는 44개국 모두가 비준해야 효력이 발생한다. 미국과 중국은 비준을 하지 않은 상태이며 북한은 서명조차 하지 않은 상태이다. CTBT가 발효되면 비핵보유국의 수평적 비확산은 물론이고 핵보유국의 수직적 비확산도 제한될 것이다.[16)]

(3) 미국과 러시아의 핵 군비통제

미국과 구 소련은 LTBT를 시작으로 핵무기에 대한 쌍무적인 군비통제를 해 왔다. 전략핵무기제한협정인 SALT, 중거리핵무기감축협정인 INF(Intermediate Range Nuclear Forces Treaty), 전략무기감축협정인 START, 흔히 모스크바 조약으로 알려진 전략적공격무기감축조약인 SORT(Strategic Offensive Reductions Treaty) 등이 대표적이다.

1972년에 발효된 SALT-Ⅰ은 핵무기의 구조적 군비통제가 아니라 운용적 군비통제에 관한 것이었다. 미국과 구 소련이 서로 상대방을 확실히 파괴함으로써 서로가 전쟁을 억제한다는 상호확증파괴(MAD: Mutual Assured Destruction) 개념에 의해 양측의 핵무기를 균형되게 만드는 것이 목적이었다. 이를 위해서는 요격미사일망(ABM: Anti Ballistic Missiles)을 제한할 수밖에 없었다. 따라서 미국은 노스 타코타(North Dakota) 지역에, 그리고 구 소련은 모스크바 주변에만 요격미사일을 배치하고 그 외의 지역은 개방하도록 하였다.[17)] 또한, 이 조약에서 미국은 대륙

---

16) Michael A. Levi and Michael E. O'hanlon, *The Future of Arms Control*(Washington D.C.: The Bookings Institution, 2005), pp. 30-33.

간탄도미사일(ICBM: intercontinental ballistic missile)을 1,024기, 잠수함 발사탄도탄(SLBM: submarine-launched ballistic missile) 656기로, 구 소련은 ICBM을 1,618기, SLBM을 740기로 제한하기로 했다. 1979년에 체결된 SALT-Ⅱ에서는 양측 모두 전략미사일과 전략 폭격기의 수를 1981년까지 각각 2,250개로 제한하기로 하였으나 구 소련의 아프간 침공으로 인해 미국은 이를 비준하지 않았다.

1988년 발효된 INF는 사거리 500~5,500Km의 핵 및 재래식 무기가 탑재된 지상발사 탄도탄 및 크루즈 미사일을 폐기하는 것이었다. 이 조약에 의해 미국과 러시아는 각각 846기 및 1,864기의 중거리 미사일을 폐기하였다. 그러나 2019년 2월 미국의 트럼프 대통령은 러시아가 그동안 INF 조약을 위반했다고 비판하면서 INF 조약 탈퇴를 공식화하였다. 이에 맞대응하여 러시아도 탈퇴하겠다고 발표함으로써 INF는 폐기되었다.

전략무기를 감축하기 위한 START-Ⅰ은 1991년에 협정을 체결했으나 1994년에 발효되었다. 2001년까지 핵탄두는 6,000기 이하로, 그리고 ICBM, SLBM, 그리고 전략 폭격기 등 운반수단은 각각 1,600기로 감축키로 하였다. 1993년 미국과 러시아는 핵탄두를 각각 3,000~3,500기로 감축하는 2단계 전략무기감축협정(START-II)에 서명했으나, 발효되지는 못하였다. 7년 기한의 START-Ⅰ은 2004년에 발효되었기 때문에 2011년 12월부로 만료되었다.

START-Ⅰ을 대체하는 전략공격무기협정(SORT: Strategic Offensive Reductions Treat)은 2002년 서명되고 2003년 발효되어 2012년 12월말

17) 미·소 양국이 각각 자신의 영토 전역을 방어하지 못하도록 함으로써 MAD가 가능하다는 것이 ABM의 핵심이다. 그러나 미국은 2001년 9.11테러 이후 테러집단을 포함하여 외부의 미사일로부터 미국을 보호하는 방향으로 전략을 바꾸었다. 이는 미국의 MD구축의 당위성을 더 보강해 주었고 ABM은 MD의 걸림돌이 되었다. 따라서 미국은 ABM을 탈퇴하였고 2002년 6월부로 ABM은 사라졌다.

에 만료되는 것이었다. 배치된 핵탄두의 수를 각각 1700~2200기로 제한하자는 것이 골자였다. SORT의 종료시점이 다가오자 양국 정상은 2010년 4월, NEW START를 체결했다. 2021년 2월까지 핵탄두와 운반수단을 각각 1550기와 700기로 줄이자는 것이었다. 양국은 협정 만료일 직전에 NEW START를 2026년 2월까지 5년 더 연장하기로 합의했다. 그러나 러시아는 2023년 2월 NEW START 참여 중단을 선언했다. 러시아는 2023년 6월 벨라루스에 전술핵무기를 배치한다고 발표하는가 하면, 2023년 11월에는 CTBT 비준 철회 법안에 서명했다고 밝혔다.

2. 재래식 군비통제

냉전시대 대공산권 수출통제체제인 「다자간수출통제협력위원회」(COCOM: Co-ordinating Committee on Multilateral Export Controls)가 공산권 국가의 붕괴로 1994년 해체되자 이를 대체할 목적으로 1996년 7월 「재래식무기와 이중용도 품목 및 관련기술의 수출통제에 관한 바세나르체제」(Wassenaar Arrangement on Exports for Conventional Arms and Dual-use Goods and Technologies)가 출범했다. 바세나르체제의 통제 품목은 과거 COCOM과 유사하나 '유엔재래식무기등록제도'에 포함된 전차, 장갑차, 야포, 전투기, 공격헬기, 전함, 미사일 등 7가지 품목이 추가 통제 품목으로 확대되었다. 이중용도 품목 및 관련 기술은 원자력 품목 28개, 군수품목 22개, 그리고 민-군 이중용도 품목 등 총 180개 품목이다. 바세나르체제는 회원국의 자발적인 참여에 바탕을 두고 있다.

「유엔재래식무기등록제도」(UNRCA: UN Register of Conventional Arms)

는 재래식 무기 수출입 현황에 관한 보고서, 군비보유 현황에 관한 배경 설명서, 국내생산을 통한 무기조달 및 관련 정책이나 입법 동향에 관한 배경 설명서를 유엔에 제출하는 제도로서 1991년 제46차 유엔 총회에서 결의되었다.[18)]

그 외에도 지뢰, 부비트랩, 그리고 목표물을 불살라 없애는 소이(燒夷)무기 등의 사용을 금지하는 「비인도적 재래식무기금지협약」(CCW)이 1983년에 발효되었으며, 대인지뢰를 금지하고자 하는 민간인이 주도했던 협약, 즉 「오타와 협약」(Ottawa Arrangement)이 1999년 발효되었다.

제5절 한반도 군비통제

1. 1990년대 이전

서로를 통일의 대상으로 삼고 있는 남북한은 6.25전쟁 이후부터 현재에 이르기까지 많은 군비통제 의제를 쏟아냈다. 북한은 비현실적이고 대남적화를 목적으로 한 전략적 차원의 제안을 많이 했을 뿐만 아니라 남북한 간에 군비통제에 대한 합의 이후에도 이를 실천한 경우는 거의 없다는 특징을 가지고 있다. 반면, 한국은 현실적이고 실천 가능한 군비통제 제안을 했으며 군비통제에 대한 합의 이후에는 이를 실천하려 했다는 특징을 가지고 있다. 먼저 1980년대 이전까지의 남북한의 군비통제 제안을 비교해 보자. 제안의 내용은 다음 〈표 10-1〉과 같다.

위 표에서 보듯이 북한은 1968년 1.21청와대 습격 사건과 울진·삼척 지구 무장공비 침투 사건을 일으키면서도 전혀 현실성이 없는 군비

18) 남만권, 상게서, pp. 260-261.

통제 제안을 남발하였다. 1970년대 남북한의 국력이 역전되기 시작하고 세계적 차원의 데탕트 물결이 찾아오자, 남북한은 7.4공동성명을 발표함으로써 군비통제의 길이 열릴 것처럼 보였다. 그러나 북한은 곧 육영수 여사 저격사건 및 8.18 도끼 만행사건을 일으켰다. 이런 북한의 양면 전술은 1980년대에도 변하지 않았다. 북한은 버마 아웅산 사건을 일으켰을 뿐만 아니라 KAL기 폭파사건까지 일으켰다. 1980년까지 북한은 한편으로는 끝없는 도발을 일으키면서도 다른 한편으로는 군비통제를 제의하는 이율배반적인 모습을 보였다.

〈표 10-1〉 1980년대 이전까지 남북한 군비통제 제안 의제

구분	한국	북한
50년대		• 남북한 무력 불사용 선언 • 주한 미군 철수 • 한미상호방위조약 폐기 • 병력 10만명으로 감축 등 39개
60년대		• 기존 제안 반복 • 남북평화협정 체결 등 39개
70년대	• 상호비방 금지 • 비무장지대의 평화지대화 • 상호 무력사용 포기 • 남북 불가침 협정 체결 • 4자회담 등 51개	• 기존제안 반복 • 남측 군사당국자 회담 • 비무장지대의 평화지대화 • 한국내 핵무기 철수 • 미북간 평화협정 체결 등 120개
80년대	• 기존 제안 반복 • 상호 군사교류 및 훈련 참관 • 상호 군비경쟁 지양 • 남북한 최고 당국자 회의 • 남북 총리회담 등 85개	• 기존 제안 반복 • 남북 정치군사회담 • 남북 불가침협정 체결 • 한반도 비핵지대화 • 한미 군사훈련 중지 등 190개

* 출처: 문광건 · 남만권, 『한반도 군비축소 방안』(서울: 한국국방연구원, 1997), p. 62.

2. 1990년대

1990년대에 접어들어 공산권 국가들이 무너지고 한국이 러시아, 중국, 동구 등 공산권 국가들과 외교관계를 수립하자 북한의 태도가 바뀌기 시작했다. 한국과의 회담이 지속되어야 체제 유지가 가능하다는 것을 인식한 북한은 한국과의 회담에 적극적으로 응했다. 1990년 시작된 남북 총리급 회담은 1991년 「남북 사이의 화해와 불가침 및 교류·협력에 관한 합의서」(일명 남북기본합의서)를 채택하고 1992년에 발효시킴으로써 절정에 이르렀다. 1992년에는 남북화해, 남북불가침, 남북교류협력을 규정한 부속합의서와 남북한 비핵화 공동선언도 발효되었다. 그러나 북한은 1993년 한국의 팀스피리트 훈련을 트집 잡아 모든 남북회담을 중단시켜 버렸다. 또한, 북한은 1993년 IAEA에 신고한 플루토늄 90g과 IAEA가 추정한 수 Kg사이에 중요한 의견 불일치가 발생하여 특별사찰 문제가 제기되자 IAEA를 탈퇴함으로써 제1차 북한 핵위기를 일으켰다.

〈표 10-2〉와 〈표 10-3〉은 한반도 군비통제의 완결판이 될 수도 있었던 부속합의서의 주요 내용과 한반도 비핵화 공동선언의 주요 내용을 요약한 것이다.

〈표 10-2〉 부속합의서의 주요내용

남북 화해	체제(제도) 인정 존중	• 상대방의 정치·경제·사회·문화·체제(제도) 인정 및 존중 • 상대방의 정치·경제·사회·문화·체제(제도) 소개하는 자유보장 • 상대방 당국의 권한과 권능 인정 및 존중
	내부문제	• 상대방의 법질서와 당국의 시책에 대한 불간섭

	불간섭	• 상대방의 대외관계 불간섭 • 합의서 저촉시 상대방에 시정 요구
	비방 · 중상 중지	• 언론 · 삐라 그 밖의 수단 · 방법 통한 상대방 비방 · 중상 금지 • 특정인 지명 공격 금지 • 상대방 당국 비방 · 중상 금지 • 허위사실 조작 · 유포 금지 • 객관적 보도 존중 • 군사분계지역에서 방송과 시각매개물을 비롯한 그 밖의 수단을 통한 상대방 비방 · 중상 금지 • 군중집회와 군중행사에서 상대방 비방 · 중상 금지
	파괴 · 전복 행위 금지	• 테러 · 포섭 · 납치 · 살상을 비롯한 직간접적 폭력 또는 비폭력 수단에 의한 모든 행태의 파괴 · 전복 금지 • 파괴 · 전복 목적을 위한 선전선동 행위 금지 • 상대방 체제와 법질서에 대한 파괴 · 전복 목적으로 테러단체나 조직 결성 또는 지원 · 비호 금지
	정전상태의 평화상태로의 전환	• 공고한 평화상태로 전환하기 위해 기본합의서와 비핵화 공동선언의 성실한 이행 · 준수 • 공고한 평화상태로 전환 위한 적절한 대책 강구 • 현 군사협정의 성실한 준수
	국제무대에서의 협력	• 국제문제에서 상호 비방 · 중상 금지, 민족이익에 대해 긴밀히 협의 및 협조 조치 강구, 재외 공관끼리의 협조, 해외 동포들의 화해와 단합
	이행기구	• 「남북 화해 공동위원회」 설치 • 「법률실무위원회」와 「비방 · 중상 중지 실무협의회」 및 필요한 수의 실무협의회 설치 • 군사분계선 포함한 일체의 무력 사용 행위 및 무력 도발 행위금지
남북 불가침	무력불사용	• 상대방 관할 구역 침입 또는 공격 또는 점령행위 금지 • 남북 합의에 의해 남북을 오가는 인원, 물자, 수송 수단 공격, 모의 공격, 진로 방해 행위 금지
	분쟁의 평화적 해결 및	• 무력침공 징후 발견시 상대측에 경고 및 해명요구 • 무력충돌 확대방지 • 우발적 무력충돌이나 우발적 침범 가능성 발견시 상

	우발적 무력충돌 방지	대방에 즉시 통보 및 대책강구 • 불가피한 사정으로 상대측 관할구역 침범시 상대측에 그 사유와 적대의사가 없음을 즉시 알리고 상대측의 지시에 따라야 하며, 빠른 시일 내에 복귀조치 • 우발적 무력충돌 발생시 자기측 무장 집단의 적대행위 중지 및 군사직통전화 등의 수단과 방법으로 상대측 군사당국자에게 즉시 통보 • 합의서 위반시 공동조사 및 책임규명, 재발방지 강구
	불가침 경계선 및 구역	• 지상불가침 경계선과 구역은 정전협정에 규정한 군사분계선과 쌍방 관할구역으로 정함 • 해상 불가침 경계선은 앞으로도 협의, 경계선 확정시까지 기존의 관할 구역 • 공중은 지상·해상 경계선과 관할구역의 상공
	군사직통전화의 설치·운영	• 국방부장관과 인민무력부장 사이에 직통전화 설치·운영 • 문서통신 또는 전문교환, 필요시 직접통화, 통신 실무접촉에서 협의 해결 • 합의서 발표후 50일 이전에 직통전화 개통
남북 교류·협력	경제교류·협력	• 자원의 공동개발, 대금결제 방식, 관세부과 등 13개항 • 과학·기술·환경분야에서 정보교환, 공동연구, 상호교류 등 2개항 • 철도·도로 연결, 해로와 항로개설에 관한 8개항 • 우편과 전기통신교류에 필요한 시설설치 및 연결, 비밀보장에 관한 5개항 • 대외 공동진출 2개항
	사회문화 교류·협력	• 교육, 문학·예술 등 제분야의 교류와 협력에 관한 5개항 • 민족구성원의 자유로운 왕래와 접촉에 관한 8개항 • 국제무대에서의 상호협력 및 대외 공동진출에 관한 2개항
	인도적 문제의 해결	서신거래, 자유로운 왕래와 상봉 및 방문, 자유의사에 의한 재결합 실현 등 5개항

〈표 10-3〉 한반도 비핵화에 관한 공동선언

• 핵무기의 시험, 제조, 생산, 접수, 보유, 저장, 배비 사용금지 • 핵 에너지를 오직 평화적 목적에만 이용 • 핵 재처리 시설과 우라늄 농축 시설 보유금지 • 한반도 비핵화 검증 위하여 상대측이 선정하고 쌍방이 합의하는 대상들에 대하여 남북핵통제공동위원회가 규정하는 절차 방법으로 사찰실시 • 공동선언 발효후 1개월내 남북핵통제공동위원회 구성 · 운영

3. 2000년대

2000년 6월 남북정상회담은 남북간의 관계를 교류 협력의 시대로 인도했다. 10년간 교류 협력을 강조했던 한국 정부는 북한에 대한 기능주의적 입장을 가지고 있었다. 남북한 간에 교류 협력이 이루어지고 나면 신뢰가 쌓이고 이것을 바탕으로 군비통제도 가능할 것으로 판단하였다. 교류 협력을 위해 한국은 북한에 대해 일방적으로 경제 지원을 했으며 금강산 및 개성 관광을 실시하고 개성 공단도 만들었다.

북한 핵위기가 고조되자 2003년부터 남북한을 포함한 미 · 중 · 일 · 러가 참여하는 6자회담이 시작되었다. 2005년 9월, 6자회담 대표단은 북핵 폐기 및 북한의 안보 우려 해소를 골자로 하는 '9.19 공동성명'[19)]

19) 주요 내용을 요약하면 다음과 같다. 제1조, 한반도의 검증가능한 비핵화를 평화적으로 달성하는데 합의; 북한은 현존하는 핵무기와 핵 프로그램을 포기할 것과 조속한 시일 내에 NPT와 IAEA 안전조치에 복귀, 미국은 핵무기 또는 재래식 무기로 북한 공격 또는 침공 의사 없음을 확인, 한반도 비핵화 공동선언 준수, 북한은 핵에너지의 평화적 이용에 대한 권리 보유, 적절한 시기에 북한에 경수로 제공 문제 논의. 제2조, 유엔 헌장 목적과 원칙 및 국제관계에서 인정된 규범 준수 약속; 미북간 상호 주권 존중 및 관계 정상화 추진 약속, 북일간 관계 정상화 추진 약속. 제3조, 에너지, 교역 및 투자분야에서 경제협력을 양자 및 다자적으로 증진; 5개국은 북한에 대한 에너지 지원 제공 용의 표명, 한국은 북한에 대한 200만 KW의 전력공급에 관한 2005.7.12.일자 제안 재확인. 제4조, 동북아 항구적인 평화와 안정을 위해 공동 노력 공약; 적절한 별도 포럼에서 한반도의 항구적 평화체제에 관한 협상 추진, 동북아 안보협력 증진을 위한 방안과 수단 모색 합의. 제5조, 공약 대 공약, 행동 대 행동 원칙에 입각하여 단계적 방식으로 상기 합의 내용 이행 조치.

을 발표했다. 그러나 북한은 2006년 10월, 제1차 핵실험을 단행했다. 2007년 2월, 6자회담 대표단은 9.19 공동성명 이행을 위한 초기 조치인 '2.13합의'[20]에 서명했으며, 동년 10월에는 9.19 공동성명의 제2단계 조치인 '10.3합의'[21]에 서명했다. 그럼에도 불구하고 2008년 12월에 개최된 제6차 북핵 6자회담 3차 수석대표회의에서 검증 대상과 방법을 둘러싼 미국과 북한 간의 이견이 발생함으로써 6자회담이 결렬되었다. 북한은 기다렸다는 듯이 2009년 5월, 제2차 핵실험을 단행했다.

남북 간에도 긴장이 조성되기 시작했다. 이명박 정부가 들어서면서 '원칙있는 대북정책'을 추진하기 시작했다. 이에 북한은 2008년 금강산 관광 중이었던 관광객 1명을 조준사격으로 살해했다. 북한이 이에 대한

---

20) '2.13합의(9.19 공동성명 이행을 위한 초기 조치)'의 내용을 요약하면 다음과 같다. 제1조, 비핵화 조기에 달성하기 위한 공동의 목표와 의지 재확인, 공동성명 내용 성실히 이행 재확인, 행동 대 행동 원칙에 따라 단계적으로 공동성명 이행 합의. 제2조, 초기단계에서 다음과 같은 조치를 병렬적으로 취하기로 합의; 북한은 재처리 시설 포함한 영변 핵시설 폐쇄·봉인하고 IAEA와의 합의에 따라 모든 필요한 감시 및 검증활동 수행하기 위해 IAEA 요원 복귀 허용, 북한은 추출된 플로토늄을 포함한 모든 핵프로그램의 목록을 여타 참가국들과 협의, 미북 전면적 외교관계로 나가기 위한 양자 대화 개시하되 미국은 북한에 대한 테러지원국 해제 및 대적성국 교역법 적용 종료 위한 과정 진전, 북일 양자대화 개시, 북한에 대한 경제·에너지·인도적 지원에 대한 협력 합의 및 중유 5만톤 상당의 긴급 에너지 지원을 60일 이내에 개시, 상기 조치사항들을 60일 이내 이행. 제3조, 5개 실무그룹 설치 합의; 한반도 비핵화, 미북 관계 정상화, 일북 관계 정상화, 경제 및 에너지 협력, 동북아 평화·안보체제, 모든 실무그룹 회의는 향후 30일 이내 개최 합의. 제4조, 초기 조치 및 북한 핵시설을 포함한 불능화 조치가 취해지는 동안 북한에 대해 최초 선적분 5만톤을 포함한 총 100만톤 상당의 경제·에너지·인도적 지원 제공. 제5조, 초기조치가 이행되는 대로 장관급 회담 개최. 제6조, 적절한 별도 포럼에서 한반도 평화체제에 관한 협상 개시.

21) '10.3합의(9.19공동성명 이행을 위한 2단계 조치)'의 내용을 요약하면 다음과 같다. 제1조, 한반도 비핵화; 북한은 9.19 공동성명과 2.13 합의에 따른 모든 현존하는 핵시설 불능화 합의, 영변의 5MWe 실험용 원자로, 재처리시설(방사화학실험실) 및 핵연료봉 제조시설의 불능화는 2007년 12월 31일까지 완료, 구체적 조치들은 수석대표들에 의해 채택, 미국이 불능화 활동 주도하고 미국 전문가 그룹은 불능화 준비 위해 향후 2주 이내에 북한 방문, 북한은 모든 핵프로그램에 대해 완전하고 정확한 신고를 2007년 12월 31일까지 제공, 북한은 핵물질, 기술 또는 노하우를 이전하지 않는다는 공약 재확인. 제2조, 관련국간 관계 정상화; 미북은 양자 관계 개선 및 전면적 외교관계로 전진한다는 공약 유지, 미국은 북한을 대테러지원국 해제 위한 과정 개시 및 대적성국 교역법 적용 종료위한 과정 진전 공약 상기, 북일 관계 개선. 제3조, 북한에 대한 경제 및 에너지 지원; 100만톤 상당의 경제·에너지·인도적 지원 제공. 구체적 사항은 경제 및 에너지 협력 실무그룹을 통해 최종 결정. 제4조, 6자 외교장관 회담; 적절한 시기 6자 외교장관회담 개최 재확인.

사과와 재발방지에 대한 의지를 표명하지 않자 금강산 관광마저 중단되었다.

4. 2010년대

북한은 2010년, 서해 5도를 초계 중이던 한국 해군 함정인 천안함을 격침시킨 데 이어 연평도에 대한 포격도발까지 일으켰다. 수많은 해군・해병대 장병들이 전사했고 민간인들까지 연평도 포격도발로 죽었다. 2011년 김정일이 급사하자 김정은이 후계자로 등장했다. 스위스 유학 경험이 있는 김정은은 김정일과 다를 것으로 기대되었다. 그러나 이런 기대는 그리 오래 가지 않았다. 북한은 2012년 미국과 핵 및 미사일 실험 중단, 우라늄 농축 중단, IAEA 사찰단 복귀 등 2.29합의를 했지만, 4월 13일 장거리 미사일을 발사함으로써 미국과의 긴장 관계가 더욱 심화되었다. 북한은 2012년 12월 장거리 미사일(은하 3-2호)을 발사하였고 불과 2달 뒤인 2013년 2월에는 제3차 핵실험까지 단행하였다. 2013년 한반도 신뢰 프로세스를 통해 대북정책을 추진하겠다는 박근혜 대통령이 취임하자마자 북한은 한국과 국제사회에 대해 글로 옮길 수 없을 정도의 말폭탄을 쏟아내기도 했다. 개성공단 종업원의 일방적인 철수 및 잠정적 폐쇄 등도 단행했다. 북한은 남북한 군비통제는 전혀 고려하지 않은 채 핵무기 및 미사일 등 WMD에 집착하고 있다. 심지어 북한은 "워싱턴 불바다"와 "대미 핵전쟁 불사" 등 미국에 공갈하거나 또는 미국과의 핵군축 회담을 주장하고 있다.

북한이 장거리 미사일과 핵실험을 할 때마다 유엔 안전보장이사회는 의장 성명을 발표하거나 대북 제재 결의안을 통과시켰다. 2006년 7월 북한이 탄도미사일을 발사하자 유엔 안보리는 결의안 제1695호(2006.

7.15.)를, 제1차 핵실험에 대해서는 안보리 결의안 제1718호(2006. 10.14.)를, 제2차 핵실험에 대해서는 안보리 결의안 제1874호(2009.6. 12.)를, 2012년 장거리 미사일(은하 3-2호)에 대해서는 안보리 결의안 제2087호(2013.1.22.)를, 제3차 핵실험에 대해서는 안보리 결의안 제2094호(2013.3.7.)를 각각 통과시켰다. 2016년 북한이 제4차 핵실험(1.6.)과 광명성 4호(2.7.)를 발사하자 유엔 안보리는 결의안 제2270호를 채택(2016.3.2.)했다. 이때부터 안보리의 대북제재가 본격적으로 시행되었다고 볼 수 있다. 그럼에도 불구하고 북한이 제5차 핵실험을 단행(9. 9.)하자 유엔 안보리는 결의안 제2321호를 채택(11.30.)하여 북한의 광물 수출 금지 등 보다 강도 높은 제재를 가하기 시작했다. 2017년에도 북한의 미사일 실험은 그치지 않았다. 북한이 북극성 2형 및 화성 12호 등을 발사하자 유엔 안보리는 결의안 제2356호를 채택(6.3.)했다. 그 후에도 북한은 2회에 걸쳐 화성 14호를 시험 발사(7.4./7.28.)했으며 화성 15호도 시험발사(11.29.)했다. 심지어 북한은 수소탄 시험(9.3.)까지 단행했다. 이에 유엔 안보리는 각각 대북 제재 결의안 제2371호(9.5.), 제2375호(9.11.), 제2397호(12.22.) 등을 채택했다. 이로써 북한 수출은 90% 이상 차단되었고 해외 근로자 복귀 및 합작 사업 등이 금지되었으며 북한이 수입할 수 있는 석유 및 원유 상한선 등이 설정되었다.

2018년에 접어들면서 한반도 안보 상황은 2017년도에 전개된 전쟁 직전 상황과는 전혀 다르게 전개되었다. 북한이 평창올림픽을 계기로 남북 대화에 나서면서 한반도 비핵화와 평화체제 구축을 위한 관련국 정상급 회담들이 이어졌기 때문이다. 한미정상회담, 남북 정상회담, 북중 정상회담, 북미 정상회담, 한러 정상회담, 그리고 북러 정상회담들이 숨가쁘게 개최되었다.

제3차 남북 정상회담이 개최된 2018년 9월 19일에는 남북 국방부

장관 사이에 군사분야 합의서가 교환되었다. 중요 내용을 살펴보면 다음 〈표 10-4〉와 같다.

〈표 10-4〉 역사적인 판문점 선언 이행을 위한 군사분야 합의서

구분	내용
일체의 적대행위 중지	• 군사적 충돌 문제를 평화적 방법으로 해결 • 상대방 관할구역 침입, 공격, 점령 행위 금지 • 남북군사공동위원회 구성(대규모 군사훈련, 무력증강, 다양한 형태의 봉쇄 차단 및 항행방해, 상대방에 대한 정찰행위 중지) • 군사적 긴장 해소 및 신뢰구축에 따라 단계적 군축 실현 • 특정한 지상/해상/공중에서의 군사연습 중지 • 11월 1일부터 군사분계선 상공에서 비행금지 구역 설정 • 11월 1일부터 우발 충돌 방지위한 4~5단계의 군사적 조치 • 상시 연락체계 가동
비무장지대 평화지대화	• 비무장지대 안의 GP 철수 • JSA 비무장화 • 비무장지대 내 시범적 공동 유해발굴 • 비무장지대 내 역사유적 조사 및 발굴위한 군사적 보장대책
서해 북방한계선 일대의 평화수역화	• '서해 해상에서의 우발적 충돌 방지' 합의, 복원 이행 • 서해 해상에서 평화수역과 시범적 공동어로구역, 안전 보장 • 불법어로 차단 및 안전한 어로활동 보장 위한 공동순찰
군사적 보장 대책 강구	• 군사적으로 3통 보장위한 대책 마련 • 동·서해선 철도 도로 연결과 현대화 위한 군사 보장대책 • 북측 선박들의 해주직항로 이용과 제주해협 통과 문제 등 협의 • 한강(임진강) 하구 공동이용 위한 군사 보장 대책 강구
군사적 신뢰구축 조치	• 남북군사당국자 사이에 직통전화 설치 및 운영 문제 협의 • 남북군사공동위원회 구성 및 운영과 관련한 문제 협의·해결 • 모든 합의 철저한 이행 및 이행상태 정기적 점검 평가

* 출처: 김열수·김경규, 『한국안보: 위협과 취약성의 딜레마』(파주: 법문사, 2019), pp. 319-320

토론 주제

1. 군비통제가 왜 위협을 감소시킨다고 보는가?
2. 구조적 군비통제와 운용적 군비통제의 핵심적인 차이점은 무엇인가?
3. 군비통제 가능성의 일반적인 조건이 한반도에도 적용될 수 있는가?
4. 한국과 북한 사이에 군비통제를 위한 군사적 수준의 협상이 있었는가?
5. 한국이 가입하고 있지 않은 국제 군비통제 레짐이 있는가?
6. 북한이 가입하고 있지 않은 중요한 국제군비통제 레짐들은 무엇인가?
7. 만일 북한이 핵무기 보유국이 된다면 이것이 한국안보에 미치는 영향은 무엇인가?
8. 왜 NPT를 불평등한 조약이라고 하는가?
9. 남북한 평화협정이 체결된다면 그 내용이 한반도 기본합의서와 부속합의서의 내용을 능가할 것으로 보는가?
10. 9.19 군사합의서에 명시된 남북군사공동위원회의 임무와 1992년 발효된 남북기본합의서에 명시된 군사공동위원회의 임무에 차이가 있는가?

더 읽으면 좋은 글

1. 남만권, 『군비통제 이론과 실제』(서울: 한국국방연구원, 2004).
2. Michael A. Levi and Michael E. O'hanlon, *The Future of Arms Control*(Washington D.C.: The Bookings Institution, 2005).
3. Waheguru Pal Singh Sidhu and Ramesh Thakur, *Arms Control after Iraq*(Tokyo: United Nations University, 2006).
4. 김열수 · 김경규, 『한국안보: 위협과 취약성의 딜레마』(파주: 법문사, 2019)

제11장 통 합

개 요

집단안보나 군비통제도 국가가 외부의 위협을 줄일 수 있는 중요한 정책들이다. 그러나 위협을 줄이기 위한 가장 이상적인 정책은 바로 통합(integration)이다. 통합의 가장 극단적인 형태가 통일(unification)인데, 자국을 위협하는 국가와 통일하면 적어도 그 국가로부터의 위협은 사라지기 때문이다.

낮은 수준의 통합이든 높은 수준의 통합이든 통합은 위협을 감소시키는 역할을 수행한다. 통합이 된다고 해서 모든 외부의 위협이 사라지는 것은 아니다. 통합된 분야를 제외한 다른 분야나 또는 통일된 이후에도 다른 국가들로부터의 위협은 여전히 존재하기 때문이다. 모든 위협을 없애기 위해서는 결국 국제체제에 단 하나의 정부만이 있어야 하는데 이것은 현실적이지 못하다. 이런 현실적 한계에도 불구하고 국가들은 위협을 감소시키기 위해 다양한 통합 노력을 시도하고 있다.

제11장에서는 통합의 개념과 통합 및 통일 사례에 대해 살펴보고 한반도 통일 문제를 다루고자 한다.

제1절 통합의 개념

1. 정 의

통합이란 "이전에는 개별적으로 분리되어 있던 단위들을 통일성 있는 체계의 구성단위로 만드는 것"[1]이다. 개별 단위들은 국가일 수도 있고 국가 내의 집단일 수도 있다. 국가가 단위일 경우의 통합은 국가 간 통합이 된다. 유럽연합(EU: European Union)이 대표적이다. 국가 내의 통합은 계층, 지역감정, 이념, 종교 등 다양한 생각이나 정체성이 다른 집단을 하나의 통일성 있는 체계로 구성하는 것을 말한다. 한국에서의 사회 통합은 남남갈등으로 지칭되는 지역감정, 세대격차, 빈부격차, 이념 갈등 등으로 조장되고 있는 사회분열을 극복하고 융합되고 통합된 한국 사회를 건설하는 것을 의미한다.[2]

국가 간 통합의 경우, 통합의 대상은 정치, 경제, 군사, 사회 분야 등 분야별로 달리 나타날 수 있다. 개별 국가별로 분리되어 있던 경제 분야가 통일성 있는 체계로 구성되면 경제통합이 되고, 정치나 군사가 하나로 통합되면 정치통합과 군사통합이 된다.

경제통합은 2개 이상 국가의 경제 단위들 사이에 차별을 없애는 것을 말하는데 수준에 따라 다양한 모습이 나타날 수 있다. 자유무역협정(FTA: Free Trade Agreement)이 한미자유무역협정처럼 양자 간에도 체결될 수 있고 북미자유무역협정(USMCA: US-Mexico-Canada Agreement)처

1) 김수남, 『분단국통일의 필요조건과 충분조건』(서울: 봉명, 2006), p. 200.
2) 진시원, "남북한 통합: 개념 · 이론 · 시나리오," 홍익표 · 진시원, 『남북한 통합의 새로운 이해』(서울: 오름, 2004), p. 22.

럼 지역단위로 체결될 수도 있는데 이런 협정들도 일종의 경제통합에 해당한다. 이보다 높은 수준의 경제통합으로는 과거의 유럽경제공동체(EEC: European Economic Community)를 들 수 있으며, 최고 수준의 경제통합은 경제적 차별 금지는 물론 같은 통화를 사용하는 유럽연합과 유럽연합 내의 유로존(Eurozone)을 들 수 있다.

정치통합도 수준에 따라 다르게 나타날 수 있다. 대외정책에 대해 서로 협력하거나 주요 사태에 대해 공통된 태도를 취하는 수준에 머물 수도 있고, 2개국 이상의 정치 단위가 하나로 합쳐질 수도 있다. 통합의 수준은 결국 집중화와 분권화의 수준에서 결정된다. 이런 차원에서 본다면 2개 국가 이상에서의 통일은 정치통합의 최고 수준이라고 할 수 있다.

군사통합도 수준에 따라 다르게 나타날 수 있다. 필요시 연합을 구성할 수도 있고 동맹을 체결할 수도 있으며 2개국 이상의 군대가 하나로 합쳐질 수도 있다. 통일이 되면 하나의 군대가 된다. 군사 분야에 있어서 최고 수준의 통합도 바로 통일이다.

통일(unification)이란 '두 개 이상의 것을 모아서 하나로 만들거나 서로 다른 것을 같거나 일치되게 맞추는 것'을 말한다. 사유의 통일이 있을 수 있고 물질의 통일이 있을 수 있다. 음식점에서 동료들이 동일한 음식을 일률적으로 주문하는 것도 통일이고 세상을 보는 관점을 일치시키는 것도 통일이다. 친구들이 같은 색의 옷을 입는 것도 통일이고 영토를 합치는 것도 통일이다.

통일은 정치, 경제, 군사 등 모든 분야에서 통합을 가져온다. 미국, 베트남, 예멘 등은 전쟁을 통해 통일이 되었고 독일은 합의를 통해 통일이 되었다. 그러나 통일이 되었다고 해서 사회통합이 즉각적으로 이루어지는 것은 아니다. 서로 다른 체제 속에서 살았던 국민들의 경우,

사회통합의 속도는 느릴 수밖에 없다는 것을 통일 독일이 잘 보여주고 있다. 인위적 통일이 오히려 정체성의 분열을 가져와 국가가 분리되는 경우도 있다. 강압에 의해 통합된 식민지, 종교 및 민족, 그리고 역사 등을 무시한 채 통합한 구 소련과 구 유고슬라비아, 그리고 아랍민족주의만을 고집한 채 통일했던 구 통일아랍공화국 등이 대표적이다.

연합(combination, confederation, union)이란 '둘 이상의 조직이나 개인이 모여 행동이나 일을 함께 하는 것'을 말한다. 국가연합은 복수(複數)의 국가가 조약에 의하여 결합하고, 일정범위의 국가기능(외교능력 등)을 공통기관을 통하여 행사하는 국가결합을 말한다. 국가연합 그 자체는 국제법상의 국가로서 인정되지 않는다. 각 구성국은 국제법상으로 평등한 국가이며, 연합에 위임한 권한을 제외하고는 대외적으로나 대내적으로나 원칙적으로 독립성을 가진다. 그러므로 각 구성국은 저마다 조약을 체결하거나 외교사절을 교환할 자격이 인정되는데, 제3국에 대한 선전(宣戰)과 강화(講和)는 연합에 맡겨질 수도 있다. 다만 연합과 각 구성국과의 관계는 개별적으로 조약에 의하여 결정되는데, 국가들의 연합인 UN은 권한이 별로 없는 반면, EU는 경제 주권의 거의 전부와 정치 주권의 일부를 행사할 수 있다. 국가연합은 연방(Federation)보다 상당히 약한 결속력을 가지고 있다.

연방(federation)이란 고도의 자치권을 가진 2개 이상의 지방(支邦: 미국에서는 州)으로 구성되는 하나의 정치체를 말한다. 연방헌법은 중앙정부와 지방정부와의 관계를 규정하며, 그 국가의 어떠한 법보다 가장 중요하며 높은 자리를 차지한다. 연방제는 국가연합과 달리 지방정부는 외국과의 조약 혹은 외교관계를 맺을 수 있는 권한이 없거나 중앙정부보다 훨씬 적은 권한을 갖는다.

오늘날 연방제를 채택하는 국가로는 미국 · 캐나다 · 멕시코 · 베네수

엘라 · 아르헨티나 · 브라질 · 스위스 · 오스트리아 · 독일 · 말레이시아 · 나이지리아 · 아랍에미리트 등이 있다. 스위스 연방헌법에서는 연방이나 다른 주(州)의 권리를 침해하지 않을 것을 조건으로 예외적으로 각 주가 일정한 사항에 대하여 외국과 조약을 체결할 수 있게 되어 있다. 지방의 외교능력을 비교적 광범하게 인정한 경우는 구 소련이다. 구 소련은 1944년까지는 각 공화국에 대하여 외교권을 인정하지 않았으나, 그 해 2월의 개정헌법에서 각 공화국에게도 외국과 직접 관계를 맺고 조약을 체결하며 외교사절 및 영사를 교환할 수 있는 권리를 부여하였다.

연합과 연방을 개략적으로 구분하면 다음 〈표 11-1〉과 같다

〈표 11-1〉 연합과 연방의 구분

	국가연합 (Union, Confederation)	연방국가 (Federation)
국제법상 주체	구성국이 각각 주체	연방국가만이 주체
국가성	진정한 하나의 국가가 아님	진정한 하나의 국가임
결합의 근거	조약	연방헌법
대내적 통치권	연방정부가 없다. 구성국 정부가 입법, 집행, 사법권을 나누어 갖는다.	연방정부와 주정부가 입법, 집행, 사법권을 나누어 갖는다.
외교권	구성국 정부가 각각 보유	연방정부가 보유
국제적 책임	구성국 정부가 각각 책임	연방정부가 책임
군사력의 보유	구성국 정부가 각각 보유	연방정부가 보유
결합의 안정성	잠정적 결합	영구적 결합
대표적 사례	독립국가연합(CIS), 유럽연합(EU), 동남아시아국가연합(ASEAN)	미국(1787년), 스위스(1848년), 캐나다(1870년), 독일(1871년)

국가연합의 사례로는 1778년부터 1787년까지의 미합중국, 1815년부터 1848년까지의 스위스, 1870년까지의 캐나다, 그리고 1750년부터

1795년까지의 네덜란드 등을 들 수 있다. 그 외에도 과거 라인강 연합(1806~1813), 독일 연합(1815~1866), 그리고 북독일 연합(1866~1871) 등을 들 수 있다.

국가끼리의 연합으로는 독립국가연합(Commonwealth of Independent States), 유럽연합(EU: European Union), 동남아시아국가연합(ASEAN: Association of South East Asian Nations), 아프리카연합(African Union) 등이 있다. 따라서 연합으로 사용되는 용어는 굳이 confederation이라는 용어를 사용하지 않더라도 commonwealth, association, union 등 다양한 형태의 용어로 연합을 표현하고 있다. 연합에 참여하는 국가들은 조약을 통해 주권의 일부를 양보하게 되는데 이는 연합체마다 그 폭과 깊이가 다르다.

또한, 언어상으로는 Union으로 표기되어 있어도 연방의 개념이 강한 정치체도 있다. 구 소련의 정식 명칭은 '소비에트 사회주의 공화국 연방'이었지만 영어 명칭은 Union of Soviet Socialist Republics(USSR)로서 union이 사용되었다. union의 실체는 최초에는 연방에 가까웠으나 1994년 이후에는 연합에 가까웠다.

비슷한 용어들이지만 그 사용처는 조금씩 다르다. 통일성 있는 체계로 구성한다는 차원에서 통합은 주로 분야별 통합이나 국가 간에 주로 사용되고, 통일은 분야별·국가별 통합의 최고 단계로서 주로 국가 간 전 분야의 통합을 의미할 때 사용된다. 분야별 통합과 통일 사이에 연합이나 연방이 존재한다. 연합이나 연방의 개념 속에는 분야별 통합이 일정 부분 포함되어 있고, 통일의 개념 속에는 모든 분야의 통합이 들어 있다는 측면에서, 본 저서에서는 통합을 중심 개념으로 설정하고 있다.

위협의 제거 또는 완화를 통해 세계를 더 안전하게 만들어보고자 하는 통합이론은 크게 연방주의 이론, 기능주의 이론, 신기능주의 이론,

그리고 다원주의 이론 등으로 대별될 수 있다. 다원주의 이론은 제12장에서 다룰 협력안보와 더 많이 연관되기 때문에 여기에서는 3개의 이론만 살펴보기로 한다.

2. 통합 이론

(1) 연방주의(federalism) 이론

연방주의 이론은 미국이나 스위스의 역사적인 경험에서 추출된 이론으로서 정치적 공동체를 형성할 것을 강조한다. 의사결정의 초국가적 중심부 형성을 통합의 목표로 간주하기 때문에 일종의 정치적 통합을 지향한다고 볼 수 있다. 통합은 무엇보다도 기존의 제 단위 간의 권력배분상의 변동이기 때문에 새로운 중앙집권적 권력을 창출하는 것이 가장 중요한 사항이다. 이 이론은 국가 정부제도의 해체와 공통의 군사, 경찰 및 사법제도를 포함하는 연방기구와 같은 초국가적 제도의 수립을 주장한다. 따라서 좀 더 큰 정치적 공동체라는 국제기구가 창설되기 위해서는 정치 엘리트에 의한 의도적인 정치적 결단이 중요하다는 것을 강조한다.

연방주의를 하나의 과정으로 접근하고 있는 프리드리히(C. Friedrich)는 별개의 정치적 조직체들이 공동정책을 채택하고 공통문제에 대해 공동 결정과 해결책을 마련해 가는 과정으로 접근하고 있다. 푸차라(Donald J. Puchala)도 과정을 중시했지만, 연방을 구성할 국가들이 어느 정도 주권을 포기할 것이며 또 새로운 초국가적 정치체는 어느 정도 관할권을 행사할 것인지에 초점을 맞추었다. 결국 권력의 집중화와 분권화가 핵심인데 연방주의자들은 권력의 집중화를 주장하면서 집중화의 과정에 초점을 맞추고 있는 것이다.

비록 미국을 필두로 많은 국가들이 연방을 통해 국가를 구성했거나 재구성했지만[3] 이런 사례들은 여전히 '국가 내'로 한정되고 있다. 국가와 국가를 통합하는 지역 단위의 연방은 아직 가시화되지 않고 있다는 뜻이다. 연방주의는 주로 정치적인 의지의 중요성에 초점을 맞춤으로써 통합의 조건인 사회·경제·심리적 요소에 큰 주의를 기울이고 있지 않을 뿐만 아니라 개별 국가들이 민족주의와 자율성에 강한 집착을 가지고 있다는 것을 무시하고 있다. 구 소비에트 연방과 구 유고 연방은 이런 연유로 오히려 해체되었다.

(2) 기능주의(functionalism) 이론

기능주의의 대부라고 할 수 있는 미트라니(David Mitrany)는 연방주의 접근법이 민족주의와 이데올로기의 영향을 과소평가하고 연방의 실현을 낙관적으로 보고 있을 뿐만 아니라 설령 연방이 탄생한다고 하더라도 다시 연방 간의 경쟁은 피할 수 없다는 점을 지적하면서 지역적 차원에서 벗어나 세계적 차원에서 새로운 국제질서가 수립되어야 함을 강조하였다. 미트라니는 "서로 상호작용을 하고 있는 사회 간에 기능적인 상호의존 관계가 형성되면 이것이 공통의 통합이익을 창출하고 이 공통이익은 두 사회를 불가분의 관계로 만들기 때문에 통합 촉진의 가장 큰 요인이 되며 한 차원에서 이루어진 기능적 협력 관계가 다른 차원으로 확산(spill-over)된다"고 주장한다.

기능주의의 핵심은 비정치적 분야에서 협력과 통합이 이루어지면 이것이 점차 정치적 통합으로 발전할 수 있다는 것이다. 비교적 협력이 용이한 기술적인 영역에서 협력을 통해 이득을 얻게 되면 이런 협력의

---

3) 이옥연, "연방제도 정립과정 비교," 『한국과 국제정치』, 제23권 제4호(2007년 겨울), p. 104.

습관이 다른 기술적인 영역으로 확산되어 나가고 궁극적으로는 정치적 통합에 이를 수 있다는 것이다. 이런 차원에서 본다면 기능주의는 점진주의적 입장을 취하고 있는 셈이다.

(3) 신기능주의(neo functionalism) 이론

신기능주의 이론은 기능주의를 계승함과 동시에 보완한 이론이다. 계승했다는 의미는 한 분야에서의 협력이 다른 분야의 협력으로 전이될 수 있다는 점이고, 보완했다는 의미는 협력의 확산이 자동적인 것이 아니라 정치적 의지에 의해서만 가능하다는 것이다.

하스(Ernst Haas)로 대표되는 신기능주의자들은 협력의 경험이 학습을 통해 좀 더 큰 정치연합으로 귀결되기 위해서는 기능주의가 소홀히 한 정치의 역할이 회복되어야 한다는 것이다. 따라서 기술적·비정치적인 분야에서의 통합을 경험하고 관찰했던 사람들이 또 다른 분야에서의 통합을 의도적으로 시도해야 통합이 파급될 수 있고 궁극적으로는 새로운 초국가적 제도가 창출될 수 있다는 것이다.[4] 이런 차원에서 본다면 김대중 정부와 노무현 정부가 추진한 대북 정책은 그 성공 여부에 대한 평가를 떠나 신기능주의에 근거했다고 본다.

기능주의는 세계적 규모로 조직된 국제기구와 회원국의 보편성을 강조하나 신기능주의는 지역적 규모로 조직된 국제기구와 회원국의 지역성을 강조한다는 점에서 차이가 있다. 또한 신기능주의는 성급하게 초국가적인 연방적 기구를 요구하지 않았다는 점에서 연방주의와도 다르다. 또한 연방주의는 정부를 주된 행위자로 보는 반면 기능주의는 사적이고 자발적인 비정치적 집단을 통합의 주된 행위자로 본다. 신기능주의는 정치적, 관료적 집단을 통합의 주된 행위자로 본다는 점에서도 차

---

4) 박재영, 『국제정치 패러다임』(서울: 법문사, 1996), p. 326.

이가 있다.

제2절 연합 사례

1. 유럽연합(EU: European Union)

유럽에서 국가의 주권을 인정하기 시작한 것은 30년 전쟁의 결과로 만들어진 웨스트팔리아 질서 이후였다. 그러나 이런 주권 인정이 유럽을 평화로운 질서로 만들지 못하고 결국 나폴레옹 전쟁, 제1차 및 제2차 세계대전의 진앙지가 되고 말았다. 전쟁의 재발을 막아야 하겠다는 유럽인들의 열정은 그 어느 지역보다도 강했다. 수많은 사상가들이 등장하여 평화 질서 구축을 위한 다양한 아이디어들을 제시하였다. 특히, 제2차 세계대전 이후에는 유럽 통합론자들의 목소리가 높았다. 그러나 연방주의자들이 주장하는 급격한 통합에 반대하는 목소리도 적지 않았다.

결국 뜻을 같이하는 소수 국가들이 가장 낮은 수준에서의 통합을 논의하기 시작했다. 1951년 뜻을 같이하는 소수 국가들이 모여 유럽 석탄 및 철강공동체(ECSC: European Coal and Steel Community)를 만들었다. 영국과 북유럽국가들은 초국가적 차원의 유럽 통합에는 별 관심이 없었기 때문에 프랑스, 서독, 이탈리아, 베네룩스 3국 등 총 6개국이 석탄, 철강, 그리고 철강 관련 산업을 관리하기 위해 ECSC를 결성했던 것이다.

ECSC는 개별 정부가 이런 산업을 보호하지 못하도록 석탄, 철 및 철강의 생산 및 판매에 대해 결정권을 가지게 되었다. 석탄 및 철강을 우선적 목표로 삼은 이유는 유럽에서의 중요 전쟁은 석탄 및 철강의 생산과 관련이 있었기 때문이다. 석탄과 철강은 무기, 전함, 그리고 기타 무기의 중요 부분을 생산하는 데 필요하다. 만약 이런 국가들이 철강 및 석탄 산업에 뒤얽히게 되면 전쟁으로 가는 것이 훨씬 더 쉬워진다. 따라서 이런 것들을 국가로부터 먼저 분리해 내는 것이 필요했다. ECSC의 가장 큰 공헌은 회원국 간의 유대와 신뢰의 분위기를 조성하여 유럽통합의 점진적인 발전의 기초를 마련했다는 점이다.

이들 국가들은 ECSC와 병행하여 군사적 영역에서도 유럽방위공동체(EDC: European Defense Community)를 창설하고자 했다. 소련의 침략에 공동으로 대처함과 동시에 서독을 EDC 속에 묶어두고 싶었기 때문이다. 그러나 그때 당시의 상황에서 이런 아이디어는 너무나 큰 단계였고 급진적이었다. EDC를 창설하기 위한 적절한 조약이 서명되었지만 프랑스가 비준을 거부함으로써 EDC의 아이디어는 사장되고 말았다. 결국 군사적 통합은 이루어지지 않았고 NATO에 의존하게 되었다.

그 대신 이들은 2가지 차원으로 통합을 가속화했다. 1958년에 결성된 유럽원자력공동체(EURATOM: European Atomic Energy Community)와 유럽경제공동체(EEC: European Economic Community)가 바로 이것이다. EURATOM은 핵에너지에 대한 초국가적 통제였는데 이로써 가장 민감한 분야인 원자력에 대한 초국가적 통제가 이루어지게 되었다.

EEC는 관세동맹 결성, 수출입 제한 철폐, 역외 국가에 대한 공동 관세와 공동 무역정책의 수행, 역내 노동력, 용역, 자본 이동의 자유, 공동 농업정책의 수립 등 그들 사이에 경제적 장벽을 제거함으로써 인원, 상품, 자본이 자유롭게 유통되도록 하기 위해 결성되었다. 물론 중요한 목표는 경제발전이었으나 경제공동체가 수립됨으로써 그들 사이에서 전쟁을 점점 사라지게 할 수도 있다는 희망도 있었다.

이에 대항하여 1959년 영국, 오스트리아, 덴마크, 노르웨이, 포르투갈, 스웨덴, 스위스 등이 유럽자유무역연합(EFTA: European Free Trade Association)을 창설했다. EFTA는 EEC처럼 밀접한 경제통합은 추구하지 않았고 단지 회원국간의 공산품의 관세인하 및 일부 관세 제거에 국한되었다. 이로써 유럽은 EEC와 EFTA로 이분화되어 상당기간 지속되었다.

1967년 EEC는 ECSC와 EURATOM의 위원회와 각료회의를 통합하여 유럽공동체(EC: European Community)로 다시 태어났다. 1977년에는 EFTA도 EC와 자유무역협정을 체결함으로써 EC는 명실상부한 유럽 경제 공동체의 주역이 되었다.

경제통합을 넘어 정치통합을 실현하기 위해 12개국 EC 정상들은 탈냉전 직후인 1991년 마스트리히트 조약(Treaty of Maastricht)에 합의하였다. 구 소련의 붕괴와 독일 통일, 동구의 민주화와 정세 불안 등에 공동으로 대처할 필요가 있었고 경제공동체를 완전한 경제 자유지대로 만들 필요가 있었기 때문이다. 1993년 발효된 마스트리히트 조약은 유럽중앙은행의 창설과 단일통화의 사용, 노동조건의 통일, 공동방위정책, 그리고 유럽시민규정 등을 담고 있다. 이로써 EC는 완전한 경제통합과 부분적인 정치통합의 기틀을 마련하였고, 이를 계기로 명칭도 EU로 바뀌게 되었다.

EU의 수평적 · 수직적 확대가 냉전 이후에 일어난 이유는 두 가지이다. 하나는 단일 경제체제를 창출함으로써 경쟁자인 NAFTA, 중국, 일본 등을 따라잡기 위한 것이다. 다른 하나는 안보적 이유 때문이다. 지난 50년 동안 독일은 유럽에서 가장 강력한 국가였다. 1990년 독일이 통일되었을 때, 독일이 과거의 방법으로 돌아가면 어떻게 하느냐 하는 것이 가장 큰 문제였다. 모두가 이런 공포를 가지고 있었으며 심지어 독일까지도 그러했다. 그에 대한 반응은 독일을 더 크고 더 깊게 EU에 동참시킴으로써[5] 독일이나 기타 유럽 국가들이 과거로 돌아가지 못하게 하는 것이었다.

EU는 구 동구권을 포함하여 28개국으로 확대되었다. 또한 EU의 '미니헌법'으로 불리는 리스본 조약이 2009년 12월 1일부로 발효됨으로써 EU는 정치적으로 거의 하나가 되는 거대 유럽이 되었고 '준 국가'적 성격을 지니게 되었다. 이로써 유럽은 유럽연방이나 유럽합중국을 향한 꿈을 꿀 수 있게 되었다.

연합으로서의 EU를 평가해 보면 회원국 모두가 단일 경제공동체가 되었다는 점에서 완전한 경제통합, EU 헌법이 통과됨으로써 단일 '준 국가'가 되었으나 외교는 여전히 개별 주권 국가가 행사한다는 점에서 중간 정도의 정치통합, 그리고 군사분야는 유로군을 창설하는 등 독자적인 길을 모색하고 있으나 여전히 NATO에 의존하고 있다는 점에서 낮은 수준의 군사통합 상태라고 할 수 있다. EU가 아직까지는 미국과 같은 고도로 통합된 국가 수준은 아니지만 ECSC가 EC와 EU로 발전된 것을 고려해 본다면 준 국가 수준의 EU가 국가 수준의 EU로 발전될 수도 있을 것이다. 그러나 EU가 구 소련이나 구 유고슬라비아 또는 구 통일아랍공화국처럼 다시 분열될 가능성이 전혀 없다고 할 수 없다. 그리스 · 포르투갈 · 스페인 금융위기 시 이의 지원 방안을 두고 회원국들 간에 있었던 마찰과 영국의 EU 탈퇴가 이런 가능성을 엿보게 했다. 영국은 2016년 6월 국민투표를 통해 EU 탈퇴(Brexit)를 결정하고 2020년 1월 31일부로 정식으로 탈퇴했다. 이로써 EU 회원국은 27개국이 되었다. 그럼에도 한 가지 분명한 점은 전쟁으로 얼룩졌던 유럽이 EU를 통해 서로의 위협을 제거함으로써 회원국끼리의 전쟁의 가능성을 제도적

5) Patrick M. Morgan, *International Security: Problems and Solutions*(Washington DC: CQ Press, 2006), p. 167.

으로 차단했다는 점이다.

2. 동남아시아국가연합(ASEAN: Association of Southeast Asian Nations)

제2차 세계대전 후 동남아 각국은 독립 후 또는 독립운동의 과정에서 민족 내부의 통합과 대외적인 안보위협이라는 양대 과제에 직면했다. 동남아 각국은 강대국인 중국이 공산화되고 또 인도차이나 반도에서는 공산주의 세력이 확산되는 과정에서 한국전쟁이 발발하는 것을 목도했다. 따라서 동남아 각국은 불안정한 지역정세에 직면하여 민족국가로서의 독립과 냉전체제 하에서의 안전보장 문제가 가장 중요한 안보문제라는 것을 인식하게 되었다.

세계적인 냉전 체제가 동남아 지역에 투영되면서 필리핀, 태국, 파키스탄은 미국·호주·뉴질랜드·영국·프랑스와 동남아시아 조약기구(SEATO: South East Asia Treaty Organization)에 가입[6]하게 되었고 영국, 호주, 뉴질랜드, 말레이시아, 싱가포르는 영연방 5개국 방위협정을 체결하였다. 다만 인도네시아는 수카르노의 지도노선에 따른 비동맹 노선과 공산주의 세력을 포용하는 친공 독자노선을 견지하고 있었다.

이런 상황적 배경 속에서 1961년 말레이시아, 태국, 필리핀 등 3개국이 동남아연합(ASA: Association of Southeast Asia)을 창설하였고 1967년에는 ASA에 인도네시아와 싱가포르가 가입함으로써 ASEAN이 창설되었다. 어떠한 외부의 간섭으로부터도 동남아의 안전을 지킬 것과 비군사분야의 협력 증진을 목적으로 설립된 ASEAN은 몇 단계의 발전과정을 거쳐 오늘에 이르고 있다. 제1단계는 비정치분야 중심의 협력

---

6) SEATO는 1977년에 해체되었다.

모색기('67~'71)로서 경제, 사회, 문화 등 비정치분야의 협력이 증대되었다.

제2단계는 정치분야의 협력을 포함한 기능 확대 모색기('71~'75)이다. 닉슨 독트린의 발표, 닉슨 미국 대통령의 방중(訪中) 실현, 그리고 베트남으로부터의 미군 철수 등 안보환경이 급격하게 변화되자 ASEAN은 여기에 대한 공동대응의 필요성이 대두되었다. 따라서 ASEAN은 '동남아 평화・자유・중립지대(ZOPFAN: Zone of Peace, Freedom and Neutrality)'를 선언하는 등 동남아의 중립화를 강조하는 방향으로 새로운 역내 안보협조체제의 틀을 모색하기 시작했다.

제3단계는 정치, 경제공동체로서의 기반 구축('75~'91)이다. 이 기간 동안 ASEAN은 역내 국가들의 안전보장과 경제발전 확보라는 2대 목표를 추구하는 지역협력 공동체로서의 발전기반을 구축하였다. 공동체로서의 내부결속을 강화하였으며 아세안 공동안보협력 개념을 확대 발전시켰고 역내 경제협력을 구체적으로 진전시켰으며 역외국과의 집단협조체제를 구축하였다.

제4단계는 지역공동체로의 발전('92~'07)이다. 탈냉전이라는 국제정치적 요인과 유럽통합 움직임과 우루과이라운드 등 국제경제질서의 변화를 배경으로 ASEAN은 새로운 발전방향을 모색하기 시작했다. 현재 아・태지역 국가들과 EU 등 27개국이 참여하는 '아세안 안보포럼(ARF: ASEAN Regional Forum)'의 창설이 가장 획기적인 발전이라고 볼 수 있다. 또한 ASEAN은 베트남, 라오스, 미얀마 등을 회원국으로 받아들임으로써 동남아시아 국가 전체가 ASEAN의 회원국이 되었고 아세안 자유무역지대(AFTA)를 시행하기 시작함으로써 지역공동체로서의 위상을 가지게 되었다.

제5단계는 EU식 통합을 향한 목표 설정기('08년 이후)이다. ASEAN은

2007년 11월 싱가포르에서 '역동적인 아시아에서 하나된 아세안'이란 슬로건으로 제13차 정상회의를 갖고 지역공동체의 헌법 구실을 하게 될 역사적인 '아세안 헌장'과 '아세안경제공동체'(AEC: ASEAN Economic Community) 설립을 위한 청사진에 서명했다. 2015년 제27차 아세안 정상회의에서 '아세안 공동체 비전 2025'를 채택하면서 아세안 공동체를 출범시켰다. 아세안 공동체는 정치안보 공동체, 경제공동체, 사회문화 공동체 등 크게 3가지 축으로 이루어져 있다. 이들 중 가장 실질적 의미를 가지는 것은 아세안 경제공동체가 될 것으로 보인다.[7] ASEAN은 2025년까지 역내통합을 심화하고 대외적으로는 동아시아 지역과 세계 평화, 안보, 안정에 기여할 것을 천명하면서 매년 중간 실적을 점검하고 있다.

이런 발전에도 불구하고 지역공동체로서의 ASEAN은 1990년대 말 동남아 지역에 불어닥친 경제위기에 대해 특별히 대응하지 못했고, 동티모르 독립과 미얀마 사태에 대해서도 적절하게 대응하지 못했다. 이 사건들은 ASEAN의 한계를 극명히 보여준 것으로써 통합노력에도 불구하고 ASEAN의 미래가 평탄치 않을 수 있음을 예고해 주고 있다. 심지어 남중국해 분쟁을 두고 친중과 반중의 분열 양상을 보이고 있기도 하다. 미중의 패권 경쟁 속에서 아세안 중심성(ASEAN Centrality)이 흔들리면서 선택의 갈림길에 서있는 것이다.[8]

연합으로서의 ASEAN을 평가해 보면, 회원국들의 자유무역지대 창설로 현재까지는 중간 정도의 경제통합 수준이나 AEC가 현실화될 경우 비록 EU 수준이 되지 못한다고 하더라도 상당한 수준의 경제적 통합을 이룰 수 있을 것이다. 정치는 모든 면에서 주권국가가 소유하고 있다는

---

7) 배긍찬, "2012년 ASEAN 관련 정상회의 결과분석: ASEAN, ASEAN+3, EAS를 중심으로," 2012 겨울 『주요국제문제 분석』, (서울: 국립외교원, 2013), pp. 109-117.

8) 윤진표, 『현대 동남아의 이해』, 개정판(서울: 명인문화사, 2020), p. 376.

차원에서 정치적 통합이 없는 상태이며, 군사적 통합도 없는 상태이다. ASEAN의 정치 불안정, 빈곤, 느슨한 정책 이행 등이 통합의 걸림돌로 작용할 전망이다. 그럼에도 불구하고 이런 통합 노력을 통하여 서로의 위협을 상당히 완화함으로써 회원국끼리의 전쟁의 가능성을 많이 차단했다.

3. 아프리카연합(AU: African Union)

AU의 창설배경은 크게 두 가지로 대별된다. 하나는 범아프리카주의의 붕괴에 따른 위기의식이고 또 하나는 EU를 바라보면서 새로운 통합의 추진 필요성 때문이었다. 아프리카 국가들은 1963년 창설된 아프리카통일기구(OAU: Organization of African Unity)의 지도력 부재를 극복하고 아프리카 국가들의 통일성과 연대를 증진시키고 협력을 강화하며 그들의 주권과 지역적 통합 및 독립을 보호할 목적으로 AU를 탄생시켰다.

2000년 제36차 OAU 정상회의에서 AU 헌장이 53개 가맹국의 만장일치로 채택됨으로써 2001년 AU가 출범하게 되었다. 아프리카 역내 정치적 단합과 사회, 경제적 협력을 목적으로 출범한 AU는 유럽연합을 모델로 하고 있다. OAU가 정치적인 면을 중시하였다고 한다면 AU는 경제통합을 우선 달성하여 아프리카 대륙을 빈곤으로부터 해결하려는 의지를 가지고 있으며 이를 통하여 향후 정치적인 통합으로 나아가고자 하였다. OAU가 반식민주의 및 국가주권 확보를 이념적 바탕으로 한 데 비하여, AU는 EU와 같은 정치 · 사회 · 경제적 통합 등 초국가적 기구를 지향한다는 점에서 차이가 있다.

AU는 유엔 안전보장이사회와 같은 평화안보이사회를 설립하여 역내

전쟁범죄, 대량학살 및 반인도적 범죄행위 등 중대 상황에 대해 동 이사회가 개입할 수 있도록 함으로써 분쟁 해결 능력을 강화하였다. 또한 아프리카 발전을 위한 새로운 파트너십(NEPAD: New Partnership for Africa's Development)을 채택하였는데 이는 아프리카의 사회경제적 발전을 위한 종합적이고 포괄적인 전략적 틀을 제공하는 것이었다.

2003년 2월, AU 특별정상회의가 개최되어 AU 헌장 개정안에 대한 합의가 도출되었다. 의장도 정상회의 특별회의를 소집(전체 회원국 2/3 동의)할 수 있도록 했고 기존 AU 헌장상의 전쟁 범죄, 집단학살, 반인도적 범죄행위에 대한 개입과 함께 '합법적인 정부에 대한 심각한 위협'(serious threat to legitimate)이 있을 경우에도 평화안보이사회의 권고에 따라 AU의 회원국이 이 문제에 개입할 수 있도록 했다.

야심찬 AU의 출범에도 불구하고 AU 통합의 길은 멀고도 험할 것으로 보인다. 첫째, 주권 양도에 대한 거부감과 법·제도적 측면에서의 실효성이다. 식민주의를 극복하고 독립한 아프리카 국가들이 주권을 양도하는 데 대하여 거부감을 가질 수 있다. 또한 AU의 실현을 위해서는 모든 회원국이 주권양도와 재정부담 등 의무를 충실히 이행하는 것이 필수적이고 의무 위반국에 대한 제재가 이루어져야 함에도 불구하고 비준을 거부하거나 거부감이 강한 국가들이 있음을 고려해 볼 때 법·제도적 측면에서의 실행이 성과를 거둘 수 있을지 의문이다.

둘째, AU 주도국 간의 주도권 다툼의 문제이다. 남아공, 이집트, 나이지리아 등이 AU 주도권을 두고 얼마나 신뢰를 형성할 것이며 서로 협력할 것인가가 AU 성공의 갈림길이 될 수도 있다.

셋째, 끔찍한 아프리카의 현실이다. 대부분의 아프리카 국가들은 식민지 유산으로 인해 국경이 식민국의 편의에 의해 설정되어 다민족국가로 수립되었다. 식민국의 종교에 따라 식민지의 종교도 달라졌다. 냉전시에는 이데올로기가 아프리카를 찢어 놓았다. 민족, 종교, 이데올로기가 혼합되어 아프리카의 통합을 어렵게 만들고 있다. 끊임없는 국경선 분쟁과 내전도 이런 식민의 유산이다.

넷째, 국가 간 경제력의 격차이다. 아프리카 대륙 전체가 빈곤에 시달리고 있지만 그나마 국가 간 경제력의 격차가 심하다는 것도 통합을 어렵게 하고 있다. 빈곤으로 인해 문맹률은 높고 HIV/AIDS, 에볼라, COVID-19 등 심각한 질병들이 많은 아프리카 국가들을 황폐화시키고 있다.

연합으로서의 AU를 평가해 보면, 회원국들이 야심찬 포부를 가지고 연합을 창설했지만, 경제통합은 꿈에 가깝다. 정치는 모든 면에서 주권국가가 소유하고 있다는 차원에서 정치적 통합이 없는 상태이며, 군사적 통합도 없는 상태이다. 지역의 경제발전이 전제되지 않는 한 경제통합은 요원할 것으로 보인다. 통합의 꿈을 실현해 보고자 하는 그들의 의욕에 비해 현실은 너무 멀리 떨어져 있다. 유엔 안보리와 비슷한 평화안보이사회가 있음에도 불구하고 아프리카의 안보는 늘 불안 속에 있다.

분단국의 통일은 적어도 분단 상대국으로부터의 위협이 완전히 사라진다는 차원에서 위협의 완전제거에 해당한다. 물론 정치·경제·군사 통합의 결정판이 통일이기도 하다. 그러나 위협의 완전제거 방식은 다르다. 베트남처럼 전쟁을 통해 통일을 달성할 수도 있고 예멘처럼 합의에 의한 통일을 이룩했으나 다시 내전으로 연결되어 통일을 달성할 수도 있으며 독일처럼 합의에 의해 통일을 달성할 수도 있다.

제3절 통일 사례: 베트남·예멘·독일

1. 베트남

제2차 세계대전이 종료된 이후 베트남에서의 통일 과정은 크게 4단계로 구분할 수 있다.[9] 제1단계(1945~1954)는 일본이 패망한 이후 프랑스가 구 식민지를 회복하기 위해 독립을 추구하는 베트남인들과 충돌하는 과정에서 패하고 북위 17도선 이남으로 철수할 때까지의 기간이다. 디엔비엔푸(Dienbienphu)가 함락됨으로써 프랑스는 민족해방전쟁을 지도한 호치민 주도의 베트민(Viet Minh)과 제네바 협상을 통하여 북위 17도선을 기준으로 국토를 분할하였다.

베트민(월맹: 越盟)

베트남의 독립 영웅 호찌민(胡志明)이 프랑스 식민지배 시절이던 1941년 5월 결성한 베트남의 독립운동단체. 베트남독립동맹회의 약자인 베트민(월맹)은 호찌민을 중심으로 인도차이나 공산당과 그 전위조직, 베트남문화 강경지지파, 베트남국민당(VNQDD)의 일부세력, 군소집단 및 중국으로 망명한 소수의 개인 등 다양한 정파가 참여한 통일전선조직이었다. 베트민의 당면 목표는 프랑스로부터 베트남의 독립을 쟁취하고, 일본군을 몰아내는 것이었다. 호찌민은 1944년 12월 베트남해방군선전대를 조직하여 이를 월맹군(越盟軍)으로 발전시켰으며 일본 항복 후인 1945년 9월 2일에는 하노이에서 '베트남민주공화국' 수립과 독립을 선포하였다. 그러나 태평양 전쟁 종전 몇 달 후 중국 국민당군이 일본 패잔병의 무장 해제를 명분으로 하노이에 입성했고, 프랑스군도 하노이 부근에 다시 진주했다. 베트

9) 김수남, 상게서, pp. 119-129.

남과 중국 국민당군, 프랑스군 등 삼자는 프랑스 연방의 일원으로 베트남의 독립을 인정하고 양국 군대를 철수시킨다는 데 합의했으나, 프랑스군이 약속을 어기고 1947년 하노이를 공격했다. 프랑스와 베트민의 산발적인 교전은 1954년 5월 6일 디엔 비엔 푸 전투에서 프랑스군이 대패할 때까지 지속됐다. 결국 1954년 7월 20일 제네바에서 미국, 영국, 프랑스, 소련, 중국, 남베트남, 북베트남, 라오스, 캄보디아 등 9개국이 참가하여 협정을 체결하였다. 이로써 북위 17도 선을 기준으로 남북 베트남이 분할되었다.

제2단계(1954~1964)는 프랑스가 북위 17도 이남에서 꼭두각시 정부를 유지하려 했으나 남베트남 정부의 부패와 무능으로 남베트남에서 베트콩 등 친 공산세력인 민족해방전선이 남베트남 정부를 상대로 게릴라전을 벌인 기간이다. 1956년 북베트남은 총선을 실시하여 베트남민주공화국을 선포하여 공산주의식 개혁을 단행함으로써 정치적 안정을 유지하였다. 1955년 남베트남도 국민투표를 통해 베트남공화국을 선포하였으나 부패, 쿠데타, 그리고 비민주화 등으로 인해 베트콩 등 친 공산세력이 정부에 도전하기 시작했다. 1961년부터 남베트남을 지원해 오던 미국은 1964년 통킹만 사건을 계기로 본격적으로 베트남전에 개입하기 시작했다.

제3단계(1964~1973)는 미국이 월남전에 직접 개입하였지만, 남베트남 자체의 부패와 분열로 목적을 달성하지 못하고 파리 협정을 계기로 철수할 때까지의 기간이다. 1964년부터 1975년 미군 철수까지 12년의 기간 동안 미국은 전사자 58,000명과 부상자 270,000명, 그리고 1,500억 달러의 전쟁비용을 투입하였음에도 불구하고 결국 패배했다.

제4단계(1973~1975)는 남베트남군이 단독으로 북베트남과 베트콩을 상대로 전쟁을 했으나 남베트남의 부패와 무능으로 북베트남 주도로 통일이 될 때까지의 기간이다. 1973년 미국, 남베트남, 북베트남, 그리고 베트콩이 파리에서 4자 평화협정을 체결하였다. 미군이 철수하자 평화협정은 무실화되었고 북베트남은 1975년 4월 사이공을 함락하였다.

30년 전쟁기간 동안 사이공 정부군 11만 명 이상이 전사하고 49만 9천 명이 부상을 당했으며 민간인도 41만 5천 명이 사망한 것으로 추산된다. 1995년 하노이 정부는 정부군과 베트콩을 포함하여 110만 명이 사망하고 60만 명이 부상했다고 발표했다. 산업시설의 파괴까지 고려한다면 베트남 전역은 거의 황폐화되었다.[10)]

베트남의 통일은 정치, 경제, 군사적 통합을 의미하는 것이었다. 그러나 그 통합은 수많은 젊은 영혼들의 피의 대가였다. 남북 베트남 간의 이데올로기가 얼마나 허상이었는지를 무늬만 공산주의인 오늘날의 통일 베트남이 잘 보여주고 있다.

2. 예 멘

제1차 세계대전이 종료된 이후 예멘에서의 통일 과정은 크게 3단계로 구분된다. 제1단계(1918~1989)는 남북 예멘의 성립 및 충돌기이다. 1918년 오스만 제국이 제1차 세계대전에서 패하여 북예멘에서 물러나자, 북예멘도 영국의 식민지가 되었다가 독립투쟁의 결과로 1918년 사나를 수도로 한 이슬람 군주국이 되었다가 1962년 군사쿠데타로 예멘아랍공화국이 된 반면, 영국 식민지로 존재하던 남예멘은 영국에 대한 무력항쟁을 통하여 1967년 남예멘인민공화국이라는 공산주의 국가를 건설하였다. 이를 기점으로 남북 예멘 사이에는 미국과 구 소련의 대리전 성격을 지닌 무력충돌이 간헐적으로 발생하기 시작했다.

제2단계(1990~1993)는 1970년대 이후부터 무력충돌이 일어나는 가운

10) 유인선, 『새로 쓴 베트남의 역사』(서울: 이산, 2003), p. 425.

데서도 많은 합의를 도출했던 양측이 1990년 양국 의회에서 통일헌법을 통과시킴으로써 통일을 유지한 기간이다. 고르바초프의 등장으로 구소련이 남예멘에서 철수하자 남예멘도 적극적인 개혁과 개방정책에 나서게 되었고 독일의 통일이 가시화되는 것을 보자 양측은 통일작업을 진전시켜 1990년 5월 통일을 선언한 뒤 과도정부 주도하에 30개월의 전환기간을 갖도록 하였다. 인구, 면적, 경제력 면에서 차이가 있었음에도 불구하고 양측은 정치 및 경제분야에서 1:1의 통합방식을 취했다. 통일 헌법은 국민투표에 의해 절대적인 지지로 통과되었지만, 총선은 1992년 11월에서 1993년 4월로 연기되었다. 총선 결과 북예멘의 정당들이 1, 2위를 차지하게 됨으로써 갈등이 발생하기 시작했다. 통일에도 불구하고 남북예멘의 군대와 경찰, 그리고 공무원들은 통합되지 않은 상태로 있었으며 총선 이후에도 통합은 이루어지지 않았다. 정치지도자들의 끊임없는 갈등이 결국 군사적 충돌로 연결되었다.

제3단계(1994~2010)는 남북 예멘의 재분열 및 무력 통일기로서 2개월간의 짧은 무력 충돌에서 북예멘이 승리하였다. 통일예멘은 정치적 통합에도 불구하고 군사기구의 통합이 거의 이루어지지 않았다. 기존의 양측 군대는 지휘체계를 그대로 유지했으며 서로 다른 복장을 착용하고 있어 통일된 군대라기보다는 연합군이 한 나라에 주둔하는 것처럼 보였다.[11] 결국 무력통일로 남북 예멘은 정치, 경제, 군사적으로 통합되었다.

2011년 아랍지역에서 자스민 혁명이 일어나자 예멘도 영향을 받았다. 장기 집권자였던 살레 대통령이 하야하고 새로운 정부가 구성되었다. 그러나 북부 시아파 반군 후티가 2014년부터 새로운 정부의 경제개혁 및 정부 구성에 불만을 품고 대 정부 무력투쟁을 벌이기 시작했

11) 통일 당시 북예멘은 20만 ㎢에 874만 명의 인구, 군사력은 36,600명이었으며 1인당 GDP는 650불이었다. 남예멘은 33.7만 ㎢에 234만 명의 인구, 군사력은 27,500명이었으며 1인당 GDP는 430불이었다.

다. 2015년 1월, 수도 사나의 대통령 궁 등이 점령당하자 하디 대통령은 남부지역으로 피신하게 되었다. 이에 수니파의 대부인 사우디아라비아를 중심으로 아랍권 9개국이 사나를 공습하였다. 그러나 아직도 정부군과 후티 반군 간에 휴전과 개전이 계속되고 있다. 수니파와 시아파의 대리전이 지속되고 있는 것이다.

3. 독 일

제2차 세계대전이 종료된 이후 독일에서의 통일 과정은 크게 4단계로 구분된다. 제1단계(1945~1968)는 동서독의 분할 및 긴장 형성기이다. 제2차 세계대전 직후 미국, 영국, 프랑스, 그리고 구 소련이 독일을 분할 점령하였으나 냉전체제가 심화되자 독일은 자연스럽게 동서 양진영으로 분할되었다. 1949년 독일연방공화국(서독)과 독일민주공화국(동독) 정부가 수립되었고 서독은 NATO에, 그리고 동독은 구 WTO에 가입함으로써 동서독은 냉전의 최선봉에 서게 되었다.

제2단계(1969~1988)는 동서독의 화해협력기이다. 동독을 고립시키는 정책에서 벗어나 동방과의 화해를 추구하겠다는 브란트(Willy Brandt) 총리의 동방정책(Ostpolitik)이 효력을 발생했던 기간이다.[12] 1969년 서독은 할슈타인 원칙을 포기하고 동독을 국가로 인정하였으며, 1970년 구 소련과 불가침조약을 체결하였고, 1973년 동독과 함께 유엔 회원국이 되었다. 동방정책은 동서독의 정치・외교적 변화뿐만 아니라 경제・사회적 측면에서도 많은 변화를 가져왔다. 방문, 여행, 교역, 방송 청취 등이 비교적 자유롭게 이루어지기 시작했다.

제3단계(1989년 이후)는 동서독의 통일기이다. 고르바초프의 개혁과

12) 정용길, 『독일: 1990년 10월 3일』(서울: 동국대학교 출판부, 2009), pp. 135-137.

개방 정책이 세계적인 화해 분위기를 가져왔고 이것이 소련의 해체는 물론 동구권의 민주화와 동서독의 통일에 기여하게 되었다. 동독에는 민주화와 개혁을 요구하는 시위가 잇달아 일어났으며 동독국민의 여행 제한이 해제되자 200만 명이 넘는 동독인들이 서독으로 넘어갔다. 마침내 1989년 11월 9일 베를린 장벽이 무너졌다. 이를 계기로 동독에서는 1990년 3월 서독 정당들의 강령을 채택한 정당들이 창당되어 선거가 실시되고 대연정이 구성됨으로써 동서독은 급속히 통합의 길로 나아가게 되었다. 5월에는 통화·경제·사회통합에 관한 조약이 먼저 체결되었고 8월에는 통일에 관한 조약이 서명되었으며, 9월에는 2(동서독)+4(미, 영, 프, 구 소련) 조약이 체결되었고, 10월에 통일되었다. 동서독은 경제통합이 먼저 이루어진 후 정치통합이 이루어졌고 통일 이후에 동독군이 서독군에 흡수되는 형태로 군사통합이 이루어졌다.

동서 냉전의 해빙기가 되었을 때 미국은 베트남에서 철수함으로써 북베트남에 의한 베트남 무력 통일이 달성되었다. 냉전이 해체되었을 때 남북예멘은 급속한 통일을 시도했으나 지도자들의 갈등으로 결국 북예멘에 의해 무력 통일이 이루어졌다. 그러나 이 기회를 이용한 동서독은 평화로운 통일을 달성했다. 이 3가지 사례는 남북한 통합에 많은 시사점을 던져주고 있다.

할슈타인원칙(Hallstein Doctrine)

서독 정부 수립 이후 서독 외교정책의 기본원칙으로서 서독만이 자유선거에 의한 정부를 가진 유일한 독일의 합법국가이므로 서독은 동독을 승인하는 국가와는 외교관계를 단절하겠다는 원칙이다. 동독을 고립시키겠다는 이 원칙은 1969년 동독을 인정하고 동구권을 인정하겠다는 동방정책으로 바뀌었다.

제4절 한반도 통합

1. 한반도 분단 구조

한반도의 분단은 크게 3단계로 구분된다.[13] 1945년의 국토분단과 1948년의 국가분단, 그리고 6.25전쟁을 겪으면서 발생한 민족적 · 사회적 분단이 그것이다. 해방과 더불어 남북한에 강대국이 각각 진주함으로써 국토분단이 일어났다. 1948년의 국가분단은 1945년의 국토분단을 극복하기 위해 UN의 권위하에 국제사회가 정치 · 경제적 지원을 했으나, 북한이 이를 거부함으로써 발생했다. 그 결과 남과 북에 두개의 서로 다른 체제를 지닌 국가가 탄생됨으로써 국가분단이 발생했고 한반도는 세계적 냉전구조에 편입되었다. 북한은 국토분단과 국가분단을 극복하기 위해 6.25전쟁을 일으켰고 이로인해 한반도의 남과 북에 민족적 · 사회적 분단을 생성시키고 또 이를 더욱 공고화시키는 단초를 제공하였다.

국토분단은 국제적 힘의 재편성 과정에서 발생한 것이었으나, 국가분단은 국제적 힘의 재편성 과정이 거의 끝나고 양대 강국이 각각의 힘을 공고화하는 과정 속에 북한이 이에 동조함으로써 발생했고, 민족적 · 사회적 분단은 오히려 북한이 이를 주도하고 공산 세력들이 이를 지원함으로써 발생한 것이었다.

국토분단은 한반도의 의지가 배제된 외생적인 것으로 강대국들에게

13) 김열수, "한반도 냉전구조의 해체와 평화체제의 안보쟁점," 국방대학교 안보문제연구소, 『2000년대의 무형전력』(서울: 국방대학교 안보문제연구소, 2000), pp. 71-94의 내용 수정 및 보완.

그 책임이 있다면 국가분단은 한반도와 강대국들에게 반반의 책임이 있고, 민족적·사회적 분단은 오로지 북한에게 책임이 있다. 이처럼 한반도의 냉전구조는 6.25를 거치면서 심화되었고, 역사와 함께 냉전문화가 재생산되고, 권력주체의 공고화와 연관되면서 고착되어 갔다.[14)]

한반도 냉전구조가 탈냉전의 세계화에 편입하지 못하고 자생력을 유지하고 있는 이유가 바로 민족적·사회적 분단의 결과 때문이다. 한반도 냉전구조는 세계적 냉전구조의 지역적 소체제[15)]라는 단순한 구조를 넘어선다. 동서독도 세계적 차원의 지역적 소체제였으나 탈냉전과 함께 평화롭게 통일된 점을 인식한다면, 한반도의 자생적 냉전구조는 민족전쟁의 결과와 권력의 공고화 과정과 인과관계가 성립된다 할 것이다.

동·서독은 민족을 상대로 전쟁을 하지 않았으며, 동독이 서독을 적화하려 하거나 대규모 침투나 도발을 통하여 정치·군사적 긴장관계를 유도하지도 않았다. 또한 동독의 서기장들이 60여 년 동안 장기 집권한 적도 없고 또 대(代)를 이어 집권한 경우도 없어, 권력을 공고화하거나 권력을 세습하기 위해 동독 주민들을 적절히 긴장시킬 필요도 없었다. 서독 또한 장기 집권을 위한 도구로써 또는 정권 재창출을 위한 수단으로 동독과의 긴장관계를 형성하거나 '동풍'을 이용하지도 않았다.

독일의 국토분단과 국가분단은 진영의 책임세력들에 의해 강요된 것이었다. 그러나 이들은 분단을 극복하기 위해 민족적 분단을 창조하지는 않았다. 내전을 회피한 동서독 간의 갈등은 한반도의 갈등과 비교해 볼 때 미미한 것이었다. 오히려 독일은 강요된 분단을 민족적 협력으로 극복하고자 했고, 탈냉전으로 인해 강대국들에 의한 족쇄가 풀리자 내

---

14) 한완상, "축사", 통일연구원, 「한반도 냉전구조 해체방안(Ⅲ): 장기·포괄적 접근 전략」, 학술회의 총서 99-03(서울: 통일연구원, 1999), p. 2.

15) 박종철, "한반도 냉전구조 해체: 미국·남북한의 3각 구도의 한국의 정책대안", 전게서, p. 2.

재된 민족의 역량으로 통일을 달성했다.

한반도 냉전구조의 시발 책임은 강대국에게 있으나 이를 공고화하고 심화시킨 책임은 한반도에 있다. 따라서 한반도 냉전구조를 해체하기 위해서는 먼저 남북 사이에 형성된 냉전의 공고화와 심화된 부분을 남북 스스로가 유연하고 탄력성 있게 만들어야 하며, 종국적으로는 강대국들의 협조과정을 거쳐 분단 시발 이전으로 돌아가는 수순을 밟아야 한다. 한반도 냉전과정이 밖에서 안으로 진행되었다면 이의 해체 과정은 안에서 밖으로 진행되어야 할 이유가 여기에 있다.

2. 통합 시도와 역진

남북한이 통합을 시도한 것은 크게 4단계로 구분할 수 있다. 제1단계는 7.4공동성명이다. 세계적 데탕트 분위기 속에 서독은 동방정책을 추진하였고 남북한도 1972년 자주·평화·민족대단결이라는 7.4공동성명체제로 돌입하게 되었다. 그러나 공동성명체제의 생명은 길지 않았다. 데탕트의 분위기에 잠시 편승했던 남과 북은 곧바로 자생적 냉전구조로 환원되었다. 공동성명의 정신은 실종되었고 남과 북은 무한 대결 상태로 접어들었다. 남한은 유신체제로 접어들었고, 북한은 김일성 유일체제를 강화하면서 냉전구조는 더욱 공고화되고 고착화되는 결과를 초래하였다.

공산주의에 의해 베트남이 통일되었다는 심리적 동요감과 1974년부터 발견되기 시작된 일련의 남침 땅굴로 인한 북한에 대한 불신이 복합적으로 작용하면서 결국 남한은 개발 독재를 통하여 권력을 공고화함으로써 권위주의 정권을 재생산하게 되었다. 한편 북한은 1972년 개정된 사회주의 헌법에 주석제와 주체사상을 명시함으로써 왕조체제 구축과 정권세습의 길을 터놓았다. 이로인해 세계적 화해 분위기에 잠시 동참했던 공동성명체제는 붕괴되었다.

공동성명체제 마비 이후에도 한국은 '남북 상호불가침 협정체결'을 제의하고(1973년) 평화통일 기본원칙 등을 천명(1974년)한 반면, 북한은 남북연방제 주장(1973년), 북·미 평화협정체결 회담 제의(1974년), 남북 정치협상회의 소집 등을 제의(1977년)하였다.[16] 그러나 이것들은 모두 돌아오지 않는 메아리가 되고 말았다.

제2단계는 1991년의 기본합의서 체제였다. 그러나 이 체제의 생명도 그렇게 길지 못했다. 한반도 평화를 정착시킬 수 있는 구체적인 내용들이 합의되었지만 실천과 감시 감독을 전제로 한 공동위원회가 본격적으로 가동되기 직전, 북한은 NPT를 탈퇴함으로써 제1차 북핵위기를 일으켰고 한국의 팀스피리트 훈련 실시를 구실로 남북 고위급 회담을 거부했기 때문이다.

세계적 탈냉전의 분위기 속에서 북한은 2년여 간의 '시간벌이용' 남북회담을 통하여 서방세계가 한반도 문제를 간섭하지 못하도록 함으로써 체제 위기를 극복하였고, 위기의 종료와 함께 북은 다시 자생적 냉전구조로 복귀하였다. 공동성명체제 때와 달리 이번에는 북한이 위기의식을 느꼈다. 세계적 차원의 도미노식 공산주의 체제 붕괴가 북한에게도 적용될 수 있다고 판단했기 때문이다. 북한은 남북 사이의 전 분야에 걸친 교류·협력의 확대는 결국 북한 체제를 개방하는 결과를 초래할 것을 우려하여 남북회담을 중단할 필요가 있었던 것이다.

제3단계는 6.15공동선언 체제이다. 2007년까지 지속된 6.15체제는 화해 협력의 체제였다. 한국은 신기능주의에 입각하여 경제분야에서의

16) 여기에 대해서는 송대성, 「한반도 평화체제: 역사적 고찰, 가능성, 방안」(성남: 세종연구소, 1998), pp. 36-55를 참고할 것.

협력이 결국 정치 및 군사분야의 협력으로 이루어질 것이라는 신기능주의적 관점을 가지고 북한과의 교류 협력에 진력했다. 비료 및 쌀 지원, 개성 및 금강산 관광, 개성공단 조성 및 가동 등이 남북 교류협력의 결과물들이다. 그러나 북한은 이 기간 중에도 북방한계선(NLL) 근방에서 도발을 일으켰고 핵실험을 단행했다. 화해와 도발이라는 북한의 화전(和戰)양면 전략에 대해 한국이 '원칙에 입각한' 대북정책을 펼치면서 6.15공동선언 체제도 화석이 되어갔다.

제4단계는 판문점 선언, 평양 선언 체제라고 할 수 있다. 2018년 4월의 '한반도의 평화와 번영, 통일을 위한 판문점 선언'은 3개 장 13개 조항으로 이루어져 있는데 이를 요약해 보면 다음 〈표 11-2〉와 같다.

〈표 11-2〉 판문점 공동선언 요약

구 분	내 용
남북관계 개선/발전	• 기존 합의 내용 이행 • 각 분야의 대화와 협상 진행 • 개성 남북공동연락사무소 설치 • 다방면의 협력교류 및 접촉 • 남북 공동행사 추진 및 국제경기 공동 참가 • 이산가족 상봉 • 경의선·동해선 철도와 도로 연결 우선 추진
한반도 긴장상태 완화	• 적대행위 전면 중지, 5월 1일부 확성기 방송 및 전단 살포 중지 • 서해 북방한계선 일대 평화수역화 • 교류협력을 위한 군사적 보장책, 5월 중 장성급 군사회담 개최
한반도 평화체제 구축	• 기존 불가침 합의 준수 • 군사적 신뢰구축에 따른 단계적 군축 • 2018년 내 종전선언, 평화체제 구축 위한 3자, 4자회담 개최 • 핵없는 한반도 실현이 공동의 목표

9월 19일 체결된 '9월 평양 공동선언'은 6개 장 14개 항으로 구성되어 있다. 그러나 이것을 판문점 선언처럼 3개 분야로 나누어 비교해 보면 다음 〈표 11-3〉과 같다.

〈표 11-3〉 평양 공동선언 요약

구분	내 용
교류협력 증진 및 민족경제 발전	• 동, 서해선 철도 및 도로 연결 착공식 • 개성공단과 금강산관광 사업 정상화, 서해경제공동특구 및 동해관광공동특구 조성 • 자연생태계의 보호 및 복원 • 방역 및 보건·의료 분야 협력 강화 • 상설면회소 개소, 이산가족 상봉 및 영상편지 교환 • 10월 중 평양예술단의 서울공연, • 국제경기 공동진출, 2032년 하계올림픽 남북공동개최 유치 • 10.4 선언 행사, 3.1운동 100주년 행사 공동 기념
전쟁위험 제거와 적대관계 해소	• '판문점 선언 군사분야 부속합의서' 채택 • 남북군사공동위원회 가동
한반도 비핵화	• 동창리 엔진시험장과 미사일 발사대 영구적 폐기 • 미국이 상응조치시 영변 핵시설의 영구적 폐기, 추가적인 조치

북미정상회담도 열렸다. 2018년 6월 싱가포르에서 역사상 처음으로 정상회담아 열려 공동선언도 발표했다. 그러나 2019년 2월 하노이에서 개최된 2차 북미정상회담은 결렬되었다. 이렇게 되자 남북간의 관계도 경색되어 버렸다.

3. 분단의 극복

한반도 냉전구조를 해체하기 위해서는 한반도 분단의 역순, 즉 먼저 민족·사회적 분단이 극복돼야 하고, 그 다음에 국가분단이 그리고 최종적으로는 국토분단이 극복돼야 한다. 민족·사회적 분단을 극복하기 위해서는 남북 모두가 한반도의 법적·사회적 분단을 인정하고 더 이상 민족·사회적 분단이 발생하지 않도록 정전협정을 준수함으로써 상호 적대행위를 중지해야 한다. 국가분단을 극복하기 위해서는 체제 경쟁을 지양하고 남북 간 평화체제를 수립함으로써 사실상의 통일 상태를 이루어야 한다. 또한 국토분단을 극복하기 위해서는 모든 분야의 통합을 위한 통일 방안에 대해 합의를 도출해야 한다. 남북한은 공동성명 체제와 기본합의서 체제를 통한 평화적인 방법으로 분단을 극복하기 위한 현실 실험을 해 보았다. 그러나 한반도는 여전히 민족·사회적 분단의 극복 과정과 국가분단의 극복 과정에서 조금의 진전과 많은 퇴행만을 거듭하고 있을 뿐이다.

냉전구조의 해체를 도식화해보면 〈표 11-4〉와 같다.

〈표 11-4〉 냉전구조의 해체

한반도 분단전개	분단극복의 순서/목표	분단극복 내용
국토분단	국토분단의 극복 (법적통일)	통일체제 (모든 분야에서의 통합) ↑ 평화협정 체제 (평화관리기구 문제)
↓	↑	↑
국가분단	국가분단의 극복 (사실상의 통일)	평화체제 (남북화해, 불가침, 상호교류, 비핵화)
↓	↑	↑
민족·사회적 분단	민족·사회적 분단의 극복 (분단 인정)	정전협정 체제 (적대행위 금지, 군정위, 중립국감독위원회 가동)

4. 평화협정과 평화체제

정전협정은 교전 당사자였던 쌍방의 군사령관이 전쟁이 더 이상 계속되거나 확대하는 것을 방지하고 전쟁을 중지할 목적으로 체결한다. 따라서 정전체제는 정전협정에 의해 규정받고 유지되는 체제이다. 반면에 평화협정은 교전 당사자의 최고 사령관이 아니라 쌍방의 최고 지도자들이 전쟁을 영구히 종식시키고 상호화해와 협력을 통하여 평화상태를 유지할 목적으로 체결한다. 논리상 평화체제는 평화협정에 의해 규제받고 유지되는 체제라고 볼 수 있으나 반드시 평화협정이 전제되어야만 되는 것은 아니다.

정전협정은 정전체제를 가동하기 위한 최소한의 기본 전제조건이다. 심지어 정전협정이 존재해도 정전체제가 유지되지 못하고 다시 전화(戰禍)에 휩싸이는 경우도 많다. 정전체제는 교전 당사자 간에 일시적인 군사분계선과 완충지대가 설치되고 상호 적대행위를 금지하며 이를 감시 감독할 정전감시기구가 설치되고, 이 기구가 정전협정의 준수 여부를 감시, 감독함으로써 유지된다. 따라서 정전협정 없는 정전체제는 존재할 수 없다.

그러나 평화체제는 반드시 평화협정을 기본전제로 할 필요는 없다. 만약 정전체제도 제대로 가동되지 못하는 상황에서 평화협정을 체결한다면 그 평화협정은 사상누각에 불과할 뿐이다. 평화체제는 견고한 정전체제의 기반 위에서만 가능하다. 평화체제는 교전 당사자들이 적절한 기간 동안 정전협정을 철저히 준수한 후 양 당사자들이 좀 더 바람직한 방향으로 관계 설정의 필요성을 느꼈을 때 출범할 수 있다.

교전 당사자 간에 정전협정을 먼저 체결하고 국제기구가 이를 감시, 감독하는 이유는 전쟁기간 동안 누적된 교전 당사자들의 적대의식을 가라앉히고 이성을 회복하는 냉각기가 필요하기 때문이다. 교전 당사자들이 전쟁으로 얻는 이익보다 상호 공존을 통한 평화에 의한 이익이 많다고 인식할 때 비로소 평화체제는 가동될 수 있다. 따라서 평화체제는 협정이 전제조건이 되는 것은 아니다. 장기간 상호 적대행위를 하지 않는 것도 훌륭한 평화체제가 될 수 있다. 최소주의적 입장에서 보면 강건한 정전체제가 유지된다면 소극적 평화는 달성된 셈이며[17] 정전체제와 함께 평화체제도 가동된다고 볼 수 있다.

한반도 평화체제란 한반도의 남과 북이 전쟁의 위협으로부터 벗어나 평화롭게 공존하는 체제를 말한다. 정전협정은 당연히 존중돼야 하고 상호불신과 대결, 그리고 상호위협 요소는 감소되어야 하며 상호신뢰와 협력 그리고 상호의존이 확대되어져야 한다. 불행히도 지난 70여 년 동안 한반도의 남과 북은 정전체제 마저도 제대로 가동되지 못한 채 불안한 평화를 유지했을 뿐이다. 불안한 평화를 영속적인 평화로 전환시키고자 하는 노력은 네 번 있었으나 이마저도 오래지 않아 중단되었다. 오히려 정전체제마저도 위기를 맞이했던 기간이기도 하다.

북한은 정전협정 체결 이후 현재까지 정전체제를 무력화(無力化)하기 위해 끊임없이 노력했다. 1993년 북한이 NPT를 탈퇴함으로써 발생했던 제1차 핵위기를 전후하여 북한은 군사정전위원회와 중립국감독위원회를 와해시키기 시작했다. 1994년에는 군사정전위원회 대표였던 북한군 및 중국군 대표를 일방적으로 철수시켰으며, 1993년에는 중립국감독위원회의 공산측 대표였던 체코를, 1995년에는 폴란드를 강제로 철수시켰다. 정전체제의 양대 기구를 무실화시킨 북한은 1996년에는 판

17) 갈퉁은 평화를 적극적 평화와 소극적 평화로 대별한다. 소극적 평화는 폭력이 행사되지 않는 상태를 말하며 적극적 평화는 구조적 폭력이 제거된 상태를 말한다. 이에 대해서는 Johan Galtung, "Peace, Research, Education", *Essays in Peace Research*, Vol.1 (Copenhagen: Christian Ejlers, 1975), p. 29.

문점 공동경비구역(JSA)에 중무장 병력을 투입하기도 했다.

육상에서의 정전협정 무력화가 어느 정도 성공했다고 판단한 북한은, 새로운 밀레니엄의 시작을 전후하여 NLL을 무력화하기 위한 도발을 시작했다. 1,2차 연평해전, 대청해전, 천안함 폭침, 연평도 포격 도발 등이 이런 사례에 속한다. 사실 북한은 정전협정 체결 이후 현재까지 무려 43만 건이 넘을 정도로 정전협정을 위반해 왔다. 한반도 정전체제가 동서고금을 통하여 가장 오랜 역사를 지녔다는 점에서 부끄러운 일이다. 북한이 정전협정만이라도 제대로 준수했더라면 남북한은 이미 정전협정을 넘어 평화협정을 체결하고 평화로운 통일을 달성했을 수도 있었을 것이다. 그러나 북한의 끊임없는 도발과 위협, 그리고 정전협정 무력화 전략으로 인해 최소한의 평화보장체제인 정전체제마저도 위기에 처해 있는 것이 오늘의 현실이다.

남북한의 관계를 규정짓고 있는 것은 정전협정만이 아니다. 남북한의 군사관계를 규정하고 있는 것이 정전협정이라면 남북한의 포괄적 관계를 규정하고 있는 합의서 및 공동선언도 있다. 남북한 당국자의 자유로운 의사로 체결하고 1992년에 발효된 남북기본합의서, 부속합의서, 그리고 한반도 비핵화 공동선언 등이 바로 이런 것들이다. 남북화해, 남북불가침, 그리고 남북 교류 및 협력에 관한 기본합의서 및 부속합의서와 비핵화 공동선언은 '사실상의 통일'(de facto unification)에 가까운 합의였다. 그러나 25여 년이 지난 지금 이런 종이 문서는 한반도에 아무런 평화도 보장해 주지 못했고 오히려 북한은 핵무장 국가로 치닫고 있다. 정전체제가 굳건히 유지되어야 이를 뛰어넘는 평화체제에 대한 논의를 시작할 수 있다. 이것이 상식임에도 불구하고 북한은 오히려 정전체제를 파괴시킴으로써 평화협정을 체결할 수 있을 것으로 착각하고 있는 것이다.

그렇다면 최대주의적 관점에서 가장 높은 수준의 평화체제란 무엇인가? 이는 평화체제의 최종상태(end state)를 설정해보면 된다. 가장 높은 수준의 평화체제는 남북한이 서로의 실체를 인정하는 가운데 전쟁의 위협 없이, 상호 자유롭게 교류하며 공동번영하는 상태라고 할 수 있다. 쉽게 말하면 한국과 미국, 또는 한국과 중국처럼 사이좋게 지내는 것을 말한다.

남북한의 신뢰구축과 화해·협력 없이 평화협정을 체결하는 것은 아무런 의미가 없다. 공고한 정전체제도 유지하지 못한 상태에서 평화협정을 체결하는 것은 오히려 남북한뿐만 아니라 관련 당사국들의 관계 불화를 가져올 수 있다. 그나마 한반도에 불안한 평화가 유지될 수 있었던 것은 정전협정 때문이 아니라 유엔사와 주한미군의 역할 때문이라고 한다면[18] 단순한 평화협정 체결은 적극적 평화는 고사하고 소극적 평화마저도 위태롭게 할 수 있다. 미국과 북베트남 사이에 체결된 평화협정이 이를 잘 보여주고 있다.

통일방안은 통일에 대한 정부의 입장, 통일의 원칙, 통일에 대한 접근방식과 함께 그 실행까지 포함하는 구체적 밑그림이다. 그러나 통일방안은 시대에 따라 조금씩 변할 수밖에 없다. 그럼에도 불구하고 통일방안에 대한 남북한의 입장은 뚜렷이 구별된다고 볼 수 있다. 남북한의 통일방안을 비교해보자.[19]

---

18) 이종선, “정전협정의 평화협정에로의 전환: 문제점 및 전망”, 인제대학교 인문사회과학연구소 「한반도 평화체제와 통일」(인천: 으뜸 출판사, 1999), p. 15.

19) 이 부분은 통일부 통일교육원, 『2017 통일문제 이해』(서울: 통일교육원, 2017), pp. 135-156의 내용을 요약한 것이다.

5. 남북한 통일방안 비교

(1) 한국의 통일방안

한국은 일관되게 '선 평화 후 통일'이라는 정책기조를 유지해 왔다. 1960년대까지는 '선 성장 후 통일'의 원칙을 견지해 왔으나 데탕트 분위기 속에서 체결된 7.4공동성명을 전환점으로 '선 평화 후 통일'로 정책기조를 바꾸었다. 제5공화국 정부는 통일헌법의 제정으로부터 남북 총선거를 통한 통일 민주공화국 완성에 이르는 일련의 과정을 구체적으로 열거한 '민족화합 민주통일방안'을 제시하기도 했다.

1987년 개정된 헌법에 '자유민주적 기본질서에 입각한 평화적 통일 정책의 수립'이 명시되었고 이를 근거로 제6공화국의 노태우 정부는 1989년 현재 한국의 통일 방안의 초석이라고 할 수 있는 '한민족 공동체 통일방안'을 제시하였다. 자주 · 평화 · 민주라는 통일 원칙하에 남북 대화를 통해 신뢰를 회복하고 남북 정상회담을 통해 '민족 공동체 헌장'을 채택하고, 남북의 공존공영과 민족사회의 동질화, 민족공동생활권의 형성 등을 추구하는 과도적 통일체제인 '남북연합(The Korean Commonwealth)'을 거쳐, 통일헌법이 정하는 바에 따라 총선을 실시하여 통일국회와 통일정부를 구성함으로써 완전한 통일국가인 통일민주공화국을 수립한다는 것이다.

1994년 김영삼 정부는 '민족 공동체 통일방안'이라는 한민족 공동체 건설을 위한 3단계 방안을 제시했는데, 화해협력 단계와 남북연합단계를 거쳐 궁극적으로 1민족 1국가 1체제 1정부의 통일 국가를 완성해 나간다는 것이다. 그 이후 현재에 이르기까지 한국의 모든 정부들은 민족 공동체 통일방안을 그대로 계승하고 있다. 6.15 공동선언에서의 '남북연합'도 민족 공동체 통일방안에서의 '남북연합'과 비슷한 개념이다.

한국의 통일 방안은 남북한의 현실을 고려할 때 점진적·단계적 접근이 통일에 이르는 가장 효과적인 방법이라는 전제 하에 '선 평화구축 후 평화통일'이라는 입장을 체계화한 것으로서 신기능주의에 입각한 통일방안이라고 할 수 있다. 남북한이 우선 화해협력을 통해 상호 신뢰를 쌓고 민족공동체를 건설해 나가면서 그것을 바탕으로 정치통합의 기반을 조성해 나가려는 방안이다. 윤석열 정부는 한국의 통일방안이 30년 전에 마련된 것이기에 자유민주적 가치가 반영된 새로운 통일방안을 마련하고자 한다.

(2) 북한의 통일 방안

북한은 1997년 통일문제에 관한 북한의 입장을 집약한 김정일의 논문을 발표하면서 '조국통일 3대 원칙,' '고려민주공화국 창립방안,' '전민족단결 10대 강령'을 조국통일 3대 헌장으로 규정하였다. 그러나 남북한이 합의한 것은 조국통일 3대 원칙뿐이다. 북한의 통일 방안은 '남조선 혁명'을 목표로 하는 대남전략을 기초로 하여 시대적 조건과 환경에 따라 변화를 거듭해 왔다.

북한의 통일 방안을 시기별로 요약해 보면, 초기 통일방안은 '하나의 조선'논리에 입각한 '민주기지론'[20]에 의한 무력적화 통일이었다. 한국에서 4.19혁명이 일어나자 북한은 '남조선 혁명론'으로 발전시켰고 이때 북한은 과도적 조치로서 '남북연방제'를 처음으로 제기하였다. 남조선 혁명론과 '연방제 통일방안'은 1973년의 '고려연방제'를 거쳐 1980년 '고려민주연방공화국 창립방안'으로 구체화 되었으며, 1991년에는 '1민족 1국가 2제도 2정부'에 기초한 연방제로 전환되었다.

---

20) 북한은 1946년에 주장한 민주기지론이란 전 한반도를 공산화하기 위해 북한에 먼저 기지를 구축하여 북한을 공산체제로 만들고 그 다음에 남한을 공산화한다는 논리였다. 북한의 민주기지론은 6.25남침으로 실행되었다.

고려민주연방제 창립방안은 ‘자주적 평화통일을 위한 선결조건,’ ‘연방제의 구성원칙과 운영 원칙,’ ‘10대 시정방침,’ 등 크게 3가지 내용으로 구성되어 있다. 대표적인 선결조건을 요약해 보면, 반공법, 국가보안법 등의 폐지, 미국과의 평화협정 체결, 주한미군 철수 등이다.

1991년에 발표된 북한의 연방제를 요약해 보면 다음과 같다. 통일국가의 형태는 남북 두 지역 정부가 동등하게 참가하는 ‘1민족 1국가 2제도 2정부’의 연방국가이며 제도 통일은 후대에 일임한다는 입장을 취하고 있다. 또한 통일국가의 성격은 자주 · 평화 · 비동맹의 독립국가로 규정하고 있다. 통일과정에 대해서는 여전히 선결조건을 계속 주장하고 있다. 통일 이념은 주체사상과 공산주의를 내세우고 있으며 통일의 주체는 ‘인민’임을 강조하고 있다. 북한은 과도적 기구를 상정하지 않고 ‘민족통일 정치협상회의 개최 → 통일방안 협의 결정 → 고려민주공화국 선포’ 등의 과정만을 제시하고 있다. 6.15 공동선언에 명시된 ‘낮은 단계의 연방제’란 “1민족 1국가 2제도 2정부의 원칙에 기초하되 남북의 현 정부가 정치, 군사, 외교권을 비롯한 현재의 기능과 권한을 그대로 보유한 채 그 위에 민족통일기구를 구성하는 것”을 의미하는 것이다. 따라서 북한의 통일 전략은 ‘선 남조선혁명, 후 공산화 통일’노선으로 체계화되어 일관되게 전개됐다고 볼 수 있다.

김정은은 2023년 말 개최된 노동당 중앙위원회 전원회의와 2024년 1월 초에 개최된 최고인민회의 시정연설을 통해 반통일 정책을 발표했다. 그는 한국을 주적으로 규정하면서 한반도에는 2개의 적대적 국가가 존재한다고 했다. 평화, 통일, 화해와 같은 용어를 사용하지 못하도록 하면서 대남 관련 기구를 해체하고 심지어 3대 헌장탑마저 철거했다. 개성공단으로 가는 도로와 금강산 관광 도로에는 지뢰를 매설하기도 했다. 통일은 고사하고 한국과의 관계를 완전히 차단하겠다는 의지의 표현으로 보인다.

(3) 통일 방안 비교

남북 양측의 통일방안은 기본적으로 통일의 기본 철학과 접근방법, 통일국가의 형태 등에 있어서 큰 차이점을 나타내고 있다. 한국의 민족공동체 통일방안과 북한이 주장해 왔던 고려연방제 통일 방안을 비교해 보면 다음 〈표 11-5〉와 같다.

〈표 11-5〉 남북한 통일방안 비교

	민족공동체 통일방안	고려연방제 통일방안
원칙	자주 · 평화 · 민주	자주 · 평화 · 민족대단결
주체	민족 구성원 모두	프롤레타리아 계급
철학	자유민주주의(인간 중심)	주체사상(계급 중심)
전제조건	없음	국가보안법 폐지, 공산주의 활동 활성화, 주한미군 철수
통일과정	화해협력 → 남북연합 → 통일국가 * 민족통일 → 국가통일	연방국가의 점차적 완성(제도통일은 후대에) * 국가통일 → 민족통일
과도통일 체제	정상회담에서 남북연합헌장 채택, 남북합의로 통일헌법 제정하여 국민투표로 확정	없음
통일국가 실현체제	통일헌법에 의한 민주적 남북한 총선거	연석회의 방식에 의한 정치협상
통일국가의 형태	1민족 1국가 1체제 1정부의 통일국가	1민족 1국가 2제도 2정부의 연방국가
통일국가의 기구	통일정부, 통일국회(양원제)	최고민족연방회의, 연방상설위원회
통일국가의 미래상	자유 · 복지 · 인간존엄성이 보장되는 선진민주국가	자주 · 평화 · 비동맹의 독립 국가

* 출처: 통일교육원, 『2018 통일문제 이해』(서울: 통일교육원, 2018), pp. 98-116.

북한의 통일방안은 구 소련 연방을 모델로 한 연방주의 이론에 기초하고 있으며 '선 남조선혁명, 후 공산화 통일'을 위하여 정치통합을 우선시하고 있다고 볼 수 있다. 한편 한국의 통일방안은 유럽연합을 모델로 한 신기능주의 이론에 기초하고 있으며 화해 협력을 통하여 신뢰를 쌓고 분야별 통합을 이루어 나가면서 국민투표를 통하여 통일을 이루어 나가자는 방안이라고 할 수 있다.

토론 주제

1. 통합의 수준과 위협과는 어떤 관계가 형성되는가?
2. 연합, 연방, 통일, 통합은 어떻게 구분되는가?
3. 영국과 과거 대영제국의 일부였던 국가들로 구성된 조직을 Commonwealth, 즉 영연방이라고 하는데 영연방의 통합 정도는 어느 정도인가?
4. 신기능주의자인 하스는 유럽의 통합과정을 지켜보면서 자신의 이론을 폐기한다고 발표했는데 오히려 오늘날의 EU가 신기능주의에 바탕을 두고 있는 것은 아닌가?
5. AU와 ASEAN Community가 EU 정도의 통합이 될 가능성이 있는가?
6. 예멘의 합의에 의한 통일이 왜 실패했다고 보는가?
7. 독일의 통일과정이 한반도에 적용될 수 있다고 보는가?
8. 평화체제는 반드시 평화협정 체결이 전제되어야 하는가? 북한이 정전협정도 제대로 지키지 않으면서 평화협정 체결을 주장하는 이유는 무엇인가?
9. 남북한 경제통합의 가능성은 있는가?
10. 북한의 두 국가론은 동독의 두 국가론과 비슷한 면이 있는데, 그렇다면 북한도 동독의 뒤를 따라갈 것으로 보는가?

더 읽으면 좋은 글

1. 김수남, 『분단국통일의 필요조건과 충분조건』(서울: 봉명, 2006).
2. 송대성, 『한반도 평화체제: 역사적 고찰, 가능성, 방안』(성남: 세종연구소, 1998).
3. 정용길, 『독일: 1990년 10월 3일』(서울: 동국대학교 출판부, 2009).
4. 홍익표 · 진시원, 『남북한 통합의 새로운 이해』(서울: 오름, 2004).
5. 통일교육원, 『2018 통일문제 이해』(서울: 통일교육원, 2018).
6. 김열수 · 김경규, 『한국안보: 위협과 취약성의 딜레마』(파주: 법문사, 2019)

P·A·R·T

05

위협 및 취약성 감소와 국가안보

제3부는 취약성을 감소시키기 위한 국가안보 정책으로 자주국방, 동맹, 그리고 세력균형 등을 다루었다. 제4부는 위협을 감소시키기 위한 국가안보 정책으로 집단안보, 군비통제, 그리고 통합 등을 다루었다. 제5부에서는 위협과 취약성을 동시에 감소시키기 위한 국가안보 정책으로 다자안보협력을 다루고자 한다.

어떤 하나의 정책만으로 국가안보를 담보할 수는 없다. 대부분의 국가들은 통상 위협을 감소시키는 정책 중의 일부, 그리고 취약성을 감소시키는 정책 중의 일부를 선택하여 자국의 안보를 담보하고자 노력한다. 한국도 자주국방을 추진하면서 미국과 군사동맹을 유지하고 있고 미국에 편승하는 정책을 추진하고 있다. 또한 한국은 각종 국제법을 준수하면서 집단안보체제의 회원국으로서 권리와 의무를 수행하고 있고 특히, 대량살상무기와 관련된 군비통제 조약에 대부분 가입하고 있다. 또한 한국은 남북한 통합을 위해 신기능주의에 입각한 통일 정책을 추진하고 있다. 안보환경의 차이로 인해 각 국가가 추진하는 안보 정책의 방점은 다소 다를 수는 있다.

취약성과 위협을 동시에 감소시키는 안보 정책이 있을 수 있다. 이것이 제12장에서 다룰 주제이다. 잠재적 적대 국가끼리 서로 협력을 통하여 상호 신뢰를 증가시킴으로써 위협을 감소시키고 서로가 적절한 군사력을 유지하도록 합의함으로써 취약성도 적절히 감소시키는 방안이 여기에 해당된다. 20세기 후반에 등장한 이 개념은 탈냉전기 동안 각광을 받았으나 현재는 그 동력이 떨어진 상태이다. 어쨌든 제12장에서는 다자안보협력을 다루고 제13장에서는 다자안보협력의 실체 중의 하나인 국제사회의 평화활동을 다루고자 한다.

제 12 장 다자안보협력

개 요

위협을 제거하거나 완화하려면 국가들 간에 높은 수준의 공동체가 형성되어야 한다. 통일이 가장 높은 수준의 공동체가 될 것이고 그 뒤를 이어 연합이나 연방, 그리고 부문별 통합이 될 것이다. 물론 집단안보, 군비통제 등을 위한 공동체가 있으나 이런 것들은 통합에 비해 공동체에 대한 충성심이 낮다. 높은 충성심을 요구하는 지구적 차원의 공동체 창설이 희망이지만 현실은 이를 따라가지 못한다.

위협의 완전한 제거가 한계가 있다는 현실을 인정하면 안보딜레마가 생기게 된다. 그러나 국제체제의 한계로 인해 현실도 인정하고 안보딜레마도 해결할 수 있는 방안이 그렇게 쉽게 떠오르지 않았다. 안보딜레마를 해결하기 위해서는 잠재적 적을 '동료'로 인정해야 하기 때문이다. 1980년대 초 신냉전의 위협이 이런 인식을 바꾸게 되는 계기가 되었다. 공멸에 대한 두려움이 새로운 돌파구를 연 셈이다.

공동체와 전쟁은 서로 반대되는 개념이다. 공동체란 서로의 차이점을 인정하고 서로 이해하면서 공동의 번영을 누리면서 살아가는 집단을 말한다. 국가를 통제할 수 있는 상위 기구가 없는 현실에서 공동체가 유지되려면 상호간에 신뢰를 형성하여 서로를 위협하지 말아야 하며 취약성에 대한 대비를 할 수 있도록 '적절한' 군사력을 유지하도록 허용해 주어야 한다.

국가 자율성을 거의 그대로 간직한 채 국가들 사이에서 접촉과 거래가 높은 수준에서 이루어지면 위협과 취약성을 동시에 어느 정도 감소시킬 수 있다는 개념이 바로 복합적 다자주의(Complex Multilateralism)이다. 이것은 정부가 더 상위의 지배 기구에 흡수되지 않은 상태에서 그들의 행동에 대한 중요한 제한을 받아들이는 것을 말한다. 복합적 다자주의에 근거한 다자안보협력의 개념 속에 공동안보(Common Security), 포괄안보(Comprehensive Security), 그리고 협력안보(Cooperative Security) 등이 있다. 제12장은 다자안보의 핵심인 공동안보와 협력안보의 개념 및 발전, 다자안보레짐의 사례, 그리고 동아시아에서 태동되고 있는 동아시아 안보협력 문제를 다룰 것이다. 포괄안보는 이미 제5장 부문별 안보에서 다루었다.

제1절 공동안보

1. 개 념

안보딜레마 개념은 1980년대 초 공동안보 및 협력안보를 향한 분위기를 조성하는 데 결정적이었다.[1)] 구 소련의 아프가니스탄 침공에 이어 레이건(Ronald Wilson Reagan) 미국 대통령이 소위 말하는 '별들의 전쟁'이 가능한 전략방위구상(Strategic Defense Initiative)을 발표하자 핵전쟁의 위험은 어느 때보다도 더 높아졌다. 양 강대국의 도전과 응전은 불을 보듯 뻔한 상태에서 국제사회는 어떤 돌파구 마련이 필요했다.

군축문제와 안보문제를 다루기 위해 1980년에 전 스웨덴 총리 팔메(Sven Olof Joachim Palme)가 창립했던 '군축 및 안보문제 위원회' (Independent Commission on Disarmament and Security Issues)'가 1982

---

1) Michael Mihalka, "Cooperative Security: From Theory to Practice," in Richard Cohen and Michael Mihalka, eds., *Cooperative Security: New Horizons for International Order*(Garmisch-Partenkirchen, Deutschland: George C. Marshall European Center for Security Studies, 2001), p. 36.

년 UN 특별군축총회에 핵전쟁의 위험성을 경고하고 안전보장의 점진적 접근을 촉구하는 내용의 보고서를 제출하자[2] 세계는 이 문제에 대해 관심을 표시하기 시작했다. 이 보고서에 핵전쟁으로 인한 공멸의 위험과 이를 극복하고자 하는 공동안보라는 개념이 등장했기 때문이다. 신냉전이 시작되던 1980년대 초 '적과의 동침'을 통한 새로운 안보 개념이 등장한 것은 역설적이기도 하다.

이 보고서는 오인과 사고로 원치 않는 전쟁이 일어날 가능성에 대하여 공동으로 인식하게 된 이상 전략적 상호의존의 세계에 있어서 생존을 보장하기 위한 우적(友敵)간의 협력이 필요함을 강조하였다. 보고서가 제안한 공동안보는 군사력 건설을 통한 절대안보나 군비경쟁을 통한 일방적 안보보다는 잠재적 적대국가 간에 호혜적인 안보를 지향할 것을 요구하고 있다. 상대국의 안보를 인정함으로써 자신의 안보도 보장받을 수 있기 때문에 이것이 서로에게 이익이라는 것이다.

팔메위원회(Palme Commission)로부터 촉발된 공동안보 개념[3]은 탈냉전을 전후하여 포괄안보 및 협력안보[4]개념으로 발전하였다. 공동안보

---

2) 밴스 전 미국 국무장관, 오웬 전 영국 외무장관, 치란케비치 전 폴란드 국무총리, 알바토프 소련공산당 중앙위원 등이 참여했던 이 위원회는 1982년 6월 "Common Security: A Programme for Disarmament"라는 보고서를 제출하였으며, 1989년 4월 "Common Security in the Twenty-first Century"라는 최종보고서를 끝으로 막을 내렸다. 여기에 대해서는 L. Palme, "Co-operation for Common Survival, not Threat of Mutual Destruction," *New Perspectives*, Vol.19(March 1989), p. 2를 참고할 것.

3) 공동안보에 관한 문헌은 다음을 참고할 것. SIPRI, SIPRI *Yearbook 1984*(London: Taylor & Francis, 1984), pp. 584-591; Raimo Vayrynen, ed., *Policies for Common Security*(London: Taylor & Francis, 1985); O. Wæver, *A Few, Somewhat Critical, Notes on the Concept of Common Security*(Copenhagen, 1988); Geoffrey Wiseman, "Common Security in the Asia-Pacific Region," *The Pacific Review*, Vol.5, No.1(1992); Andrew Butfoy, *Common Security and Strategic Reform: A Critical Analysis*(New York: St. Martin's Press, 1997).

4) 카터 등이 제시한 협력안보에 대한 주요 내용은 ⅰ) 핵억제 및 협력적 비핵화, ⅱ) 재래식 군사력의 방어적 배치, ⅲ) 침략에 대한 국제적 대응, ⅳ) 군사력 투자와 확산에 대한 규제, ⅴ) 군사력의 투명성 등으로 요약할 수 있다. 이에 대해서는 Ashton B. Carter, Willian J. Perry and John D. Steinbrunner, A *New Concept of Cooperative Security*(Washington D.C: The Brookings Institution, 1992), pp. 11-41을 참고할 것.

개념은 적대국과의 공존을 통해야만 진정한 국가안보를 달성할 수 있다는 가정에서 출발한다. 공동안보는 서로 경쟁하는 가운데 상대방의 존재를 인정하고 상대방의 안보도 보장함으로써 우발적인 전쟁의 위험을 줄이고 동시에 자국의 안보도 추구하려는 공존의 개념인 것이다. 팔메위원회가 1982년 유엔에 제출한 보고서는 '최소한의 핵억지, 적대국과의 군사협력, 안보문제의 포괄적 접근, 그리고 집단안보 및 군축의 필요성'을 공동안보의 전략으로 제시하고 있다.[5] 공동안보는 안보관계의 상호의존성을 강조하고, 상호확증파괴(MAD)보다 대화를 통한 상호이해와 위협의 완화로 상호 안보를 추구할 것을 강조한다.

공동안보의 핵심은 적대국 간의 위협도 감소시키고 취약성도 감소시키는 것을 목표로 한다. 그러나 여기서 표현되고 있는 취약성 감소는 취약성을 최대한 감소시키기 위한 자주국방이나 동맹과는 상반되는 개념이다. 즉, 취약성을 최대한으로 감소시키는 것이 아니라 '적절한' 수준으로 감소시키는 것을 의미한다. 보고서에 등장하는 적대국과의 군사협력, 집단안보 및 군축 등은 위협의 감소에 초점을 맞추는 것을 의미하고 최소한의 핵억지는 취약성을 '적절한' 수준으로 감소시키는 것을 의미한다. 적대국과 군사협력을 달성하려면 전쟁 준비태세를 방어적으로 바꾸어야 하고 또 공격 역량에 해당되는 군사력의 수준도 낮추어야 한다. 전자는 방어적 방위(defensive defense)에 해당하고 후자는 합리적 충분성(reasonable sufficiency)에 해당한다.

방어적 방위란 전쟁 준비태세에 대한 전략적 기조를 의미한다. 즉, 공격적 전쟁 준비태세를 방어 및 예방 목적의 방어적 준비태세로 전환하는 것을 말한다. 군사력을 전쟁에서 승리하기 위한 수단이 아니라 전

---

5) Geoffrey Wiseman, "Common Security in the Asia-Pacific Region," *The Pacific Review* Vol.5, No.1(1992), pp. 42-43.

쟁을 사전에 예방하고 방어하는 수단으로만 사용해야 한다는 것이다. 이 전략적 기조 속에는 상호신뢰 구축과 군비통제, 그리고 방어 위주의 군사교리와 방어형 무기체계로의 전환 등이 포함된다.

합리적 충분성이란 방어적 방위 전략을 뒷받침하는 군사력의 수준을 의미한다. 즉, 합리적 충분성이란 방어에 필요한 최소한의 억제력을 확보하는 것으로써, 상대방의 핵공격을 억제할 수 있도록 최소한의 보복능력을 보유하는 것을 말한다. 재래식 군사력의 경우는 영토를 방위할 수 있는 최소한의 군사력 수준, 즉 거부능력(denial capability)을 의미한다.[6)]

2. 공동안보의 적용

공동안보 개념이 현실화되기 시작한 것은 구 소련의 고르바초프의 등장 이후였다. 고르바초프는 개혁과 개방을 추진하면서 서구와의 관계 개선에 힘을 쏟았다. 미국과 구 소련은 핵무기를 감축하고 또 전 세계에 배치되어 있던 전술 핵무기를 철수함으로써 서로에 대한 위협을 감소시켰고 방어 준비태세로 전환하였다.

1991년 7월, 미국과 구 소련은 전략 핵탄두, 탄도미사일, 전략 폭격기 등을 현재의 1/2 수준으로 감축하는 전략무기감축협정(START-Ⅰ)에 서명[7)]하였다. 고르바초프 대통령의 모든 전술 핵무기 철수 및 파괴연설(1991.10)에 이어 미국의 부시 대통령도 동맹국에 배치했던 단거리 미

---

6) Andrei A. Kokoshin, "On the Military Doctrines of the Warsaw Pact and NATO," in Robert D. Blackwill and F. Stephen Larrabee, eds., *Conventional Arms Control and East-West Security*(Durham: Duke University Press, 1989), p. 224.

7) 1991년에 서명되고 1994년에 발효되었다. 발효가 늦어진 이유는 소련 공화국이었던 우크라이나, 카자흐스탄, 벨로루시가 독립하여 핵무기 국가가 되자 이들을 비핵국가화 한 후에 발효되었기 때문이다.

사일용 핵탄두와 전술핵무기를 미국으로 철수하여 이를 해체하고 전략폭격기의 일일 경고 임무와 대륙간탄도탄(ICBM)의 경고 임무를 해제한다고 발표(1991. 11)하였다.[8] 이로써 전투준비태세가 방어 위주로 바뀌었고 핵군축으로 인해 서로 간의 위협도 감소하였다.

또한 양국은 구 소련 해체 이후 벨로루시, 카자흐스탄, 우크라이나에 흩어져 있던 전술 및 전략 핵무기, 그리고 미사일 발사대 등을 해체하기 위해 협력하였다. '협력적 위협 감소(CTR: Cooperative Threat Reduction) 프로그램'으로 알려진 넌-루가(Nunn-Lugar) 법안에 의한 미국의 자금 지원으로 1996년까지 세 공화국으로부터 약 3,800기의 전략 핵탄두가 러시아로 이전하였다. 또한 1,200기의 러시아 전략핵탄두도 해체되었으며 445개의 ICBM 지하 저장고도 파괴되었고 230기의 SLBM도 파괴되었다.

특히 구 소련 해체의 유산으로 갑자기 176기의 ICBM(130기의 SS-19, 46기의 SS-24), 약 3,000기의 전술 핵무기, 약 600기의 크루즈 미사일, 그리고 42대의 전략 폭격기 등을 보유하여 세계 제3위의 핵무기 보유국[9]이었던 우크라이나를 비핵국가로 만든 것은 미국과 구 소련이 노력한 공동안보의 유산이었다. 이로써 1996년 말 세 공화국들은 비핵국가가 되었다.[10] 구 소련 공화국들의 핵무기 제거를 위한 미국과 구 소련의 협력은 1995년 NPT를 무기한 연기시키는 데 결정적인 역할을 했다. 또한 CTR 프로그램은 구 소련 핵과학자의 외국으로의 확산 방지에

---

8) James E. Goodby, "Preventive Diplomacy for Nuclear Nonproliferation in the Former Soviet Union," Bruce W. Jentleson, ed., *Opportunities Missed, Opportunities Seized: Preventive Diplomacy in the Post-Cold War World*(New York: Rowman and Littlefield Publishers, Inc., 2000), p. 113.

9) Roman Popadiuk, *American-Ukrainian Nuclear Relations*(Washington: Institute for National Strategic Studies, National Defense University, 1996), p. 2.

10) Jason D. Ellis, *Defense by Others: The Politics of US-NIS and Nuclear Security Cooperation*(Westport: Praeger Publishers, 2001), Ch.1 and Ch.2.

도 기여하였고 구 소련의 화학무기 제거에도 기여하였다.

제2절 협력안보(Cooperative Security)

1. 개 념

협력안보가 세계적 관심의 대상이 된 것은 탈냉전이 가져온 적대감의 해소, 새로운 위협의 등장, 그리고 다양한 분야에서의 상호 의존의 증가와 무관하지 않다. 협력안보는 개별국가의 영역을 초월하여 범세계적으로 발생하는 여러 가지 위협을 국가 간 협력이나 초국가적 기구를 통해 해결할 시대적 요구에 부응하기 위해 출현했다고 볼 수 있다.

공동안보가 안보의 주체(subject)에 초점을 맞춘 것이라고 한다면, 제5장에서 다룬 포괄안보는 안보 부문에 초점을 맞춘 것이다. 협력안보는 공동안보와 포괄안보를 합친 것이기 때문에 협력안보는 안보 주체와 안보 부문의 확대라고 볼 수 있다. 공동안보가 상대국의 존재를 인정하고 그들의 안보이익과 동기를 존중하면서 상호공존을 모색한다는 차원에서는 협력안보와 같다. 그러나 협력안보는 전통적인 안보쟁점들뿐만 아니라 다양한 안보쟁점들을 관리하고 해결하기 위하여 보다 적극적으로 양자 간 혹은 다자 간에 해결방안을 모색한다는 점에서 한 차원 발전된 개념이라고 할 수 있다.

협력안보의 특성을 요약하면 다음과 같다. 첫째, 협력안보는 위협을 예방할 목적으로 예방외교 활동을 중시하는 경향이 있다.[11] 예방외교를

11) Janne E. Nolan, "The Concept of Cooperative Security," in Janne E. Nolan, ed., *Global Engagement: Cooperation and Security in the 21st Century*(Washington D.C.:

하게 되면 우발적 전쟁 위험을 줄이고 상대의 군사력 운용에 대한 불확실성(uncertainty)을 감소시키고 투명성(transparency)과 예측가능성(predictability)을 높여 기습공격의 위험을 줄일 수 있다. 낮은 수준에서의 협력안보는 갈등적 쟁점에 대한 협력적 접근을 통해 사전에 위협을 해소할 수 있을 뿐이지만, 높은 수준에서의 협력안보는 안보전략, 방위예산, 군사적 대비태세 등에 대한 투명성 확보로부터 군대배치와 무기획득 등에 대한 합의된 규제에 이르기까지 제도화를 통해 위협을 예방할 수 있다.[12]

둘째, 협력안보는 쌍무적 안보외교보다 다자간 안보외교에 초점을 맞추는 경향이 있다. 낮은 수준에서는 주로 쌍무적인 접근에 의해 구체화된 협력안보의 형태가 나타나지만, 높은 수준에서는 주로 다자적 접근에 의한 구체적 형태가 나타나게 된다.[13]

셋째, 협력안보는 국가 간 협력 장치를 제도화하려는 노력을 내포하고 있는데, 협력안보가 지향하는 궁극적인 협력장치는 안보레짐의 구축이라고 할 수 있다. 안보레짐이 구축되기 위해서는 세 가지 조건이 필요하다.[14] 우선, 강대국들이 안보레짐 창출을 선호해야 한다. 이는 모든 국가들이 현상유지(status quo)에 만족해야 한다는 것을 의미하며, 결국 현상변경은 값비싼 대가를 지불해야 하거나 무력에 호소해야 한다는 것을 의미한다. 현상파괴 세력이 실제로 있거나 또는 있을 것으로 예상되면 레짐의 창출이 곤란하며, 역으로 레짐이 형성되려면 비록 소수이긴 하지만 현상타파 세력이 없어야 한다는 것을 의미한다.

The Brookings Institution, 1994), p. 4.

12) Harry Harding, "Cooperative Security in the Asia-Pacific Region," in Janne E. Nolan, eds., *ibid.*, p. 443.

13) 김연수, "협력안보의 개념과 국제적 적용: 북미관계에의 시사점," 『한국정치학회보』, 제38집 5호(2004년 겨울), 281쪽.

14) Robert Jervis, "Security Regimes," *International Organization*, Vol.36, No.2(1982), pp. 360-362.

또한, 행위자들은 다른 행위자들도 상호 안보 및 협력에 대해 가치를 부여하고 있다고 확신을 가지고 있어야 한다. 원칙면에서 보면 이 조건은 대단히 간단하나 실제상에서 보면 그렇지도 않다. 즉, 특정 행위자가 세력팽창의 기회를 보류할 것인가의 여부를 판단하는 것이 어렵다는 뜻이다. 결국 상호 간의 신뢰에 대한 가치와 확신에 따라 레짐이 창출되고 또 유지되는 것이다.

마지막 조건은 전쟁과 개별적 안보 추구가 고비용이 소요될 것이라는 믿음을 가질 때 안보레짐이 형성되는 것이다. 만약 국가들이 전쟁이 더 많은 이익을 제공할 것이라고 믿는다면 안보레짐은 형성될 수 없다. 또한 국가들이 국내산업을 지원하기 위해 군사력을 건설하는 것이 긍정적이라고 생각한다면 군비통제를 위한 협조에는 무관심할 수밖에 없다. 만약 안보영역에서의 적대감이 경제적 쟁점으로 확산하지 않는다고 믿거나, 또는 이런 분야에서의 협력이 그렇게 중요하다고 생각하지 않는다면 협력을 위한 동기부여는 생기지 않을 것이다. 이 모든 조건들이 다 충족되기는 쉽지 않다. 그럼에도 불구하고 주요 행위자들이 안보레짐을 형성하는 것이 저비용이라는 믿음을 가져야만 안보레짐이 형성된다.

넷째, 협력안보는 또한 영합게임에서 벗어나 최소최대전략(minimum-maximum strategy)에 입각한 행동준칙을 강조한다는 특징이 있다. 즉, 자신의 이득을 최대화하는 것이 아니라 모든 국가들이 자신의 이득을 최소화하려고 최대한 노력해야 한다는 것이다. 최소최대전략이란 자신의 이득을 최소화해야 상대방의 손실도 적게 발생될 수 있다는 협조정신에 입각한 게임전략의 일환이라고 볼 수 있다.

다섯째, 협력안보는 다양한 안보쟁점에 대한 포괄적 이해에 바탕을 두고 있다. 즉, 협력안보는 공동안보뿐만 아니라 포괄적 안보를 강조한다. 협력안보는 가능한 많은 안보쟁점을 포괄하고 있는데, 이는 관련국들의 이해와 관심을 증가시키기 위함이다.

2. 협력안보의 기원

관련 국가끼리 협력해서 안보 문제를 해결하고자 하는 노력은 과거부터 있었다. 군비통제도 협력안보의 결과물이고 집단안보도 협력안보의 결과물일 수 있다. 협력안보의 기원을 19세기까지 거슬러 올라간다면 유럽강대국 협조체제(Concert of Europe)가 보인다. 협력안보는 지난 200년 동안, 국가들이 그들의 안보 환경을 향상시킬 필요가 있을 때마다 지속적으로 발전해 왔다고 볼 수 있다. 협력안보의 원조격이라고 할 수 있는 유럽협조체제를 간단히 살펴보자. 물론 이때의 유럽협조체제는 다양한 안보 쟁점을 다룬 것은 아니었다.

유럽협조체제는 나폴레옹 전쟁을 통하여 형성되었으며, 그 기원은 나폴레옹에 대항하는 영국, 오스트리아, 프러시아, 그리고 러시아 간의 4개국 동맹이었다. 나폴레옹 전쟁이 끝난 후 이들 4개국 동맹은 전후처리문제를 위해 1814년 3월에는 쇼몽(Chaumont)조약[15])을 체결하고 1814년 5월에는 제2차 파리평화조약[16])을 체결했다. 1814년 9월부터

15) 쇼몽조약의 주요 내용을 살펴보면 다음과 같다. 첫째, 프랑스가 강화조건에 동의하지 않고 전쟁을 수행할 경우, 4국은 전쟁의 계속에 동의하며 각국은 각각 15만의 병력을 동원한다. 둘째, 각국은 단독으로 프랑스와 강화조약을 체결하지 않는다. 셋째, 평화가 달성된 후 프랑스가 다시 동맹국을 공격하면 상호 원조한다. 이 외에도 몇 가지 비밀조항이 있다.

16) 제 2차 파리평화조약의 주요내용은 다음과 같다. 프랑스는 1792년 1월 1일 이전의 국경으로 복귀하며, 영국은 프랑스와 네덜란드로부터 일정한 영토를 할양받고, 네덜란드는 벨기에의 오란에가를 귀속시켜 영토를 확대하며, 독일 및 스위스를 각각 독립시켜 연방으로 하고, 이태리는 오스트리아에 귀속되는 영토를 제외하고 복수의 독립국으로 만든다. 이외에도 유럽의 세력균형상 야기되는 열강의 관계는 동맹국의 결정에 기초하되 프랑스의 참여는 배제하고, 벨기에를 네덜란드에 병합하며, 프랑스가 다시 혁명적인 행동을 재개한다면 4개국은 상호협의한다는 등의 비밀조항도 체결하였다. 여기에 대해서는 이기택, 『국제정치사』(서울: 일신사, 1993), p. 36을 참고할 것.

1815년 6월까지 계속된 비엔나 회의는 제2차 파리평화조약의 내용을 협의하기 위한 회의였다. 결국 이 조약들과 회의의 결과가 유럽협조체제의 기원이었다. 그러나 1818년 프랑스를 이 체제에 편입시켜 줌으로써 유럽은 5개국 열강 체제를 형성했다. 이로써 강대국 협력안보체제가 탄생했다.

유럽협조체제는 1815년 이후 많은 외교적인 문제들을 해결할 수 있었다. 1815년부터 제기된 문제들, 즉 벨기에의 독립과 중립화 문제, 그리스의 독립문제, 그리고 스페인과 이태리 내에서의 열강들의 경쟁 등을 외교적으로 순조롭게 해결할 수 있었다. 유럽협조체제는 공동 이익에 바탕을 두고, 안보 문제가 발생할 경우에는 상호 타협하여 이를 처리하며, 평화가 위협받을 시에는 회의 외교를 활용하는 형태로 운영되었다.[17)]

중요한 문제점이 등장할 때마다 회원국들은 모여서 회의를 개최했다. 유럽이 혼돈스러운 시기로 접어들자 더 많은 회의들이 개최되었다. 이러한 유럽협조체제는 짧게는 1822년 베로나회의를 끝으로 막을 내리게 되었다고 주장한다. 스페인 왕권회복문제와 관련하여 러시아를 핵심으로 오스트리아, 프러시아, 프랑스가 왕권회복을 주장한 반면, 영국은 불간섭을 주장함으로써 열강간의 대립은 피할 수 없게 되었다고 보는 관점이다. 이 체제는 1848년까지 또는 1853년의 크림 전쟁까지 유지되었다고 주장하기도 한다. 또 어떤 분석가들은 1860년대 이후에도 약하게나마 이 체제가 유지되었다고도 한다. 또 어떤 사람은 1914년까지 유지되었다고 주장하는데 제1차 세계대전 이전까지 국제회의에 의해 몇 개의 중요한 위기가 해결된 것을 그 근거로 제시한다. 유럽협조체제가 붕괴되었다는 것에 대해서는 모두가 동의하지만, 그 시기에 대해서는

17) 이기택, 『국제정치사』, p. 31.

논란이 많다.[18)]

붕괴 이유에 대한 분석은 다양하다.[19)] 그중의 하나가 전쟁에 대한 기억의 소멸이다. 전쟁은 지옥과 같은데 이것을 경험해 보지 않은 사람은 다시 국가의 영광을 찾게 된다. 결국 전쟁으로 가게 되는 것이다. 이런 관점에서 유럽협조체제는 나폴레옹과 싸웠던 세대가 죽을 때까지만 지속되었다고 말한다.

다른 분석가들은 협조체제의 회원국들이 점차 서로 다른 방향으로 걸어갔기 때문이라고 주장한다. 영국과 프랑스는 천천히 민주주의와 자본주의 방향으로 간 반면, 오스트리아-헝가리와 러시아는 군주 및 봉건제로 남아 있었다는 것이다. 프러시아는 통일을 위해 오스트리아와 프랑스와 각각 전쟁을 벌였다. 다른 강대국들은 새로운 독일의 창설과 식민지 제국을 건설하려는 것을 군사적으로 제지하려 했다. 오토만 제국의 지지에 대한 합의를 유지하는 것도 점차 어려워지기 시작했다. 발칸반도 국민들 사이에서의 민족주의에 대한 열망은 제국을 완전히 붕괴시킬 정도로 위협적이었다. 이념의 차이가 체제를 붕괴시켰다고 보는 것이다.

또 하나의 분석은 이 시기 강대국들이 불균등 성장을 경험했다는 것이다. 몇몇 강대국들은 더 이상 강대국으로 보이지 않는 반면, 신흥강대국들이 떠오른 것이다. 그 결과 콘서트 회원국들의 영향, 또는 심지어 그 멤버십까지도 의문에 쌓이게 되었다. 변화하는 부의 분배의 차이로 인해 그들이 서로 협력하기가 어렵게 되었으며 관리의 부담을 어떻게 나눠야 할 것인지에 대해서도 의견 일치가 어려웠다. 유럽협조체제의 지속 기간에 대해서는 서로 다른 주장들이 있지만, 어쨌든 세력이

18) Patrick M. Morgan, *International Security: Problems and Solutions*(Washington DC: CQ Press, 2006), p. 115.

19) *Ibid.*, pp. 115-116.

균형되게 유지되는 가운데서도 5대 강대국들은 전통적 안보문제에 대해 서로 협력을 유지하였다.

협력안보의 특징을 그대로 보여주는 사례가 바로 유럽안보협력기구(OSCE: Organization for Security and Co-operation in Europe)이다. OSCE가 유럽에서의 안보협력기구라고 한다면 아세안안보포럼(ARF: ASEAN Regional Forum)은 아시아에서의 안보협력레짐이다. 차례대로 살펴보자.

제3절 다자안보협력레짐

1. OSCE

(1) 창설 배경

1950~60년대 구 소련은 NATO와 WTO를 대체할 '유럽집단안보조약'(European Treaty on Collective Security in Europe)을 2차례에 걸쳐 제의[20)]하였으나 미국 등 서방측의 소극적 자세로 결렬되었다. 1960년대 말이 되자 국제환경이 바뀌기 시작했다. 제3세계의 대두, 중소분쟁의 격화, 핵무기 보유국의 증가, 60년대 말 프랑스의 NATO 탈퇴 및 핵 독자노선 추진 등으로 국가이익이 이념을 능가하는 상황이 되자, 미국은 닉슨독트린을 통해 중공과의 화해를 추구하게 된다. 또한 NPT의 체결, 서독의 동방정책(Ostpolitik) 추진, 전략무기제한협정(SALT)에 대

20) 구 소련은 1954년, 미국과 중공의 옵저버 자격을 조건으로 유럽집단안보조약을 체결할 것을 제의하였고, 1955년에는 미국의 완전한 참여를 조건으로 조약을 체결할 것을 제의하였으나 서방측은 이를 거절하였다.

한 교섭이 이루어지게 되면서 동서간에 데탕트의 시대가 열리게 되었다.

1966년 7월, 구 소련 주도하의 WTO는 '유럽 안보 및 협력에 관한 회의(CSCE: Conference on Security and Cooperation in Europe)'를 서방측에 제안하자 미국은 전유럽 안보협력회의의 개최를 긍정적으로 검토하고 소련에게 상호균형군비감축(MBFR)을 제의함으로써 양진영 간에 협상이 급진전되었다. 이러한 세계적 안보정세의 변화로 1972년 준비회의를 거쳐 1975년 헬싱키 정상회의에서 35개국 회원국 정상 간 안전보장 및 상호협력에 관한 최종의정서(Final Act)가 채택됨으로써 유럽안보협력회의(CSCE)라는 안보레짐이 창설되었다. 탈냉전이 되면서 CSCE의 기구화 필요성이 제기되자 1994년 전 유럽국가와 미국 및 캐나다 등 55개국을 회원국으로 하는 유럽안보협력기구(OSCE)가 탄생되었다.[21] 회의체로 존재하던 CSCE가 기구로 탄생하기까지 무려 20년 가까운 세월이 흘렀으며, 이 과정에서 안보 쟁점들을 다루기 위한 많은 것들이 제도화되었다.

(2) OSCE의 원칙(Principles)과 공약(Commitment)

1975년 헬싱키에서 채택된 레짐의 원칙과 공약의 내용은 신뢰구축 및 군축을 포함한 안보문제를 다루는 바스켓 1(Basket 1)과 경제, 과학기술 및 환경분야의 협력을 다루는 바스켓 2(Basket 2), 그리고 인도주의 문제 및 기타 분야에서의 협력을 다루는 바스켓 3(Basket 3)으로 구성되어 있다. 바스켓 1은 회원국 간에 상호관계를 규율하는 원칙과 신뢰구축 및 군축에 관한 내용이 포함되어 있다. 원칙은 회원국끼리의 주권평등 및 주권의 제원칙 존중, 무력의 위협 또는 사용 금지, 국경불가

21) OSCE에 대해서는 OSCE, *OSCE Handbook*, 3rd ed.(Vienna: OSCE, 2002)를 참고할 것.

침, 영토보전 및 존중, 내정불간섭, 인권, 사상, 종교 및 신념의 기본적 자유의 존중, 제민족의 평등한 권리와 자결권 존중, 그리고 국가 간의 협력 증진과 국제법상 의무의 성실한 이행 등이다. 또한 신뢰구축 및 군축에 관한 사항은 주요군사훈련 및 군사이동에 관한 사전통보, 군사훈련 시 상호참관, 그리고 군축의 필요성 인정 등이다. 바스켓 2는 경제, 과학기술 및 환경분야의 협력을, 바스켓 3에는 인적 접촉의 활성화, 정보의 교류, 문화 분야의 협력과 교류 등이 포함된다.

OSCE는 1975년의 헬싱키 합의(Helsinki Final Act)와 1986년 스톡홀름 합의(Stockholm Document), 그리고 1990~94년 비엔나 합의(Vienna Document)를 거치면서 신뢰구축조치 문제를 더욱 강화하였다. 훈련에 참가하는 인원과 장비에 대한 숫자가 더욱 엄격해졌고 훈련 통보 일자가 더욱 길어졌으며, 검증체제가 강화되었고 훈련 참가 인원 및 장비, 그리고 훈련 횟수를 제한하기도 했다.

(3) OSCE의 메커니즘과 주요 활동

OSCE는 통상적인 의사결정이 총의제(consensus)로 이루어지기 때문에 긴급대응이 어려운 점을 고려하여, 특정한 사태의 경우 사전에 합의된 메커니즘에 따라 일부 회원국의 동의만으로도 대응조치가 발동될 수 있도록 하고 있다. 이러한 메커니즘은 크게 인권부문, 군사분야, 조기경보와 예방 조치에 대한 규정, 위기상황, 분쟁해결 등 총 5개 분야로 되어 있다.

이 중 군사분야의 메커니즘만 살펴보면, 군사분야는 예외적 군사 행동에 대한 자문과 협력 메커니즘, 군사적 위험상황에 대한 협력, 조기경보와 예방조치에 대한 규정, 위기상황 메커니즘, 그리고 분쟁해결 메커니즘으로 세분화되어 있다. OSCE는 반밀거래(anti-trafficking: 인신매매, 소형무기 밀매, 마약 밀매), 군비통제, 국경관리, 대테러, 분쟁예방, 평화유지활동, 민주화, 경제활동, 교육, 선거, 환경 활동, 인권, 군사개혁, 소수민족 인권, 법치 활동 등 포괄안보 분야를 넘어설 정도로 다양한 분야를 다루고 있다.

OSCE가 협력안보기구이긴 하지만 그중에서도 위협을 감소시키고 취약성을 감소시키는 전형적인 기구로 인정받고 있는 이유는 회원국들 사이에 형성되어 있는 신뢰구축과 재래식 무기 통제에 관한 것이라고 볼 수 있다.

(4) 신뢰구축조치

OSCE의 신뢰구축은 크게 3단계로 구분된다. 제1세대 신뢰구축조치는 1975년 최종의정서가 채택될 당시 회원국 상호간 정보를 교환하고 이해를 증진하며 오해와 오산을 방지하고 투명성을 증가시키기 위해 25,000명 이상의 병력이 참가하는 군사훈련(maneuvers)은 21일 이전에 사전 통보 의무화, 주요 군사 훈련시 자발적으로 타회원국 옵저버 초청 권장, 그리고 주요 군사이동에 대한 자발적인 사전 통보 권장 등을 합의하였다.

제2세대 신뢰구축조치는 1986년 스톡홀름 문서가 채택됨으로써 현실화되었는데, 그 주요 내용은 17,000명 이상 병력 참가 군사 활동시 타회원국 옵저버(국가별 2명) 초청 의무화, 매년 11월 15일까지 사전 통보 대상이 되는 익년도 군사 활동계획 상호교환, 위의 사항의 이행 여부를 검증하기 위해 각 국별 연 3회 사찰 및 사찰 요청받는 경우 36시간 내 입국허용 등이다.

제3세대 신뢰구축조치는 1990년 비엔나 문서가 채택됨으로써 현실화되었다. 연대급까지의 군병력, 구조 및 배치, 주요무기 및 장비의 배치,

향후 주요무기 및 장비 배치계획, 연간 방위예산 등에 대한 상호정보 교환, 사찰범위 확대 (공군기지 포함), 새로운 분야에 대한 상호협력 추구 등이다. 이를 바탕으로 그 이후에도 신뢰구축조치는 점차 강화되었는데, 1994년에는 9,000명 이상의 병력, 250대 이상의 전차, 500대 이상의 장갑차, 100mm 이상의 대포 250문 이상이 참가하는 군사 활동은 42일 전 사전 통보 의무화, 3,000명 이상 수륙양용 병력 동원시 사전 통보 의무화, 13,000명 이상의 병력, 300대 이상의 전차, 500대 이상의 장갑차, 100문 이상의 대포, 3,500명 이상의 수륙양용 병력 동원시 타국 옵저버 초청 의무화 등을 합의하였다. 1999년에는 그동안의 신뢰구축조치를 최종 확정하였다. 모든 회원국은 신뢰구축과 관련된 모든 정보를 분쟁방지센터(CPC)에 제출하면, CPC는 이를 종합하여 전 회원국에 배포한다. 신뢰구축조치가 회원국 사이의 위협을 감소시키는 역할을 한다면 재래식무기통제조치는 취약성을 최소한으로 감소시키는 역할을 수행한다고 본다.

(5) 유럽재래식무기통제(CFE: Treaty on Conventional Armed Forces in Europe)

CSCE의 태동 논의 시 NATO와 WTO간의 재래식 군비통제도 함께 논의되었다. CSCE는 미국, 캐나다 및 유럽 등 35개국이 참가하여 1973년 7월 첫 회의를 개최하였고, 상호균형군비감축(MBFR: Mutual and Balanced Force Reduction)은 NATO측 16개 회원국 중 7개국, WTO측 7개 회원국 중 4개국이 참가하여 1973년 10월 첫 회의를 개최하였다. CSCE가 제대로 진행되려면 군비통제를 통한 상호신뢰 구축이 중요하다고 판단했기 때문에 MBFR 논의가 가능했던 것이다. 그러나 NATO측은 WTO의 병력 감축에 관심이 많았던 반면, WTO측은 NATO의 무기체계 감축에 관심이 많았다. 1980년 6월, 양측은 감축 대상 지역 내에 지상군 70만 명, 공군 20만 명 등 총 90만 명의 병력을 상한선으로 둘 것을 합의하였으나, 병력 감축 방법과 대상, 그리고 감축 후 현장 확인 검증체계를 합의하지 못해 회담이 결렬되었다.

구 소련에서 고르바초프가 지도자로 등장하자 상황이 반전되기 시작했다. 1988년 12월, 고르바초프가 UN연설을 통해 50만 명 달하는 소련군을 일방적으로 감축할 것을 발표[22]하자, 유럽에서의 군축은 급물살을 타기 시작하였다. WTO측은 군축협상에 장애가 되었던 군축대상지역을 소련영토 내의 우랄산맥까지 포함하고, 군사력 현황을 공개할 용의가 있으며, 현장검증에 대해서도 유연한 입장을 표명하였다. 1990년, 양측은 CSCE 정상회의를 통해 우랄산맥으로부터 대서양에 이르기까지 자국 내에 배치된 재래식 무기를 통제한다는 데 합의하였고 1992년에는 유럽재래식무기통제(CFE) 조약을 체결하게 되었다. CFE는 유럽에서 과거보다 낮은 수준의 안정된 재래식 무기의 균형 확립과 기습 및 대규모 공격능력을 제거함으로써 군사적 대결을 평화적 협력에 기초한 새로운 안보관계로 대체하기 위한 것이었다.

군축과 무기의 이동 통제에 초점을 맞춘 CFE는 재래식 군비통제에 초점을 맞추었다. 재래식 무기는 5가지 분야, 즉 전차, 장갑차, 대포, 전투기, 그리고 공격헬기로 한정되었다. 또한 CFE는 두 단계로 진행되었다. 첫 단계는 각각의 진영이 최대한 보유할 수 있는 상한선을 설정하는 것이었고, 두 번째 단계는 진영 내에서 각 국가들이 보유할 수 있는 무기를 할당하는 것으로써 1999년 결정되었다.

CFE에 따라 각 진영은 각각 전차 20,000대(현역용 16,500대 이하), 장

---

22) 고르바초프는 소련 전력에서 50만 명의 병력과 1만 대의 전차를 일방적으로 감축한다고 선언했으며, 그 가운데에 ATTU(from the Atlantic to the Urals)지역에서 병력 5만 명, 5천 대의 탱크, 6개 탱크사단을 철수한다고 발표하였다.

갑차 30,000대(현역용 27,300대 이하, 30,000대 중 장갑보병전투차량 및 중무장전투차량은 18,000대 이하, 이중 중무장전투차량은 1,500대 이하), 대포 20,000문(현역용 17,000문 이하), 전투기 6,800대, 그리고 공격헬기 2,000대만 보유할 수 있게 되었다. 제2단계에서는 각 진영별 상한선 범위 내에서 각 국가별로 상한선을 다시 설정하였다. 제1단계 CFE 내용은 다음 〈표 12-1〉과 같다.

〈표 12-1〉 CFE 조약 1단계 내용

구분		전차(대)	장갑차(대)	야포(문)	전투기(대)	공격용 헬기(대)
NATO	보유상한선	20,000	30,000	20,000	6,800	2,000대
	현보유	25,091	34,666	20,620	5,939	1,733
	삭감규모	5,091	4,666	620	0	0
WTO	보유상한선	20,000	30,000	20,000	6,800	2,000
	현보유	33,191	40,950	23,702	8,372	1,631
	삭감규모	13,191	10,950	3,702	1,572	0

CFE 조약으로 인해 2007년까지 유럽은 군 장비 60,000기 해체, 6,000회 이상의 사전 통보, 3,000회 이상의 현장 사찰 등 가시적 성과를 낳았다.[23] 특히 CFE 조약이 배태한 사찰레짐은 전 세계적으로 전례가 없는 모범적 사례였다. 그러나 러시아가 2007년 7월, 회원국들이 1999년에 개정된 '신 조약'의 비준 지연을 이유로 CFE 참여 중지를 발표함으로써 CFE는 사실상 종말을 맞이하게 되었다. 그런데도 공식적으로는 아무도 조약 탈퇴를 선언하지 않은 채 20여 년의 세월이 흘렀다. 우크라이나 전쟁 이후 서방세계를 위협해 오던 러시아의 푸틴 대통령

23) 정은숙, "러시아의 CFE조약 유예선언과 유럽 안보," 세종연구소, 『정세와 정책』(2007년 8월호), p. 11.

이 2023년 11월 CFE 탈퇴를 선언했다. 그러자 NATO도 기다렸다는 듯이 곧바로 탈퇴를 선언했다. 이로써 탈냉전의 안보 환경 속에서 빛을 발했던 유럽의 군비통제가 러시아의 우크라이나 침공으로 군비경쟁 시대로 접어들게 되었다.

(6) 평 가

OSCE는 비록 유럽 지역에 한정된 것이긴 하지만 서로를 적으로 간주했던 NATO와 구 WTO가 '적과의 동침'이라는 안보협력을 통하여 상호위협과 취약성을 감소시킬 수 있고 또 이것이 가능하다는 것을 국제사회에 확신시킬 수 있었다. 또한 협력안보가 군사부문의 협력뿐만 아니라 정치 · 경제 · 사회 · 환경 · 인권 등 비군사적 부문까지 포괄하는 포괄적 안보 개념으로까지 확대되는 계기를 제공하였다.

협력안보의 성공은 다양한 요소에 따라 좌우된다. 무엇보다도 특정한 국가들이 공동의 미래를 공유해야 하고 협력이 그들의 국가이익을 획득함에 있어서 가장 최선의 수단을 제공한다는 믿음이 요구된다.[24] OSCE가 성공한 이유는 참여국들이 합의 도출에 대한 강한 의지를 보였고, 안보협의체 구축 과정에서 지도자적 역할을 수행하는 소수 국가가 존재했으며, 안보문제를 포괄적으로 인식하여 점진적으로 접근해 가는 자세가 주효했기 때문이다.

협력안보는 주요 강대국들에게는 비확산체제를 고수하고 지역갈등에 개입하여 영향력을 행사할 수 있는 개념적 틀을 제공하고 있으며, 약소국들에게는 국제공동체에 대한 신뢰를 가질 수 있게 하는 기회를 제공한다.[25] 그러나 협력안보 개념이 그 실제적인 적용과 성과에 있어서 한

---

24) Michael Mihalka, "Cooperative Security: From Theory to Practice," *ibid.*, pp. 62-63.

25) Ashton B. Carter, Willian J. Perry and John D. Steinbrunner, *ibid.*, p. 10.

계를 갖고 있는 것도 사실이다. 3가지 측면에서 협력안보의 한계를 정리해 볼 수 있다.[26)]

첫째, 협력안보는 강대국들의 의지에 의해 전진과 퇴행이 반복될 수 있다. 저비스가 주장했듯이 안보레짐의 창설과 유지는 강대국의 의지가 핵심이다. 따라서 강대국들이 협력안보를 위해 강한 의지를 가지고 이를 추진해야 한다. 유럽협조체제도 초보적 수준의 협력안보 레짐이었지만, 강대국들의 이해가 상충되자 더 이상 유지될 수 없었다. OSCE도 유럽 국가들의 노력이 지배적이었지만 미국과 구 소련의 의지와 노력이 절대적이었다. 그러나 9.11테러 이후 미국의 선제공격 독트린 채택, OSCE 국가들 간의 갈등, 러시아의 조지아 침략과 크림반도 병합 등은 협력안보가 안보 정책의 최종적 대안이 되지 않을 수도 있음을 보여주었다.

둘째, 협력안보는 강대국 중심의 현존 질서 고착화를 위한 도구라는 비판을 받을 수 있다.[27)] 이것은 첫째와 사실상 연계된다. 강대국들은 자신들이 만든 국제레짐이 자신의 이익을 위해 봉사하지 않을 경우 언제라도 이런 레짐을 무시할 수 있다. 반대로 강대국들은 국제레짐이 자신의 이익을 위해 봉사한다고 판단할 경우 이 레짐을 지속시키기 위해 인적 및 물적 자원을 제공한다. 협력안보는 질서 유지에 관한 것이지 정의와 도덕적 가치에 대한 것은 아니기 때문에 협력안보는 강대국 위주의 현존질서 고착에 기여하는 측면이 있다.

셋째, 상호신뢰와 투명성이 확보되지 않으면 협력안보는 불가능하다. 협력안보에 참여하는 국가들 중의 어느 국가라도 배반의 유혹을 이겨

---

26) 김연수, 전게서, 287쪽의 내용을 일부 수정.

27) Susan Strange, "Cave! hic dragones: A Critique of Regime Analysis," in Stephen D. Krasner, ed., *International Regimes*(Ithaca: Cornell University Press, 1983), pp. 345-346.

내지 못한다면 협력안보는 더 이상 지속될 수 없다.

2. ARF

(1) 창설배경

ASEAN은 1994년 ASEAN을 중심으로 18개국이 참여하는 지역 안보 포럼인 ARF를 창설하였다. 현재는 아태 지역 주요국가 및 유럽연합(EU)의장국 등 27개국이 참여해 안보문제에 대한 역내 국가 간 대화를 통해 상호신뢰와 이해를 제고하는 데 기여하고 있다.

ARF의 출범 배경은 4가지로 요약된다. 첫째, 탈냉전시대의 국제질서의 변화에 걸맞은 아태 지역의 안정적 질서 구축의 필요성 때문이다. 냉전 종식 이후 민주주의와 공산권으로 양분되었던 많은 국가들의 양자관계 진전에 따라 역내 안보협의 기반이 조성되었고 평화와 번영이라는 '공동의 선(善)' 창출을 위한 다자 간 협력 분위기가 조성되었으며 아태 지역의 경제성장 지속을 위한 정치, 군사적 안정 확보의 필요성이 제기되었다.

둘째, 역내 국가들의 군사력 강화 움직임에 대한 불확실성을 완화할 필요가 있었다. 중국의 군사력 증강, 일본의 정치, 군사적 역할 증대, 북한의 핵 및 미사일 개발, 동남아 국가들의 해군력 확장 등으로 아태 지역이 군비경쟁의 장으로 변하는 것을 방지할 필요성이 제기되었다.

셋째, 새로운 안보위협에 대처하기 위한 포괄적 안보개념을 도입할 필요가 있었다. 마약, 환경, 테러, 불법이민, 해적 등 초국가적 위협의 심각성을 인식하고 이에 대한 공동 대응체제를 마련할 필요가 있었다. 유럽에서 시작된 포괄적 안보 개념을 아태지역에도 적용할 필요가 있었던 것이다.

넷째, ASEAN이 아태지역의 신국제 질서의 형성을 주도할 의도가 있었다. 정치, 안보 분야에서 ASEAN의 내부결속과 국제적 위상을 제고하고 ASEAN의 안보정책에 대한 국제적 지지를 확보하며 특히, 남사군도 분쟁 등 특정국가의 패권 추구 또는 강대국 간 패권 경쟁의 저지를 위한 국제적 관심을 유도할 필요가 있었던 것이다.

(2) 원칙 및 공약

1995년 제2차 ARF에서 채택한 'ARF개념서(ARF Concept Paper)'에 명시된 ARF의 추진원칙은 아·태지역의 평화와 번영 지속, ASEAN이 ARF의 중추적 역할 담당, 그리고 ARF를 통해 점진적인 문제해결 방식의 채택 등이다. 따라서 제1단계는 신뢰구축 조치를 증진(Promotion of CBM)하며, 제2단계는 예방외교 메카니즘을 개발(Development of Preventive Diplomacy Mechanism)하고, 제3단계는 분쟁에 대한 점진적인 접근(Elaboration of Approaches to Conflicts)을 하도록 결정했다. ASEAN의 경험과 ARF의 추진원칙에 따라 ARF의 사무국은 없으며 필요한 행정사항은 ASEAN이 지원을 제공하기로 했고 의사결정 방식도 ASEAN처럼 총의제(Consensus)를 채택하고 있다.

(3) 메커니즘과 주요 활동

ARF에서 주로 다루고 있는 주요 의제는 국제 및 지역 안보정세, 신뢰구축조치, 예방외교, ARF의 발전방안과 마약, 자금세탁, 해적, 불법이민 등을 포함한 초국가적 안보위협 등이다. 회의 운영체제는 크게 3종류로 분류된다. 첫째, 외무장관회의로서 ASEAN 확대외무장관회의(PMC)를 전후하여 ARF 회원국 외무장관이 지역 정치·안보문제에 대해 협의한다. 둘째, 고위관리회의(SOM)는 외무장관회의에 앞서 회원국

고위관리들이 회동, 외무장관회의 준비 및 의장성명 초안을 작성한다. 셋째, 회기간회의(ISG on CBMs: Inter-sessional Support Group on Confidence Building Measures)는 '96년 이후부터 실시되었으며 외무장관회의와 고위관리회의가 개최되지 않는 기간 중에 2차례의 회기간회의를 개최한다.

회기간회의 전후에 회원국간 1) 신뢰구축조치, 2) 재난구호, 3) 평화유지활동, 4) ARF 발전방안(예방외교 등), 5) 초국가적 안보 이슈 분야에 관한 각종 세미나, 워크샵 등이 회원국의 주도로 수시 개최된다.

(4) ARF 신뢰구축의 한계

ARF의 추진원칙 중 제1단계가 신뢰구축이다. 그럼에도 불구하고 OSCE와 비교해 보면 ARF의 신뢰구축은 아직 초보단계라고 할 수 있다. 이를 몇 가지로 나누어 비교해 보자.[28)]

먼저 ARF는 OSCE에 비해 ARF를 안보공동체로 인식하는 정도가 낮고, 회원국 간의 안보 상황이 상당한 차이가 있으며, 군사력에 있어서도 현격한 차이를 보인다는 점이다. 이는 유럽 국가들이 전통적으로 세력 균형에 안보를 의존하여 어느 정도의 군사력을 보유하고 있는 반면에 동아시아 국가들은 그렇지 않기 때문이다.[29)]

둘째, ARF는 OSCE와는 달리 다자간 안보협력체를 적극적으로 이끌어가려는 강대국의 의도나 리더십이 불분명하다. CSCE 설립 당시 미·소 두 강대국은 다자간 안보협력에 대한 적극적 의도를 가지고 있었다. 따라서 협상시 미·소 양측은 자기 진영 내의 의견을 조율할 수 있었

28) 윤현근, "OSCE 신뢰구축조치 경험의 ARF에의 접목 가능성과 한계," 『안보연구시리즈 2-2』(서울: 국방대학교, 2001), pp. 153-155.

29) 박홍규, "ARF의 발전방향 평가: CSCE의 경험비교,"외교안보연구원, 『주요국제문제 분석』(서울: 외교안보연구원, 2000), p. 6.

다. 반면 ARF는 냉전 이후 시대에 ASEAN이라는 지역 군소국가 간 협력체가 주변 강대국 간의 안보 협력을 주선한다는 성격을 가지고 있으며, 아직 지역 내 주요 강대국 간의 협력이 확보되지 않은 상태이기 때문에 유럽질서와 같은 지역차원에서의 질서를 구축하기 어려운 측면이 있다.[30)]

셋째, 구속력의 부재에서 오는 한계가 있다. OSCE의 성공 사례들을 보면 기구의 효율성을 높이고 회원국 간의 신뢰성을 증진하기 위해 일정 부분에 대해 구속력을 가졌으나 ARF 참여국들은 내부문제에 대한 불간섭을 원칙으로 하며 합의사항에 대한 참여도 자발성을 원칙으로 하고 있어 제도의 효율성을 증진하는데 한계를 갖는다.

넷째, OSCE와 ARF의 정치적 환경이 다르기 때문에 위협에 대한 인식이 다르다는 것이다. OSCE의 가장 큰 위협은 적의 공격에 대한 아국의 피해였기 때문에 OSCE의 신뢰구축조치는 군사정보나 군사 활동 계획 등의 공개를 통해 냉전의 구조 속에서 신뢰를 구축할 수 있는 투명성에 중점을 두고 있었다. 그러나 ARF 참여국이 느끼는 안보의 위협요소나 위협의 우선순위가 각기 다르다.

다섯째, OSCE는 정치 · 군사 외 경제, 과학, 기술, 환경 등 다양한 분야에서의 논의를 병행함으로써 신뢰구축협상을 진행하였으나 ARF는 안보문제만을 주로 논의하도록 되어 있어 협상이 진전되지 않을 경우 참여국간의 협력이 약화될 수 있는 한계가 있다.

(5) ARF의 의의

ARF의 성과라기보다는 의의를 요약해 보면 다음과 같다.

첫째, 역내 유일한 정부간 안보협의체라는 점이다. 안보관련 이슈를

---

30) 박홍규, 상게서, p. 7.

다루는 다양한 수준의 협력체가 있지만 공식적인 정부간 협의체는 ARF가 유일하다. 외무장관이 참석하여 정부가 가지는 대표성이나 권위성에 비추어 보았을 때 민간 연구소나 기관이 가지는 그것과는 수준이 다르다. 더 중요한 점은 이런 대화체든 협력체든 ARF 자체가 연속성을 가지고 유지되었다는 점이다. 1994년 창설 이후 현재까지 계속되고 있을 뿐만 아니라 이제까지 한 번도 거르지 않은 다양한 수준의 정례적 회의 개최는 역내 다른 레짐과 확연히 구분된다.[31)]

둘째, 동아시아 안보에 있어 패러다임의 전환을 가져왔다. 크게 두 가지에 있어 패러다임의 전환이 있었는데 하나는 동맹체제에서 다자주의로, 다른 하나는 경쟁관계에서 협력관계로의 전환이다. 전통적으로 동아시아는 미국이 주도하는 동맹체제를 근간으로 안보를 유지했다. 냉전적 질서 속에서 중국 혹은 러시아의 팽창에 대한 강력한 억제력과 세력균형을 유지해 온 것이다. 그러나 ARF는 이런 전통적인 동맹이나 세력균형과는 다른 방식으로 역내 안정을 시도하고 있다. 양자관계가 아닌 역내 적대관계에 있던 모든 행위자를 아우르는 다자주의를 지향하고 있다. 이는 급변하는 안보환경과 공동의 대처를 요하는 초국가적 위협에 대비하기 위한 상황 변화가 맞물려서 일어난 것이다. 비록 ARF가 협의에 그치더라도 그동안 다자안보 대화를 기피해 오던 국가들이 참가할 수 있게 되었다는 현실을 감안할 때, 다자협력을 위한 기반 구축 차원에서 그 중요성이 강조되고 있다.

다른 하나는 경쟁에서 협력관계로의 패러다임 전환이다. 냉전 시절 이 지역의 안보문제는 전통적으로 국가 간의 경쟁으로 확보될 수 있다는 사상이 깔려있었다. 그러나 ARF는 기존의 갈등구조를 상호 대립보

31) 이서항, "ARF 평과와 발전과제: 3개 운영문서 채택 · 시행과 관련하여," 외교안보연구원, 『주요국제문제 분석』(서울: 외교안보연구원, 2002), p. 2.

다는 협력과 대화를 통해 해결할 가능성을 전제로 하고 있다는 점에서 중요한 변화를 가져왔다.[32] 물론 이런 패러다임의 전환이 본격적으로 이루어졌다는 것은 과장이다. 동아시아에서 미국을 중심으로 한 동맹체제는 여전히 견고하고, 역내 국가간 갈등요소도 산재해 있다. 다만 과거와 같은 대립체제가 계속되는 것이 아니고 변화의 문턱에 들어선 것처럼 보였다. 그러나 미중 갈등과 러시아의 우크라이나 침공으로 ARF 내의 협력도 퇴색할 가능성이 커졌다.

셋째, 각국의 군사분야 투명성 증대에 공헌하였다. ARF는 각 회원국의 역내 안보평가서 제출, 신뢰구축조치로써 회원국간 군 인사 교류 시행 권고, 본 회의 및 회기간 그룹회의에서 국방인사 참여 보장 등을 통해 군사문제에 관한 국가 투명성을 부분적으로 증대시킨 것으로 평가된다. 초보적 신뢰구축조치의 시행은 상호이해와 안정적 관계수립에 필요한 일정한 규범(norms) 및 원칙(principles) 준수의 중요성을 제고시켜 결과적으로 예측 가능한 국가관계의 수립과 군사적 투명성에 기여하고 있다. 특히 안보문제 실무자들에 의한 재난구조, 평화활동(PO), 지뢰제거 등 역내 안보에 미치는 세부 문제에 대한 토론과 협의는 이들 부문에서 회원국 정책의 투명성과 국가간 안보협력 잠재력을 배양하는 것으로 평가되고 있다.[33]

넷째, 최대 회원국을 포함하여 역내 가장 대표성 있는 안보관련 레짐이다. 2000년 북한, 2004년 파키스탄 가입 등으로 현재 역내 대부분의 중요 국가가 가입되어 있다. 6자회담과 비교가 되지 않을 정도로 큰 규모와 논의 되는 내용의 주제도 다양하다. 따라서 만약 동아시아 전체를 아우르는 다자안보기구 혹은 협력체가 본격적으로 출범한다면 ARF가

---

32) 박홍규, 전게서, p. 7.
33) 이서항, 전게서, pp. 2-3.

하나의 대안으로 고려될 수 있었다.

다섯째, 역내 군소국가들이 자발적인 이니셔티브를 가지고 창출한 협력체이다. 다른 국제 혹은 지역레짐의 대부분은 강대국의 주도나 필요에 의해 추진된 것이 대부분이다. UN은 제2차 세계대전의 전승국을 중심으로, NATO는 미국의 주도하에 창설된 기구이다. 다른 레짐도 이와 유사하다. 하지만 ARF는 군소국가들도 자발적인 의지만 있다면 역내 영향력 있는 레짐 창출이 가능하다는 것을 보여준 모범적 사례로 볼 수 있다. 필리핀 지역 미군철수로 인한 힘의 공백과 이를 메우기 위한 역내 국가간 패권 다툼 가능성, 안정적 질서 구축 필요성 등으로 강대국의 강요가 아닌 ASEAN 국가들이 자발적으로 출범시킨 것이다. 현재도 ARF는 ASEAN 국가들이 주도하는 형태를 띠고 있으며 이는 당분간 지속될 것으로 보인다. 따라서 군소국가들도 안보관련 이슈에 이니셔티브를 제공할 수 있다는 측면에서 ARF는 아시아 안보에서 중요한 의미를 가진다.

여섯째, 점진적 발전 모습은 역내 안보 향상에 긍정적 요소로 작용하고 있다. ARF 자체가 현재까지 꾸준히 유지되었을 뿐만 아니라 지속적으로 발전하고 있는 모습은 분명히 지역 안정에 있어 긍정적 신호이다. 전통적 안보 이슈뿐만 아니라 최근에 주목받고 국제범죄, 불법이민, 군축, 불법 무기거래 등에 대한 논의가 활발하다. 이와 같은 문제에 대한 지역 차원에서의 대처가 중요함을 인식하여 적극적으로 의제 개발과 회원국 간의 협의를 추진하고 있다.

회의에서 다루는 쟁점의 확대뿐만 아니라 기능적인 측면에서도 진전을 보이고 있다. Concept Paper에서 언급한 점진적 발전방안인 1단계 신뢰구축에서 2단계 예방외교 시행 단계로 전환되었음을 공식 선포하였다. 회기간회의 및 정부·비정부간 회의에서 심도 있는 토의와 구체적 방안 제시가 함께 이루어져 해당 분야의 전문지식이 지속적으로 축적되고 있는 점도 ARF가 이루어온 성과이다.[34]

(6) ARF의 한계

ARF는 위의 성과에도 불구하고 분명한 한계를 드러내고 있다.[35]

첫째, 실천력 부족과 비효율적 논의기구(talk-shop)로의 전락이다. 즉, 이제까지 회원국 간 신뢰구축을 위해 시행된 조치는 대부분 다양한 수준의 회의 개최뿐이라는 점이다. 안보현안에 대한 본회의인 외무장관회의와 고위관리회의가 1년에 한 차례밖에 개최되지 않아 안보현안에 대한 신속한 대응이 이루어지지 않고 있으며, 상설사무국이 존재하지 않는 것도 ARF의 효율성을 저하하는 요인으로 평가되고 있다. 즉, 제도화가 되어있지 않아 포럼에서 거론된 사항은 자발적인 이행을 유도하고 있고 합의사항을 위반할 경우 특별히 제재할 수단이 전무하다. 또한 검증 시스템의 결여로 각국의 합의사항 위반여부를 확인할 수 있는 방안도 없다.[36]

둘째, 핵심안보문제의 해결 회피이다. ARF는 영토분쟁, 군비증강 등 지역안정과 직접 관련이 있거나 역내 안보에 크게 영향을 미치는 핵심문제 또는 민감한 사안들에 대해서는 해결을 지향한 논의를 회피하는 경향이 있고 단지 초보적 신뢰구축조치의 이행이나 안보정세 교환과 같은 주변문제들에 초점을 맞추고 있다. 또한 신뢰구축조치에 있어서도 실질적 위협이 되는 각국의 군사력이나 훈련에 대한 논의가 이루어지지 못하고 있다.

---

34) 박홍규, 전게서, pp. 4-5.

35) 이서항, 『ARF의 발전방향: 동아시아 다자안보 협력체 실태분석과 관련하여』, 정책연구시리즈 04-7(서울: 외교안보연구원, 2005), pp. 13-14.

36) 윤현근, 전게서, p. 147.

셋째, 국방 관련 인사의 참여 부족이다. 역내의 군사적 긴장완화 및 군사적으로 의미 있는 신뢰구축조치의 이행을 위해서 회원국의 국방관련 고위층 인사의 참여가 불가피함에도 불구하고 ARF 본회의 및 고위관리 회의, 회기간 그룹회의에 일부국가의 경우 실무자급 국방인사의 참여만 이루어지고 있어 군사적 신뢰구축조치에 관한 의미 있는 논의가 진전되지 못하고 있다.

넷째, 군소국 역할의 한계 노정이다. ARF는 창설시부터 ASEAN 주도로 운영됨에 따라 회의개최 및 의장국 수임은 ASEAN 소속 국가에 의해서만 이루어지고 있고, 남중국해 도서의 영유권 분쟁문제와 같은 역내 안보 현안이 중국의 반대로 깊이 있게 논의되지 못하고 있다는 사실은 ASEAN이 주도하고 있는 ARF의 한계를 반영하는 것이다.

다섯째, ARF의 리더십 문제이다. 지금까지 ARF의 주도권을 ASEAN이 가지고 있었고 미국, 중국, 일본, 러시아 등의 강대국이 이를 인정하는 방식이었다. 그러나 아·태지역은 강대국의 이해관계가 집중되고 있는 곳으로, 향후 이 지역에서 강대국의 이해관계가 대립될 경우, ARF에서 논의된 신뢰구축조치가 과연 제 기능을 발휘할 수 있는가에 대한 문제점이 제기되고 있다.

제4절 동아시아의 다자안보협력 노력

1. 동아시아 다자안보협력 실태

통합은 위협을 제거하는 확실한 방안 중의 하나이다. 비록 수준의 차이는 있지만 EU와 AU는 연합체로서의 외형을 갖추었다. ASEAN은

2015년 12월 ASEAN 공동체(ASEAN Community)를 출범시켰다. 종국적으로는 EU를 모델로 삼을 것으로 보인다. 또한 중남미 국가들도 EU형의 국가연합을 목표로 창립 총회를 개최했다. 경제통합을 거쳐 정치통합으로 향하겠다는 국가들의 노력 자체가 서로가 서로에게 가할 수 있는 위협 자체를 감소시킬 수 있다.

통합보다 조금 낮은 수준에서, 위협을 제거하면서 자신의 취약성도 적절히 줄일 수 있는 정책 대안이 다자안보협력이다. 물론 다자안보협력도 수준에 따라 차이가 많다. OSCE처럼 제도화된 기구를 통하여 다자안보협력을 할 수도 있고, 쟁점에 따라 일시적으로 안보협력을 할 수도 있다. 잠재적 적이든 아니든, 전통적 군사안보든 포괄적 안보든 관계없이 여러 국가들이 안보 문제에 대해 서로 협력하게 되면 결국 서로의 위협을 낮출 수 있다.

이런 간단한 논리가 동아시아에서는 아직도 맹아(萌芽)상태에 머물고 있다. 한국과 북한, 그리고 중국과 대만처럼 분단을 종식시키지 못한 국가들이 존재하고 있고 역사적 원한 관계가 아직도 다양한 방식으로 표출되고 있는 안보 환경이 오히려 지역의 군비경쟁을 가속화시키는 측면도 있다. CSCE가 20년 만에 OSCE로 발전하여 유럽에서의 다자안보협력기구로 정착되었지만, 창립 20년이 된 ARF가 여전히 지역안보협력기구로 발전하지 못하고 회의만 거듭하고 있는 이유이기도 하다. 다자안보협력을 통해 서로의 안보를 보장받아야 됨에도 불구하고 동아시아의 군비경쟁은 오히려 가속화되고 있는 실정이다.

동아시아에 안보협력체도 있다. 정부 간의 협력체로는 ARF 이외에도 동아시아안보회의, 동아시아정상회의, 아시아태평양경제공동체, 상하이협력기구, 한중일 정상회담 등이 있고, 반관반민 회의체인 1.5 track으로는 동북아협력대화가 있으며, 순수 민간 회의체로는 보아오 포럼과 아태안보협의회가 있다.

샹그리라 회의(Sangri-La Dialogue)로 통칭되는 동아시아안보회의는 영국 국제전략문제연구소(IISS) 주관 하에 2002년 이후 매년 싱가포르에서 개최되는 회의로써 한국, 미국, 중국, 일본, 러시아 등 28개국 외교·안보 정책 결정자들이 모여 아시아 태평양 지역의 외교·안보 관심사를 논의하는 대화체이다. 주로 국방부 장관을 비롯한 군 고위인사들이 참여한다. 2005년에 발족된 동아시아정상회의(EAS: East Asia Summit)는 현재 18개국(ASEAN+한·중·일+인도, 호주, 뉴질랜드+미국, 러시아) 정상들이 참여하고 있으며 6개 협력분야(환경 및 에너지, 금융, 교육, 보건, 재난관리, 연계성)를 중점적으로 논의하나 안보 분야에 대한 논의도 점차 증가하고 있는 추세이다. 1993년 창설된 아시아태평양경제공동체(APEC: Asia-Pacific Economic Cooperation)도 매년 정상회담 개최를 통하여, 주로 무역 및 경제협력이 주요 논의 주제이긴 하나, 전통적 안보분야는 물론 인간 안보 문제 등도 논의하고 있다. 2001년 창설된 상하이협력기구(SCO: Shanghai Cooperation Organization)는 중국, 러시아, 우즈베키스탄, 카자흐스탄, 키르기스스탄, 타지키스탄 등 총 6개국이 설립했다. 그 후 인도(2017)와 파키스탄(2017), 이란(2023), 벨라루스(2024)가 회원국이 되었다. 몽골은 옵서버이고, 투르크메니스탄, 독립국가연합(CIS)과 ASEAN은 초청 국가 및 기구이며, 스리랑카, 튀르키예, 아르메니아, 아제르바이잔, 캄보디아, 네팔, 이집트, 카타르, 사우디아라비아, 바레인, 쿠웨이트, 몰디브, 미얀마, 아랍에미리트는 대화 파트너이다. SCO는 초기에 회원국 상호 간 우호 증진과 경제·정치·에너지 분야 협력관계 구축, 역내 평화와 안보·안정을 위한 공조체제 구축 등에 머물렀으나 이제는 명실상부한 지역 간 협력체로서 보다 광범위한 활동을 추진해 나가고 있다.[37] 2008년 미국발 세계금융위기가 발생하자 경제문제를 중심으로 협력의 틀을 만들기 위해 시작한 '한중일 정상회담'은 상호 정치적 상호 신뢰 증진, 경제 · 통상 협력 심화, 사회적 · 인적 · 문화적 교류 확대, 지역적 · 국제적 문제에서 소통 및 공조 강화 등 다양한 주제를 다룬다.

동북아협력대화(NEACD: Northeast Asia Cooperation Dialogue)는 동북아 국가간의 대화를 통한 상호 이해 · 신뢰 및 협력증진을 위해 1993년 창설되었다. 남북한을 비롯 미 · 일 · 중 · 러 등 6개국이 1개국 당 외교부 관리 · 군 인사 · 민간학자 등 5~6명의 대표단을 구성하여 참가하는 1.5 track이다. 그러나 현재 북한은 참여하고 있지 않다. 2012년 한국 국방부는 아태지역 국가들의 공동 안보관심사를 논의하고 해결책을 모색하기 위해 서울안보대화(SDD: Seoul Defense Dialogue)를 창설했다. SDD는 역내 다자안보협력 발전에 기여하고 다자안보대화체를 통해 한반도 안보상황에 대한 국제사회의 이해와 협력을 제고시킴으로써 한반도 평화와 안정을 도모할 목적으로 창설되었다. SDD는 국방 차관급 및 민간 안보전문가들이 참여하는 1.5 트랙이다.

보아오 포럼(Boao Forum for Asia)은 아시아 국가 간의 교류와 협력 강화를 위해 2001년 한국, 중국, 일본, 타이완, 이란 등 26개국이 창립한 비정부 · 비영리 지역경제 포럼으로 매년 4월 중국 하이난다오(海南島) 보아오(博鰲)에서 개최되는 아시아판 다보스포럼(Davos Forum)이다. 중국 정부가 실질적인 후원자 역할을 수행한다. 아시아태평양안보협의회(CSCAP: Council for Security Cooperation in the Asia Pacific)는 1993년, 아 · 태지역 10개국의 정부와 연계된 연구소를 이끌고 있는 두뇌 집단들을 중심으로 창설된 비정부간 · 민간차원 다자 안보대화 기구

37) 정혁훈, "패권주의 돌아선 중국 … SCO (상하이협력기구)내세워 중앙아시아서 세력 확장," 『매경이코노미』, 제1660호(12.06.06~6.12일자).

이다. 안보문제와 관련한 연구와 조사 및 교육기구로서의 역할을 수행하는데 해양안보협력, 포괄적 협력안보, 신뢰안보구축방안 등을 논의한다.

실현되지 못하고 있는 안보협력 메커니즘도 있다. 2007년 '2.13합의'에서 6자회담 참가국들은 동북아 평화・안보체제 형성을 논의할 실무그룹을 설치하기로 합의했다. 동북아의 지역안정을 가장 저해할 수 있는 북핵문제가 아이러니하게도 동북아의 다자안보협력 구도를 강화하는 결과를 가져올 수 있는 중요한 합의였다.[38] 그러나 6자회담이 중단되면서 실무그룹 창설도 무산되었다.

2. 동아시아 공동체 추구 노력

아시아에서 다자안보협력 노력이 ASEAN이 주도하는 ARF 형태로 진행되고 있지만 창립 이후의 성과 못지않게 한계가 존재하는 것도 분명하다. 더군다나 아시아의 핵심 국가들인 한중일이 주도권을 행사하지 못하고 ASEAN에 의해 끌려가고 있다는 것도 사실이다. 또한 한중일 간에는 한중일 정상회담이 있지만 이것이 다자간 안보협력으로 진척되지 못하고 있다. 그나마 2013년에 처음으로 한중일 전략대화가 개최된 것은 큰 의미가 있다고 볼 수 있다.

ASEAN은 2015년 12월을 기점으로 'ASEAN 공동체'로 발전했다. 그러나 아시아 공동체 또는 동아시아 공동체 등은 제안의 수준에 머물고 있다. 공동체에 관한 제안들로는 2008년 케빈 러드(Kevin Michael Rudd) 호주 총리가 제안한 '아시아태평양 공동체'를 비롯하여 2009년 하토야마 유키오(鳩山由紀夫) 일본 총리가 제안한 '동아시아 공동체'가 있다. 2015년 시진핑 중국 주석은 ASEAN과 운명공동체를 먼저 건설한 후

---

38) 김동호, "경제・환경 힘모으자: 동아시아 공동체로," 『한국일보』, 2009년 11월 16일.

2020년까지 ASEAN+한중일의 경제공동체를 건설하자고 제안하였다. 동아시아가 추구하는 공동체가 어떤 모습으로 나타날지 아직 확신할 수 없다. EC나 EU의 모습으로 나타날 수도 있고, OSCE의 모습으로 나타날 수도 있기 때문이다. 따라서 동아시아 공동체(EAC: East Asia Community)는 지역 통합의 차원에서 접근할 수도 있고 다자안보협력의 차원에서 접근할 수도 있다. 그러나 동아시아판 OSCE의 형태는 적어도 가까운 미래에는 등장하기 힘들 것으로 본다.

CMI 다자화 협정

CMI는 1997년 외환위기를 계기로 ASEAN이 외환위기에 처했을 시 달러 유동성을 지원하기로 약속한 협약이다. ASEAN+3 재무장관회담의 결과로 2010년 출범했다. 기존 CMI는 한중일과 ASEAN 국가들과 개별적인 양자간 스왑(swap) 계약체제였다. 그러나 2008년 세계적 금융위기에 발생하자 한중일+ASEAN은 단기 유동성을 지원하기 위해 1,200억 달러 규모의 상호자금 지원 체계를 마련할 필요가 있었다. CMI 다자화 협정이 2009년 11월 체결되어 2010년 3월부로 발효되었다. 출연기금과 비율, 그리고 인출가능 금액은 다음 표와 같다. ASEAN+3 재무장관들은 2012년 5월, CMI의 기존 약정금을 1,200억 달러에서 2,400억 달러로 2배 증액(한·중·일 : ASEAN = 80 : 20, 한 : 중 : 일 = 1 : 2 : 2)에 합의했다.

한중일이 동아시아 통합의 필요성을 느낀 이유는 유럽, 남미, 아프리카 등에서의 지역 통합의 가속화, ASEAN 공동체 탄생, 글로벌 금융위기에 대처하기 위한 동아시아 스스로의 노력 필요, 통합을 통한 상호위협의 감소 등으로 요약할 수 있다. 한중일은 미국발 금융위기가 터지자 미래의 아시아금융기금(AMF: Asian Monetary Fund)이 될 수도 있는 치앙마이 구상(CMI: ChiangMai Initiative)을 현실화 했다. CMI는 동아시아 공동체를 향한 중요한 징검다리가 될 수도 있었으나 지금은 수면 밑으로 가라앉았다.

동아시아 공동체(EAC: East Asia Community) 건설에 대해서는 아세안 공동체(ASEAN Community)를 지향하는 ASEAN은 물론이고 미국조차도 지대한 관심을 가지고 있었다. 2009년 한중일 정상은 정상회담을 통해 EAC를 장기적 목표로 설정한 바 있었다. 그럼에도 불구하고 EAC는 미국을 포함시킬 것인지를 두고 의견이 분분했다. 호주는 APEC에 속해 있는 미국을 포함시키자는 입장인 반면, 또 다른 국가들은 20여년 전 말레이시아의 마하티르(Mahathir bin Mohamad) 총리가 주장한 미국을 제외한 '동아시아경제회의' 창설에 주목하고 있다. 중국은 3+ASEAN을 선호하고 일본은 중국 견제의 필요성 때문에 3+ASEAN+α를 선호한다. 2010년 EAS에 가입하여 2011년 처음으로 EAS에 참여한 미국도 그동안 EAC에 깊은 관심을 보여 왔다.

EAC의 골간이 자유무역협정(FTA) 등 경제 연계 추진, 기후변동 등 환경문제 대처, 방재협력 등 생명을 지키기 위한 협력, 동중국해를 '우애의 바다'로 만들기 위한 해적 대책이나 해난구조 협력 등이 될 가능성이 있었다. 이렇게 되면 EAC는 경제공동체라기보다는 오히려 경제협력을 포함한 다자적 안보협력체가 될 가능성도 있었다. EAC의 등장은 한반도 통일 문제와도 직결될 수 있을 것이며 북한의 가입 여부와 관계없이 동아시아 질서에 큰 영향을 미칠 수 있었다. 그러나 미중 갈등이 심화되면서 EAC의 미래는 없어져 버렸다.

토론 주제

1. 공동안보, 포괄안보, 그리고 협력안보는 어떤 면에서 차이가 있는가?
2. 방어적 방위와 합리적 충분성은 현실의 영역인가? 수사의 영역인가?
3. 협력적 위협 감소 프로그램을 북한에도 적용할 수 있는가?
4. 어떤 안보 환경이 조성되어야 ARF가 OSCE와 비슷해질 수 있을까?
5. 다양한 안보 레짐은 결국 강대국의 현상유지 질서에 기여하는 수단인가?
6. 현실세계에서 강대국 협조체제는 여전히 지속되고 있다고 보는가?
7. 러시아의 유예 선언에도 불구하고 CFE는 계속 작동될 것으로 보는가?
8. ARF가 예방외교 메카니즘을 개발한 것은 무엇이며 실제 적용한 사례는 있는가?
9. 동아시아의 다양한 정부간, 반관반민형, 순수 민간형 등의 안보협의체가 실사구시형의 효과를 발휘하고 있는가?
10. QUAD, AUKUS, 한일중 협의체, 미일필 협의체 등은 미국 중심의 진영적 성격이 강한 협의체인데, 동아시아 전체를 아우르는 어떤 협의체가 창설될 수 있을까?

더 읽으면 좋은 글

1. Ashton B. Carter, Willian J. Perry and John D. Steinbrunner, *A New Concept of Cooperative Security*(Washington D.C: The Brookings Institution, 1992).
2. Jason D. Ellis, *Defense by Others: The Politics of US-NIS and Nuclear Security Cooperation*(Westport: Praeger Publishers, 2001).
3. Richard Cohen and Michael Mihalka, eds., *Cooperative Security: New Horizons for International Order*(Garmisch-Partenkirchen, Deutschland: George C. Marshall European Center for Security Studies, 2001).
4. 김열수 외, 『2015 동아시아 전략평가』(서울: 한국전략문제연구소, 2015).

제 13 장 국제사회의 평화활동

개 요

다자안보협력은 공동안보와 포괄안보를 거쳐 협력안보의 형태로 나타났다. 이데올로기의 종식과 새로운 위협의 등장에 대한 대처가 중요한 동인이었다. 여러 국가들이 서로 협력하여 다양한 위협에 대처하자는 것이 다자안보협력의 핵심이다. UN, OSCE, ARF, NATO, EU 등 다양한 보편적 국제기구와 지역기구들이 다자안보협력의 구체적 주체들이다. 의지의 동맹(Coalition of Willing)도 주체가 된다. 주체만큼이나 많은 안보 객체와 쟁점들도 있다. 개인안보, 국제안보 등은 안보의 객체이고 대량학살 방지, 재난 공동 대처, 물리 및 사이버 테러 대응, 해적 대응, 마약 거래 및 인신매매 방지, 신종 전염병 대응 및 확산 방지, 대량살상무기 확산 방지 등이 다자안보협력의 쟁점이다.

다자안보협력의 주체, 객체, 쟁점들을 연결해 보면 UN 주도의 개인 인권 보호, ARF 주도의 마약 거래 및 해적 근절, 의지의 동맹에 의한 대량살상무기 확산 방지를 위한 PSI(Proliferation Security Initiative) 등이 된다. 그러나 특정 객체나 쟁점에 대한 다양한 주체들이 복합적으로 참여할 수도 있고, 특정 주체가 다양한 객체와 쟁점들을 아우를 수도 있다.

제13장에서는 다자안보협력의 대표격인 국제사회의 평화활동을 다룰 것이다. 다양한 국제 및 지역기구와 의지의 동맹들이 참여하는 평화활동은 인권보호, 대량학살 방지, 분쟁의 종결, 그리고 평화 재건 등의 활동을 수행한다. 평화활동의 개념, 다자적 군사력 사용에 대한 논쟁, 세계평화활동의 동향, 그리고 한국의 평화활동 순으로 글을 전개하고자 한다.

제1절 평화활동의 개념

1. 평화유지활동과 평화활동

1992년 부터러스 갈리(Boutros Boutros-Ghali) 전 유엔 사무총장이 발표한 『평화를 위한 아젠다』에 예방외교 · 평화조성 · 평화유지 · 평화재건 등의 개념들이 정의[1]되어 있다. 예방외교(preventive diplomacy)란 "당사국(자) 간의 분규(dispute)발생을 예방하며, 발생한 분규가 고조되어 분쟁(conflict)으로 발전되지 않도록 예방하고, 분쟁이 발생했을 때 이러한 분쟁의 확산을 제한하는 활동"이다. 분쟁을 예방하기 위해 국제사회가 취하는 제반 예방행위(preventive action)가 예방외교인 것이다.

평화조성(peace making)이란 "유엔 헌장 제6장에서 제시하고 있는 평화적인 수단을 통하여 적대적인 정치집단들 간에 합의를 이끌어내는 활동"이다. 헌장 제6장에서 제시하고 있는 수단들은 사실 조사, 협상, 중재, 조정, 중재재판, 사법적 해결 등 6가지와 '지역적 기관 또는 지역적 협정의 이용' 또는 '당사자가 선택하는 평화적 수단' 등이 있다. 그러나 '지역적 기관 또는 지역적 협정의 이용'이나 또는 '당사자가 선택하는 평화적 수단' 등도 상술한 6가지의 범위를 벗어나는 것은 아니다. 한 가지 방법을 추가한다면 그것은 국제사회에서 널리 이용되고 있는 주선(good-office)이다.

평화유지(peace keeping)란 "분쟁 관련 모든 정치집단들의 동의하에 통상 유엔 군사요원과(and/or) 경찰요원 및 민간요원들이 현장에 배치

---

1) Boutros Boutros-Ghali, *An Agenda for Peace: Preventive Diplomacy, Peacemaking and Peacekeeping*(New York: UN, 1992).

되어 분쟁의 확대 가능성을 예방하고 평화조성의 가능성을 확대하는 기술"이다. '분쟁의 확대 가능성을 예방한다'는 것은 진행 중인 분쟁이 인접지역으로 확대되거나 분쟁지역 내에서 분쟁이 더 이상 치열해지지 않도록 억제한다는 뜻이다. '평화조성의 가능성을 확대한다'는 것은 정전협정이 체결되지 않은 분쟁지역에 대해서는 정전협정이 체결될 수 있도록 환경을 조성해 주고, 정전협정이 체결된 분쟁지역에 대해서는 정전협정의 유지와 함께 평화협정이 체결될 수 있도록 환경을 조성해 준다는 두 가지의 의미가 포함되어 있다.

평화재건(peace building)이란 "평화조성과 평화유지활동이 성공적이기 위해서는 평화를 공고히 하고, 사람들 간에 신뢰와 번영의 감정을 진전시킬 수 있는 구조를 찾아내어 이를 지원하는 포괄적 노력"을 말한다. 이 노력 속에는 분쟁 당사자의 무장해제, 무기의 회수 및 파기, 난민복귀, 선거 감시, 인권보호활동, 정부기관의 재편 및 강화들이 포함된다. 분쟁 당사국에 대한 국제사회의 정치적 지원, 경제 및 사회적 지원이 평화재건의 핵심요소이다.

평화강제(peace enforcement)란 '평화조성(and/or), 평화유지에 의한 활동이 분쟁을 관리함에 있어서 그 실효성을 거둘 수 없을 때 강제적인 수단과 방법을 동원하여 평화를 획득하는 것'이다. 그러나 이 정의는 『평화를 위한 아젠다』에는 명시되어 있지 않지만 현실세계에서는 많이 사용되고 있다.

위의 정의에서 살펴본 것처럼 5가지 용어의 개념은 각각 다르다. 따라서 평화유지활동이라는 용어로 위의 5가지 개념들을 포괄할 수는 없다. 따라서 위의 5가지 개념을 모두 포괄할 수 있는 용어가 필요했다. 미국은 평화유지활동이라는 용어 대신에 평화활동(PO: Peace Operations)이라는 용어를 사용하기 시작했으며, 영국은 평화유지활동이라는 용어 대

신에 평화지원활동(Peace Support Operations)이라는 용어를 사용하기 시작했다.[2)]

유엔이 평화활동이라는 용어를 사용하기 시작한 것은 아난(Kofi Annan) 전 유엔 사무총장이 2000년 3월, 브라히미(Lakhdar Brahimi)를 의장으로 하는 고위 패널을 조직하여 국제평화와 안전을 유지하기 위한 유엔의 효율성 제고에 관한 보고서, 즉 브라히미 보고서라 칭해지는 "The Report of the Panel on the United Nations Peace Operations"이 2000년 유엔 총회와 유엔 안보리에서 채택[3)]되고 난 이후였다. 이로써 평화활동(PO)이라는 용어가 유엔에서도 공식적으로 사용되기 시작했고 국제적으로 통용되기 시작했다. 따라서 위에서 서술한 5가지는 모두 평화활동의 하위 유형에 속한다고 볼 수 있다. [그림 13-1]은 분쟁 전후에 주로 어떤 유형의 평화활동이 이루어지고 있는지를 나타낸 그림이다.

[그림 13-1] 분쟁의 단계와 평화활동과의 관계

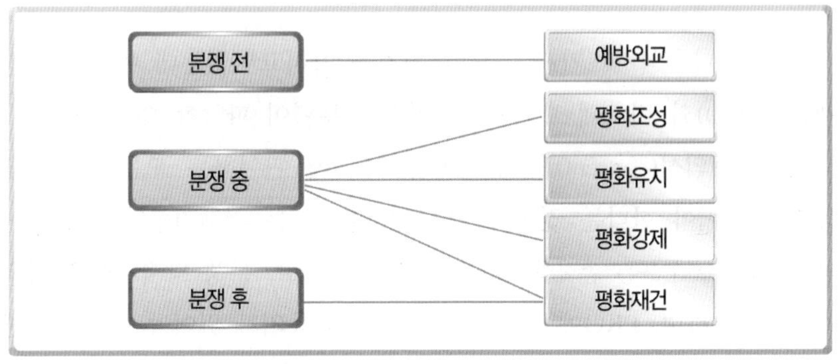

2) HQ, Department of the US Army, *FM 100- 23: Peace Operations*(1994), 영국군 교범, *JWP3-50, Peace Support Operations:* 국방부 역, 『평화지원작전』(서울: 국방부, 2000).

3) 총회 결의안 A/55/502(2000년 10월 20일)와 안보리 결의안 S/RES/1318호(2000년 9월 7일) 참조.

PO는 유엔이 주체가 될 수도 있지만 지역기구나 특정국가가 주체가 될 수도 있다. 유엔이 주도하면 유엔 평화활동이 되는 것이고 OSCE가 주도하면 OSCE 평화활동이 되는 것이다. 또한 분쟁지역에 한 주체만이 평화활동을 전개하는 것도 아니다. 코소보의 경우, 유엔코소보활동단(UNMIK)이 코소보의 전반적인 정치·행정 문제를 취급했고, OSCE 코소보 활동단(OSCE Mission in Kosovo)은 코소보의 민주화, 인권과 법치, 선거, 경찰교육 등 4가지 분야에서 활동했으며, NATO-러시아 주도의 KFOR(NATO Kosovo Force)는 주로 치안을 담당했다. 한 분쟁 지역에 서로 다른 주체의 PO가 전개된 것이다. 다른 분쟁지역에서도 이와 유사하게 다양한 국제기구가 서로 협력하면서 평화활동을 전개하고 있다.

2. 평화유지활동과 평화강제활동

PKO는 다음의 몇 가지 중요한 원칙을 가지고[4] 있는데 이를 평화강제활동(PEO)와 비교해 보면 그 차이점을 뚜렷이 파악할 수 있다.[5]

첫째, 동의성(consent)의 원칙이란 PKO에 관여하는 모든 당사자의 동의가 있어야 한다는 것이다. PKO를 결정하는 국제기구(유엔 또는 지역기구의 안보리 또는 총회)의 동의가 있어야 하고, 분쟁 당사자들의 동의가 있어야 하며, PKO에 참여하는 참여국의 동의가 있어야 한다. 이 중에서도 가장 중요한 것이 분쟁당사자들의 동의이다. 그러나 PEO는 분쟁당사자들의 동의를 받을 수도 있고 받지 않을 수도 있다. 동티모르에

---

4) 전 유엔 평화유지활동 사무차장이었던 굴딩은 평화유지활동의 원칙을 대표성·동의성·중립성·자발성·자위성 등 5가지로 제시하고 있다. Marrack Goulding, "The Evolution on United Nations Peacekeeping," *International Affairs*, Vol.69, No.3(1993), p. 455.

5) 김열수, 『국제기구를 통한 분쟁관리』, 제2판(서울: 오름, 2002), pp. 54-57.

투입된 호주 주도의 다국적군은 인도네시아로부터 동의를 받았지만 소말리아나 보스니아에 투입된 다국적군은 분쟁당사자들의 동의를 받지 않았다.

둘째, 중립성(neutrality)의 원칙이란 PKO에 참여하는 요원들이 분쟁지역 내에서 정치·군사적으로 중립을 지켜야 한다는 것이다. 따라서 PKO 요원들은 분쟁 당사자의 어느 한 편을 동맹으로 삼는 것이 아니라 이들 사이에서 중립을 유지하면서 임무를 수행해야 한다. PEO도 가능한 한 중립을 지켜야 하나 특정 집단이 분명하게 적대행위를 할 경우에는 중립은 유보되고 이 적대세력을 상대로 한시적으로 무력을 사용한다.

셋째, 자위성(self-help)의 원칙이란 평화유지요원들이 자신의 생명이 위협받을 경우에만 무기를 사용할 수 있다는 원칙이다. 따라서 평화유지요원들은 신분에 따라 비무장을 하거나 소화기 정도의 경무장만 하게 된다. 그러나 평화강제는 자위의 차원을 넘어 임무수행을 위해 무력을 사용할 수 있다. 따라서 평화강제요원들은 적절한 수준의 무장을 한다.

탈냉전 후 PEO는 최초 유엔의 주도로 이루어졌다. 1990년대 초 나미비아와 캄보디아에서의 성공적인 평화유지활동으로 유엔은 고무되었다. 따라서 유엔은 1990년대 중반, 소말리아, 구 유고슬라비아, 르완다 등에서 PEO를 실시했다. 그러나 그 결과는 참담했다. 이로인해 갈리 전 유엔 사무총장은 1995년 『평화를 위한 아젠다: 보론』을 발표했는데, 그 핵심은 현재의 유엔 능력으로 평화강제를 할 수 있는 여력이 없음을 인정하고, PEO가 필요한 경우에는 지역기구나 특정국가가 PEO를 맡아줄 것[6]을 호소하는 것이었다. 이로써 PEO는 주로 특정 국가가 주

6) Boutros Boutros-Ghali, *Supplement to An Agenda for Peace: Position Paper of*

도하는 의지의 동맹(다국적군)이나 지역기구가 떠맡게 되었다.[7]

소말리아에서의 미국 주도의 다국적군(UNITAF), 보스니아-헤르체코비나에서의 NATO 주도의 다국적군(IFOR, SFOR), 코소보에서의 NATO 주도의 다국적군(KFOR), 동티모르에서의 호주 주도의 다국적군(INTERFET), 아프가니스탄에서의 NATO 주도의 다국적군(ISAF), 그리고 이라크에서의 미국 주도의 다국적군(MNF-I) 등이 대표적인 PEO 사례들이다.

3. 평화활동의 세대 구분

PO는 시기에 따라서 냉전시 PO와 탈냉전시 PO로 구분할 수 있으며, 활동내용의 복잡성에 따라서 전통적 PO와 다차원적 PO로 나눌 수 있다.[8] 또한 PO를 활동의 성격이나 목적에 따라서 2개 세대[9] 또는 3개 세대로 구분하기도 한다.[10] 그뿐만 아니라 활동의 성격이 정치적이

---

the Secretary General on the Occasion of the 50th Anniversary of the UN(A/50/60, Jan. 1995), 제77-80항.

7) 김열수, "유엔 평화강제활동 실패 원인과 실패의 유산," 『신아세아』 Vol.13, No.1 (2006년 봄), pp. 80-81.

8) Bo Huldt, "Multilateral Operations; Traditional Peacekeeper's Viewpoint" in Donald C.F. Daniel and Bradd C. Hayes, eds., *Beyond Traditional Peacekeeping* (Houndmills: Macmillan Press Ltd., 1995), p. 141.

9) Steven R. Ranter, *The New Peacekeeping: Building Peace in Lands of Conflict After the Cold War*(Houndmills: Macmillan Press Ltd, 1994); Michael Barnett, "The New UN Politics of Peace: From Juridical Sovereignty to Empirical Sovereignty," *Global Governance*, Vol.1(Winter 1995).

10) 평화유지활동을 3개기로 구분하는 학자로는 펙(Connie Peck), 밍스트와 칸스(Karen A. Mingst and Margaret P. Karns)가 있다. Connie Peck, "Summary of Colloquium of New Dimension of Peacekeeping" in Daniel Warner, ed., *New Dimensions of Peacekeeping* (London: Martinus Nijhoff Publishers, 1995), pp. 181-204; Karen A. Mingst and Margaret P. Karens, *The United Nations in the Post-Cold War Era*(Boulder: Westview Press, 1995), pp. 68-76. 세대별 구분은 가치의 차원이나 진화의 차원이 아니라 시대별 평화유지활동의 변화에 근거한 분류이다.

냐 군사적이냐 또는 경제 · 사회적이냐에 따라 PO가 구분되기도 하고 활동의 목적이 무엇이냐에 따라 평화조성 · 평화유지 · 예방외교 · 평화재건 · 평화강제 등으로 구분되기도 한다. 이를 정리해 보면 〈표 13-1〉과 같다.

〈표 13-1〉 세대별 평화활동

시기	활동의 복잡성	세대	활동 성격	활동 목적	내용
냉전	단순 (전통)	제1세대	정치적	평화조성	협상유도 활동
			군사적	평화유지	분쟁의 확산방지 평화조성 가능성 확대
탈냉전	복잡 (확장)	제2세대 (제1세대+)	정치적	예방외교	분규 예방
			경제 · 사회적	평화재건	정파 간 군비통제, 인도주의 활동, 선거지원 및 감시, 정부기관의 재편 · 강화, 사회 · 경제발전 지원 활동
		제3세대 (제2세대+)	군사적	평화강제	강제적 수단 · 방법을 통한 평화획득

* 출처: 김열수, 『국제기구를 통한 분쟁관리』, 제2판(서울: 오름, 2002), p. 83.

세대구분 중 제2세대 PO는 제1세대 PO에 예방외교와 평화재건이 추가된 활동이며, 제3세대 PO는 제2세대 PO에 평화강제가 추가된 활동이다. 따라서 제1세대 PO라고 할 경우 주로 평화조성과 평화유지가, 제2세대 PO의 경우에는 주로 예방외교와 평화재건이, 제3세대 PO의 경우에는 평화강제가 각 세대의 상징으로 부각된다. 그러나 PO를 제1, 2세대로 구분하는 학자들은 평화강제를 PO의 범주에서 제외[11)]하기도 한다.

11) Marrack Goulding, *ibid.*, p. 459.

냉전시에는 비교적 단순한 임무를 수행한 제1세대형 PO가 주류를 이루었는데, 활동의 성격과 목적은 주로 평화조성을 위한 정치적 임무와 평화유지를 위한 군사적 임무였다. 탈냉전시에는 이러한 제1세대형 PO에 예방외교를 위한 정치적 활동, 평화재건을 위한 경제·사회적 활동 그리고 평화강제를 위한 군사적 활동이 추가되었다.

제2절 다자적 군사력 사용에 대한 논쟁[12)]

1. 주권과 개입

1648년 웨스트팔리아(Westphalia) 평화조약으로 인해 국민국가들이 탄생되기 시작했다. 이로써 국민국가들은 정해진 영토에서 주권을 향유하고 그들 국가의 국내문제를 자유롭게 결정할 수 있게 되었다.[13)] 외부의 개입으로부터 자유롭게 자국의 이익을 추구할 수 있는 방법을 찾기 위한 시도로써 출발한 주권의 개념은 서구의 정치·사회적 조건의 산물임과 동시에 영토적 경계선은 배타적으로 통제돼야 한다는 지정학적 담론에 기초하고 있다.[14)] 그러나 주권국가의 성립과 동시에 주권에 대한 외부의 개입은 시작되었으며, 개입의 주체와 수단, 방법, 그리고 그 수준은 다양하였다. 그럼에도 불구하고 탈냉전 이전까지 주권의 개념은

12) 이 부분은 김열수, "탈냉전 후 유엔 안보리의 위상변화: 군사력 사용을 중심으로," 『국제정치논총』, 제48집 1호(2008), pp. 351-357의 내용을 일부 수정한 것임.

13) Gene M. Lyons and Michael Mastanduno, *Beyond Westphalia?: State Sovereignty and International Intervention*(Baltimore and London: The Johns Hopkins University, 1995), p. 5.

14) Joseph A. Camilleri and Jim Falk, *The End of Sovereignty: The Politics of a Shrinking and Fragmenting World*(Aldershot, Hants: Edward Elgar Publishing Limited, 1992), pp. 11-12.

비교적 잘 보존되었다.

이런 주권이 갑자기 세계적 담론의 중심에 서게 된 것은 탈냉전 이후의 일이다. 냉전 종식과 더불어 세계 곳곳에 산재해 있었던 국가 간 분쟁이나 국가 내의 분쟁이 유엔 및 국제사회의 노력에 의해 해결되었던 반면, 새로운 분쟁이 분출되기 시작했기 때문이다. 그중에서도 가장 문제가 되었던 것은 한 국가 내에서 인도주의 사태가 발생했을 때 유엔을 비롯한 국제사회가 국내 관할권을 무시하고 군사적 개입을 할 수 있느냐 여부였다. 이 담론을 촉발시켰던 진원지는 소말리아였다.

수년 간의 내전 끝에 1991년 심한 가뭄에 기아까지 겹쳐 수십만 명의 난민과 사망자가 속출하자 국제사회는 유엔에 인도주의적 개입을 요청하게 되었다. 그러나 유엔 안보리는 인도주의 사태를 이유로 국내 관할권에 개입하는 것은 문제가 있다고 판단하여 구호활동 등 인도주의 지원활동에 치중하고 있었으나 상황이 악화되자 군사적 개입을 고려하게 되었다. 이를 계기로 다원주의자(pluralists)와 연대주의자(solidarists) 간에 공방전이 펼쳐졌다.

다원주의자들은 국제사회의 다양성을 존중하는 홉스의 주권 중심적(state-centered)인 관점을 수용한다. 따라서 이들은 상이한 도덕적 가치에 기초한 다양한 정치문화가 국제사회에 존재한다고 주장한다. 이들은 이러한 가치를 보존하고 국가별 고유생활 양식을 유지하기 위해서는 주권과 비개입의 원칙이 국제공동체와 질서를 유지하기 위한 핵심이라고 주장한다.[15] 또한 이들은 국제사회가 유지되기 위해서 최소한의 공동 규범을 형성할 수 있으나 이 규범은 지침적 수준일 뿐, 규범이 질서를 보장해 주지 않는다고 생각한다.[16] 개입은 오히려 국제질서를 파괴

15) D. R. L. Ludlow, "Humanitarian Intervention and the Rwandan Genocide," *The Journal of Conflict Studies*, Vol.19, No.1(Spring 1999), pp. 26-27.

16) Carsten F, Ronnfeldt, "Beyond a Pluralist Conception of International Society?: A

하여 국제사회의 혼란을 초래하게 되고 결국 국제사회는 붕괴된다는 것이 다원주의자들의 주장이다. 인권문제로 국제사회가 개입하는 것은 오히려 국제평화와 안전에 위협을 가져오기 때문에, 유엔헌장 및 1970년의 『국제법 원칙에 관한 선언(Declaration on Principles of International Law)』에서 표방하고 있는 비개입의 원칙이 존중되어야 한다는 인식을 가지고 있다. 다원주의자들이 주권 중심적 시각을 가지고 있다는 점에서 현실주의와 그 맥을 같이한다.

한편, 연대주의자들은 인류공동체가 주권국가를 능가한다는 신념을 가지고 있다고 생각한다.[17] 국가의 임무는 사회를 조직하고 시민들에게 복지를 제공하는 것인데, 인권은 당연히 이 복지의 범위에 속한다고 본다. 따라서 이들은 주권국가가 인류의 보편적 정의인 인권을 침해할 경우, 국제사회는 이에 개입해야 한다고 주장한다.

이들은 국제적 삶의 초국가적 유대를 강조하고 정의라고 하는 보편적 기준이 존재한다는 것을 가정하는 칸트의 관점을 수용한다. 따라서 이들은 양도할 수 없는 인간의 권리가 자연법적 가치에 그 근거를 두고 있다고 주장한다. 인권에 대한 침해가 죄악시되는 것은 단순히 인간의 생존, 건강 혹은 필요를 충족시킬 수 없다는 데 있는 것이 아니라 인간 존재의 도덕적 가치가 손상됨으로써 인간이 누릴 수 있는 품위와 고결한 삶을 저해하기 때문으로 보는 것이다.[18]

노예제도와 인신매매의 금지, 식민지의 독립, 나치 독일과 일본의 만행에 대한 처벌 등은 국제사회가 모든 인간은 동등한 인권을 가지고 있다는 인권에 대한 보편적 정의를 실천한 역사적 경험이다. 이들은 이

Case Study on the International Response to the Conflict in Bosnia-Hercegovina," *Cooperation and Conflict*, Vol.34, No.2(June 1994), p. 145.

17) D. R. L. Ludlow(1999), *op. cit.*, p. 24.

18) Jack Donelly, "International Human Right: A Regime Analysis," *International Organization*, Vol.40, No.3(Summer 1986), p. 17.

런 경험들을 토대로 국제사회는 인간 존엄성에 대한 도덕적 가치를 보다 폭넓게 인식하는 계기가 되었고, 자연법적 가치에 대한 국제적 인권규범을 형성하기 시작했다고 본다.

연대주의자들의 주장의 핵심은 특정 국가에서 인권이 침해받을 경우에 국제사회는 개입해야 한다는 것이다.[19] 연대주의자들은 자신들의 주장 근거를 인간의 권리와 인간의 근본적인 자유를 강조한 유엔 헌장[20]과 1945년 이후 인류공동체가 발전시켜 온 무력분쟁 시의 국제 인도주의 법, 국제 인도주의 지원의 정신, 그리고 국제 인권법 등에서 찾고 있다.[21] 따라서 연대주의자들이 국제협력을 통해 국제규범을 강제함으로써 보편적 정의를 달성해야 한다고 주장한다.[22] 연대주의는 칸트의 관점을 공유한다는 차원에서 자유주의와 그 맥을 같이한다.

주권국가가 언제부터 독립국으로 존재했는가에 따라 개입을 바라보는 시각이 다를 수 있다. 비교적 근대 주권국가로서의 역사가 일천한 중남미, 아프리카 및 아시아 국가들은 여전히 주권존중과 영토의 주체성을 강조함으로써 국제사회의 개입을 우려하는 반면, 주권의 일부를 유럽연합(EU)과 같은 지역기구에 양도할 정도로 주권국가로서의 역사

---

19) 인도주의적 개입에 대해서는 다음을 참조할 것. 박희권, "유엔과 인도적 개입," 박수길 편, 『21세기 유엔과 한국』(서울: 오름, 2002), pp. 321-349; 김성한, "인도적 개입의 국제정치적 의미," 박수길 편, 『21세기 유엔과 한국』(서울: 오름, 2002), pp. 351-374; 최의철, 『인도주의 개입』(서울: 백산자료원, 2004); J. L. Holzgrefe and Robert O. Keohane, eds., *Humanitarian Intervention*(Cambridge: Cambridge University Press, 2003); Martha Finnemore, "Constructing Norms of Humanitarian Intervention", Peter J. Katzenstein, ed., *The Culture of National Security: Norms and Identity in World Politics*(New York: Columbia University Press, 1996); Gene M. Lyons and Michael Mastanduno, *Beyond Westphalia?: State Sovereignty and International Intervention*(Baltimore and London: The Johns Hopkins University, 1995); Michael F. Glennon, "The New Interventionism: The Search for a Just International Law", *Foreign Affairs*, Vol.78, No.3(May/June 1999).

20) 유엔헌장 제1조 3항.

21) Oliver Ransbotham and Tom Woodhouse, *Humanitarian Intervention in Contemporary Conflict : A Reconceptionalization*(Cambridge: Polity Press, 1996), p. 9.

22) Carsent F. Ronnfeldt, *op. cit*, p. 146.

가 오래된 서구 선진국들은 보편적 정의를 실현할 수 있는 국제사회의 개입을 선호하고 있다.

개입 대상 국가의 대부분이 독립의 역사가 일천하여 국내 질서가 완전하게 정착되지 못한 관계로 정체성의 경계선을 따라 인권의 침해가 발생할 수밖에 없는 구조적인 문제점을 가지고 있다. 따라서 이들 국가들은 또 다시 식민국들이 자국의 관할권에 개입하여 자국을 식민지화하지 않을까 하는 점을 우려하고 있는 것이다. 이런 연유로 이들은 다원주의자들의 주장에 적극적으로 동조한다.

다원주의자들은 연대주의자들이 개입의 당위성만을 주장한다고 생각한다. 반면 연대주의자들은 다원주의자들이 개입을 무조건 반대한다고 생각한다. 연대주의자들은 유엔 안보리의 결정이라는 절차적 합법성에 얽매여 대량학살 등 인도주의적 사태에 대해서 개입하지 않으면 안 된다고 생각한다. 또한 피개입 국가의 정부는 통상 인권 침해의 주체이기 때문에 해당 정부의 동의 여부도 개입의 전제조건이 되지 않는다고 생각한다. 극단적으로 표현하면, 이들은 인권 침해가 있는 곳에는 인류공동체의 이름으로 무조건 개입해야 한다는 것이다. 그러나 다원주의자들의 생각은 다르다. 이들은 안보리 상임이사국들이 제멋대로 해석될 수 있는 인권을 구실로 무차별적으로 국내문제에 개입할 개연성과 선택적 개입(selectivity)과 남용(abuse)이 우려되기 때문에 절대로 국내관할권에 대해서는 개입해서는 안 된다고 주장한다.

이들은 선택적 개입을 비난한다. 오늘날의 개입은 제도의 부재로 높은 거래 비용을 필요로 하는 국제사회의 정치적 과정의 결과로 이루어진다. 절차적 과정을 거치긴 하지만 거의 유사한 상황이 발생했음에도 불구하고 어떤 사태에는 개입하고 또 어떤 사태에는 개입하지 않는 경우가 발생하고 있다. 다원주의자들은 선택된 개입은 강대국의 이익이 반영된 결과라고 본다. 이들은 보스니아-헤르체코비나에는 서유럽의 이익이 반영된 결과이며, 르완다의 후투족 보호에는 프랑스의 이익이 반영되었다고 비판한다. 다원주의자들은 강대국들이 안보리를 이용하여 개입을 결정하고 여기에 많은 나라들을 동참시킴으로써 합법적 개입이라는 명분을 내세워 자신들의 국익을 위장하고 있다고 비판한다. 이들은 지구촌에서 '버림받은 분쟁'(orphan conflict)이 발생하는 이유를 강대국들의 선택적 개입의 결과라고 본다.[23] 소위 말하는 이중잣대(dual standard)의 적용 때문에 이런 문제가 발생한다는 것이다.

이들은 또한 군사적 개입의 남용을 비판한다. 아이티에서 군사 쿠데타가 발생했을 때 유엔 안보리는 쿠데타 세력이 민주주의를 위협한다는 명분으로 국제사회의 개입을 결의하여 이를 실행에 옮겼다. 사실 한 국가 내에서 발생한 쿠데타 자체는 위법한 것이지만, 그렇다고 그 쿠데타가 유엔 헌장상에서 규정하고 있는 '국제평화와 안전'을 위협하는 것도 아니고 유행처럼 번지고 있었던 '인도주의적 사태'에 해당되는 것도 아니다. 다원주의자들은 어떤 형태의 국내적 사태에 대해서도 안보리 상임이사국들이 자의적 해석과 적절한 명분을 통해 군사적으로 개입하려는 '개입의 남용'을 우려하는 것이다.

다원주의자들은 국가마다 다양성에 근거한 차이(difference)가 존재하기 때문에 이를 존중한다는 차원에서 국내문제에 대해 개입하지 말라고 주장한다. 그런 개입은 결국 차별적 개입이 될 수밖에 없다고 주장한다. 그러나 연대주의자들은 다원주의자들이 자신은 국제사회로부터 차이를 인정받아야 된다고 주장하면서 자신들은 오히려 국내에서의 다양한 정체성의 차이를 인정하기보다는 오히려 차별(discrimination)하기

---

23) Boutros Boutros-Ghali, "Global Leadership After the Cold War," *Foreign Affairs*, Vol.75, No.2(March/April 1996), pp. 90-92.

때문에 보편적 정의를 달성하기 위해서는 개입해야 한다고 주장한다.

주권과 개입 간의 긴장 관계는 새로운 밀레니엄이 시작되기 직전인 1999년에 새로운 국면을 맞이하였다. 유엔 안보리에서 '민간인 보호'라는 용어가 '인권'이라는 민감한 용어를 대체하면서 '민간인 보호'를 위해 개입할 수 있는 근거를 마련하기 시작했기 때문이다. 1999년 유엔 안보리는 결의안 제1265호를 통하여 "분쟁 상태에서의 민간인 보호(protection of civilian in armed conflict)"라는 결의안을 통과시킨 데 이어 2000년에도 결의안 제1296호를 통하여 똑같은 제목으로 통과시켰다. 핵심적인 내용은 민간인을 목표로 하거나 인도주의적 접근을 거부하는 것을 세계 평화와 안보에 대한 위협으로 간주하고 UN 헌장 제7장에 의거한 강제적 조치(coercive action)를 할 수 있는 가능성을 열어놓았던 것이다. 그 이후 유엔 주도 PKO와 유엔이 허여한 PKO에 이 조항이 적용되기 시작했다. 그럼에도 불구하고 개입에 대한 국제법적인 논쟁이 발생하자 캐나다는 2000년, "개입과 주권에 대한 국제위원회(ICISS: International Commission on Intervention and Sovereignty)를 구성하여 2001년 12월 "보호에 대한 책임(The Responsibility to Protect)"이라는 보고서를 만들었다.

2005년 유엔 정상회의(United Nations World Summit)에서 회원국 정상들은 이 보고서에 동의했다. 이를 계기로 유엔 안보리는 2006년 결의안 제1674호(protection of civilian in armed conflict)를 통과시키게 됨으로써 보호책임(R2P: Responsibility to Protect)이 국제규범으로 자리 잡게 되었고 각종 평화활동 시 적용할 수 있게 되었다. R2P의 핵심은 자국민 보호의 일차적 책임이 주권국가에게 있지만, 주권 국가가 이를 이행 못할 경우 잔존적·보충적 책임이 국제공동체에 귀속된다는 것이다. R2P는 리비아 사태시 적용되었다. 리비아 정부군이 국민을 향해 대포와 전투기를 동원하여 살육행위를 자행하자 유엔은 안보리 결의를 통해 리비아에 평화강제활동을 수행했던 것이다. 코피 아난과 반기문 전 유엔사무총장이 인도주의적 개입과 R2P의 규범화에 노력해 왔다면 현 구테흐스(António Manuel de Oliveira Guterres) 유엔사무총장은 평화활동을 효율적으로 수행하기 위한 새로운 평화유지 구상을 발전시키고 있다. 코로나 19라는 감염병과 제4차 산업혁명이라는 새로운 안보 환경을 주시하면서 다차원적 평화활동 임무를 효율적으로 수행하기 위해 다양한 아이디어를 실천에 옮기고자 한다. 구테흐스 사무총장은 2018년 3월 '평화유지구상(Action for Peace, A4P)'을 출범시켰다. A4P는 UN PKO 작전병력의 안전성 문제, 임무 다각화에 따른 역량 제고 등 국제사회의 공동노력 결집을 강조하는 것이다.[24)]

A4P의 핵심적인 목표는 더 안전하고 실효성있는 평화유지활동 환경을 구축하는 것이다. 이를 위해 유엔은 공여국과 주둔국, 지역기구 등의 공동노력이 필요하다는 인식하에 공동공약선언(Declaration of Shared Commitments) 형태로 추진과제를 제시했다. A4P는 8대 영역, 45개 항의 이행약속으로 구성되어 있다. 8대 영역은 분쟁의 정치적 해결, 여성, 평화 및 안보, 민간인 보호 강화, 평화유지요원 안전 강화, 임무수행 성과 및 책임성 강화, 평화재건과 지속적 평화, 파트너십 강화, 행동강령 준수 등이다. 유엔은 2021년 3월 지난 3년간의 이행 수준을 점검하고 성과를 확대하기 위해 '평화유지구상 플러스(A4P Plus: Priorities for 2021–2023)'를 발표했다.

A4P Plus 추진전략의 7대 우선순위는 일관된 정치전략, 파트너와의

---

24) 김금률 · 이강경 · 설현주, "유엔의 평화유지구상(A4P)과 연계된 한국군의 국제평화활동 발전전략," 『전략연구』, 통권 제88호(2022년 11월), p. 55.; 조정현, "보호책임(R2P)의 이론과 실행: 미얀마 사태 및 우크라이나 전쟁에 대한 최근 국제사회의 대응을 포함하여," 『외법논집』, 제47권 2호(2023.5). p. 138.

전략적 · 작전적 통합, 평화활동의 역량강화 및 사고의 전환, 평화유지군 대상 폭력에 대한 책임성 강화, 평화유지군의 책무, 전략적 의사소통, 그리고 수용국과의 협력 등을 제시했다. 인간중심적 접근방식, 포용적이고 지속가능한 평화 구축, 여성의 평등한 참여 등을 강조한 것이다. 이뿐만 아니라 제4차 산업혁명 시대에 걸맞게 기술기반의 평화유지활동을 구현하기 위해 데이터 활용의 책임성 강화, 인프라 업그레이드, 데이터 기반의 혁신문화 구축 필요성 등을 강조하였다.[25)]

유엔은 디지털 협력 로드맵에 따라 2021년 9월, '유엔 평화유지활동의 디지털 전환 전략(Strategy for the Digital Transformation of UN Peacekeeping)'을 발표하였다. 이런 전략을 통해 첨단 디지털 기술의 잠재력을 활용하여 위험요인을 완화하고, 평화유지군의 안전성 강화에 기여하겠다는 것이다.[26)] 디지털 전환 전략은 비국가 행위자들의 무기 진화와 사이버 공격, 정보 교란, 허위정보 유포와 증오 발언 등 디지털 기술 사용과 관련된 새로운 위협이 나타나면서 이의 대응 방안의 일환으로 추진하게 되었다.[27)] 대부분의 PKO 임무단은 효율적인 첩보 처리, 전파 및 사용을 위하여 디지털기술 기반의 상황공유플랫폼(SAGE: Situational Awareness Geospatial Enterprise)을 사용하고 있다. 또한, 시각화 정보를 활용한 위기관리상황도를 운영하기도 하고 상업용 위성영상업체로부터의 영상을 활용하여 폭력행위 감시, 인권침해 보고에 활용하기도 한다. 심지어 인공지능을 활용하여 문자 및 영상 등의 데이터를 처리하고 위협의 패턴을 예측하는 방향으로 발전을 시도하고 있다.[28)]

---

25) 김금률 · 이강경 · 설현주, "중국의 국제평화활동 추진동향과 시사점," 『신아세아』, 제29권 4호(2022년 겨울), pp. 114-115.

26) 위의 글, p. 115.

27) 문진혁 · 윤지원, 위의 글, p. 11

28) 위의 글. pp. 112-113.

2. 합법성(legality)과 정당성(legitimacy)

전간기(戰間期)에 체결되었던 켈로그·브리앙(Kellog·Briand) 조약(General Treaty for the Renunciation of War)[29]이 제2차 세계대전을 막지 못했으나 이 조약의 정신은 유엔 헌장에 반영되었다. 이에 유엔 헌장은 원칙적으로 전쟁을 위법한 것으로 보고 분쟁을 평화적으로 해결할 것을 규정(제2조)하고 있다. 그러나 헌장 51조하의 자위의 경우와 헌장 7장하의 안보리에 의해 인정된 군사력을 사용하는 경우는 예외이다. 한 국가가 다른 국가를 위협할 때 유엔 헌장은 아주 포괄적으로 군사행동을 포함하여 어떤 행동을 결정하도록 안보리에 그 권한을 부여하고 있다. 따라서 특정국가가 국제평화와 안전에 위해를 가했을 경우, 국제사회는 유엔 안보리의 결의에 따라 이에 합법적으로 개입할 수 있다.

유엔 헌장 상에 명시되어 있는 합법적 군사개입은 다음의 세 가지 조건이 필요하다.

첫째, 유엔 안보리의 결의를 받아야 한다. 유엔 안보리 결의는 상임이사국이 거부권을 행사하지 않은 상태에서 안보리 이사국의 9/15 찬성이 있어야 한다. 안보리 상임이사국 중 한 국가라도 거부권을 행사하면 합법적 군사개입은 불가능하다.

둘째, 지역기구가 무력을 사용할 경우에도 안보리의 결의를 받아야 한다. 지역에서 분쟁이 발생했을 경우에 역내 국가들은 지역적 협정에 의해, 또는 상설적인 지역적 기관에 의해 그 분쟁을 평화적으로 해결하

---

29) 1927년 프랑스의 브리앙 외상이 미국의 국무장관인 켈로그에게 不戰條約案을 제의함으로써 성립된 이 조약은 '전쟁포기에 관한 조약'이라고 할 수 있다. 1928년에는 15개국이 이에 동의하였고 그 이후 63개국이 이에 가입하였다. 조약의 핵심 내용은 첫째, 전쟁을 반대하며 국가정책수단으로서 전쟁을 포기한다. 둘째, 전쟁은 평화적 방법에 의해 해결한다. 이에 대해서는 오기평, 『세계외교사: 비엔나에서 진주만까지』(서울: 박영사, 1991), pp. 377-378을 참고할 것.

기 위해 노력해야 하나 강제조치를 취할 경우에는 반드시 안보리의 허가를 받도록 규정(헌장 제53조)하고 있기 때문이다.

셋째, 특정 국가가 외부로부터 침략을 받았을 경우에 그 국가는 자위권의 차원에서 무력을 사용(헌장 제51조)하여 이에 개입할 수 있다. 또한, 침략받은 국가의 요청에 의해 개별적 또는 집단적으로 개입할 수 있다. 그러나 이 경우는 침략의 경우가 아니라 침략을 받았을 경우로 한정된다.

소말리아 사태가 개입과 주권 논쟁에 불을 당겼다면, 합법성과 정당성 논쟁에 불을 지핀 것은 미국의 이라크 침공이었다. 소말리아 사태 이후의 군사력 사용 논쟁이 유엔 헌장과 국제법의 테두리 내에서 이루어진 것이었다고 한다면, 이라크 침공은 유엔헌장과 국제법 바깥에서의 군사력 사용 논쟁에 관한 것이었다. 9.11테러 이후 미국 국가안보 전략의 핵심은 "위협이 국경선에 도착하기 전에 위협을 규명하여 파괴시키고, 필요시 단독으로 행동할 것을 주저하지 않을 것이며, 이런 테러분자들에 대해 선제적으로 우리의 자위권을 행사하겠다.[30)]"는 것이었다. 미국의 이런 안보전략은 2003년 이라크를 공격함으로써 현실화되었고 국제사회는 선제공격을 둘러싼 논쟁에 휩싸이게 되었다.[31)] 미국이 유엔

30) The White House, *The National Security Strategy of the USA*(Washington DC, 2002).

31) 미국 학자들은 대부분 선제공격을 지지하였다: Lawrence Freedman, *Deterrence* (Malden, MA: Polity Press, 2004); Robert J. Pauly, Jr. & Tom Lansford, *Strategic Preemption*(Burlington: ASHGARE, 2005); Harry S. Laver, "Preemption and the Evolution of America's Strategic Defense," *Parameters* Vol.35, No.2(Summer 2005); Robert S. Litwak, "The New Calculus of Pre-emption," *Survival*, Vol.44, No.4(Winter 2002-03); Franklin Eric Wester, "Preemption and Just War," *Parameters*, Vol.34, No.4(Winter 2004-05); Steven L. Kwnny, "The National Security Strategy under the UN and Int'l Law" in Jonh T. Dobuque,selected, edited, and with introductions, *Taking Sides: Clashing Views on Controversial Issues in World Politics*, 12th ed.(Rourke, Iowa: McGrew-Hill Companies, Inc., 2006). 중도적 입장에서 선제공격의 개념과 문제점을 지적한 것은, Erick Labara, *Preemptive War*(Washington DC: Global Security Press, 2004)을 참조하고 비판적 견지에서 선제공격을 다룬 것은 미국의 대표적인 지성인 Noam Chomsky 저,

을 무시하고 이라크에 대한 공격을 감행하자 유엔은 군사력 사용의 합법성과 정당성 문제를 공식적으로 제기하게 되었다. 유엔은 2004년 말, 고위급 수준의 패널에 의해 마련된 "A More Secure World: Our Shared Responsibility"[32]를 총회에서 채택하였다.

이 보고서는 한 국가가 긴급하지 않은 위협에 반응하여 자위를 위해 예방적 공격 권리를 주장할 때, 한 국가가 다른 국가나 국경선 밖의 다른 국민들을 실제적이거나 잠재적으로 위협을 하는 것처럼 보일 때, 그리고 위협이 한 국가 내로 한정되긴 하나 그것이 그 국가의 국민들을 위협할 때 안보리는 여기에 대해 무엇을 해야 할 것인지에 대한 합의가 없음을 전제[33]로 하고 있다. 그러나 해결책은 단독으로 행동할 것이 아니라 안보리에서 예방적 군사 행동을 선택할 것을 제시하고 있다. 만약 그렇지 못하다면, 설득이나 협상, 억지, 봉쇄와 같은 다른 전략을 추구할 것을 제시하고 있다.[34] 한 국가의 예방적 행위는 지구질서와 비개입 규범에 대해 너무나 큰 위험을 초래하게 되고, 한 국가에게 그렇게 행동하도록 허락한다는 것은 결국 모두에게 허락하는 것이기 때문에[35] 예방 공격은 합법적이지 않다고 못박고 있다.

이 보고서는 군사개입을 함에 있어서 합법성과 함께 정당성의 기준을 제시하고 있다. 정당성이란 견고한 증거에 바탕을 두어야 하고, 도덕적으로나 법적으로 올바른 이유가 있어야 함을 의미한다.[36] 특히, 합

송은경 역, 『중동의 평화에 중동은 없다』(서울: 북 폴리오, 2005)를 참고.

32) http://www.un.org/secureworld/report.pdf(검색일: 2010.5.2). Report of the High-Level Panel on Threats, Challenges, and Change, 전 유엔 사무총장인 코피 아난에 의해 2003년 9월 구성된 15명의 패널은 2004년 12월에 보고서를 제출하였고, 이 보고서는 총회에서 채택(A/95/565)되었다.

33) 위 보고서, p. 54.

34) 위 보고서, p. 55.

35) 위 보고서, p. 55.

36) 위 보고서, p. 57.

법성은 군사력을 포함하여 강제력을 사용하는 것이 적절한지 그렇지 않은지, 안보리가 어떤 결정을 하든 국제적 지지를 최대화하기 위해, 그리고 안보리를 우회하는 국가를 최소화하기 위해 필요하다.

이 보고서는 군사적 개입이 정당성을 얻기 위해서는 위협의 심각성, 적절한 목적, 최후의 수단, 적절한 수단, 그리고 결과의 균형 등 5가지의 기준을 충족하여야 한다고 제시하고 있다.[37] 즉, 국가안보 위협이든 인도주의적 위협이든 그 위협을 해결하기 위해 국제사회는 주권을 침해할 수 있지만 그 목적이 위협을 중지하거나 전환할 수 있어야 하며 모든 수단이 다 동원된 후 마지막으로 군사적 수단에 의존해야 한다는 것이다. 그러나 이런 논쟁들이 종식되지 않았음에도 불구하고 국제사회의 평화활동은 비교적 활발하게 전개되었다.

제3절 세계의 평화활동

1. 유엔 평화활동

다자적 안보협력에 의해 군사력 사용이 가능해 진 것은 탈냉전의 영향이 컸다. 유엔 안보리에서의 결의안 통과 및 부결 건수가 이를 뒷받

37) 이 보고서의 pp. 57-58. 1. 위협의 심각성: 국가나 인간안보에 대해 위협받고 있는 손상(harm)이 충분히 명백하고 심각하여 군사력 사용이 정당화될 수 있는가? 국내적 위협의 경우에, 제노사이드, 다른 대규모의 살인, 인종청소, 또는 국제 인도주의법에 대한 심각한 침해 등이 실제적이거나 즉각적으로 깨달을 수 있는 것이 포함되어 있는가? 2. 적절한 목적: 제시된 군사력 사용의 일차적 목적이 위협을 중지하거나 전환할 수 있는 것이 확실한가? 3. 마지막 수단: 위협을 대함에 있어서 모든 비군사적 옵션이 개발되어 졌는가? 다른 수단들이 성공하지 못할 것이라는 믿음에 대한 합리적인 배경에 근거하여 군사행동을 해야 함. 4. 적절한 수단: 제시된 군사적 행위의 규모, 범위 및 강렬성이 위협을 대함에 있어서 소요되는 최소한인가? 5. 결과의 균형: 군사적 행위라는 합리적 기회가 위협을 대함에 있어서 성공적일 수 있는가? – 행위의 결과가 무행위의 결과보다 나빠서는 안 된다.

침해 준다. 유엔 창설 이후 1989년까지 유엔 안보리는 646건의 결의안을 통과시켰고 196건을 부결시켰던 반면, 탈냉전 이후 2009년 말까지 1,305건의 결의안을 통과시켰고 23건만을 부결시켰다.[38] 20년밖에 되지 않는 탈냉전 기간 동안의 결의안 통과 숫자가 40년도 훨씬 넘는 냉전기간의 결의안 통과 숫자에 비해 두 배가 넘는다. 또한 탈냉전 기간에 안보리에서 부결된 결의안의 숫자는 냉전기간의 그것에 비해 1/9 정도밖에 되지 않는다. 안보리 결의안만을 독립변수로 하여 안보리에서의 협력과 경쟁을 도출해 본다면 냉전시에는 경쟁이, 그리고 탈냉전 시에는 협력이 주류를 형성했다고 볼 수 있다. 그러나 미중 전략적 경쟁의 심화와 러시아의 우크라이나 침공으로 인해 유엔안보리는 또다시 갈등의 현장이 되고 있다. 냉전시대를 무색하게 할 만큼 비토권 행사가 남발되고 있다.

국제분쟁에 대한 유엔의 PO 현황을 살펴보면, 유엔 창설 이후 1988년까지 유엔 PKO는 총 16개가 설치되었지만, 1989년 이후부터 2024년 8월까지는 무려 55개의 유엔 PKO가 설치되었다. 탈냉전시의 PKO가 냉전시의 그것에 비해 무려 3배 이상 늘어났다.

2024년 8월 현재, 유엔은 11개 지역에서 PKO 임무를 수행 중이다. 120개 국가가 참여하고 있으며, 군인 97,000명, 경찰 9,000명, 군 전문요원(UNMEN: UN Military Experts on Mission) 14,000명 등 120,000명 이상이 임무를 수행하고 있다. 평화조성이나 기타 정치적 현시를 위한 PO도 현재 22개에 달한다. 현재 진행 중인 유엔 PKO를 도식해 보면 [그림 13-2]와 같다.

---

38) 결의 및 거부 자료는 http://un.org/depts/dhl/resguide/scact 의 매년 자료를 참고하여 작성한 것임.(검색일: 2010.4.15).

[그림 13-2] 현재 운용 중인 UN PKO

* 출처: https://peacekeeping.un.org/en/where-we-operate(검색일: 2024.8.1.)

2. 기타 국제사회의 평화활동

PO는 유엔만이 수행하는 것은 아니다. 지역기구나 특정국가가 주도하여 PO를 수행하기도 한다. 특히, PEO의 경우에는 주로 특정국가가 다국적군을 구성하여 PO에 참여하고 있다.

40여년의 냉전기간 동안 유엔의 PKO는 엄격히 제한되었다. 그 활동숫자도 적었을 뿐만 아니라, 강대국들의 참여도 배제되었다. 따라서 극소수의 국가들만이 유엔 주도의 PKO에 참여했다. 그러나 탈냉전이 되면서 주변부 국가들의 분쟁이 본격화되자 기존의 PKO 참여국들만으로 그 소요를 충족시킬 수 없었다. 강대국들뿐만 아니라 수많은 중진국 및 개도국들이 PO에 참여하기 시작했다. 냉전시와는 달리 한 지역에 만

명이 넘는 평화요원들이 참여하는 PO도 있었다.

제4절 한국의 평화활동

1. 참여 현황

한국은 1993년 소말리아에 UN PKO의 일원으로 공병대대를 처음으로 파견한 이후 현재까지 국제사회의 다양한 PO에 참여하고 있다. 우선 유엔 주도의 PKO에 군 단위부대들이 참여한 것을 요약해 보면, 소말리아 공병대대(1993~1994), 서부사하라 의료지원단(1994~2006), 앙골라 공병대대(1995~1996), 동티모르 상록수부대(2000~2003), 레바논 동명부대(2007~현재), 아이티 단비부대(2010~2012), 남수단의 한빛부대(2013~현재) 등이었으며, 소수의 군감시요원(MO)들은 조지아, 인도/파키스탄, 키프로스, 라이베리아, 수단, 네팔, 코트디브와르, 서부사하라 등에서 활약하였다.

특정 국가 및 지역기구가 주도하는 다국적군에 참여한 사례는 호주 주도의 동티모르에 상록수 부대(1999~2000), 미국 주도의 이라크에 서희・제마부대(2003~2004), 그리고 자이툰 부대(2004~2008), 미국 주도의 아프가니스탄에 동의부대 및 다산부대(2002~2007), 그리고 NATO 주도의 오쉬노(Ashena: 친구) 부대(2010~2014) 등이다. 한국 경찰 및 해양경찰은 주로 소수의 감시요원으로 소말리아, 동티모르 등에 참여하였다. 소말리아 해역에는 청해부대(2009~현재)가 파병되어 있다. 태풍 "하이옌"으로 재난을 당한 필리핀에는 아라우(Araw: 희망)부대(2013~2014)가 파병되었다. 아랍 에미리트에는 아크(Ahk: 형제)부대(2010~현재)가

파병되어 있는데 이는 평화활동과 무관한 국방협력 차원에서 파병된 것이다. 아랍 에미리트의 군사 훈련을 지원해 주는 임무를 수행하고 있다.

[그림 13-3] 한국군의 해외 파병현황

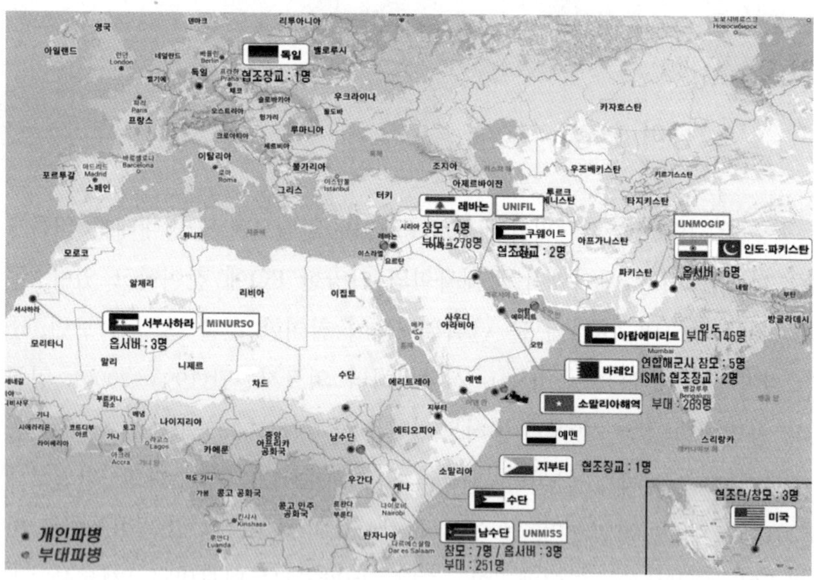

* 출처: https://www.kndu.ac.kr/pko/ibuilder.do?menu_idx=104(검색일: 2024.8.1.)

현재 한국은 유엔 평화활동, 다국적군 평화활동, 국방협력 활동 등을 포함하면 14개 지역에서 967명이 활동하고 있다. 동명부대, 한빛부대, 청해 부대, 아크부대 등에 가장 많은 인원들이 참여하고 있으며 기타 인원들은 대부분 군 및 경찰 감시요원들이다. 2024년 1월부로 활동 중인 한국군 해외 파병 현황은 [그림 13-3]과 같고 2024년 8월 1일부로 활동중인 한국군 PKO 참여 현황은 다음 〈표 13-2〉와 같다.

〈표 13-2〉 한국군 유엔 PKO 참여현황

<table>
<tr><th colspan="4">구분</th><th>현재인원</th><th>지역</th><th>최초파병</th><th>교대주기</th></tr>
<tr><td rowspan="9">UN 임무단</td><td rowspan="4">부대 단위</td><td colspan="2">레바논 동명부대</td><td>279</td><td>티르</td><td>'07.7월</td><td rowspan="2">8개월</td></tr>
<tr><td colspan="2">남수단 한빛부대</td><td>203</td><td>보르</td><td>'13.3월</td></tr>
<tr><td colspan="2">인-파 정진감시단(UNMOGIP)</td><td>8</td><td>스리나가</td><td>'94.11월</td><td rowspan="6">1년</td></tr>
<tr><td colspan="2">남수단 임무단(UNMISS)</td><td>7</td><td>주바</td><td>'11.7월</td></tr>
<tr><td rowspan="4">개인 단위</td><td colspan="2">수단 다푸르 임무단(UNAMD)</td><td>1</td><td>다푸르</td><td>'09.6월</td></tr>
<tr><td colspan="2">레바논 평화유지군(UNIFIL)</td><td>4</td><td>나쿠라</td><td>'07.1월</td></tr>
<tr><td colspan="2">서부사하라 선거감시단 (MINURSO)</td><td>3</td><td>라윤</td><td>'09.7월</td></tr>
<tr><td colspan="2">예멘 정치임무단</td><td>0</td><td>호데이다</td><td>'19.7월</td></tr>
<tr><td colspan="3">소 계</td><td>505</td><td></td><td></td><td></td></tr>
<tr><td rowspan="7">다국적군 평화활동</td><td>부대 단위</td><td colspan="2">소말리아해역 청해부대</td><td>303</td><td>소말리아 해역</td><td>'09.3월</td><td>6개월</td></tr>
<tr><td rowspan="5">개인 단위</td><td>바레인 연합해군사령부</td><td>참모장교</td><td>4</td><td>마나마</td><td>'08.1월</td><td rowspan="5">1년</td></tr>
<tr><td>지부티 연합합동기동부대</td><td>협조장교</td><td>1</td><td>지부티</td><td>'09.3월</td></tr>
<tr><td>미국 중부사령부</td><td>협조단</td><td>3</td><td>플로리다</td><td>'01.11월</td></tr>
<tr><td>미국 아프리카사령부</td><td>협조장교</td><td>1</td><td>슈트트가르트</td><td>'16.3월</td></tr>
<tr><td>쿠웨이트</td><td>협조장교</td><td>2</td><td>아라프잔</td><td>'19.12월</td></tr>
<tr><td colspan="3">소 계</td><td>314</td><td></td><td></td><td></td></tr>
<tr><td rowspan="2">국방협력</td><td>부대 단위</td><td colspan="2">UAE 아크부대</td><td>148</td><td>아부다비</td><td>'11.1월</td><td>8개월</td></tr>
<tr><td colspan="3">소 계</td><td>148</td><td></td><td></td><td></td></tr>
<tr><td colspan="4">총 계</td><td>967</td><td></td><td></td><td></td></tr>
</table>

* 출처: https://www.kndu.ac.kr/pko/ibuilder.do?menu_idx=104(검색일: 2024.8.1.)

2. 한국 PO 참여의 명분과 이익

한국의 PO 참여는 도덕적 명분도 있고 현실적 이익도 있다. 우선 도덕적 명분부터 살펴보자. 한국전쟁 때 한국은 세계의 많은 국가들로부터 도움을 받았다. 군사적으로 도움을 받았을 뿐만 아니라 경제적・사회적으로도 도움을 받았다. 사실 한국은 해방과 동시에 도움을 받았다고 봐야 할 것이다. 세계로부터 각종 구호품을 받기도 했으며, 5.10총선 시에는 이들의 도움으로 정부를 수립하기도 했다. 나미비아, 캄보디아, 그리고 동티모르 등에서 실시되었던 유엔 PO는 한국의 과거 역사가 그대로 재현된 것이나 다름없다.

제9장에서 서술했듯이 UN은 한반도에서 실시하는 1948년 5월 10일 총선거를 감시하기 위해 1947년 11월 24일 9개국으로 구성된 유엔 한국임시위원단(UNTCOK: United Nations Temporary Commission on Korea)을 구성하여 한국의 선거를 지원했으며, 1948년 12월에는 유엔 한국위원단(UNCOK: United Nations Commission on Korea)이 UNTCOK를 대체하여 한반도로부터 외국군의 철수를 감시하고 한반도 통일과 민주정부 발전을 지원하는 임무를 수행했다. UN은 또한 한국전쟁이 발발하자 북한의 침략을 저지하기 위해 안보리를 통해 집단안보를 결의함으로써 UN 최초의 유엔군이 한국을 위해 헌신하기도 하였다. 1950년 10월에는 유엔 한국통일부흥위원단(UNCURK: United Nations Commission for the Unification and Rehabilitation of Korea)이 UNCOK를 대체하여 한국의 구호 및 부흥과 관련된 책임을 수행하기도 했다.

이렇듯 국제사회는 UN을 통하여 신생독립국인 한국의 정부수립과정에서, 한국동란의 위기에서 그리고 구호와 재건과정에 깊이 관여하였고, 오늘의 한국이 존재할 수 있는 발판을 마련하는 데 기여하였던 것이다. 해방이후부터 UNCURK가 해체된 1970년대 초까지 한국은 유엔 활동의 객체로서 존재했으며 이를 통해 한국은 최소한의 생존을 보장받을 수 있었던 것이다.

한국의 국가형성기와 누란의 위기에서 한국을 적극적으로 지원해 준 국제사회에 대해 한국이 보은해야 한다는 것이 PO 참여의 도덕적 명분이다. 국가해체를 경험하고 있는 국가에 대해 그들을 도와주어야 할 의무가 우리에게 있는 것이다. 인도주의적 고통을 겪고 있는 국가들에 대해서도 그들의 국민들이 최소한의 생존을 보장받을 수 있도록 도와주어야 한다. 국가 발전의 원동력이 되었던 과거를 잊어서도 안 되며 또 고통받고 있는 국가에 대한 지원을 외면해서도 안 된다. 적어도 한국의 PO 참여는 이런 정신적 바탕 위에서 '국위를 선양하고 항구적인 세계평화에 이바지'하는 데에서 그 의미를 찾아야 할 것이다.

PO에 참여해야 할 현실적인 이유도 있다. 위에 서술한 도덕적 명분이 연대주의적 관점에서의 PO참여라고 한다면, 후술할 현실적 이익은 현실주의적 관점에서의 PO참여 이유라고 할 수 있다. 이를 몇 가지로 구분해 보자.

첫째, 발언권 강화를 통해 국익을 투사할 수 있다. 유엔 가입 이전까지만 하더라도 한국은 국제정치 무대에서 약소국일 수밖에 없었다. 냉전 기간 동안 한국은 국제사회로부터 정치적 지지를 받지 않으면 안 되었기 때문에 늘 아쉬운 소리를 했다. 비록 한국이 대치적 분단 상황에 있지만 한국의 역동적인 정치 민주화와 경제성장으로 인해 오늘날 한국의 위상은 과거와는 분명 다르다. 이러한 위상을 바탕으로 한국의 PO 참여는 국제사회로부터 세계평화에 기여한다는 평가를 받을 수 있으며, 이러한 공헌을 통해 국제무대에서 발언권을 보장받을 수 있고 우리의 국익을 투사할 수 있는 공간을 창출할 수 있다.

둘째, 미래 한반도 상황을 유리하게 이끌 수 있는 보험적 성격의 이익이다. 한국의 입장에서 볼 때 최악의 한반도 시나리오는 제2의 한국전쟁이며, 최선의 시나리오는 평화적 통일이 될 것이다. 양극단 또는 그 중간의 어떤 경우를 상정하든 한국의 입장에서는 세계의 도움을 필요로 할 것이다. 따라서 보험적 성격의 PO 참여가 한국의 현실적 이익이라고 볼 수 있다.

최악의 시나리오가 발생하면 한국은 세계로부터 정치적, 군사적 지지를 받아야 한다. 한국은 전쟁의 정당성과 합법성을 획득하고 북한을 응징하고 통일을 달성하기 위해 국제사회의 지지도 받아야 한다. 이는 결국 한국을 지원하는 유엔 안보리의 결의안이 통과되어야 함을 의미한다. 설령 거부권이 행사된다 하더라도 세계의 다수국가들로부터 정치적 지지를 획득해야 한다. 또한 군사적 지원도 받아야 한다. 비록 한미동맹체제에 의해 전쟁을 수행하도록 전쟁계획이 마련되어 있지만 이는 어디까지나 계획일 뿐이다. 6.25 때처럼, 한국은 세계 우방국가들로부터 군사적 지원을 받을 수 있어야 한다. 외부로부터의 군사적 지원이 많을수록 통일은 쉽게 달성될 수 있을 것이다. 최선의 시나리오가 발생해도, 한국은 세계로부터 통일비용에 대한 경제적 지원을 받아야 할 것이다. 또한 중간 형태의 시나리오가 현실화되어 평화협정이 정전협정을 대체하고, 정전협정감시위원회가 평화협정감시위원회로 대체된다면 남북한 간에 국제사회가 주관하는 PO단이 설치될 수도 있다. 이 또한 국제사회로부터의 지원이다.

통일 한국을 향한 이정표는 험난하겠지만, 만약 남북한에 PO가 설치된다면 이에 대한 대비도 충분히 이루어져야 한다. 평화협정의 결과로 PO단이 한반도에 설치될 경우에 대비하여 한국은 PO에 대해 많은 지식과 경험을 가져야 할 필요가 있다. PO의 다양한 임무 분야에서 군인, 민간인, 경찰 등 다양한 부류의 집단들이 다양한 지역의 PO단에 참여하는 것이 미래를 위한 한국의 현실적 이익이라고 볼 수 있다.

셋째, PO 전개 대상국가로부터 얻을 수 있는 이익도 있다. 우리가 교과서를 통해 우리의 해방역사와 한국전쟁에서 우리는 누구로부터 도움을 받았는지 알고 있듯이 이들 국가들도 이 국가가 생존하는 한 영원히 한국의 PO 참여를 역사로 기록할 것이다. 이는 잠재적 우방국을 사전에 만들어 두는 효과를 가질 뿐만 아니라 그 나라가 경제재건의 길로 나아갈 때 이 지역의 경제부흥에 참여할 수 있는 기회도 우선적으로 가지게 된다.

넷째, PO 참여를 통해 얻을 수 있는 군사적 이익이다. 군인의 PO 참여가 비록 정규작전을 수행하지 않는다 하더라도 분쟁지역 무장세력들과의 충돌과 끊임없는 총성, 예상할 수 없는 지뢰사고와 무장세력 또는 민병대들로부터 습격을 받을 수도 있다는 긴장감 등으로 인해 휴전 이후 팽팽한 긴장감을 느끼지 않고 근무하고 있는 한국군에게 커다란 준 전시경험을 줄 수 있을 것이다. 군인에게 경험만큼 중요한 교범은 없다. PO 참여를 통해서 교전지역에서처럼 완전한 경험을 획득하지 못한다 하더라도 긴장상태 하에서의 PO 임무수행은 중요한 교범으로 역할을 수행할 것이다. 한국군이 동티모르, 이라크, 그리고 아프가니스탄에 참여했던 것처럼 만일 PEO에 참여한다면 이는 전시와 거의 다름없는 경험을 갖게 될 것이다.

3. 한국 PO의 발전방향

(1) 글로벌 중추국가의 위상에 맞는 PO 참여

한국은 주로 보병, 의무, 공병 부대 등을 파병했고 수송을 위해 공군

수송기 부대와 수송로 보호를 위해 해군 함정 등을 파병했다. 또한, 한국은 주로 군인 현역 위주의 평화활동에 참여했다. 예비군의 참여는 없었고 경찰의 참여는 미비했으며 평화조성이나 평화재건시 민간인의 참여도 제한되었다. 이제 한국도 글로벌 중추국가의 위상에 걸맞은 평화활동을 전개할 필요가 있다.[39)]

첫째, 평화강제나 평화유지를 위해 보병부대를 파병할 경우, 워리어 플랫폼 기반의 개인 전투체계, 기동장비 방어능력, 정찰 및 경계지원 로봇, 정보수집 및 감시 시스템, AI 기반 무인기 등을 운용하는 부대를 파병할 필요가 있다.[40)] 미래형 전투체계인 아미타이거(Army TIGER)의 전력을 파병 목적에 맞게 적절히 조절하면 될 것이다. 글로벌 사우스(Global South)의 부대들의 벤치 마킹 대상이 될 정도의 미래형 전투체계로 무장시켜 파병할 필요가 있다.

둘째, 글로벌 사우스가 파병할 수 있는 보병부대보다는 유엔이 요구하는 높은 기술력을 가진 부대를 파병할 필요가 있다. 공병부대, 의무부대, 헬기 부대 등의 파병을 고려할 필요가 있다. 공병부대는 인프라 재건과 함께 지뢰를 제거하는 장비와 함께 파병할 수도 있다. 한국은 세계적으로 뛰어난 지뢰제거 장비를 보유하고 있다. 또한, 타국이나 초청국의 공병부대를 대상으로 공병·지뢰제거 훈련 등을 실시할 수 있다. 의무부대는 진료수준의 레벨을 올려 파병할 필요가 있다. 또한, 헬기를 보유한 항공부대 파병도 고려할 수 있다.

---

39) 외교부는 2019년 국방대 PKO 센터가 주관한 『제15회 PKO 세미나』에서 "유엔 평화유지활동 참여 선진화 로드맵"을 발표했다. 외교부는 PKO 선진화 추진 방향을 5가지로 제시했다. 비교우위 분야에서 정책 비전 및 성과를 도출함으로써 이슈 주도, 병력 규모 유지 및 핵심 임무에 참여함으로써 병력 공여 선진화, 기술기여, 틈새 기여, 훈련 기여 등 전략적 접근을 함으로써 기여 다변화, 국내 및 개도국 여성의 PKO 참여 진출 지원을 함으로써 여성 참여 확대, PKO 중고위직 진출 지원 강화함으로써 우리 국민 진출 지원 등 5가지이다.

40) 정장수, "UN PKO 병력공여 발전 방향," 『제15회 PKO 세미나』(2019, 국방대 PKO 센터 주관), p. 58.

셋째, 민간경찰의 파견을 요구하는 유엔의 요구에 맞게 민간경찰의 파병도 활성화해야 한다. 평화활동지역에는 군인뿐만 아니라 경찰도 많이 파견된다. 한국은 소말리아, 동티모르, 라이베리아, 남수단 등에 각각 2-6명 정도의 경찰관을 파견한 바 있다. 범죄예방 순찰 등 민생치안 부문의 임무도 있지만, 수사 임무도 있다. 특히 한국 경찰은 과학수사 역량이 뛰어나기에 이런 선진 과학수사 기법을 초청국 경찰에게 전수해 줄 수도 있다. 특히, 경찰대는 2018년 유엔으로부터 PKO 파견 대상자를 교육하는 공식기관으로 인증받았다. 이를 계기로 한국 경찰의 PKO 파견 활성화가 절실하다.

넷째, 평화조성과 평화재건, 또는 A4P를 담당할 수 있는 민간인의 파견을 활성화할 필요가 있다. 유엔평화유지활동법에 의거해 공무원과 민간인도 유엔의 평화활동에 참여할 수 있다. 2014년 서아프리카 에볼라 의료진을 파견할 때, 민간 공모를 통해 민간 의사와 간호사 등을 파견한 경험이 있다. 유엔의 디지털 전환 전략에 따라 민간인들이 여기에 참여할 수도 있다. 유엔 평화활동에 참여 중인 민간 전문가는 15,000명이 넘는다. 주로 인권 보호, 법규 정비, 홍보, 자금관리, 군수지원, 인사, 행정 등에서 활동하고 있는데 한국인은 130여 명에 불과하다. 분쟁현장근무 경력과 평화활동에 대한 전문성 부족, 신변 안전 등의 이유로 기피하기 때문이다. 민간 전문가를 양성하기 위한 교육기관이나 민관군 통합교육을 위한 국가급 평화활동센터 설립도 필요하다.[41]

다섯째, 예비군이나 민간 용병을 활용할 필요도 있다. 한국의 출생률 급감이 병력절벽 현상으로 이어지고 있어 국군의 해외파병이 쉽지 않은 환경이 조성되고 있다. 따라서 예비군을 적극 활용할 필요가 있다.

---

41) 김병춘, "한국 PKO 변혁을 위한 정책 및 전략에 관한 연구," 『한국군사학논집』, 제79집 1권(2023년 2월), p. 83.

예비군 해외파병 방법에는 '예비군부대 단위 파병 방법(부대 파병)'과 '상비 병력 위주 해외파병 부대의 일부 직위에 예비군 개별적 동참 방법(개인 파병)' 두 가지를 고려할 수 있다.[42] 그러나 현 상황에서 예비군 부대 파병은 곤란할 것으로 보나 개인 파병은 가능할 것으로 본다. 국민의 공감대 형성과 병역법, 군인사법, 예비군법 등 관계 법령의 정비가 필요하다. 법령 정비가 쉬운 것은 아니다. 병력절벽 현상과 국제사회의 요구 사이에서 균형을 찾으려면 사전 연구와 준비가 필요하다. 민간 용병의 필요성과 활용에 대한 사전 준비도 필요하다.

여섯째, 한국이 평화활동의 디지털화를 선도해야 한다. 전술했듯이 한국은 2021년 '서울 이니셔티브'를 발표했다. 서욱 국방부 장관은 평화활동 강화를 위한 한국의 6대 기여 공약으로 ① 스마트캠프 시범사업, ② 의무지원팀 파견(남수단), ③ 공병 · 지뢰제거 훈련 지원, ④ 헬기 공여(16대), ⑤ 여성 장교 교육과정 주관, ⑥ 경찰 요원 추가 파견 등을 제시했다.

6대 기여공약 중 가장 돋보인 것은 스마트 캠프 사업이었다. 스마트 캠프 사업은 ▲지능형 통합관제 체계, 부대 출입통제 체계, 스마트 상황전파 체계, 복합 임무수행용 드론 체계, 지능형 경계감시 체계(안전 분야) ▲시설물 통합관제 체계(기반시설 분야) ▲무선네트워크 체계, 지능형 사이버방호 체계(정보통신 분야) ▲차량위치정보시스템(수송 분야) ▲원격의료 지원 체계(복지 분야) ▲태양광 및 에너지관리 체계, 물 재활용 및 모니터링 체계, 폐기물 관리 체계(환경 분야) ▲연료 및 식량 모니터링 체계(연료 분야) 등 총 14개로 구성되어 있다. 가장 중점을 둔 과제는 지휘통제실에 국가별로 실시간 자료 공유가 가능한 통합관제 체계

42) 주영윤, "예비군을 활용한 UN PKO 병력 공여 방안," 『PKO 저널』, 제21호(2020년 12월), pp. 72-75.

를 구축하고, 인공지능으로 모니터링한 상황을 분석해 임무단의 의사결정을 지원하는 것이다.[43]

한국은 유엔과 함께 2022년부터 남수단에 있는 한국의 한빛부대를 대상으로 '스마트 캠프' 시범사업을 추진하고 있다. 한국은 '유엔 스마트 캠프' 시범부대에 5년 동안 모두 118억 원을 투입할 계획이다. 이렇게 되면 전 세계 평화활동 기지는 한빛부대의 스마트 캠프를 따라 할 가능성이 있다.

한국은 2022년부터 한국의 기술・지식 역량을 통해 유엔의 평화활동 방향을 선도하는 국가로 거듭나고 있다. 또한, 한국은 영국, 베트남, 캄보디아 등과 평화활동에 관한 양해각서를 체결한 바 있으며 인도네시아 등 다른 국가들과도 양해각서 체결을 준비 중이다. 양해각서의 내용은 주로 수탁교육 및 훈련 지원, 정보 공유 등과 관련된 것으로, 실제 교육 및 지원 등을 통해 양해각서 체결 국가의 국제평화활동 역량 강화에 기여하고 있다.[44]

(2) 제도적 정비

한 국가가 PO에 참여하기 위해서는 정치적 결정과 행정적 준비가 선행되어야 한다. 그중에서도 정치적 결정의 메카니즘이 바로 제도이다. 국가마다 PO 파견을 위한 법적 조치는 상이한데 크게 3가지로 분류된다. 즉, 헌법 자체가 PO파견을 금지하고 있어 별도의 법을 만들어 이를 추진하는 국가, 헌법상 제한은 없으나 해외 파병을 위해서는 국회의 동의가 필요한 국가, 그리고 행정부의 결정만으로 PO에 참가할 수 있는 국가로 분류할 수 있다. 첫 번째 그룹에 속하는 국가로는 일본이

---

43) 김채린, "유엔 평화유지단 캠프, 한국 ICT 통해 '스마트 캠프'로 탈바꿈," 『KBS 뉴스』, 2021.12.9.

44) 국방부, 『2022 국방백서』(서울: 국방부, 2022), pp. 206-208.

나 독일을 들 수 있다. 일본은 1년의 법적 공방 끝에 PKO 협력법을 통과시켜 PKO 파견을 현실화하였고 독일도 헌법재판소의 판결에 의해 PKO 파견을 합법화하였다. 세 번째 부류에 속하는 국가는 영국, 캐나다 등 세계 70여 개 국가들이 여기에 속한다. 이들 국가들은 행정부의 단독 결정으로 PO에 참여한다. 한국은 두 번째 부류에 속하는 국가이다. 한국은 국군의 해외 파견을 위해서는 헌법 제60조 제2항에 근거하여 반드시 국회의 동의를 받도록 되어있다.

국회는 2010년 「국제연합 평화유지활동 참여에 관한 법률」(법률 제9939호)를 통과시켰다. 그렇다고 하여 한국을 첫 번째 그룹에 해당되는 국가로 판단하면 큰 착오이다. 왜냐하면 이 법률은 유엔 안보리 결의에 의한 유엔 주도의 PO에만 참여하도록 규정하고 있고, 반드시 국회의 동의를 받도록 되어 있으며, 개별 또는 집단의 국가가 국제연합의 승인을 받아 독립적으로 수행하는 활동에는 참여하지 못하도록 규정하고 있기 때문이다. 이 법의 의미는 단지 신속 전개를 위해 사전에 유엔과 잠정적으로 합의할 수 있는 것만 규정되어 있다. 따라서 이 법률은 오히려 한국 PO의 활성화를 가로 막을 공산이 크다. 왜냐하면 다국적군이나 NATO 등 지역기구가 주관하는 PO에 대해서는, 물론 국회 동의를 받으면 가능하겠지만, 법률에 명시되어 있지 않다는 이유로 국회와 시민사회에서 이를 트집 잡을 수 있기 때문이다. 이런 문제점을 해소하기 위해 수차례에 걸쳐 관련 법률안이 국회에 제출되었으나 아직도 가시적인 성과를 얻지 못하고 있다.

(3) 국가급 PO 센터 설치

오늘날 국제사회의 PO에 참여하는 대부분의 국가는 국가급 PO 센터를 운용하고 있는데 그 이유를 요약해 보면 다음과 같다. 첫째, PO

에 보다 효율적으로 참여하기 위함이다. 둘째, 분쟁의 성격이 변화되고 또한 PO의 임무가 복잡화해짐에 따라 보다 다차원적이고 전문적인 PO가 요구되기 때문이다. 셋째, 유엔에서는 PO 참여요원의 「표준활동지침」을 발간하여 모든 참여요원에 대한 사전교육 및 훈련을 요구하고 있기 때문이다. 넷째, 개별 국가 차원에서 보면 한정된 자원을 효율적으로 통합할 필요성을 인식하고 있기 때문이다.

전 세계의 PO단에 민간인, 군인, 경찰 및 NGO들을 활발하게 참여시키기 위해서는 이들을 교육하고, 분쟁지역에 대한 자료를 연구, 수집 및 축적하고, PO정책을 지원할 수 있는 범정부적 차원의 민·관·군 합동의 'PO센터'가 필요하다. PO센터가 설치되어 이곳에서 PO요원을 대상으로 교육을 실시한다면, 이러한 통합교육은 한국 역사상 처음으로 민·관·군이 동일목적을 위해 한 장소에서 동일한 교육을 받는 최초의 기회가 될 것이다. 물론 한정된 자원을 효율적으로 사용할 수도 있을 것이다. 군에 필요한 교육과 훈련은 군 자체에서 별도로 운용하면 된다.

비록 국가급 PO 센터가 창설되진 않았지만, 2010년 「국제연합 평화유지활동 참여에 관한 법률」이 통과되면서 국제평화활동에 효율적으로 참여하기 위한 교육 및 훈련 기관이 정비되었다. 국방부는 상시 파병이 가능하도록 파병부대로서의 역할과 전군의 해외파병 교육기관으로서의 역할을 수행할 수 있도록 2010년 7월에 국제평화지원단(별칭 온누리부대)을 창설했다. 이 부대는 해외에 파병될 장병들에게 테러, 기습공격 등 각종 위험 상황에 대비한 대처 훈련과 경호 훈련뿐 아니라 현지 언어와 문화, 관습, 외국 현지인에 대한 대민 민사심리작전 등을 가르친다.

또한, 국방부는 해외에 파병되는 간부들에 대한 교육과 PKO 교리발전 및 정책 연구 지원, 귀국한 해외파병 요원의 귀국보고서 등 자료 관리, 각군 파병 부대 교육지원 및 자료 제공, 그리고 PKO 관련 국내·외 기관과 정보 및 교류활동 증진을 위해 2020년 1월 국방대학교 산하에 국제평화활동센터를 설치하였다. 이로써 온누리부대는 부대단위 교육 및 훈련을 책임지게 되었고 국제평화활동센터는 해외 파병 간부들에 대한 교육을 책임지게 되었다. 국방대학교의 국제평화활동센터는 2013년 11월, 유엔 참모과정(UN Staff Officers Course)에 대한 유엔 공식 인증을 획득하였고, 현재는 유엔 군사전문가과정(United Nations Military Experts in Mission)에 대한 유엔 인증 획득 절차를 추진 중에 있다. 외양상 한국 평화활동은 관련 법, 참모 교육과정, 부대 단위 교육과정 등이 정비되어 있어 현장에서 평화활동의 효율성은 높이는 데 기여하고 있다. 이제는 부족한 점이 무엇인지를 찾아내어 내실을 기하면서 국제사회의 평화활동에 기여할 필요가 있다.

토론 주제

1. PO는 5가지 하위 유형이 있는데 왜 한국에서는 PO를 PKO로 인식하는 경향이 있는가?
2. 동티모르 평화활동단은 왜 PEO에서 PKO로 바뀌었는가?
3. NATO 주도의 코소보 및 아프가니스탄 평화활동에서 비 NATO 국가들은 얼마나 많이 참여했는가?
4. UN PKO 요원들이 자위를 넘어 임무수행을 목적으로 무력을 사용할 수 있는가?
5. 국제사회가 개입할 때 R2P는 강력한 규범으로 작동할 수 있을 것으로 보는가?
6. 국제사회가 PO를 할 때 여전히 '선택'과 '남용'이 있다고 보는가?
7. 정당하지만 합법적이지 못하거나 또는 정당하지도 합법적이지도 않았던 국제사회의 PO 사례를 들 수 있는가?
8. PKO 요원들을 현장에 신속히 투입시키기 위해 유엔이 발전시키고 있는 제도는 무엇이며 한국은 이 제도에 어느 정도 부응하고 있는가?
9. 한국이 남수단에서 추진하고 있는 스마트 캠프 사업을 다른 나라도 따라 할 가능성이 있는가?
10. 국회에서 PO와 관련된 새로운 법이 제정된다면 어떤 내용이 핵심적으로 포함되어야 한다고 보는가?

더 읽으면 좋은 글

1. 김열수, 『국제기구를 통한 분쟁관리』, 2판(서울: 오름, 2002).
2. 김열수, "탈냉전 후 유엔 안보리의 위상변화: 군사력 사용을 중심으로," 『국제정치논총』, 제48집 1호(2008)
3. 김열수, "유엔 평화강제 활동 실패 원인과 실패의 유산," 『신아세아』, Vol.13, No.1(2006년 봄)
4. http://www.un.org/Depts/dpa/

P·A·R·T

부 록

제14장　미국의 반중 봉쇄정책과
신냉전기 한국의 전략

제14장 미국의 반중 봉쇄정책과 신냉전기 한국의 전략*

제1절 서 론

중국이 자신에 대한 위협을 제거하고 국익을 증진하기 위해 중국 주도의 새로운 질서를 구축함으로써 미국 주도의 질서에 도전하고 있는 것은 주지의 사실이다.[1] 특히, 아시아 지역에서는 과거 조공체제처럼 세력권(sphere of influence)을 형성하여 중국 주도의 질서를 확립하고자 한다.[2] 지역 질서는 균형과 합법성을 모두 유지할 때 가장 잘 작동하나 현실은 그렇지 못하다.[3] 이에 바이든 행정부는 중국을 전략적 경쟁자이자 "국제 시스템에 지속적으로 도전할 수 있는 유일한 경쟁자(only competitor)"로 규정하고[4] 중국과의 '극심한' 경쟁을 선언했다.

그러나 바이든 대통령은 이 경쟁이 신냉전이나 경직된 블록으로 발

---

* 이 글은 필자가 『신아세아』, Vol. 28, No. 4(2021년 겨울)에 게재한 것을 일부 수정한 것임을 밝혀둔다.

1) Younn Shwe Sin Htay, No One is Satisfied: Two Theories of the US-China Global Rivalry and the International Order, Issues & Insights Vol. 21, WP 5 (April 9, 2021), p. 18. https://pacforum.org/publication/issues-insights-vol-21-wp-5-no-one-is-satisfied-two-theories-of-the-us-china-global-rivalry-and-the-international-order(검색일: 2020.11.5.)

2) 김우상, "미국의 대중국 브리핑," 『신아세아』, Vol. 28, No. 2(2021년 여름), p. 22.

3) Kurt M. Campbell and Rush Doshi, How America Can Shore Up Asian Order: A Strategy for Restoring Balance and Legitimacy, *Foreign Affairs*, January 12, 2021.

4) The White House, *Interim National Security Guidance* (Washington D.C.: The White House 2021), pp. 7-8.

전되지 않도록 할 것이며,[5] 심지어 경쟁이 충돌로 확대되지 않도록 관리하는 것이 지도자의 몫이라고 했다.[6] 중국의 시진핑 주석도 상호존중, 평화공존, 윈윈(win-win)을 언급하면서 이에 화답했다. 이런 발언들만 보면 미·중간의 신냉전은 멀리 있는 것처럼 보인다. 따라서 차가운 평화는 있되 신냉전까지 이르지 않을 것이라는 기대도 있다.[7] 그러나 바이든 대통령이 시진핑 주석과의 영상회담 종료 후 북경 올림픽에 대한 외교적 보이콧을 거론한 것을 보면 194분에 걸친 마라톤회담이 합의보다는 이견(異見)이 더 많았다는 것을 단적으로 보여 주었다.

이견이 충돌로 직행하지는 않겠지만 다방면에서 극심한 경쟁이 더욱 가속화될 것으로 보인다. 극심한 경쟁이 체계화되면 그것이 냉전이다. 신냉전이든 구냉전이든 냉전의 핵심은 팽창과 봉쇄다.[8] 중국의 팽창에 따른 미국의 봉쇄가 점차 체계화되어 가고 있다. 신냉전은 이미 시작되었고 향후 수십 년 동안 지속될 것이라는 전망이 나오는 이유도 여기에 있다.[9]

구냉전에 비해 신냉전이 가지고 있는 몇 가지 특징이 있다. 우선 신냉전이 구냉전에 비해 더 뜨거워질 가능성이 있다. 그 이유는 과거의 소련에 비해 현재의 중국이 파워면에서 미국에 더 가깝기 때문이다. 둘째, 과거 소련의 이념은 공산주의만 있었으나 현재 중국은 공산주의에 더하여 민족주의 정서가 강해 민족적 자존심이 작동할 가능성이 있어

---

5) 2021년 9월 유엔 총회에서의 바이든 대통령 발언.

6) 2021년 11월 미중 영상 정상회담에서의 바이든 대통령 발언.

7) Thomas J. Christensen, "There Will Not Be a New Cold War: The Limits of U.S.-Chinese Competition," *Foreign Affairs*, 2021. 3. 24.; Fareed Zakaria, "The United States and China are locked in a Cold Peace," The *Washington Post*, 2021. 8. 5.

8) 김열수, "미중 영상회담의 블랙박스를 해체해 보면,"『경기일보』, 2021.11.23

9) 이상우, "미중 신냉전 속에서의 한국의 생존전략,"『신아세아』, Vol. 27, No. 3(2020년 가을). pp. 10-16.; 김기수, "미국과 중국의 신냉전은 시작됐냐: 신냉전의 실체,"『세종정책브리프』, No. 2020-18(2020.11.30.), pp. 18-19.

위험하다. 셋째, 과거 소련은 동유럽과 소련 주변국으로 팽창한 후 이들을 관리하느라 대륙의 현상 유지에 대체로 만족했으나 현재 중국은 여전히 정치, 경제, 군사적 팽창에 집중하고 있다. 넷째, 구냉전의 무게 중심은 유럽이었고 경계선은 동서유럽이었지만 신냉전의 무게 중심은 인・태지역이고 이 지역에서는 이런 경계선이 없어 제한적인 재래식 무기 충돌이 전쟁으로 비화할 가능성이 있다.[10] 다섯째, 구냉전은 경쟁이 충돌로 발전하지 않도록 미・소 사이에 다양한 군비통제 조약이 있었으나 현재 미・중 사이에 합의된 군비통제 규범이 없다.

강대국간의 전쟁은 세력전환(power transition) 시기에 많이 일어났다. 미・중간의 전쟁 가능성을 가장 먼저 예상한 지도자는 2012년에 중국 공산당 총서기로 선출되고 2013년에 국가주석으로 등극한 시진핑이었다. 시진핑 주석은 취임 첫해 미국을 방문하면서 오바마 대통령과 '신형대국관계'를 합의하자고 했다. 남중국해 문제, 신장위구르 및 티벳의 독립 및 인권 문제, 대만 문제 등은 중국의 핵심이익이기 때문에 미국은 이에 관여하지 말고 오히려 중국의 핵심이익을 존중해 달라는 것이었다. 신형대국관계에 대한 합의가 있어야 전쟁을 예방할 수 있다는 것이었다. 미국이 '투키디데스의 함정'(Tuchididdes Trap)에 빠져서는 안 된다[11]는 일종의 경고였다.

2300여년 전 펠로폰네소스 반도의 패권을 둘러싸고 당시 패권국이었던 스파르타가 부상하고 있던 아테네를 공격한 것이 펠로폰네소스 전

---

10) John J. Mearsheimer, The Inevitable Rivalry: America, China, and the Tragedy of Great-Power Politics, *Foreign Affairs*, Vol.100, No.6(November/December 2021).

11) Graham Allison, Destined for War: Can America and China Escape Thucydides's Trap? (Boston: Houghton Mifflin Harcourt, 2017); Joseph S. Nye Jr., "With China, a 'Cold War' Analogy Is Lazy and Dangerous," The New York Times, Nov. 2, 2021; 시진핑 주석은 국가주석으로 취임하기 전부터 투키디데스의 함정에 빠지지 않으려면 미국이 중국을 G2로 대접해야 한다고 주장했다. 이 연장선에서 등장한 것이 시진핑의 신형대국관계론이다.

쟁이다. 투키디데스는 이 전쟁을 기록으로 남겼다. 투키디데스의 함정이란 도전국이 부상하여 미래의 패권국으로 등장하기 전에 현재의 패권국이 도전국을 먼저 공격하여 위협을 제거하고자 하는 함정에 빠지는 것을 말한다. 시진핑이 펠로폰네소스 전쟁을 소환한 이유는 현재의 패권국인 미국이 중국의 부상을 두려워하여 먼저 공격할지도 모른다는 불안감 때문이었다. 이런 연유로 시진핑은 미국에게 신형대국관계라는 신질서 수립을 제안했던 것이다. 미국적 질서에서 벗어나겠다는 의지와 함께 미국에게 투키디데스의 함정에 빠지지 말 것을 요구한 것이다.

패권국이 먼저 공격할 가능성을 경고한 것이 투키디데스의 함정이라고 한다면 도전국이 먼저 공격할 가능성을 경고하는 '정점 강대국 함정'(Peaking Power Trap)도 있다.[12] 정점 강대국 함정이란 국력이 정점에 달해 하강 국면으로 접어드는 도전국이 기회의 창이 닫히기 전에 패권국과 일전(一戰)을 벌일 유혹에 빠질 수 있다는 것이다. 제1차 세계대전을 일으킨 독일과 태평양 전쟁을 일으킨 일본이 실제로 이 유혹을 극복하지 못하고 먼저 전쟁을 일으켰다는 것이다. 중국도 경제성장률 둔화, 노동인구 감소, 수많은 좀비기업, 통계 조작 등으로 발생하는 경제적 문제와 부정부패, 그리고 점차 권위주의적 경향을 띠고 있는 리더십의 문제 등이 복합적으로 작용하여 국력이 더 하강하기 전에 미국을 상대로 전쟁에 돌입하고자 하는 유혹에 빠질 수 있다는 것이다.

세계는 두 개의 함정 모두를 우려하지만, 미국은 정점 강대국 함정을 더 우려하는 것 같다. 중국이 전쟁의 유혹에 빠지지 않도록 하려면 미국은 강력한 힘의 우위를 통해 중국의 성장과 도전을 동시에 억제해야

12) Hal Brands and Michael Beckley, "China Is a Declining Power—and That's the Problem: The United States needs to prepare for a major war, not because its rival is rising but because of the opposite," *Foreign Policy*(Sep. 24, 2021): https://foreignpolicy.com/2021/09/24/china-great-power-united-states/(검색일: 2021.10.20).

한다. 이를 위해 미국은 대중 포용전략을 대중 봉쇄전략으로 서서히 바꾸기 시작했다. 오바마 행정부는 중동 중시 전략에서 '아 · 태 재균형 전략'(Pivot to Asia)으로 전환했고, 트럼프 행정부는 인도양까지 포함된 '자유롭고 개방된 인 · 태 전략'(FOIP)으로 전환했다. 바이든 행정부는 개념상의 FOIP을 세계 및 지역적 차원에서 반중 봉쇄를 위한 정책으로 체계화하기 시작했다. 신냉전이 돌아올 수 없는 다리를 건너기 시작한 것이다.

이 글은 중국의 팽창을 봉쇄하기 위한 바이든 행정부의 반중 봉쇄 전략이 무엇인지를 세계 및 지역적 차원에서 분석하고 신냉전기에 한국이 추진해야 할 전략을 제시하는 데 목적이 있다. 따라서 제2절에서 이론적 검토를 한 후 제3절과 제4절에서 세계적 차원 및 지역적 차원에서의 봉쇄정책을 살펴보고 결론에서 신냉전기 한국의 추진전략을 제시해보고자 한다.

제2절 이론적 논의

1. 탈냉전 후 미국의 패권적 자유주의 정책과 오판

미국이 중국의 부상을 위협으로 느낄 정도가 된 것은 중국 스스로의 노력도 있었지만, 근본적으로는 미국의 대 중국 정책의 오류가 더 컸다. 중국의 부상을 도와준 미국 외교 정책의 '거대한 환상'[13] 때문이었다. 탈냉전이 되자 단극 체제로 등장한 미국은 이데올로기의 종언과 함

13) John J. Mearsheimer, *The Great Delusion: Liberal Dreams and International Realities*(New Haven: Yale University Press, 2018).

께 자유화, 민주화, 세계화를 추진하기 시작했다. 무정부적(anarchy)인 국제체제 속에서 국가 생존을 위해 파워를 극대화해야 한다는 현실주의적 관점 대신에 패권적 체제 속에서 국제질서 유지와 공동번영이 가능하다는 패권적 자유주의적 관점을 채택했다.

이 관점의 지적 토대는 민주평화론, 세계화로 대표되는 경제적 자유주의, 그리고 자유주의적 제도주의 등이었다.[14] 미국은 민주부전론을 내세우면서[15] 여기저기서 일어난 분쟁에 개입하여 민주주의 제도를 이식하려 했으나 힘만 낭비했다. 또 중국이 인권을 존중하고 책임 있는 글로벌 행위자로 성장하려면 중국을 세계 경제에 편입시키는 것이 필요하다고 판단했다.[16] 이런 판단과 기대 속에 미국은 중국에 대해 최혜국 지위를 계속 부여하였고 중국에 대한 투자를 장려하였으며 급기야 중국을 세계무역기구(WTO)에 가입시켰다.[17] 미국의 대중 포용정책은 냉전 종식 이후 트럼프 행정부가 등장하기 전까지 근 30년 동안 계속되었다.

세계화와 WTO 가입으로 중국 경제는 급성장하게 되었고 이를 바탕으로 이제는 제4차 산업에서도 두각을 나타낼 정도가 되었다. 그러나 미국의 기대와는 달리 중국의 정치 · 경제 · 사회 분야의 개혁은 둔화되

---

14) Stephen M. Walt, *The Hell of Good Intentions: America's Foreign Policy Elite and the Decline of U.S. Primacy*(New York: Farrar, Straus and Giroux, 2018): 김성훈 역, 『미국 외교의 대전략』(서울: 김앤김북스, 2021), 제2장.

15) Bruce Russet, *Grasping the Diplomatic Peace: Principles for a Post-Cold War World* (Princeton University Press, 1993); Jack Levy, "Domestic Politics and War," *The Origin and Prevention of Major Wars*(Cambridge: Cambridge University Press, 1989), pp. 86-87.; Edward D. Mansfield and Jack Snyder, "Democratization and War," *Foreign Affairs*, Vol. 94. No. 3(May/June, 1995).; Randall L. Schweller, "Domestic Structure and Preventive War : Are Democracies More Pacific?," *World Politics*, Vol. 44. No. 2(1992), p. 264.

16) The White House, *Unites States Strategic Approach to the People's Republic of China*(Washington D.C.: The White House, 2020), p. 1.

17) John J. Mearsheimer, "The Inevitable Rivalry: America, China, and the Tragedy of Great-Power Politics," *op. cit.*

거나 정체되거나 역전되었고, 시민 중심의 자유롭고 개방적인 질서와의 융합으로 이어지지도 않았다.[18] 패권적 자유주의에 입각한 미국의 대중 포용정책이 중국 내 경제・정치개혁의 범위를 제한하면서 힘을 축적하려는 중국 공산당의 의지를 과소평가했던 것이다. 결국, 미국의 잘못된 정책이 부메랑이 되어 미국과 국제사회를 위협하게 된 셈이다.

2. 중국의 현실주의 정책과 이해당사국의 위협 인식

중국은 패권적 자유주의 정책의 혜택을 가장 많이 입었음에도 국제관계는 철저하게 현실주의에 입각한 정책을 추진했다. 미국과의 세력균형을 위해 파워를 극대화하는데 힘을 쏟았다. 이로인해 다방면에서의 굴기가 이루어지기 시작했다. 힘이 축적되자 팽창을 시작했다. 중국해를 내해화하고 일대일로라는 서진(西進) 정책을 통해 거대한 중화경제권도 형성해 나가고 있다. 파워가 커지자 핵심이익의 범위도 점점 넓혀나가면서 파워에 걸맞은 행동을 하기 시작했다. 그러자 여기저기서 파열음이 발생했다.[19]

전랑외교(戰狼外交)가 중국 외교의 대명사가 될 정도로 중국 외교는 절제심을 잃었다. 중국은 주권평등을 내세우면서도 “작은 나라가 큰 나라를 괴롭히면 안 된다”고 하면서 대국과 소국을 구분했다. 중국의 이익이 침해된다고 판단하면 이를 외교적으로 해결하기보다는 오히려 경제제재를 가했다. 노르웨이, 일본, 베트남, 한국, 필리핀, 대만, 호주 등이 그 대상이었다. 제재 대상국이 중국을 좋게 인식할 리는 만무했다.

---

18) The White House, *Unites States Strategic Approach to the People's Republic of China*, *ibid*, p. 1.

19) Denny Roy, 'Xi Jinping's top five foreign policy mistakes,' PacNet #49(October 23, 2021).

중국은 상하이협력기구(SCO)의 일원이자 제3세계의 좌장격인 인도와도 군사적으로 충돌했다. 군사충돌은 2020년 6월, 확정되지 않은 양국 국경선 일대의 인도령 라다크 지역의 갈완계곡(Galwan Valley)에서 발생했다. 중국이 수년 동안 신속한 군사 동원을 위해 이 지역에서 인프라를 구축해 왔는데 인도가 이에 대응하자 군사충돌이 발생한 것이다. 군사충돌로 최소 20명 이상의 인도군 사망자가 발생했다. 이 사건을 계기로 인도는 중국에 대한 전략을 수정하기 시작했다.

중국은 남중국해에서 국제법과 국제판결을 무시하고 인공섬을 건설하기 시작했다. 중국이 2013년부터 남중국해의 난사군도(Splately)에 건설하고 있는 7개의 인공섬이 그것이다. 중국은 인공섬에 활주로, 부두, 부대 막사들을 신축하고 미사일 부대들과 함정을 배치하고 있다. 난사군도 일대는 중국, 베트남, 대만, 필리핀, 말레이시아, 브루나이 등이 서로 영유권을 주장하는 첨예한 해양 분쟁지역이다. 그런데도 중국은 9단선이라는 역사적 권리(historic rights)가 유엔해양법(UNCLOS)보다 우선한다고 주장한다. 그뿐만 아니라 2016년 상설중재재판소(PCA)가 9단선의 역사적 권원을 부정하면서 중국이 개발 중인 인공섬은 배타적 경제수역과 대륙붕을 가질 수 없다고 판결했음에도 중국은 이를 무시한다. 이로인해 주변국과의 마찰은 물론이고 공해상에서 어떤 군함이나 선박도 자유롭게 항행할 수 있다는 항행의 자유를 주장하는 국제사회와도 긴장관계를 유지하게 되었다.

중국은 홍콩을 거의 복속시키고 이제는 대만까지 위협하고 있다. 2047년까지 50년 동안 일국양제(一國兩制)의 조건으로 홍콩은 1997년 중국에 반환되었다. 그러나 중국의 간섭이 심해지자 홍콩인들은 2014년과 2019년에 민주화 운동을 진행했다. 중국은 이들을 무자비하게 진압했고 그 과정이 언론을 통해 전 세계에 공유되었다. 중국이 약속한 기간의 1/2도 지나지 않아 홍콩은 중국화 과정에 편입되고 있다. 이제 대만만 남았다. 시진핑 주석은 신해혁명 110주년 기념사에서 조국통일을 반드시 이루겠다고 했다. 그 시기도 베이징올림픽이 끝나고 시 주석의 3연임이 결정되는 2022년, 대만 총통 선거가 열리는 2024년, 그리고 중국군 건군 100주년이자 시 주석이 4연임에 도전하게 되는 2027년 등 다양한 시나리오들이 제시되고 있다.[20] 이를 확인이라도 하듯 중국은 2019년에 중국 군용기 10여대가, 2020년에는 380대가, 그리고 2021년에는 10월까지 600대가 대만 방공식별구역(ADIZ)을 침범했다. 또한, 중국은 대만을 가정한 상륙작전을 하는 영상도 언론에 공개했다. 대만 문제는 20211년 11월 미중 화상 정상회담에서도 서로 다른 주장과 의지만 확인했을 뿐이다.

힘을 가진 중국의 현실주의 정책은 세계를 긴장시키기에 충분했다. 상술한 중국의 대외정책만 긴장의 대상이 아니었다. 국제사회는 신장자치구의 인권 탄압, 자국민에 대한 언론, 종교, 집회에 대한 탄압, 그리고 정보 통제 등에 대해서도 우려했다. 또한, 코로나 19의 중국 기원설에 대한 의심과 초기조치에 대해서도 신뢰하지 못했다. 국제사회가 긴장하고 우려하는 것은 현재보다 미래가 더 암울하다는 데 있다. 시진핑 주석에 대한 우상화와 중국 공산당 19기 6중전회(中全會)에서 채택된 '역사적 결의'가 '빅 브라더'와 같은 중국의 미래 행보를 보여주기 때문이다.

---

20) 박수찬, "시진핑, 신해혁명 기념식서 "조국 통일 반드시 이룰 것", 『조선일보』, 2021. 10.10.

3. 바이든 행정부의 공세적 현실주의 정책

오바마 행정부가 재균형 전략을 내세웠음에도 대중 정책은 어정쩡했다. 중국의 남중국해 9단선 주장에 대해 이의를 제기하기도 하고 중국 기업의 첨단기술 획득을 위한 대미 투자 및 기업 인수에 중국 정부가 불공정하게 개입한 것에 대해 WTO에 제소하기도 했다. 그러나 그의 대중 정책은 전략적이 못하고 지엽적이고 단발적이었다.

트럼프 행정부는 공세적 현실주의 입장에서 대중 정책을 수립했다. 공세적 현실주의의 핵심 가설은 강대국은 어느 정도의 공격적 군사력을 가지고 있고 어느 나라도 상대방의 의도를 확실하게 알 수 없다는 것이다. 따라서 당하지 않으려면 자신의 힘을 강화시킴과 동시에 상대방의 힘을 약화시켜야 한다. 세력균형이 아니라 상대적인 힘의 극대화를 추구해야 안전도 보장받고 패권국도 될 수 있다는 뜻이다.[21] 힘의 극대화는 미국 혼자로는 안 된다. 그런데 트럼프 행정부는 동맹을 멀리하면서 '위대한 미국을 재건'(Make America Great Again)하고자 했다. 호응이 있을 리 없었다.

바이든 행정부는 트럼프 행정부의 실패를 반면교사로 삼아 배타적 다자주의를 통해 세계적 차원과 지역적 차원에서 중국에 대한 봉쇄정책을 추진함으로써 중국의 굴기와 군사적 도전을 억제하고자 한다. 중국과 세력균형을 취하는 것이 아니라 중국을 '악마화'함으로써 압도적인 연대의 힘으로 중국의 위협에 대응하면서 세력을 극대화하고자 하는 것이다. 마침 세계적 여론도 우호적으로 바뀌었다. 시진핑 체제의 공세적 성향을 위협으로 받아들였기 때문이다. 퓨 리서치(Pew Research) 센터는 중

---

21) John J. Mearsheimer, *The Tragedy of Great Power Politics* (New York: W. W. Norton & Company Inc.), pp. 30-34.

국에 대한 2020년 여론조사 결과를 발표했다.[22] 응답자의 대다수가 중국에 대해 부정적인 견해를 밝혔는데, 일본(86%), 스웨덴(85%), 호주(81%), 한국(75%), 이태리(75%), 영국(74%), 캐나다(73%), 네덜란드(73%), 미국(73%), 독일(71%), 프랑스(70%) 순이었다. 국제사회의 중국에 대한 부정적 인식이 높아지자 중국의 위협을 국제사회와 공유하기가 쉬워졌다. 세력균형이 아니라 위협에 대한 균형이 힘을 얻기 시작한 것이다.

제3절 세계적 차원의 반중 봉쇄정책: 4대 정책

1. 가치동맹의 구축

바이든 대통령은 트럼프 행정부 시절 심각하게 훼손되었던 미국의 리더십 회복[23]을 정책기조로 내세웠다. 그런데 리더십은 저절로 회복되는 것이 아니라 미국이 내세우는 정책에 동조하는 국가가 많아야 가능하다. 이에 바이든 행정부는 국제사회가 중시하는 가치를 전면에 내세웠다. 중국에게 부담스러운 자유, 민주주의, 인권, 법의 지배(rule of law) 등이었다. 바이든 대통령은 2021년 6월 유럽순방을 통해 가치동맹을 구축하기 시작했다. G7과 유럽연합(EU) 공동성명에 중국 신장 위

22) 퓨 리서치 센터가 2020년 6월 10일부터 8월 3일까지 14개국의 성인 1만4276명을 대상으로 전화조사를 했다. 이에 대해서는 Laura Silver, Kat Devlin and Christine Huangp, 'Unfavorable Views of China Reach Historic Highs in Many Countries,' Pew Research Center, October 6, 2020. https://www.pewresearch.org/global/2020/10/06/unfavorable-views-of-china-reach-historic-highs-in-many-countries/(검색일: 2021.10.15).

23) Biden Jr.. Joseph R. 2020. "Why America Must Lead Again: Rescuing U.S. Foreign Policy After Trump," *Foreign Affairs*. Vol. 99, No. 2(March/April, 2020), pp. 64-76.

구르 지역의 인권 보장, 홍콩의 자치 및 자유화 보장, 대만해협의 안정과 평화, 그리고 동중국해와 남중국해에서의 질서 변경에 대한 우려 등을 포함했다. 또한, 코로나 19의 기원에 대한 재조사도 촉구했다. 미일정상회담과 한미정상회담의 공동성명에도 가치 수호 내용이 명기되었다.

특히, 바이든 대통령은 가치의 대표격인 민주주의를 반복적으로 강조했다. 시진핑 총서기가 2013년 1월 중앙당교에서 "자본주의는 반드시 망하고 사회주의가 최종적으로 승리할 것"이라는 발언에 대한 반론이기도 했다.[24] 바이든 대통령은 취임 직후인 2월 19일 뮌헨안보회의 영상연설에서 "민주주의 모델이 역사의 유물(relic of our history)이 아니란 걸 입증해야" 한다고 했다.[25] 그러면서 "민주적 규범의 세계적 붕괴가 국가안보에 위협이 되기 때문에 민주주의 가치를 공유하는 동맹들과 협력을 강화해" 나가겠다고 했다.[26] 그리고 2021년 현충일 기념 연설에서는 "전 세계적으로 민주주의와 독재의 싸움이 벌어지고, 독재적 통치의 물결이 일어나고 있다"고 하면서 "어떤 희생을 치르더라도 (민주주의를) 지켜내야 한다"고 했다.[27]

이 연장선에서 바이든 대통령은 자신의 선거공약인 민주주의 정상회담(Summit for Democracy)을 12월 9~10일 개최했다. 영국의 존슨(Boris Johnson) 총리가 G7에 한국, 호주, 인도가 포함된 10개 민주주

---

24) 시진핑은 2021년 11월 개최된 6중전회에서는 중국특색사회주의를 "당대 마르크스주의이자 21세기 마르크스주의"라고 규정했다.

25) The White House, "Remarks by President Biden at the 2021 Virtual Munich Security Conference." Feb. 19, 2021. https://www.whitehouse.gov/briefing-room/speeches-remarks/2021/02/19/remarks-by-president-biden-at-the-2021-virtual-munich-security-conference/(검색일: 2021.11.10).

26) The White House, *Interim National Security Guidance, ibid.*

27) The White House, "Remarks by President Biden at the 153rd National Memorial Day Observance," May 31, 2021. https://www.whitehouse.gov/briefing-room/speeches-remarks/2021/05/31/remarks-by-president-biden-at-the-153rd-national-memorial-day-observance/(검색일: 2021.11.15).

의 국가(D-10) 회의를 주장한 바 있으나 바이든 대통령은 이를 전 세계적으로 확대한 것이다. 약 110개의 민주주의 국가 대표들이 화상으로 참여한 민주주의 정상회담의 주제는 권위주의 대응, 부패 척결, 인권 증진 등 3가지이었다. 3가지 모두 중국이 껄끄러워하는 주제들이었고 예상대로 중국은 "냉전적 사고 속에서 편 가르기를 멈추"라고 강력히 반발했다. 그런데도 바이든 대통령은 폐막연설에서 "독재가 자유의 불꽃을 깨트릴 수 없다"고 하면서 민주주의 수호를 위해 각국이 동참해 줄 것을 촉구했다. 이처럼 바이든 행정부는 세계적 차원의 가치동맹을 구축하여 반중연대를 강화하고자 한다.

2. 군사동맹 강화 및 공고화

두 번째는 기존의 군사동맹을 강화하고 또 공고화하는 것이다. 바이든 대통령은 미국 우선의 트럼프식 외교를 지속할 경우 미국적 질서가 무너지고 중국의 도전도 물리칠 수 없다는 것을 인식했다. 따라서 리더십을 회복하려면 "미국이 돌아오고, 외교가 돌아오고, 동맹이 돌아와야 된다"고 생각했다[28] 이런 연유로 바이든 대통령은 미국 우선이 아닌 동맹 우선(Alliance First) 정책을 택했다. 전략적 이익과 가치 공유라는 전통적(traditional) 관점의 동맹으로 복귀한 것이다.

바이든 행정부는 출범 직후 한국과의 방위비 협상을 조기에 타결했고 독일에서의 미군 철수도 백지화시켰다. 바이든 대통령은 대면 정상회담의 첫 번째와 두 번째 대상국을 일본 및 한국과 가짐으로써 동맹을 중시하는 의지도 보여주었다. 나토 정상회담에서는 트럼프 행정부 당시 불편했던 관계를 회복하였고 공동성명에는 중국의 "명시적 야망과

28) The White House, *Interim National Security Guidance, ibid*, p. 4.

공격적 행동은 규칙에 기반을 둔 국제질서와 동맹 안보에 대한 구조적 도전(systemic challenge)"이라고 명시했다. 특히 내년에 열릴 나토 정상회담에서는 나토의 새로운 '전략개념'을 채택하기로 했다. 사실 나토는 2020년 11월 말에 공개한 『나토 2030』 보고서에서 "중국의 권위주의적 행태와 영토적 야망이 개방적이고 민주적인 사회에 심각한 도전을 제기한다"고 규정한 바 있다.[29] 그런데 2021년 나토 정상회담에서는 중국을 '구조적 도전'으로 명시한 것이다. 또한, 2022년에 열릴 나토정상회담에서는 나토의 새로운 '전략개념'이 채택될 전망이다. 이는 나토가 동유럽으로의 단거리 동진(東進)을 넘어 인·태 지역으로의 장거리 동진을 염두에 두고 있다는 것을 의미한다.

유럽연합도 2021년 10월, 인도·태평양 협력 전략(EU Strategy for Cooperation in the Indo-Pacific)을 발표했다. 7개 분야의 협력 중 중국과의 협력은 필수적이라고 했다. 그런데도 인권 등 핵심적 가치문제에 대해서는 '일관된 옹호자'가 될 것이며 해상 교통의 안전을 강화하고 자유로운 항해를 보장하기 위해 이 지역에 해군을 배치하는 방안을 모색할 것이라고 했다.[30] 유럽 군함이 인도·태평양 지역으로 들어온다는 뜻이다. 2021년에 이미 영국의 퀸엘리자베스 항모를 기함으로 한 영국 항모타격단, 프랑스, 그리고 독일의 군함들이 남중국해를 항해했다.

3. 첨단기술을 포함한 신경제동맹 출범

세 번째는 중국을 배제한 첨단기술, 디지털, 공급망 등을 중심으로 새로운 경제 생태계를 구축하는 것이다. 기후변화와 백신 등 보건분야

---

29) NATO, *NATO 2030: United for a New Era* (Brussels: NATO, 2020), p. 27.
30) Lorne Cook, "EU unveils Indo-Pacific strategy, tries to allay China fears," *AP*, September 16, 2021.

도 포함될 것이다. 신경제동맹은 중국 중심의 역내포괄적경제동반자협정(RCEP)이나 일본 중심의 환태평양경제공동체협정(CPTPP)와 같은 그런 경제공동체가 아니다. 기술을 중심으로 중국을 철저하게 배제하는 배타적이고도 반중적인 기정학(技政學, technopolitics)적인 경제동맹체이다.

신경제동맹은 트럼프 행정부 시절 추진했던 미국 중심의 공급망 구축 구상인 경제번영네트워크(EPN)와 중국 정보 및 통신설비를 배제하고자 했던 클린 네트워크(Clean Network),[31] 그리고 바이든 행정부 출범 이후 등장한 5G, AI 등 민주주의 가치를 공유한 반도체 선진국들의 모임인 T-12(Techno Democracies 12)[32] 구상 등이 합집합의 형태로 이루어질 가능성이 있다. 유럽에서는 신경제동맹체의 형태가 2021년 9월에 출범했고 인도·태평양 지역에서는 2022년 출범을 목표로 하고 있다.

유럽에서는 EU집행위원회가 2021년 5월, 신장 위구르에 대한 인권침해를 문제 삼아 지난 6년간의 협상 끝에 2020년 12월에 타결한 중국과의 포괄적 투자 협정(CAI) 비준을 중단한 것이 계기가 되었다.[33] 바이든 행정부는 이를 반전의 기회로 삼아 2021년 9월에 유럽연합과 '미·EU무역기술위원회'(TTC)를 출범시켰다. 이 위원회는 인공지능(AI), 양자 컴퓨팅 등 신흥 첨단기술과 표준에 관한 중요 정책과 반도체 등 공급망 회복에 대한 정책들을 논의하게 된다. TTC 산하의 10개 워킹그

31) 미국은 5G 통신망과 모바일 애플리케이션, 해저 케이블, 클라우드 컴퓨터 등에서 화웨이와 ZTE 등 미국이 신뢰할 수 없다고 판단한 중국 기업 제품을 배제하고자 클린 네트워크(Clean Network)를 구상했다.

32) T-12에는 G7중 이태리 제외한 6개국에 한국, 호주, 인도, 스웨덴, 핀란드, 이스라엘 등이 추가된다.

33) 중국과 유럽연합은 2014년부터 약 7년 동안 30여 차례의 협상을 통해 2020년 말에 통신·금융·전기차 등의 분야에 대한 유럽연합 쪽의 중국 시장 접근권을 확대하는 내용을 뼈대로 한 포괄적투자협정(CAI)을 타결 지은 바 있다. 그러나 중국의 위구르족 인권 탄압 문제 등이 터지자 유럽연합은 2021년 5월 투자협정 비준을 보류했다.

룹 중에는 기술 표준화와 중국에 대한 첨단기술의 수출을 통제할 수 있는 수출통제위원회도 있다.

인도·태평양 지역에서는 바이든 대통령이 2021년 10월 동아시아정상회의(EAS)에서 밝힌 인도·태평양경제 네트워크(IPEF: Indo-Pacific Economic Framework) 구상이 계기가 되었다. 백악관은 디지털 경제, 기술 표준, 공급망 회복, 탈탄소와 클린 에너지, 인프라 등을 IPEF의 공동 목표라고 밝혔지만, 핵심은 첨단기술분야와 중요 공급망에서 중국과 탈동조화(decoupling)를 추구하는 것이다.[34)]

이를 위해 2021년 11월 중하순에 타이(Katherine Tai) 미국 무역대표부(USTR) 대표가 일본, 한국, 인도를 방문하였고 레이몬드(Gina Raimondo) 상무부 장관이 일본, 싱가포르, 말레이시아를 방문했다. 12월 하순에는 미 국무부 경제성장·에너지·환경 담당 차관인 페르난데스(Jose W. Fernandez)가 일본과 한국을 방문하였다. 고위 관료들의 방문을 통해 IPEF 발족과 관련한 다양한 회의가 진행되었다. 러몬드 장관은 이 협정은 무역협정이 아니므로 의회의 승인이 필요 없다고 했다. 따라서 관련 국가들의 동의를 받을 경우, IPEF는 2022년 전반기에 발족될 수도 있을 것이다.

미국은 대중국 견제를 위해 이미 국내법을 많이 정비했거나 정비 중이다. 중국의 기술 굴기에 대응하기 위해 2021년 6월, 상원을 통과한 7개로 구성된 「미국 혁신경쟁법」(USICA)에는 「중국도전 대응법」도 있다.[35)] 또한, 국제 무역 표준을 중국이 아니라 미국이 제정할 수 있도록

34) 김열수, "RCEP 협력과 CPTPP 갈등, 그리고 IPEF의 긴장," 『경기일보』, 2021.11.20.

35) '전략적 경쟁법'과 '중국도전 대응법'은 중국의 위협에 대비할 국제협력 강화, 인권탄압이나 지식재산권 침해 등 미국의 가치에 반하는 행위를 일삼는 중국에 대한 적극적인 제재 부과, 미국에 진출한 중국기업을 통해 미국의 자금이 중국 국유기업 및 정부, 군으로 유출되는 것을 방지하기 위한 제도 시행이 핵심이다. 특히 효과적으로 중국을 견제하기 위해 인권탄압에 악용될 만한 품목의 수출통제 및 지재권 탈취로 생산된 중국산 제품의 수입금지를 동맹국과 공동으로 시행해야 한다고 규정하고 있다. 이에 대해서는 이원석, 『미국의 중국 견제

'국제표준제정위원회'에서의 미국의 리더십 회복을 강조하기도 한다.[36] 중국의 첨단기술 기업에 대한 수출규제는 2018년 제정된 「수출통제개혁법」(ECRA), 수입규제는 국방수권법(NDAA), 그리고 투자규제는 2020년 2월에 발효된 「외국인투자위험심사현대화법」(FIRRMA) 등을 통해 규제하고 있다.[37] 이런 법을 근거로 트럼프 행정부는 중국에 대한 규제를 강화했고 심지어 네덜란드의 ASML에게 극자외선(EUV) 노광장비를 중국에 수출하지 못하도록 했다. 바이든 행정부에서도 중국 기업에 대한 제재를 강화하고 공급망 검토를 통해 공급망을 보완하고 있다.[38]

미국이 중국을 견제하기 위해 제정했거나 입법 준비 중인 법을 보면 이것이 신경제동맹 체제에 어떻게 적용될지를 유추해 볼 수 있다. 특히, IPEF는 아직 결성되지 않았기에 향후 결성 → 공고화 → 확대 등의 진화과정을 거칠 것이다. 중국은 TTC와 IPEF가 구체적인 모습으로 제도화되기 이전에 관련국들을 대상으로 설득과 회유, 그리고 압박을 가할 것이다. 이 과정에서 갈등과 긴장이 조성될 가능성이 있다.

법안, 미국혁신경제법안의 주요 내용과 시사점』, KITA 통상 리포트, Vol.15(서울: 한국무역협회통상자원센터, 2021), p. 1.을 참고할 것.

36) Tom Lee and Juan Londoño, "The United States Innovation and Competition Act(USICA): A Primer." *American Action Forum*, June 9, 2021. https://www.americanactionforum.org/insight/the-united-states-innovation-and-competition-act-usica-a-primer/(검색일: 2021.10.15).

37) 연원호, "'미 · 중 간 기술패권 경쟁과 시사점," 『국제문제연구소 워킹페이퍼』, No.174 (2020), pp. 5-7.

38) 20021년 4월 초 극초음속 무기 개발에 기여한다는 이유로 4곳의 국가슈퍼컴퓨터센터와 중국의 주요 CPU 업체인 파이티움(飛騰 · 페이텅)과 선웨이(申威) 등 7곳을 제재목록에 올렸다. 공급망 보고서는 The White House, *Building Resilient Supply Chains, Revitalizing American Manufacturing, and Fostering Broad-Based Growth: 100-Day Reviews under Executive Order 14017* (Washington D.C.: White House, 2021), pp. 12-18.을 참고할 것.

4. 정보동맹의 확대

바이든 행정부는 5-아이즈(Five Eyes)를 확대하여 정보동맹을 구축할 가능성도 있다. 미 행정부보다 의회에서 이런 의지가 먼저 표출되었다. 미 하원은 2021년 9월 초 정보·특수작전소위원회의 의결을 기초로 기존 5-아이즈에 한국, 일본, 인도, 독일을 포함시키는 방안에 대한 검토를 요구하는 「2022년 국방수권법」(NDAA)을 통과시켰다. 국가정보국이 국방부와 협력하여 이들 국가를 정보동맹에 포함할 경우의 이점과 위험, 정보 공유의 기술적 한계, 각국의 기여 부분 등을 검토하여 그 결과를 2022년 5월 20일까지 의회에 보고하도록 주문했다. 미 하원의 정보위원회도 2021년 10월 말 「2022년 정보수권법」의 부속보고서를 통해 5-아이즈의 확대를 요구했다. 정보위도 5-아이즈를 "한국, 일본, 인도, 독일, 프랑스로 확대하는 것에 대한 위험성, 혜택, 타당성을 검토해 위원회에 보고하라"고 했다.[39)]

정보·특수작전소위는 한국, 일본, 인도, 독일을 포함시켜 검토할 것을 요구하였고 정보위는 이 4국 외에 프랑스를 추가할 것을 요구하였다. 결국, 국가정보국은 내년 5월까지 5개국을 추가하는 10-아이즈의 가능성을 검토하여 이를 의회를 포함하여 관련 기관에 보고하게 될 것이다.

5-아이즈는 1946년 미국과 영국이 체결한 비밀 정보 공유 협정인 유쿠사(UKUSA)가 그 뿌리다. 이후 캐나다(1948년), 호주와 뉴질랜드(1956년)가 정보 공동체에 합류함에 따라 협정의 명칭도 'AUSCANNZUKUS'로 바뀌었다. 핵심적인 가치를 서로 공유하는 영미권 정보기관들이 군

---

39) 김진명, "美하원 정보위도 "파이브 아이스에 한국 포함 시켜라", 『조선일보』, 2021. 10. 31.

사정보의 수집, 공유 및 활용에 관한 협력을 목표로 창설되었다. 따라서 5-아이즈는 동맹 중의 동맹이라고 할 수 있다.

냉전 시기 5-아이즈의 임무는 소련 및 동구권의 통신을 감청하고 신호정보(SIGINT)를 획득하여 이를 공유하는 것이었다. 따라서 5개국의 정보기관도 주로 신호정보를 포함하는 정보 담당 기관으로써 미국 국가안보국(NSA), 영국 정부통신본부(GCHQ), 캐나다 통신안보기반국(CSE), 호주 신호감독국(ASD), 뉴질랜드 정부통신안보국(GCSB)이 참여했다. 냉전이 한창이던 1960년대에는 공산권에 맞서 세계적 감청망인 '에셜론(ECHELON)'을 만들었다. 그 이후 5-아이즈는 인간정보(HUMINT)와 이미지정보(IMINT) 등 모든 정보를 수집하고 공유하는 체제로 발전하게 되었다. 탈냉전이 되자 5-아이즈의 목적은 산업기밀 획득이나 테러 예방 등으로 확대되었고 심지어 주요국 정치지도자를 감청하기도 했다.

미국은 5개국으로 전 세계의 정보를 수집하는 데에는 한계가 있다고 판단하고 자유민주주의 국가들과 정보 교류를 통해 정보를 교환하고자 했다, 이렇게 만들어진 것이 5-아이즈의 확대협의체인 신호정보고위급회담이라고 할 수 있다. 아태지역에는 '태평양 신호정보 고위급 회담'(SSPAC, Sigint Seniors Pacific)이 있고 유럽에는 에스에스유럽(SSEUR)이 있다. SSPAC은 5-아이즈 5개국과 한국, 싱가포르, 태국, 인도, 프랑스 등 10개국으로 구성되어 있다.[40]

이전에도 5-아이즈의 확대가 논의된 적이 있다. 2009년 오바마 행정부가 프랑스에 5-아이즈 가입을 제안했지만 프랑스는 거절했다. 당시 프랑스는 다른 5-아이즈 국가들과 동일한 지위를 보장받고 상호 스파

40) 최현준, "'다섯개의 눈'서 '열개의 눈'으로…한국도 도감청 연루 의혹," 『한겨레』, 2015. 11. 9.

이 금지 협정을 맺기를 원했지만 CIA가 이를 거부하면서 협정 체결이 무산되었다. 독일과 일본도 확대 대상이 되어 거론된 적이 있으나 모두 무산되었다. 그런데 이번에는 다를 것 같다. 미국은 세계적 차원에서 중국에 대한 정보를 수집하여 중국의 위협에 대비하려고 한다. 그러려면 보다 신뢰할 수 있는 눈과 귀가 더 많이 필요하기 때문이다. 검토결과에 따라 10-아이즈가 될 수도 있고 5-아이즈 플러스가 될 수도 있을 것이다.

제4절 인도·태평양 차원의 반중 봉쇄정책: QUAD와 AUKUS

1. QUAD의 확대[41)]

2004년 12월 인도양에서 발생한 대규모의 지진과 쓰나미로 재산 손실과 함께 30만 명 이상이 목숨을 잃었다. 이때 미국, 일본, 호주, 인도 등 4개국이 재난 복구를 위해 대화협의체를 결성했는데 이것이 쿼드(QUAD)의 모태가 되었다. 2006년 이후 쿼드는 전략대화체로 발전하게 되었지만, 일본 아베 총리의 사임과 친중적 색채가 짙은 호주의 러드(Kevin Rudd)가 총리에 당선됨으로써 쿼드는 유명무실해 졌다.

2016년 아베 총리가 재집권하자 그는 '자유롭고 열린 인도-태평양 전략'(FOIP)을 다시 주장하기 시작했다. 자유, 민주주의, 기본적 인권, 법의 지배라고 하는 보편적 가치를 지닌 3+1(일·호주·인도+미국)이 정례적으로 정상회담이나 장관급 회담을 개최하고, 또 이런 보편적 가

41) 이 부분은 김열수, "쿼드의 미래와 한국안보," 『국가안보전략』, 통권 제104호(2021년 9월호), pp. 18-20을 수정·보완한 것임을 밝힌다.

도도 다른 나라와의 관계를 위태롭게 하는 다자간 군사협정에 대한 거부감과 전략적 자율성을 중시하기 때문에 여기에 참여하지 않을 것이다.[58] 그러나 핵 기술에 대한 강한 거부감을 가지고 있는 일본은 중국의 위협이 더 심각해진다면 참여할 가능성은 있다.

유럽의 경우 그나마 프랑스의 가능성이 가장 크다. 오커스 창설로 미국과 호주로부터 뒤통수를 맞은 프랑스이지만 인도양과 남태평양으로 팽창하는 중국에 대한 위협을 느끼고 있기 때문이다. 프랑스는 본토에서 1만5000㎞ 떨어진 남인도양 마다가스카르 인근과 남태평양 폴리네시아의 왈리스·푸투나 등의 해외 영토를 가지고 있다. 여기에 거주하는 약 160만 명의 프랑스 주민과 45만㎢ 영토, 900만㎢에 이르는 배타적 경제수역의 방위를 위해 4,000명 이상의 프랑스군과 함정이 인도태평양 지역에 전개되어 있지만[59] 이것으로 부족하다는 것을 프랑스는 알고 있다. 잠수함 계약 파기시 프랑스의 반응은 거칠었지만 바이든 대통령이 마크롱 대통령과 전화통화를 갖고 또 G20회의 시 정상회담을 통해 바이든 대통령이 절차상의 유감을 표함으로써 표면상 갈등은 일단락된 것으로 보인다. 그런데도 프랑스의 오커스 참여는 쿼드 참여보다 빠르지 않을 것이다.

제5절 결론: 신냉전기 한국의 추진전략

미국의 반중국 봉쇄정책을 세계 및 지역적 차원에서 요약해 보면 다음 [그림 14-1]과 같다. 세계적 차원에서는 가치동맹을 기반으로 군사

58) Andrei Kortunov, *op. cit.*
59) 남기정, “일본의 아시아 정책: 자유롭고 열린 인도태평양 전략/구상의 전개,” 『아시아브리프』, 통권 22호(202.8.31), p. 5.

동맹, 신경제동맹, 정보동맹을 강화하는 것이다. 지역적 차원에서는 형식적으로는 보편적 레짐인 아태경제협력체(APEC), 동아시아 정상회담(EAS), 10+1, 아세안지역안보포럼(ARF)을 유지하는 가운데 실제적으로는 배타적 성격이 강한 쿼드와 오커스에 집중하는 정책을 펼칠 것이다.

[그림 14-1] 세계 및 지역적 차원의 반중 봉쇄정책

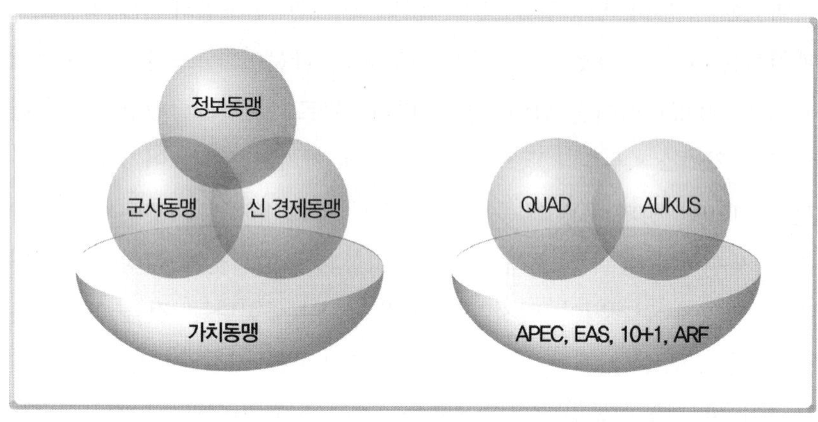

바이든 행정부의 반중 봉쇄정책은 중국의 반발을 불러올 것이다. 미국과 중국은 각각 우군확보에 노력을 배가할 것이고 그 과정에서 편가르기가 본격화될 것이다. 세계는 바이든 행정부의 공세적 현실주의 정책에 따라 미래를 예측하고 오늘을 준비해야[60] 하지만, 이를 불편해하는 국가들도 많다. 중국과의 경제적 의존관계가 너무 심하기 때문이다.[61] 심지어 미국도 이를 한꺼번에 단절할 수 없는 것이 현실이다. 그런데도 바이든 행정부는 수십 년 동안 유지해왔던 대중 포용정책을 버

60) 설인효 · 이택선, "미어세이머의 공격적 현실주의 이론과 21세기 동북아 국제질서," 『분쟁해결연구』, 제10권 제2호(2012년), p. 148.

61) Robert Sutter, "China's Challenges and Effective Defense: America's Conundrum," PacNet #47(Oct. 14, 2021); https://pacforum.org/publication/pacnet-47-chinas-challenges-and-effective-defense-americas-conundrum(검색일: 2021.11.15)

리고 세계 및 지역적 차원에서 대중 봉쇄정책을 전개할 것이다. 따라서 신냉전은 중국이 팽창정책을 버리지 않는다면, 미국의 정권 교체와 관계없이 수십 년 동안 지속될 것이다.

신냉전의 입구에서 한국이 선택할 수 있는 길은 이승만, 친중파, 광해군의 길 등 크게 3가지로 대별되는데 이를 구분해 보면 다음과 같다.

이승만의 길은 세계 및 지역적 차원에서 미국의 대중 봉쇄정책에 적극적으로 동참하는 것이다. 한미동맹을 체결할 때 이미 한국은 전략적 선택을 했기 때문에 일본이나 호주처럼 미국에 적극적으로 편승하는 정책을 취해야 한다는 것이다. 그러나 이 길의 주장자들은 중국의 제재나 보복 가능성에 대한 적절한 대안 제시를 하지 못하는 한계를 가지고 있다.

친중파의 길은 한국이 미국에 대한 보은의 차원을 벗어나 실리의 방향으로 전환해야 한다는 것이다.[62] 국제정치를 의리나 감성, 또는 보은의 관점에서 벗어나 이익의 관점에서 봐야 한다는 것이다. 이들은 한반도 평화라는 특수한 변수와 한국 수출입의 1/4을 점하는 중국과의 경제적 연계를 중시한다. 미국과의 동맹 및 준동맹국이 약 60개국인데 반해 중국과의 무역 1위 국가가 약 110개국이라는 사실을 강조하면서[63] 한국이 미국에 편승할 경우 한반도 통일에 대한 중국 지원을 기대하기 힘들고 사드사태 때처럼 중국의 보복이 우려된다는 것이다. 그러나 이들은 중국의 보복만 두려워할 뿐 한국의 운명을 좌우할 수 있는 미국의 수많은 전략적 선택에 대해서는 애써 무시하는 경향이 있다.

광해군의 길은 광해군이 명의 원병 요청으로 강홍립 도원수를 수장

---

62) 니어재단이 2021년 11월 15일 프레스 센터에서 주관한 「외교의 부활」이라는 정책 세미나에서 김기정 국가안보전략원장의 발언.

63) 2021년 6월 7일 KBS1 TV의 「일요진단 라이브」에서 당시 국립외교원장이었던 김준형의 발언: https://news.kbs.co.kr/news/view.do?ncd=4464630(검색일: 2021.11.15).

으로 1만여 명을 파병하였으나 강홍립에게 정세에 맞게 처신토록 지시함으로써 피해를 최소화했던 제3의 길을 말한다. 현재의 미중 관계를 명청 교체기와 비유하면서 미국이 쇠퇴하고 있던 명의 운명과 같다고 주장할 수 있다. 주장의 핵심은 떠오르는 중국에 조금 더 경도될 필요가 있다는 것이다. 그러나 중국의 성장이 정점을 찍고 쇠퇴기에 들어섰다는 평가도 있어[64]적어도 수십 년 안에 미중 간에 세력전이가 일어날 것 같지 않다고 주장할 수 있다. 주장의 핵심은 미국 쪽에 더 무거운 닻(anchor)을 내려야 한다는 것이다. 제3의 길의 핵심은 이익의 극대화가 아니라 피해를 최소화하는 것이다. 그러나 제3의 길 주장자들은 양쪽으로부터 걸려오는 워닝콜(warning call)에 대한 대책이 명확하지 못하다는 약점이 있다.

3가지 길은 모두 강약점을 지니고 있다. 그럼에도 이승만의 길과 광해군의 길을 상황에 맞게 적용하는 지혜가 필요할 것으로 본다. 미국이 세계 및 지역적 차원에서 봉쇄정책을 더 강화해 나간다면 중국의 굴기는 한계를 보일 수 있기 때문이다. 그러나 그 과정은 수십 년 동안 지속될 것이라는 가정 하에 한국이 추진해야 할 전략을 제시해 보면 다음과 같다.

첫째, 신냉전기에 걸맞은 외교 원칙을 수립할 필요가 있다. 우선 한미동맹은 한국외교의 근간이자 변할 수 없는 상수라는 원칙을 견지해야 한다. 과거에도 그랬지만 미래에도 그래야 한다. 또한, 한국은 중견국의 위상에 걸맞게 행동해야 한다. 한국은 과거의 조선이 아니며 세계 10위권 안팎의 경제강국, 문화강국, 군사강국이다. 균형자 역할은 하지 못하더라도 강대국이 무시할 수 있는 대상이 아니다. 그리고 헌법정신에 부합하는 대외정책과 국익중심의 대외정책을 추진해야 한다. 진보와

64) Hal Brands and Michael Beckley, *op. cit.*

보수에 따라 헌법정신이 훼손되고 국익이 왜곡되어서는 안 된다는 뜻이다. 마지막으로 국익 증대와 함께 위험을 회피하는 포트폴리오 원칙도 필요하다.

둘째, 전부 아니면 전무(all or nothing)라는 다 걸기(all in) 전략이 아니라 사안별로 선택을 달리하는 전략이 필요하다. 흔히 말하는 전략적 선택이다. 미국은 세계 및 지역적 차원에서 대중 봉쇄정책에 동참하기를 바라나 중국은 회유와 압박을 통해 이를 방해하려 할 것이다. 브레진스키는 2012년 한국을 포함한 8개 국가가 미국의 쇠퇴로 지정학적 위험에 처할 것으로 예상하면서 한국이 고통스러운 선택에 직면하게 될 것으로 예상했다.[65] 브레진스키는 한국이 중국의 지역적 패권을 수용하고 중국에 더 기대는 방안과 역사적 반감에도 불구하고 민주주의의 가치를 공유하고 있는 일본과의 관계를 강화하는 방안을 제시했다.[66]

그러나 브레진스키의 방안은 양자택일의 올인 전략이다. 전략은 이것만 있는 것이 아니다. 사안별로 선택을 달리할 수도 있다. 마침 설리번 안보보좌관과 캠벨 인도태평양조정관도 2019년도 공동기고문을 통해 냉전시절 초강대국 사이에 있던 제3국에 양자택일을 강요하던 방식을 미중 경쟁시대에도 그대로 답습해서는 안 된다고 했다.[67] 굳이 미국 핵심 실세들의 여유로운 조언이 아니더라도 한국은 사안별로 참가 여부와 수위를 달리 선택할 수도 있다. 경제와 안보의 이분법적인 접근이나 미국과 중국 중 어느 한 국가와 디커플링을 시도하는 것은 오히려 국가안보에 위협이 될 수도 있다.[68] 전략적 선명성을 표방해야 할 사안도

65) Zbigniew Kazimierz Brzeziński, Strategic Vision: America and the Crisis of Global Power (New York: Basic Books, 2012), pp. 167-168. 나머지 7개 국가는 조지아, 대만, 벨라루스, 우크라이나, 아프가니스탄, 파키스탄, 이스라엘을 비롯한 중동 등이다.

66) *ibid*.

67) Kurt M. Campbell and Jake Sullivan, "Competition Without Catastrophe: How America Can Both Challenge and Coexist With China," *Foreign Affairs*, Vol. 98, No. 2(September/October 2019).

있고 전략적 유연성을 발휘할 사안도 있다는 뜻이다.[69)]

셋째, 한국안보의 핵심인 한미동맹과 한국의 정체성과 관련된 가치동맹에는 전략적 선명성을 표방하여 적극적으로 참여할 필요가 있다. 한미동맹 없이 한국의 안보와 번영을 기대하기 힘들다. 군사동맹은 연루와 방기의 딜레마를 발생시키긴 하지만 그렇다고 동맹의 정체성이 흔들려서는 안 된다.[70)] 상호방위조약, 주한미군, 그리고 연합사체제가 제대로 작동되어야 한다. 헌법에 명시되어 있는 민주주의, 자유, 인권, 법치 등의 가치도 국내를 넘어 대외정책에 그대로 반영되어야 한다. 따라서 가치동맹에도 적극적으로 참여해야 한다.

넷째, 신경제동맹과 정보동맹, 그리고 쿼드는 참여 가능성을 열어두고 점진적 참여를 원칙으로 하는 전략적 유연성을 발휘할 필요가 있다. IPEF는 아직 실체가 드러나지 않았지만 중국을 배제시키는 경제동맹체인 것은 확실하다. 특히, T-12는 한국을 추격해 오고 있는 중국을 따돌릴 기회이자 제4차 산업을 부흥시킬 기회이기에 반드시 참여해야 한다. 어차피 한국은 중국과 첨단기술 공동개발이나 기술이전을 하는 것은 상상할 수 없는 현실이기 때문이다. 10-아이즈 정보동맹도 논의 수준이다. 또 미국 국가정보국이 참여 대상국들에 대한 검토를 하는 과정에서 민감한 비밀이 중국이나 북한으로 유출될 수 있다는 판단이 서면 한국을 초청하지 않을 수도 있다. 또 5-아이즈 플러스가 될지 10-아이즈가 될지도 아직 정해지지 않았다. 만일 한국이 초청을 받는다면, 한국은 기꺼이 참여해서 대북 정보 수집뿐만 아니라 중견국의 위상에

68) 최재덕 · 안문석, "공격적 현실주의 관점에서 본 민중패권경쟁 양상 연구," 『인문사회21』, 제12권3호(2021년 가을), p. 2991.

69) 현인택, "미중 패권전쟁과 한국의 생존전략," 『신아세아』, Vol. 28, No. 2(2021년 여름), pp. 62-66.

70) 이수형, "바이든 시대 미중 전략경쟁과 한미동맹," 『이슈브리프』, 통권 228호(2020.12.14.) pp. 5-6.

걸맞은 정보력을 수집할 필요도 있다. 단, 이것도 점진적이어야 한다. 쿼드의 경우, 현 정부는 투명성 · 개방성 · 포용성 · 국제규범 등을 준수하면 적극 협력하겠다는 입장과 함께 쿼드의 워킹 그룹에는 참여하겠다고 했다. 쿼드도 참여의 폭과 깊이를 조절하면서 점진적으로 참여할 필요가 있다. 참여에 대한 개방적 입장과 점진적 참여는 이전에도 있었다. 한국은 2003년에 출범한 대량살상무기확산방지구상(PSI)에 선별적으로 참여하다가 북한이 2006년 제2차 핵실험을 단행하자 95번째로 PSI에 참여한 바 있다.

다섯째, 미국의 대중국 봉쇄 정책에 동참할 국가들의 동향을 면밀히 살피면서 대응할 필요가 있다. 신경제동맹의 경우에는 EPN, 클린 네트워크, 그리고 T-12의 대상국가의 동향과 유럽연합의 동향도 면밀히 관찰해야 한다. 또한, 정보동맹의 경우, 10-아이즈의 가능성이 있는 프랑스, 독일, 인도, 일본 등의 동향을 살피고 이들과 외교적 소통을 강화해 나갈 필요가 있다. 쿼드의 경우, 플러스로 회자되고 있는 뉴질랜드, 베트남뿐만 아니라 영국, 프랑스 등의 동향도 살펴볼 필요가 있다. 대상국가들이 어떤 의지를 가지고 있는지 관찰하면서 참여시기와 방법, 수준, 절차 등을 조절하고 협조할 필요가 있기 때문이다.

여섯째, 오커스의 창설로 한국이 추진하고자 했던 핵추진잠수함(SSN) 건조는 당분간 쉽지 않을 것이나 인내심을 가지고 설득하거나 다른 방법으로 접근할 수도 있다. 미국은 한국의 SSN 사업에 오커스 이전에도 반대 입장을 보였지만, 오커스 창설 이후에는 핵추진잠수함 기술이전을 단 한 번 있는 일(one-off)이라고 단언함에 따라 한국의 SSN 사업이 더 어렵게 되었다. 그러나 핵추진잠수함에 핵무기를 탑재하여 3천톤급 탄도미사일핵추진잠수함(SSBN) 건조를 추진하고 있는 북한의 위협과 중국의 위협을 고려해 볼 때 한국의 SSN 사업은 꼭 필요하다. 인내심을 가지고 미국을 설득할 필요가 있다. 또한, 한미원자력협정을 재개정한다면 SSN을 건조할 수도 있다. 미사일 지침을 폐기한 것이 결과적으로 중국과의 군사력 균형에 도움이 되듯이 원자력협정 개정도 미국에 도움이 될 것이라는 점을 설득할 필요가 있다.

일곱째, 한국이 개발한 중거리 미사일 덕분에 미국의 한국내 중거리 미사일 배치 요구를 억제할 수도 있을 것이다. 미국은 호주에게 전략적 무기를 갖도록 허용해 주었지만, 한국에게는 지난 42년 동안 한국의 미사일 개발을 옥죄던 미사일 지침을 폐지해 주었다. 따라서 한국의 중장거리 탄도 미사일 등 전략적 무기를 개발할 수 있게 되었고 이미 개발된 것도 있다. 따라서 미국으로선 중거리 미사일에 대해 중국과 군사력 균형을 유지할 수 있는 동맹국의 잠재력을 확보했다고 볼 수 있다. 굳이 미국산 중거리 미사일이 미군 기지에 배치되지 않아도 된다는 뜻이다.

여덟째, 대중 봉쇄정책에 따른 경제적 위협 등에 대비하여 경제안보를 강화하고 이를 담당할 부서를 신설할 필요가 있다. 대중 무역 의존도를 줄여나가는 것과 더불어 공급망 차질 등에 대비하여 새로운 공급선을 찾고 첨단기술을 보호하는 등 이를 전담할 부서를 신설할 필요가 있다. 한국이 미국의 대중봉쇄정책에 적극적으로 참여할 경우, 사드 사태 때처럼 중국이 한국을 제재할 수도 있다. 요소수 사태를 보면서 중국은 한국 경제에 타격을 줄 수 있는 다양한 품목이 있다[71]는 것을 확신했을 수 있다. 따라서 전반적인 경제 위협에 대해 경제안보 차원에서 이를 전담할 수 있는 부서를 신설할 필요가 있다. 일본은 이미 경제안보담당상을 신설하여 이에 대비하고 있다.[72]

---

71) 한국의 단일국 수입 비중이 80% 이상인 원자재 품목은 3942개다. 중국의 품목수가 1850개로 가장 많고, 미국은 503개, 일본은 438개 순이다. 이에 대해서는 조영신, "中수입 80% 넘는 품목 1850개 … '차이나 리스크' 언제든 온다," 『아시아경제』, 2021.11.10.

미국은 자국 주도의 반중국 봉쇄가 강화되고 있는 시점에 한국의 신중함을 전략적 회피 또는 동맹 경시로 규정할 수도 있고[73] 또 이런 모호성이 미·중 양쪽으로부터 냉대를 받을 가능성도 있다.[74] 그러나 극소수를 제외한 세계 대부분의 국가들은 양자택일보다는 필요한 분야에서 미·중과 선택적 협력을 지향하려 할 것이다.[75] 따라서 한국은 한미동맹을 근간으로 미국의 반중국 봉쇄정책에 점진적으로 참여하되 위험을 회피하기 위한 포트폴리오적 전략을 병행할 필요가 있다.

72) 빅터 차, "대선 후보들, 한국의 '경제 안보'에 관심 있는가," 『조선일보』, 2021.11.22.
73) 송승종, "바이든 행정부의 쿼드 전략," 『국가안보전략』, 제101호(2021년 5월), p. 29.
74) 이상현, "쿼드와 한국: 쿼드 참여 어떻게 할 것인가?" 『정세와 정책』, 통권 제339호(2021년 6월), pp. 4-5.
75) 김태효, "미중 신냉전 시대 한국의 국가전략," 『신아세아』, Vol. 28, No. 2(2021년 여름), p. 116.

찾아보기

ㄱ

ㄴ

ㄷ

ㅂ

ㅅ

ㅇ

ㅊ

ㅋ

ㅌ

ㅍ

ㅎ

저자약력

■ 김열수

[학　력]

육군사관학교 卒
육군 대학 및 美 지휘참모대학(CGSC) 卒
캐나다 평화연수원(Pearson Peacekeeping Center) 연수
연세대 대학원 행정학과 卒, 행정학 석사
서강대 대학원 정외과 卒, 국제정치학 박사
미국 UCLA 방문교수

[경　력]

전 국방참모대학 교수
전 국방대학교 안보대학원 교수, 군사전략학부 학부장, 안보문제연구소 소장
전 서강대, 서강대 대학원, 성균관대 대학원, 인하대, 서울 디지털대 강사
전 성신여대 교양학부 초빙교수
전 경희대학교 평화복지대학원 객원교수
전 국제정치학회 부회장
전 문화일보, 세계일보, 경기일보 칼럼 필진
전 NSC 자문위원, 전 대통령 국정연설 자문위원, 전 대통령 경호처 자문위원
전 국가보훈위원회 위원
전 국가비상기획위원회 평가위원
전 국방선진화추진위원회 위원
전 국방부/합동참모본부/해군본부 정책 자문위원
전 대한민국 역사박물관 자문위원, 전쟁기념관 운영 자문위원
전 청와대 국가안보실 정책자문위원
전 육군 지상작전사령부 자문위원, 안보지원사령부 자문위원
현 육군본부, 안보지원사령부, 재향군인회 정책 자문위원
현 한국군사문제연구원 안보전략실장
현 국방부, 육군본부, 재향군인회 정책 자문위원
현 한국군사문제연구원 안보전략실장
현 한국국제정치학회 이사

[저서 및 논문]

『국제기구를 통한 분쟁관리』(서울: 오름, 2000)
『21세기의 미국 패권과 국제 질서』(서울: 오름, 2003), 공저
『21세기 국가위기관리체제론』(서울: 오름, 2005)
『위기의 한국안보』(서울: 플래닛미디어, 2012), 공저
『대한민국 국방사』(서울: 대한민국역사박물관, 2017), 공저
『한반도 비핵 · 평화의 길』(성남: 세종연구소, 2018), 공저
『한국안보: 위협과 취약성의 딜레마』(파주: 법문사, 2019), 공저
『한미동맹 70년 한미역사 140년』(파주: 법문사, 2023)
그 외 논문 및 연구문 100여 편

국가안보론 – 위협과 취약성의 딜레마 – [제8판]

2010년 6월 10일 초 판 발행
2011년 8월 30일 제2판 발행
2014년 6월 25일 제3판 발행
2015년 8월 30일 제4판 발행
2017년 8월 20일 제5판 발행
2019년 7월 5일 제6판 발행
2022년 2월 5일 제7판 발행
2024년 8월 25일 제8판 1쇄 발행

저 자 김 열 수
발행인 배 효 선
발행처 도서출판 法 文 社

주 소 10881 경기도 파주시 회동길 37-29
등 록 1957년 12월 12일/제2-76호(윤)
전 화 (031)955-6500~6 FAX (031)955-6525
E-mail (영업) bms@bobmunsa.co.kr
(편집) edit66@bobmunsa.co.kr
홈페이지 http://www.bobmunsa.co.kr
조 판 법 문 사 전 산 실

정가 34,000원 ISBN 978-89-18-91544-9